Wie die Venus, so die Liebe

Peter Schlapp

Wie die Venus, so die Liebe

Liebe und Erfüllung im Horoskop

Scherz

www.Scherzverlag.de

Erste Auflage 2001

Umschlaggestaltung: Atelier Seidel, Altötting (MEV)
Venus-Illustration: Garland, Artwork Agentur Holl

Inhalt

Einleitung

Man könnte sich die Welt und das Leben der Menschen auf der Erde ohne Elektrizität, ohne Maschinen, ohne Geld, ohne Städte, ohne Straßen, ohne Telefon, ohne Fernsehen und all die millionenfach scheinbar unverzichtbaren Notwendigkeiten unseres Alltags vorstellen, und die Erde und die Menschen existierten doch. Sie würden weiter bestehen, weil sie über Tausende von Jahren ohne diese Dinge existiert haben.

Aber könnte man sich die Erde und das Leben der Menschen auf der Erde auch nur einen einzigen Augenblick ohne die Liebe vorstellen? Nehmen wir aus der Vielfalt der möglichen Ausdrucksformen, in denen die Liebe symbolisch verkleidet in Erscheinung tritt, beispielsweise nur einmal die Analogie «Lieben ist gleich Teilen» heraus. Wenn diese Gleichung auch nur für den Bruchteil einer Sekunde aufhörte, Bestand zu haben, wäre mit einem Schlage alles Leben zunichte. Denn ohne dass sich die Zellen in allen nur denkbaren lebenden Organismen unaufhörlich teilen, erstürbe alles Leben. Man könnte also die Analogie «Lieben ist gleich Teilen» erweitern zu «Leben ist gleich Liebe» oder «Liebe ist gleich Leben».

Dieser seit dem Uranfang immer währende schöpferische Vorgang des Liebens vermittels Teilung beinhaltet jedoch noch ein anderes wichtiges Faktum für das rechte Verständnis von Liebe. Diese Teilungen geschehen nicht ganz einfach nur, sondern beruhen auf einem der Schöpfung selbst innewohnenden aktiven Impuls, einer Handlung, einer Tat, einem Entschluss. Dahinter verbirgt sich der – wie auch immer zustande gekommene – willentliche Entschluss einer Zelle, einer anderen Zelle die Teilhabe am allgemeinen Leben zu schenken.

Dabei ist es wichtig zu beachten, dass diese gewünschte oder vorgestellte und dann auch in die Tat umgesetzte Teilhabe am allgemeinen Leben sich als ein Geschenk darstellt. Sie kann nicht eingefordert werden. Sie offenbart sich vielmehr als eine Art schöpferischer Willensakt, als eine perspektivisch in die Zukunft weisende Tat, die die fortdauernde Existenz des Lebens überhaupt erst sichert. In jeder lebenden Zelle ist die Verheißung künftigen Lebens potenziell angelegt. Jede Zelle scheint eine Art höheres Bewusstsein zu enthalten, aus dem heraus sie in Liebe tätig wird. Da jedoch auch die Liebe dem kosmischen Gesetz der Polarität unterworfen ist, finden wir auf dieser Ebene der Betrachtung auch die Krebszelle, die sich wild wuchernd teilt, im übertragenen Sinne «maßlos liebt» und dadurch jedoch das Leben zerstört. Teilende Liebe oder liebendes Teilen führt also immer nur dann zum Leben, wenn es zugleich in der Wahrung des rechten Maßes geschieht.

Verlassen wir nun diese organische Vergleichsebene und schauen uns die Liebe unter den Menschen an und das, was wir mit dem Begriff Liebe verbinden: Ob die Liebe uns nun in Gestalt der Mutterliebe, als erotisch-sexuelle Liebe, als zärtliche Hingabe, als Fürsorge oder Anteilnahme, als Freundschaft oder Kameradschaft und vieles anderes mehr entgegenkommt, so ist sie ihrem Wesen nach doch immer Ausdruck der bereits genannten Begriffsinhalte des Teilens, der Tat, des Willens, des Geschenkes und des rechten Maßes und durch nichts anderes treffender zu charakterisieren. Wie sich unsere Erfahrungen mit der Liebe mit diesen Begriffsinhalten innerlich verbinden, wird in Kapitel eins ausführlich dargestellt.

Wie sinnfällig dieser innere Zusammenhang ist, wird deutlich, wenn man das Phänomen Liebe auf seiner astrologisch-symbolischen Ebene beleuchtet. Die Betrachtung der innigen Verknüpfung der Sonne als dem Symbol für unser Selbst und der Venus als Symbol für die uns individuell innewohnende Kraft der Liebe (Kapitel zwei und drei) wird uns zeigen, dass wir als Menschen eigentlich gar nicht anders können, als zu lieben. Das heißt, in jedem Menschen ist ein unveräußerbares Potenzial von Liebe angelegt, das er nur gemäß seines individuellen Horoskops und entsprechend des individuellen Musters der in ihm wirkenden symbolischen Planetenkräfte mit unterschiedlichen Mitteln zum Ausdruck bringen muss.

Im Hauptteil dieses Buches (Kapitel vier) finden Sie auf der Basis der unterschiedlichen Sonne- und Venus-Konstellationen Ihren ganz persönlichen Ausdruck der Liebe in all seinen möglichen Varianten dargestellt. Sie können aber auch den besonderen Ausdruck und die spezielle Liebesfähigkeit Ihrer Freunde und Bekannten näher kennen lernen. Dazu genügt es, dass Sie in den Tabellen am Ende des Buches unter dem jeweiligen Geburtstag nachschlagen und die entsprechende Sonne-Venus-Kombination herausfinden.

Die einzelnen Darstellungen Ihres Liebespotenzials und Ihre individuelle Art seiner lebendigen Verkörperung werden Sie entweder darin bestärken, dass Sie im Ausdruck des in Ihnen angelegten Potenzials an Liebe schon auf Ihrem persönlich richtigen Weg sind, oder Sie anspornen, die eine oder andere vielleicht noch unerlöst-disharmonische Variante Ihres Liebesausdrucks zu Ihrem Vorteil zu modifizieren. Je weiter Sie schon auf Ihrem Weg sind, Ihre Liebe erlöst-harmonisch auszudrücken und in Taten der Liebe einfließen zu lassen, umso mehr werden Sie Ihre positiven Erfahrungen darin bestärken, dass Liebe nur derjenige empfangen kann, der bereit ist, sie anderen zu schenken.

Dieses Buch will Ihnen eine Hilfe sein, in allen Lebensbereichen Ihren persönlichen Weg der Liebe zu finden und zu gehen und damit teilzuhaben am unermesslichen Reichtum, am tief empfundenen Glück und der inneren Zufriedenheit und Harmonie, die unmittelbar zu Ihnen zurückfließen, sobald Sie den ersten Schritt in Richtung auf einen aktiven und harmonischen Ausdruck Ihrer Liebe gehen.

1 Liebe – was ist das?

Der Sinn, der sich aussprechen lässt,
ist nicht der ewige Sinn.
Der Name, der sich aussprechen lässt,
ist nicht der ewige Name.

Laotse

Überall dort und immer dann, wenn sich wahre Liebe entfaltet, erlebt sie der Mensch als das ihn am meisten beglückende und erfüllende Wunder, das ihm auf Erden widerfahren kann. Überall dort und immer dann, wenn die Liebe ausbleibt, verfällt der Mensch in Einsamkeit, Verzweiflung und in oft seine ganze Existenz bedrohende Zustände der Angst.

Um dem Wesen der Liebe auf die Spur zu kommen, könnte man vielleicht zunächst einmal fragen, was die Liebe nicht ist. Liebe ist kein Gefühl. Liebe kann zwar aus einem Gefühl erwachsen, sie kann sich auch sehr intensiv mit Emotionen verbinden, ihrem inneren und eigentlichen Wesen nach ist sie jedoch kein Gefühl. Wäre sie nur ein Gefühl, gäbe es keine dauerhafte Liebe, denn nichts ist wandelbarer als unsere Emotionen. Wenn die Liebe also kein Gefühl ist, was ist sie dann, woher kommt sie, aus welchen Quellen speist sich ihre unbezwingbare Kraft? Liebe entsteht und entwickelt sich in unserem Herzen. Wenn wir sie wirklich tief erleben, offenbart sie sich uns als eine Kraft der Wandlung, eine Kraft, mit deren Hilfe wir unsere körperlichen, seelischen und geistigen Ich-Grenzen sprengen können. Allein durch sie können wir unsere existenzielle Getrenntheit vom Anderen, von der Natur, von Gott überwinden und uns letztlich gemäß unseres innersten Auftrages in eine kosmisch-göttliche Einheit transzendieren.

Das wahre Wesen der Liebe entfaltet sich in der Tat. Liebe ist, was Liebe tut. Und wie man sich zu jeder Tat entscheiden und aktiv werden muss, so muss man sich auch zur Liebe entscheiden und in ihrem Sinne aktiv werden. Wenn wir uns also über mangelnde Liebe oder gar über das Ausbleiben der Liebe beklagen, sollten wir uns immer fragen, ob wir selbst genug für die Liebe getan haben oder ob wir vielleicht zu faul, zu träge, zu unentschlossen waren oder sind. Daraus wird deutlich, dass hinter der Liebe nicht nur eine Entscheidung zur Liebe steht, sondern dass sie sich auch unabdingbar mit einem Akt unseres Willens verbindet. Es gehört jedoch zum Geheimnis der Liebe, dass selbst der entschiedenste Wille, die nachdrücklichste Entscheidung und die aufopferndste Tat nicht zum Gewinn der Liebe führen. Man kann Liebe nicht erzwingen, sie ist ein Geschenk. Ein Geschenk, das wir uns zunächst einmal selbst machen, indem wir uns, so wie wir sind, annehmen, und das uns von anderen Menschen, die uns lieben, entgegengebracht wird.

Es entspricht einem weit verbreiteten Missverständnis, dass wir glauben, wenn wir uns «ver»-lieben, auch schon zu lieben. Um sich zu verlieben, bedarf es keiner Anstrengung, keiner Entscheidung; wir können uns nicht nicht verlieben wollen. Das Gefühl der Verliebtheit überfällt uns vielmehr urplötzlich. Wir können uns seiner nicht willentlich erwehren. Es geschieht ganz einfach. Und genauso schnell, wie sie uns überfallen hat, geht eine solche «Liebe» auch wieder vorüber. Ein anderer, nicht minder häufiger Irrtum besteht darin, die Liebe mit erotischer oder geschlechtlicher Liebe zu verwechseln. Zweifellos besteht zwischen einer erfüllten Sexualität und der eigentlichen Liebe eine sehr innige Verbindung. Die für Frauen und Männer gleichermaßen gültige Erfahrung zeigt jedoch, dass Sexualität durchaus ohne Liebe möglich und auch befriedigend sein kann. Zwischen unserer Fähigkeit, uns zu verlieben, der geschlechtlichen Liebe und der wahren Liebe besteht nicht mehr, aber auch nicht weniger als eine tiefe innere Verwandtschaft. In beiden Fällen kommt es zu einer kürzer oder länger andauernden körperlichen, seelischen, auch geistigen Verschmelzung zweier Menschen. Für eine gewisse Zeit überwinden zwei Menschen ihre Ich-Grenzen und finden sich lustvoll in einem gemeinsamen Wir vereinigt.

Vielleicht wird der Unterschied zwischen der wahren Liebe und all ihren unterschiedlichen Ausformungen am besten in einem Vergleich mit der Mutterliebe deutlich. Bei der Verliebtheit und bei der geschlechtlichen Liebe vereinigen sich zwei Menschen, die vorher getrennt waren. Dagegen entfaltet sich Mutterliebe dort, wo zwei Wesen, die vorher vereint waren, durch die Geburt des Kindes getrennt werden. Sicherlich sind Mütter in ihre Kinder auch «verliebt», eine sexuelle Betonung der Mutterliebe weist jedoch eindeutig pathologische Züge auf. Das Charakteristische an der Mutterliebe ist, dass sie weder erworben noch verdient werden kann. Die Liebe einer Mutter zu ihrem Kind ist an keine Bedingungen geknüpft. Eine Mutter schenkt ihrem Kind Liebe, weil es ihr Kind ist. Schon lange bevor das Kind geboren wird, ist die Mutter für das Kind in Liebe tätig. Sie nährt und schützt es aus ihrer physischen und psychischen Substanz. Ist das Kind erst einmal gezeugt, übernimmt allein die Mutter den Schöpfungsprozess, der sich im Akt der Geburt vollendet. Indem eine Frau Leben schenkt, erfährt sie die Transzendenz ihres eigenen Lebens. Das Kind empfängt sein Leben als ein Geschenk. Empfangen hat es dieses Geschenk vor dem Hintergrund einer Entscheidung, eines Willens und einer Tat seiner Eltern.

Für viele Jahre stellt eine Mutter den ganzen Kosmos des Kindes dar, in dem und um den sein eigenes Leben kreist. Für das Kind bleibt seine Mutter – und im übertragenen Sinne das weibliche Prinzip – lebenslang sein Ursprung, seine Heimat, der Quell, aus dem es gespeist wurde, seine konkreteste Erfahrung dessen, was Liebe sein kann. Erst viel später eröffnet sich dem Kind auch ein anderer Kosmos: Die Welt der Gedanken, der Ideen, der Abstrakta. Die Liebe zu diesen Bereichen wird ihm vom Vater, im übertragenen Sinne vom männlichen Prinzip vermittelt. Um sich diese Liebe zu sichern, muss das Kind jedoch aktiv werden. Es muss sich für oder gegen die Ideen des Vaters entscheiden. Folgt es den geistigen Vorgaben des Vaters, wird sein Gehorsam mit väterlicher Liebe, mit Achtung, Anerkennung und weiterer Förderung belohnt. Der immer währenden Liebe seiner Mutter kann das Kind gewiss sein, um die Liebe seines Vaters muss es kämpfen.

Um die grundsätzlich unterschiedliche Disposition des weiblichen und männlichen Prinzips, die Art ihres notwendigen Zusammenwirkens und die daraus abgeleitete Besonderheit des Phänomens Liebe zu verstehen, ist es hilfreich, die den beiden Prinzipien traditionell zugeordneten Elemente zu betrachten. Das dem weiblichen Prinzip analoge Element Wasser verfügt über die Fähigkeit, sich gleichsam aus sich selbst heraus zu regenerieren. Wasser verdunstet, steigt auf als Dampf, kühlt sich wieder ab und fällt als Tau oder Regen auf die Erde zurück. Um diesen Kreislauf jedoch in stetiger Bewegung zu halten, bedarf es der Wärme, des Feuers. Dieses dem männlichen Prinzip entsprechende Element funktioniert ganz anders: Es besteht nicht aus sich heraus; um in Erscheinung zu treten, bedarf es einer außer ihm liegenden Materie, an der es sich entzünden kann, die es verbrennt, damit aber auch zugleich wandelt. Das Beispiel zeigt, dass die beiden Elemente – und analog das weibliche und das männliche Prinzip, Frau und Mann – einander bedürfen. Das weibliche Element braucht das männliche Element, um sich zu wandeln. Das männliche Element braucht das weibliche Element, um sich daran zu entzünden, sich in ihm als Wärme zu offenbaren, um sein Wesen überhaupt ausdrücken zu können. Kommt dieser Kreislauf ins Stocken oder erliegt er sogar, so wird aus dem lebendigen Wasser faules Wasser, und die züngelnde Flamme des Feuers bricht in sich zusammen und erlischt.

Nun richten Menschen ihre Liebe nicht nur auf ihre Kinder oder ihre Eltern. Sie richten sie auch auf ihre Geschwister, ihre Verwandten, ihr Volk, vielleicht sogar auf die ganze Menschheit. Mit der gleichen Intensität vermögen sie ihre Liebe aber auch an materielle Objekte zu heften, an ihren Besitz, an ihr Geld. Nicht weniger leidenschaftlich verbinden Menschen ihre Liebe jedoch auch mit Ideen, mit der Wahrheit, der Freiheit, der Gerechtigkeit und schließlich mit Gott. Vor allem in seiner Liebe zu Gott eröffnet sich dem Menschen eine geistige Dimension, innerhalb deren er zu einem kosmischen Bewusstsein gelangen kann, zu einer All-Liebe, die die gesamte belebte und unbelebte Natur mit einschließt.

Für diese unterschiedlichen Ausdrucksformen menschlicher Liebesfähigkeit gibt es neben den bereits genannten Begriffen viele andere wie Nächstenliebe, Kameradschaft, Freundschaft, Hilfsbereitschaft, Agape und weitere, schier unendliche Abwandlungen. Ihrem innersten und umfassenden Wesen nach erfahren wir die Liebe jedoch als die einzige Kraft, die uns Menschen helfen kann, unsere existenziell empfundene Getrenntheit vom Anderen, von der Natur, vom Kosmos, von Gott zu überwinden. Aus dem tief im Unterbewusstsein eines jeden Menschen angesiedelten Wissen um den Verlust der Einheit erwächst uns einerseits unsere existenzielle Angst und andererseits der existenzielle Wunsch, uns mit dem Verlorenen wieder zu vereinigen. Unsere angeborene polare Natur strebt nach Überwindung der Gegensätze. Da wir als Menschen ganz konkret Kinder der Liebe, des Venus-Prinzips, sind, streben wir ganz im Sinne dieses Prinzips danach, alle in uns widerstreitenden Gegensätze miteinander zu versöhnen.

Auch hier sei ein Vergleich gestattet. Die für den Menschen so segensreiche Energie der Elektrizität entsteht erst dann, wenn sich der positive und der negative Pol gleichsam miteinander versöhnen. Erst aus der Überwindung der Polarität erwächst ein dauerhafter und machtvoller Energiestrom. Misslingt die Versöhnung, kommt es zu einem zerstörerischen Kurzschluss.

Wenn wir als wahr erkennen, dass wir alle, unabhängig von den unterschiedlichsten Glaubensbekenntnissen, Kinder Gottes sind, dass wir nach seinem Bilde geschaffen sind, und wissen, dass Gott, das göttliche Prinzip, die Einheit darstellt, aus der wir kommen und zu der wir uns zurücksehnen, dann stellt dieser Gott, dieses göttliche Prinzip seinem Wesen nach eben die Überwindung, die Versöhnung, die harmonische Verbindung zwischen dem weiblichen und männlichen Prinzip, dem weiblichen und männlichen Pol dar. Man mag einwenden, dass auch in jedem einzelnen Menschen eine weibliche und eine männliche Kraft tätig sind, dass also der Gegenpol gleichsam schon in uns selbst angelegt ist, wir also im Außen seiner gar nicht bedürfen. Dieser Gegenpol ist jedoch nur deswegen in uns angelegt, damit wir sein Vorhandensein in einem anderen, gegengeschlechtlichen Menschen überhaupt wahrnehmen können. Ohne dessen eigene innere Wahrnehmung, ohne ein Bild davon in uns zu tragen, ohne einen dafür empfänglichen Resonanzboden würden wir seine Schwingungen nicht erkennen können. Wäre dies anders, dann müsste man fragen: Warum führt gerade die Selbst- oder Eigenliebe, die ja offensichtlich versucht, beide Pole in sich zu leben, zu solch extremer Einsamkeit, zu einem so angsterfüllten Bewusstsein der Getrenntheit von allen anderen Menschen und einem Abgeschnittensein von allen zeugenden Prozessen der lebendigen Natur?

Zu allen Zeiten hat die Liebe des Menschen zu Gott einen zwar unterschiedlichen, jedoch nichtsdestoweniger zentralen Stellenwert seiner gesamten Lebensorientierung eingenommen. Mögen äußere Formen und Riten, in die Menschen ehedem ihre Liebe zu Gott kleideten, auch noch so weit von unseren heutigen Vorstellungen abweichen, gemeinsam ist ihnen, dass zu allen Zeiten aus den Herzen der Menschen ein Bedürfnis entsprang, einer höheren Macht in Liebe entgegenzugehen. Ob das Göttliche sich nun in der uns alle umgebenden Natur offenbarte, ob es als Mutter-Göttin oder Vater-Gott angebetet wurde oder ob sich gar Menschen selbst anmaßten, göttlich zu sein, oder ob, wie es gegenwärtig zu sein scheint, die Technik oder der Fortschritt zum Gott erhoben werden: Wie dem auch immer sei, in jedem Menschen ruht ein Bedürfnis, *seinem* Gott Liebe entgegenzubringen. Um jedoch einem Gott oder einem Menschen oder auch nur einer Sache Liebe entgegenbringen zu können, muss der Mensch wissen, *wie* er Gott lieben könnte, welche Botschaften und Zeichen der Liebe überhaupt empfangen werden können. Dass dem so ist oder sei, suggeriert uns die *Theo-logie*, das *Wissen* von *Gott*. Und dies, obwohl wir Menschen eigentlich wissen, dass wir nichts wirklich wissen können. Die Theologie tut so, als könnten wir die Totalität Gottes mit unserem Verstand, dem «Logos», erfassen. Diesem «merkurischen» Gottesbegriff nach – astrologisch betrachtet von dem Bewusstsein des Tierkreiszeichens Jungfrau geprägt – *glaubt* der Mensch, immer genau zu *wissen*, wie er was zu seinem Vorteil lieben müsste. Diese Haltung steht jedoch in krassem Widerspruch zur wahrhaften und wahrhaftigen christlichen Botschaft. Die Liebe, die Christus predigte und in seiner Nachfolge von den Menschen forderte, beinhaltet vielmehr – astrologisch betrachtet – eine neptunische und aus dem Geist des Tierkreiszeichens Fische erwachsende Form der Liebe. Es ist eine Liebe, die aus vollem Herzen kommt und in Demut empfangen wird. Eine allumfassende Liebe, die keine Unterschiede macht, eine Liebe, die nicht an Gott glauben muss, sondern mit Gott unverbrüchliche Erfahrungen macht. Ein Mensch, der auf diese Weise liebt, weiß in seinem Herzen zugleich nichts und alles über Gott. Zu allen Zeiten haben Mystiker und Weise des Ostens und Westens diese besondere, spirituelle Erfahrung gemacht und darüber gesprochen. Noch wesentlicher ist, dass sie aus dieser Erfahrung gehandelt haben und dadurch den für einen Menschen möglichen Grad der Erleuchtung erreichten. Indem sie ihre

Mitmenschen ebenso wie die gesamte lebendige und dingliche Welt liebten, liebten sie zugleich Gott. Denn Gott ist nicht mehr oder weniger als die Summe aller sich in der Zeit fortschreitend offenbarenden Erscheinungen der Welt. Wären solche Menschen nicht in Liebe und aus Liebe tätig geworden, dann wären sie im passiven Stadium der puren Anbetung und Verzückung stecken geblieben, einem Zustand, der dem eines Verliebten gleicht, der den Geliebten – oder hier seinen Gott – nur tatenlos *anschmachtet.*

Dass die Liebe oft in einen engen Zusammenhang mit der Erotik und der Sexualität gestellt wird, beruht darauf, dass viele Menschen sich offensichtlich keine andere Ausdrucksform der Liebe vorstellen können oder sie noch nicht erfahren haben. Das nahe liegende Missverständnis besteht darin, dass die Erfahrung einer geschlechtlichen Vereinigung den Menschen glauben zu machen scheint, er werde geliebt, auch dann, wenn er selbst nicht liebt. Eine zusätzliche Täuschung beruht darauf, dass *geliebt zu werden* das falsche Ziel ist. Gerade die aus einer geschlechtlichen Vereinigung erwachsende augenblickliche Erfüllung trägt doch ihrem Wesen nach das Signum einer möglichen Abhängigkeit. Sich in einem solchen Fall damit zu trösten, dass man selbst auch lieben könnte, wenn man nur die «Richtige» oder den «Richtigen» fände, täuscht die Betroffenen abermals. Solange ein Mensch nicht bereit oder fähig ist, selbst aktiv zu lieben, wird er das Geschenk der Liebe eines anderen nicht empfangen, und all seine erotisch-sexuellen Begegnungen werden nichts anderes bleiben als die Illusion, vorübergehend nicht allein zu sein.

Die Ursache dafür, dass so viele Menschen darüber klagen, nicht geliebt zu werden, liegt darin, dass die Liebe anstrengend ist und eine Aufgabe beinhaltet, die man aktiv verfolgen muss. Die Liebe fordert den ganzen Menschen und nicht nur seine Sexualorgane. Hinter der Liebe steht ein Akt des Willens. In ihrem wahren Ausdruck paart sich die Liebe mit einer Aufgabe. Dieser Aufgabe muss der liebende Mensch mit Verantwortung und mit Respekt und unter Wahrung der Integrität des anderen nachkommen. Der vielleicht erste wichtige Schritt, die wahre Liebe zu erfahren, liegt in der wachen Aufmerksamkeit und Achtsamkeit, mit der ein Mensch die Bedürfnisse seiner Umwelt und seiner Mitmenschen wahrnimmt und zu deren Befriedigung er sich in Fürsorge verpflichtet fühlt. Um wirklich lieben zu können, muss ein Mensch frei sein und zugleich die Freiheit des anderen respektieren. Zu dieser Freiheit der Liebe gehört es auch, sich falschen Forderungen nach Beweisen der Liebe zu verweigern. Wenn wir der zwanghaften Forderung eines anderen nach Liebe folgen, verhindern wir unser eigenes Wachstum und das des Partners. Als *Unteilbare*, als Individuen, wachsen wir *mit* Hilfe und *durch* den anderen, nicht jedoch *in* dem anderen. Indem wir jedoch gleichsam *an* dem anderen oder *auf ihn zu* wachsen, überschreiten wir unsere eigenen körperlichen, seelischen und geistigen Grenzen. Und da dieses Wachstum den göttlich-kosmischen Grundauftrag der Schöpfung an den Menschen darstellt – nur durch unser individuelles Wachstum wachsen wir auch dem Schöpfer zu –, leitet sich daraus eine Grundsolidarität zwischen den Menschen ab. Da alle Menschen ihrem Wesen gemäß den gleichen Auftrag haben, kann es auch nicht darum gehen, sich selbst – und sei es aus «Liebe» – für einen anderen Menschen aufzuopfern. Wichtig ist vielmehr, dass wir einander auf unserem Weg solidarisch begleiten. Es ist ein Vorzug der französischen Sprache, dass man in ihr einen der wichtigsten Aspekte des menschlichen Lebens durch eine sehr kleine, aber bedeutsame sprachliche Nuance ausdrücken kann: Als Menschen sind wir *soli-t-aire*, unser innerer Auftrag lautet jedoch, uns *soli-d-aire* zu verhalten. Als *Einsame* sind wir zur *Gemeinsamkeit* verpflichtet. Und diese Aufgabe der Solidarität erfüllen wir schon dann, wenn wir nur einen einzigen Menschen lieben. Denn potenziell sind wir damit zur allumfassenden Liebe fähig geworden. Es ist allein die Liebe, die die Menschen, ob als Familie, als Volk oder Staat, zusammenhält und den Fortbestand der Menschheit sichert. Überall dort, wo Humanität, Menschenliebe, Solidarität und Liebe fehlen, zerbrechen die Gemeinschaften und werfen das Individuum in seine Einsamkeit zurück.

Um sich aus den Fesseln dieser Einsamkeit zu befreien, ist in jedem Menschen die Kraft der Liebe potenziell angelegt. Um ihre individuelle optimale Ausdrucksform zu erkennen, bietet das Geburtshoroskop eines Menschen wichtige Hinweise. Aus einem Horoskop kann die Wegbeschreibung abgelesen werden, mit deren Hilfe der Einzelne seinen persönlichen Weg gehen kann. Dabei mögen die Wege unterschiedlich sein, sie alle verbinden sich jedoch zu dem gemeinsamen

Ziel der Zuwendung, der Aufmerksamkeit, der Intensität, der Leidenschaft und der Wahrhaftigkeit zu sich selbst, unter Wahrung der eigenen Integrität und Freiheit für den anderen. Indem sich jeder Einzelne individuell zu seinem besonderen Weg der Liebe bekennt – also nicht anders lieben möchte, als er lieben kann und es in ihm angelegt ist –, stärkt er die Liebe sowohl in sich selbst als auch im anderen. Indem er sich von seinem persönlichen Ausdruck der Liebe tragen lässt, erfährt er in seinem Leben die Erfüllung, nach der er bewusst oder unbewusst mit aller Intensität strebt.

Dieses Buch will Ihnen helfen, mit den Mitteln der Astrologie entsprechend Ihrer individuellen Sonnen- und Venus-Konstellationen Ihren ganz persönlichen eigenen Weg der Liebe zu finden und zu gehen.

2 Die Kräfte der Sonne und der Venus

Das Prinzip Sonne

Die wohl zugleich trivialste und umfassendste Antwort auf die Frage, was dem Menschen die Sonne – sowohl physikalisch-astronomisch als auch symbolisch-astrologisch – bedeutet, lautet: alles. Auf der materiellen Ebene stellt die Sonne das Zentrum unseres Sonnensystems dar. Auf der geistigen Ebene sehen wir in unserer Geburtssonne die Summe aller unserer Teile verkörpert, das heißt unser wahres Selbst. Dass der Mensch sich selbst in Analogie zur kosmischen Sonne beschreibt und empfindet, reicht als Leistung seines Denkens, Empfindens, in seiner ganzen Vorstellungswelt bis in die ersten Anfänge eines erwachenden menschlichen Bewusstseins zurück. In einem ersten intuitiven Erkenntnisprozess verschmolzen das Erkennen und das Erkannte zu einer umfassenden Einheit. Sich der Sonnenähnlichkeit bewusst zu werden, setzte sonnenhaftes Bewusstsein voraus. Bis heute betrachten wir einen in umfassender Bewusstheit seiner selbst handelnden und entscheidenden Menschen als im Stadium seiner Sonnenhaftigkeit, das heißt im Stadium seiner Erfüllung und seiner Berufung lebend.

Eine weitere Analogie zwischen Sonne und Mensch besteht darin, dass die Sonne im Zentrum unseres Planetensystems steht, dass um sie als Mittelpunkt alle Planeten auf ihren Bahnen kreisen und wir Menschen unseren Mittelpunkt, den Kern unserer Persönlichkeit, um den unser Denken, Fühlen und Handeln kreist, organisch-symbolisch mit unserem Herzen verbinden. Im Solarplexus, in unserem Sonnengeflecht, wissen und erfahren wir unsere körperlichen und geistigen Energien einerseits gebündelt und andererseits als von dort ausstrahlend. Gemäß ihrem Stand nach Tierkreiszeichen und Hausposition stellt die Sonne in jedem individuellen Horoskop unsere unverwechselbare Kraftquelle dar, den Ort, von dem aus wir unerschöpflich körperliche, seelische und geistige Energien, Wärme und Vitalität beziehen. In unserem persönlichen astrologischen Sonnenpunkt erleben wir unser Selbst *unmittelbar*. Dies ist insofern bedeutsam, da wir uns in unserem individuellen astrologischen Mondpunkt *mittelbar* erleben. Es entspricht einem wunderbaren kosmisch-göttlichen Widerspruch, dass wir uns mittels der im Vergleich mit der Sonne stets wandelbaren Kräfte des Mondes selbst nicht wandeln. Den in uns angelegten Mondkräften bleiben wir – meist ein Leben lang – verhaftet. Unsere Entwicklung im Sinne unserer Individuation erfolgt allein über die Kräfte der Sonne, die wir mit unserem Geist und vor allem mit unserem Willen assoziieren. Der bedeutende Astrologe Oskar Adler interpretiert diesen inneren, scheinbar widersprüchlichen Zusammenhang dahin gehend, dass er in der Sonne das Unsterbliche und im Mond das Sterbliche in uns verkörpert sieht. Aus den Erinnerungen und aus dem Erbe, das uns unser Mondbewusstsein schenkt, *müssen* wir, aus dem Geist und dem Willen, die uns unser Sonnenbewusstsein schenkt, *wollen* wir handeln und entscheiden. Unser Mond formuliert: «Ich bin, der ich war.» Unsere Sonne formuliert: «Ich bin, der ich sein will, der ich sein werde.» Es ist folgerichtig, dass der Mensch seine Mondnatur, da sie ja sein Erbe, das schon Erworbene symbolisiert, unmittelbar von Geburt an ausdrückt und lebt. In seine Sonnennatur wächst er dagegen erst kraft seines Willens, seines Wollens, seiner Handlungen und Entscheidungen, vor allem jedoch kraft seiner moralischen Freiheit, nämlich der und kein anderer zu sein, im Laufe seines Lebens hinein. Was wir als Menschen über unseren Mond zum Teil schmerzlich erfahren, können wir mittels unserer Sonne zu unserem Heil wenden.

Wie kongruent die symbolische Analogie zwischen der Sonne und unserem Selbst ist, wird daran deutlich, dass wir – obwohl sich der ganze zellulare Aufbau unseres Körpers zeitlebens in einem ständigen Prozess des Zerfalls und Wiederaufbaues befindet – dabei dennoch nicht unser Selbst verlieren. Mögen unsere Zellen in welchen zeitlichen Rhythmen auch immer absterben und sich wieder erneuern, wir bleiben wir. Die Identität unseres Selbst ist dadurch nicht gefährdet. Sosehr die Sonne schon als unsere bedeutsamste körperliche Kraftquelle erkannt wurde, sie ist es noch viel mehr als Symbol unseres unsterblichen Geistes. Mittels unseres Geistes, das heißt mit Hilfe der erlösten oder noch unerlösten Qualitäten unseres Sonnenausdrucks, gestalten wir im übertragenen Sinne unseren Lebensausdruck als Vater, als Held, als König, als Autorität; sind wir ehrgeizig, begeistert und begeisternd oder auch selbstherrlich, egoistisch, tyrannisch und spielen den Despoten, den Größenwahnsinnigen und den Blender. Die hier gewählten Bilder und Begriffe verdeutlichen, dass sich in der Sonne nicht der Mann, sondern das männliche Prinzip offenbart: das männliche Prinzip im Sinne zentrifugal wirkender Kräfte, im Gegensatz zu den zentripetalen Kräften des weiblichen Prinzips. Die figürliche Darstellung des Yin-und-Yang-Prinzips zeigt uns jedoch, dass diese beiden Energien nicht isoliert voneinander, sondern ineinander verwoben tätig sind. Sowohl im Feld der zentrifugalen Yang- als auch in dem der zentripetalen Yin-Kräfte wirkt – gleichsam wie eine Insel eingebettet – der jeweils gegenteilige Ausdruck.

Wenn es so aussieht, als wirkte unsere astrologische Sonne als zwar mächtigster, aber isolierter Faktor in unserem Horoskop, so ist dies auf der einen Seite richtig, denn wir ziehen wesentlich aus ihren Qualitäten unser bewusstes Grundverhalten, die Bestimmung unseres Eigenwertes und einen Großteil unserer körperlichen, seelischen und geistigen Ausstrahlung. Auf der anderen Seite jedoch steht der Sonne zur Entfaltung und Stabilisierung unseres Selbst eine ganze Reihe gewichtiger Helfer zur Seite. Wie im Kosmos die Sonne erst im Verbund mit den Planeten und Fixsternen unser Sonnensystem bildet, so untersteht das System Mensch auch dem Zusammenwirken seiner symbolischen Sonne mit all den anderen symbolischen Planetenkräften. Es entspricht wohl einer tiefen Wahrheit – sowohl im Sonnensystem als auch im System Mensch –, dass die Planeten im Sinne von Helfern dazu beitragen, dass sich unser Sonnenselbst überhaupt erst entwickeln und stabilisieren kann. Unterschiedliche Aspekte zwischen den Planeten und der Sonne geben uns Auskunft über die spezifische Art der Hilfen, die in diesem Gesamtenergiefeld wirksam sind und zu unserer Persönlichkeitsbildung beitragen. Es muss wohl nicht besonders betont werden, dass diese Planetenkräfte letztlich auch dann für den betroffenen Menschen heilsam und aufbauend wirken, wenn sie in einem gespannten Verhältnis zur Sonne stehen, die Planeten also beispielsweise eine Opposition oder ein Quadrat zur Sonne bilden.

Rein rechnerisch ergeben sich, selbst wenn man sich nur auf die einzelnen möglichen Tierkreiszeichenpositionen der Sonne und der Planeten bezieht, nicht weniger als 1296 mögliche Varianten unterschiedlicher symbolischer Hilfen. Nähme man in diese Rechnung auch noch die möglichen Planetenverbindungen in der Feinstruktur eines Horoskops auf, so ergäben sich fast unendlich viele hoch differenzierte und sensibilisierende Energieströme, die einzig dem Zweck dienen, das Individuum in der Entwicklung zu seiner höchstmöglichen körperlichen, seelischen und geistigen Entfaltung zu motivieren und zu unterstützen. Am Rande bemerkt, gewinnt die Zahl 1296 numerologisch betrachtet eine herausragende Bedeutung. Ihre Quersumme ergibt die Zahl 9 (1+2+9+6 = 18; 1+8 = 9). Die 9 steht nun als Zahl des Geistes – in der astrologischen Analogie Schütze, Jupiter, neuntes Haus – für die Entwicklung unseres höheren Bewusstseins. Aus ihrem Charakter lässt sich folgern, dass den planetarisch-symbolischen Hilfen keine materiell nachweisbaren Energien zugrunde liegen, sondern ganz eindeutig geistige Impulse.

In der gleichen Art und Weise, wie wir die materiellen Auswirkungen der Sonne sowohl als Segen oder auch als Fluch erfahren können – die Sonne gibt Licht und Wärme, kann aber auch versengen –, können sich die symbolischen Energien der astrologischen Sonne in einem Menschen auch erlöst-harmonisch oder unerlöst-disharmonisch auswirken. Bei einem noch weitgehend unerlöst-disharmonischen Ausdruck nimmt der betroffene Mensch leicht das vorweg, was der himmlischen Sonne am Ende ihrer Tage bevorsteht: Er bläst sich auf zu einem roten Riesen. Er strotzt dann geradezu vor aufgeblasener Selbstherrlichkeit und größenwahnsinniger Ego-Bezogenheit und Selbstüberschätzung. Seine Mitmenschen degradiert er zu möglichst willfährigen Trabanten seiner scheinbaren Herrlichkeit. Indem ein solcher Mensch seine grundlegende, existenziell polare Struktur nicht wahrnehmen oder anerkennen kann oder will, vernachlässigt er die in ihm gleichfalls wirkende Kraft des schöpferischen, produktiven Ausgleichs der Energien und überlässt sich einzig seinen einseitig zentrifugal ausgerichteten Kräften.

Auf diese Weise verschließt er sich den zentripetalen Kräften seines Ichs, die die innere Vermittlung zwischen den erlösten und unerlösten

Sonnenenergien bewirken können. Außerdem fordert Saturn, der planetarisch-symbolische Gegenspieler der Sonne, seinen Tribut. Da nun auch dieser Antipode oder Widersacher der Sonne ebenfalls gemäß einer polaren Symbolik wirksam ist, erwachsen aus dem Zusammenspiel der Sonnen- und Saturnkräfte im erlösten Falle Weisheit, Demut, Stärke, Durchhaltevermögen, Konzentration des Handelns und Wollens, innere Reife und Zufriedenheit. Werden jedoch die grenzsetzenden Kräfte des Saturn ignoriert, verstärken sie gleichsam die versengend wirkenden Sonnenenergien und führen zu Angst, Erstarrung, Verbitterung, Unbeugsamkeit und im extremsten Falle zu einer allgemeinen Lebensverneinung.

Dieser Gegenüberstellung von nur zwei Planeten unseres Sonnensystems, deren symbolischer Energien und den daraus resultierenden möglichen Folgen zeigt deutlich, dass es sowohl für die körperliche als auch für die seelische und geistige Entwicklung eines Menschen notwendig ist, diese Gegebenheiten liebevoll anzunehmen, zwischen ihnen einen lebendigen Austausch zu vollziehen und sich ihnen mit offenem Herzen und wachem Verstand hinzugeben. Die in jedem Menschen für diesen inneren Vollzug notwendige symbolische Kraftquelle finden wir in den Qualitäten der Venus, dem planetarischen Symbol umfassender Liebe.

Im Zusammenwirken der Sonnen- und Planetenkräfte soll im Laufe eines Lebens der körperliche, seelische und geistige Same eines Menschen, wie er in dessen Sonnenzeichen und -qualitäten im Horoskop symbolisch ablesbar ist, zur Entfaltung und Reifung kommen. Die diesen Prozess steuernden Kräfte seines sonnenhaften Willens tragen im Sinne bewusster Handlungen und Entscheidungen dazu bei, dass der Mensch gleichsam mit der Kraft seines Herzens alle dafür zur Verfügung stehenden Energien bündelt und sich letztlich als das einmalige und nur so gewollte Individuum offenbart, wie es in der Sonnenstellung seines Horoskops angelegt ist.

Das Prinzip Venus

Unter den in den Betrachtungen zum Prinzip Sonne angesprochenen symbolischen Helfern, den Planeten, besteht zwar keine festgefügte Hierarchie, und doch ragt eine Planetenkraft in besonderer Weise aus dem gemeinsamen Verbund heraus: die Kraft der Venus, die Kraft der Liebe. Ohne sie ist dem Menschen gleichsam nichts möglich, selbst seine besten Absichten verkehren sich in ihr Gegenteil. Wohl kein anderer Weiser hat diesen geistigen Zusammenhang und diese wechselseitige Bedingtheit so prägnant formuliert wie Laotse:

Pflicht	ohne Liebe	macht verdrießlich
Gerechtigkeit	ohne Liebe	macht hart
Wahrheit	ohne Liebe	macht kritiksüchtig
Klugheit	ohne Liebe	macht betrügerisch
Freundlichkeit	ohne Liebe	macht heuchlerisch
Ordnung	ohne Liebe	macht kleinlich
Sachkenntnis	ohne Liebe	macht rechthaberisch
Macht	ohne Liebe	macht grausam
Ehre	ohne Liebe	macht hochmütig
Besitz	ohne Liebe	macht geizig
Glaube	ohne Liebe	macht fanatisch

Unschwer erkennen wir in diesen zwölf Gegenüberstellungen die von der Astrologie den einzelnen Tierkreiszeichen in einer erlösten oder unerlösten Qualität zugeordneten Grundausdrucksformen eines Menschen. Wenn wir die Formel «ohne Liebe» des Laotse in den jeweils positiven Ausdruck «mit Liebe» umwandeln, gewinnen wir im Kern und in der Summe alle die Handlungs- und Entscheidungsebenen, auf denen die Venus-Kräfte im Leben eines Menschen wohltuend wirksam werden können. Ihre Aufgabe ist es, in jedem Menschen eine körperliche, seelische und geistige innere Harmonie herzustellen. Sie streben danach, Versöhnung unter den Gegensätzen herzustellen, polare Widersprüche in eine gemeinsame Mitte zu überführen. Ihr wesentlichstes Ziel ist, Trennung zu überwinden und Vereinigung zu schaffen. Sie verfolgen dabei nicht nur einen lebenserhaltenden, gleichsam kosmisch-geistigen Auftrag, sondern auch unser rein materiell-körperliches Dasein wäre nicht möglich ohne ihre auf Homöostasie gerichtete Energie, ohne ein sinnvoll funktionales Zusammenspiel unserer Organe. Um überhaupt leben zu können, sind wir zum Ausgleich, zur Versöhnung, zur Harmonie – zur Liebe – verpflichtet. Ein nicht liebender Mensch könnte natürlich auch formulieren, dass wir damit gleichzeitig zur Liebe «verurteilt» oder gar «verdammt» seien. Wenn dem so wäre, könnte hinter diesem *Fluch* nur ein ebenfalls nicht liebender Schöpfer verborgen sein. Aber gibt es andererseits eine *Verdammnis*, die den Menschen je mehr Glück – nämlich das alles umfassende Glück, überhaupt zu leben – erfahren ließ? Es ist und bleibt vielmehr so, dass allein die Liebe in ihrer alles überragenden Bedeutung als eine immer wieder das Gleichgewicht schaffende Kraft uns Menschen in uns selbst – rein körperlich individuell und gesellschaftlich untereinander – im wahrsten Sinne des Wortes zusammenhält und zusammenhalten lässt. Die symbolischen Kräfte der Venus streben nach Gemeinschaft, nach einem harmonischen Zusammenspiel aller Organe, seien es unsere eigenen inneren Organe oder die von uns geschaffenen institutionalisierten Organe der Gesellschaft, der Politik, des Glaubens oder Wissens. Nur in einer ausgewogenen Existenz in der und mit der Gemeinschaft all dieser Organe können wir als Einzelwesen überhaupt überleben.

Aus der zentralen Bedeutung, die die Venus-Kräfte in ihrem umfassenden Gesamtausdruck als Liebe in uns haben, erwachsen notwendigerweise all die in ihrer Zahl, in ihrer Bedeutung und Differenzierung schier unendlichen definitorischen Ableitungen, die wir mit dem Begriff Liebe verbinden. Wie großartig ist die Fülle der Definitionen und Bedeutungsinhalte, bei denen sowohl unser rationales Verständnis als auch unsere emotionale Einfühlung die Venus-Analogie *Liebe* assoziiert oder als wohltuende Resonanz mitvernimmt! In ihrer fast unendlichen Vielgestaltigkeit differenzieren und verbinden wir mütterliche Fürsorge, kindliche Anhänglichkeit, erotisch-sexuelles Begehren, die individuelle Hingabe an einen Partner oder an eine Idee, die sexuelle oder seelische Verschmelzung mit einem anderen Menschen, die Verlockungen einer sich anbahnenden Partnerschaft genauso mit dem übergeordneten Begriff Liebe wie beispielsweise den leiblichen Genuss einer guten Mahlzeit oder den ästhetischen Genuss eines vollendeten Kunstwerkes. Überall dort, wo unsere Sinne angenehm berührt werden, lieben wir. Wir lieben, wenn wir uns anschmiegen, streicheln, lauschen, herzlich lachen, befreiend weinen, uns verschenken, unbefangen gesellig sind, wohlwollend verzeihen und gerecht urteilen.

Die äußeren Zeichen oder Ausdrucksformen der Venus-Gaben unterscheiden sich je nach dem ihrer Tierkreisposition zugeordneten Element. Aus den Erdzeichen kommend und wirkend nehmen sie eher einen materiellen, greifbaren Ausdruck an; aus den Feuerzeichen kommend und wirkend gefallen die Venus-Kräfte sich in Taten und Ideen der Liebe; aus den Luftzeichen kommend und wirkend greifen sie bevorzugt zum Wort und der Kommunikation; aus den Wasserzeichen kommend und wirkend entfalten sie sich in emotionaler Zuwendung. So unterschiedlich diese Ausdrucksweisen auch sein mögen, ihnen allen ist gemeinsam, dass sie einem in Liebe überströmenden Herzen entspringen, dass sie gleichermaßen geben und empfangen können. Allein die Venus-Kräfte sensibilisieren unsere Wahrnehmung für das Schöne in der Welt. Durch sie lernen, erfahren und genießen wir unseren Umgang mit der Kunst, nicht zuletzt auch mit der Liebeskunst. Schon diese wenigen Beispiele zeigen, dass wir die Venus-Kräfte gleichsam wie einen Samen in uns tragen und dadurch Anteil haben an der Fülle der Früchte, die sie uns in Form körperlich-sinnlicher oder geistig-seelischer Erfahrungen gewähren. In ihrer umfassendsten Gestalt erfahren wir die symbolische Energie der Venus als wahre und einzige Heilkraft. Erst wenn ein Mensch sich selbst und andere in Liebe annehmen kann, kann er sich selbst und andere heilen.

Nun haben wir schon bei der Betrachtung des Prinzips Sonne gesehen, dass wir die von den Planeten symbolisch ausgehenden Energien stets nur polar, also sowohl in ihrer erlösten als auch in ihrer unerlösten Wirkung wahrnehmen und ausdrücken können. Jedem Planeten wohnt gleichsam ein innerer Widersacher und ein äußerer Antipode inne. Wenn sich im Falle der Venus der innere Gegenspieler in einem Menschen zu Wort meldet, sehen wir uns bei ihm mit den unterschiedlichsten Formen von Eifersucht, Eitelkeit, Triebhaftigkeit, Faulheit, Genusssucht, Geschmacklosigkeit, Vergnügungssucht, Geiz, sexueller Perversion und ganz allgemein einem ausgeprägten Hedonismus konfrontiert. Im Sinne eines äußeren Gegenspielers fungiert gegenüber der Venus der Planet Mars. Bei einem unerlöst-disharmonischen Zusammenspiel und -wirken beider Kräfte beharrt ein Mensch in der Haltung einer hartnäckigen Weigerung, in sich selbst und gegenüber anderen Liebe überhaupt zuzulassen. Nicht selten gefällt sich ein solcher Mensch dann sogar in der Rolle eines Ignoranten gegenüber allem ja auch in ihm angelegten Streben nach körperlicher, seelischer und geistiger Harmonie. Mehr oder weniger blind wütet er dann gegen jeden in ihm wahrnehmbaren Keim der Liebe, der Zuneigung und Verständigung. Treten die Kräfte von Venus und Mars jedoch erlöst-harmonisch miteinander in Verbindung, dann entfaltet sich aus ihnen ein nie erlöschendes Feuer der Liebe. Die marsischen Feuerkräfte der Tat und der Idee vermischen sich mit den originären Erd- und Luftkräften der Venus (entweder aus dem Tierkreiszeichen Stier oder aus der Waage). Analog zu diesen beiden Tierkreiszeichenqualitäten nähren dann die Flammen der Liebe sowohl alle irdisch-materiellen als auch die kosmisch-geistigen Aufgaben und Ziele eines Menschen.

Das Wechselspiel dieser miteinander oder gegeneinander wirkenden Venus- und Mars-Kräfte kann man wohl am sinnfälligsten beschreiben, wenn man sich vergegenwärtigt, wie wir die von uns empfundene innere Analogie des Prinzips Venus mit dem Prinzip des Weiblichen zueinander in Relation setzen. Stichworte dazu heißen dann: Madonna und Hure, Frau und Geliebte, *böse* Mutter und *gute* Mutter. Die in das weibliche Prinzip mit einfließenden Mondenergien und -analogien ergänzen bzw. vervollständigen nur das Bild. Die zwischen der Venus und dem Mars im Wechselspiel tätigen, sowohl zentrifugalen als auch zentripetalen Energien führen in der Summe bei einem noch unerlösten Bewusstseinszustand zu einem überwiegend fordernden, nur nehmenden, aussaugenden Verhalten, im erlösten Ausdruck dagegen zu einem überwiegend gebenden, sorgenden und empfangenden Verhalten. Im extremsten Falle verweigert ein Mensch auch ganz einfach die marsische Arbeit an der Liebe und die Taten im Namen der Liebe, und er befindet sich mehr oder weniger latent im Zustand des Hasses. Oder er sitzt dem inneren Widersacher der Venus auf und erschöpft sich in lethargischem Genuss.

Ein einziger Blick an den Morgen- oder Abendhimmel sollte uns jedoch davon überzeugen, dass genauso, wie die Venus als der schönste und hellste Planet am Firmament strahlt, die Liebe die Kraft ist, die auch in einem Menschen am hellsten leuchtet und ihn erleuchtet.

3 Das Verhältnis zwischen Sonne und Venus aus astronomischer und astrologischer Sicht

Bevor wir uns mit dem astrologisch-symbolischen Verhältnis zwischen der Sonne und der Venus beschäftigen, wollen wir einen kurzen Blick auf die physikalisch-astronomischen Beziehungen werfen, die zwischen diesen beiden «Planeten» untereinander und zur Erde bestehen.

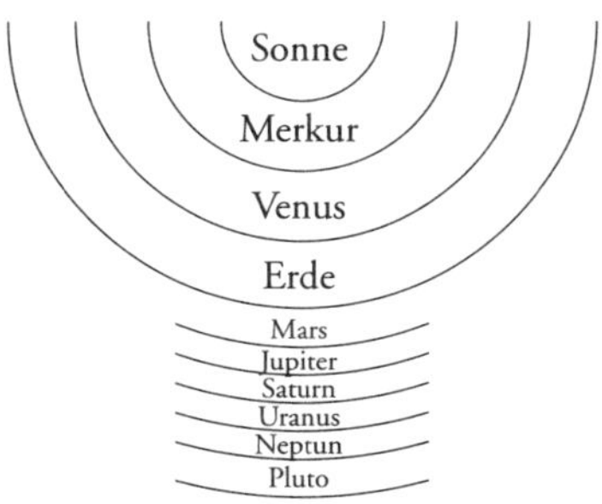

Unser Sonnen- und Planetensystem aus heliozentrischer Sicht

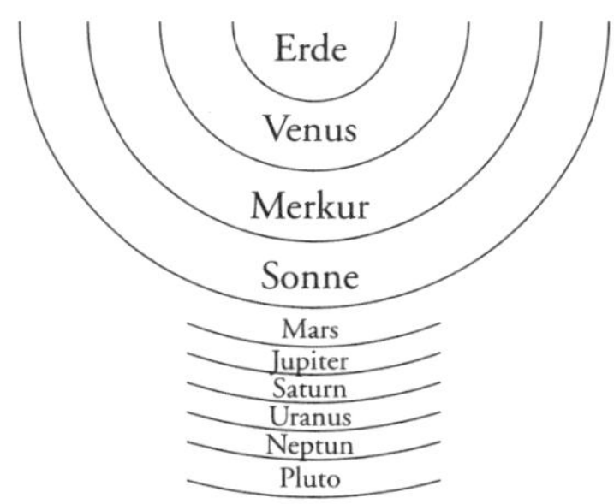

Unser Sonnen- und Planetensystem aus geozentrischer Sicht

Aus den beiden Grafiken wird deutlich, dass die Venus sowohl aus heliozentrischer als auch aus geozentrischer Sicht der Erde am nächsten steht. Der jährliche Umlauf der Venus um die Sonne beträgt rund 225 Tage, der gleiche Umlauf der Erde um die Sonne beträgt rund 365 Tage. Die besonderen Bedingungen des Venus-Umlaufes um die Sonne bewirken, dass sich die Venus aus geozentrischer Sicht nie weiter als 48 Grad von der Sonne entfernen kann.

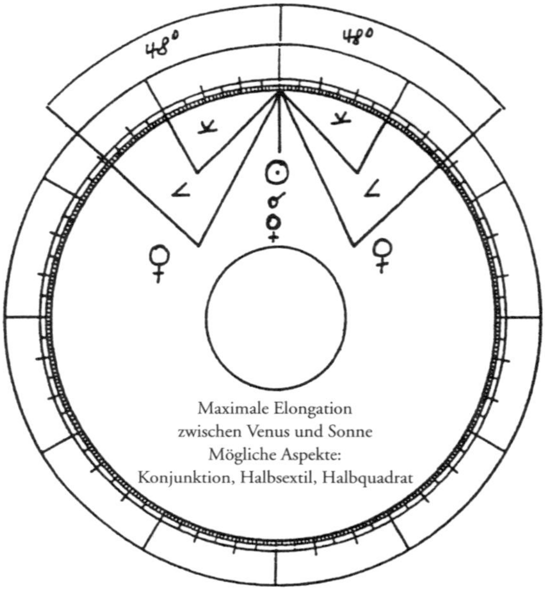

Maximale Elongation
zwischen Venus und Sonne
Mögliche Aspekte:
Konjunktion, Halbsextil, Halbquadrat

Für unsere Analogie «Sonne ist gleich Mensch» bedeutet das, dass die in der Venus symbolisch verkörperte Liebe uns Menschen eigentlich nie ganz verlassen kann. Wir können uns ihrem Einfluss überhaupt nicht entziehen. Alle anderen Planeten (mit Ausnahme des Merkur) können im extremsten Falle in eine Opposition zur Sonne, das heißt auch zu unserem symbolischen Selbst kommen. Beispielsweise kann die in uns wesensmäßig angelegte Aggression, wie sie vom Planeten Mars symbolisiert wird, uns frontal – in Opposition – gegenübertreten. Sie kann gleichsam unser Selbst zum Angriffspunkt ihrer zerstörerischen Energien machen. Wir können uns selbst zerstören, und dies nicht erst seit der Erfindung unserer marsisch-uranisch-plutonischen Bomben. Demgegenüber schmiegt sich die Venus vergleichsweise innig und reibungslos an die Sonne und damit an unser Selbst an. Wir können – symbolisch betrachtet – nicht in eine Opposition zu den Energien unserer Liebe kommen. Wir können uns selbst gleichsam nicht *nicht lieben.*

Das innige Verhältnis zwischen der Sonne und der Venus führt dazu, dass diese beiden Planeten aus astrologischer Sicht auch nur sehr wenige Aspekte, das heißt Winkelverbindungen miteinander bilden können. Die zum Teil sehr spannungsgeladenen Beziehungen zwischen den anderen Planeten und der Sonne sind nicht vergleichbar mit dem gemäßigten Klima zwischen der Venus und der Sonne. Auf der Symbolebene heißt dies, dass unser Selbst, verkörpert in der Sonne, und unsere Liebesfähigkeit, verkörpert in der Venus, unverbrüchlich eng miteinander verknüpft sind. Genau genommen kann sich unser Selbst eigentlich nicht von seiner immanenten Liebesfähigkeit trennen, es kann sie nicht abschütteln, sie begleitet uns zeitlebens als unser guter Geist. Wir sind – im positiven Sinne verstanden – *verurteilt* zu lieben.

Alle Aspekte eines Horoskops, unabhängig davon, ob sie ihrer Natur nach eher gespannt oder entspannt sind, zeigen immer an, wo zur Vervollkommnung der Persönlichkeit notwendige und sinnvolle Wachstumsschritte angelegt sind. Sie verkörpern einen inneren Energiefluss, mit dessen Hilfe der Betroffene Schritte auf dem Weg seiner Reifung gehen kann. Bei einem entspannten Verhältnis fordern sie den Betroffenen dazu auf, den durch die beteiligten Planetenkräfte vorgezeigten Weg selbstbewusst und aktiv zu gehen. In einem «gespannten» Verhältnis fordern sie dazu auf, die vorliegenden inneren Widerstände klug und kraftvoll zu überwinden. Wenn wir unter diesen Voraussetzungen die Symbolik und das Wesen der zwischen der Venus und der Sonne möglichen Aspekte* untersuchen, wenn wir uns fragen, welche Aufforderungen im Sinne eines inneren Wachstums in ihnen verborgen liegen, so ergeben sich im Einzelnen nur folgende mögliche astrologischen Paarungen: Sonne Konjunktion Venus, Sonne Halbsextil Venus und Sonne Halbquadrat Venus. Dabei betreffen zwei der drei möglichen Aspekte, die Konjunktion und das Halbsextil, den Weg der Evolution eines Menschen, der dritte mögliche Aspekt, das Halbquadrat, den Weg der Involution. Auf seinem Weg der Evolution ist das Individuum aufgefordert, nach vorn zu schauen und durch entschiedene Schritte in eine neue Dimension der Erfahrung einzutauchen. Seinem Selbst offenbaren sich neue Möglichkeiten zum aktiven und unverstellten Ausdruck der Kraft seiner Liebe. Im Gegensatz dazu gilt es auf dem Weg der Involution, den Blick nach innen zu richten, die

* Die möglichen Aspektverbindungen zwischen Sonne und Venus werden hier hauptsächlich auf der allgemeinen Symbolebene betrachtet. Die individuelle psychologische Deutung von Aspekten bedarf einer eingehenden Horoskopanalyse.

vorhandene Anlage nicht zu verändern, sondern zu vertiefen. Hier gilt es, gegen den wahrgenommenen inneren Widerspruch nicht anzukämpfen, sondern sich davon herausgefordert zu fühlen, ihn zutiefst anzunehmen und zum Ausdruck zu bringen. Das Selbst und die Kraft der Liebe wollen zwei unterschiedliche, scheinbar nicht zu vereinbarende Wege gehen. Indem der Betroffene jedoch die Diskrepanz akzeptiert, sich dadurch nicht «verurteilt» fühlt, sondern sich zu diesem Bestand bekennt, vertieft er seine Einsicht in sein Selbst. Die in beiden Fällen geforderte Veränderung muss im evolutionären Prozess durch Extraversion, im Außen, geleistet werden, im involutionären Prozess durch Introversion, im Inneren.

Venus und Sonne bilden eine Konjunktion: Unter der Konjunktion verbinden sich die Venus- und Sonnenkräfte zu einer gleichsam sprudelnden Quelle des gemeinsamen Ausdrucks. Beide Energien verbinden sich fruchtbar zu einer machtvollen Einheit. Das Gesamtwollen des Selbst ist identisch mit dem Wollen und dem Ziel der Liebe. Das Selbst und die in ihm ruhende Liebe möchten ihre vereinten Kräfte unmittelbar freisetzen. Alle Vorstellungen des Selbst fließen ein in die Selbstverständlichkeit einer Tat oder eines Verhaltens der Liebe, wie sie für das Tierkreiszeichen typisch sind, in dem die Konjunktion stattfindet. Im Einzelfall kann es unter Umständen aus anderen astrologischen Dispositionen am Willen fehlen, die Gemeinsamkeit des Impulses in die Tat umzusetzen. Die mögliche Tat gerinnt dann nur zur Vorstellung von der Tat.

Venus im Halbsextil zur Sonne: Die im Halbsextil miteinander verbundenen Ausdrucksformen der beiden Tierkreiszeichen stellen symbolisch eine Art wechselweiser Vision dar. Aus dem jeweils folgenden Tierkreiszeichen wird auf das nachfolgende der unwiderstehliche Reiz ausgeübt, die andere Qualität des Ausdrucks kennen zu lernen und zu erproben. Dieser Impuls geht einerseits von der Sonne auf die andere Qualität der beispielsweise hinter ihr stehenden Venus aus, wirkt andererseits von der Venus auf die andere Qualität der hinter ihr stehenden Sonne ein. Es entsteht jeweils eine Art neuer Brennpunkt, auf den sich die Neugierde fixiert. Die im anderen Zeichen sich auftuende Verheißung einer neuen Möglichkeit wird als viel versprechende Variante des bisherigen Verhaltens angestrebt. Nicht selten ist diesem Reiz aber auch eine gewisse Ängstlichkeit beigemischt, eventuell auch Trägheit oder Unschlüssigkeit, die eine Identifikation mit dem scheinbar *ganz Anderen* im Einzelfall verhindern. Sobald sich jedoch mit dem Reiz ein erster aktiver Schritt in Richtung auf das Neue verbindet, verschmelzen die beiden Ausdrucksweisen zu einer für den Betroffenen beglückenden Harmonie.

Venus im Halbquadrat zur Sonne: Hier geht es gemäß dem Prozess der Involution darum, dass der Betroffene die aus der Spannung des Aspektes wirkende Energie weniger in eine äußere Aktivität umsetzt, sondern vielmehr für eine Innenschau nutzt. Die aus den beteiligten Tierkreiszeichen erwachsenden symbolischen Qualitäten ziehen den Betroffenen gleichsam in zwei unterschiedliche, scheinbar nicht zu vereinbarende Richtungen. Hier jedoch nicht wie beim Halbsextil mit einer angestrebten Außenwirkung, sondern mit einer anzustrebenden Innenwirkung. Man könnte diesen Zustand am besten umschreiben, indem man sich als Betroffener die Frage stellt: «Warum kann ich nicht auch *so* sein?» Diese Frage richtet hier einerseits die Venus an die *andere,* im Tierkreis vor ihr stehende Sonne, andererseits die Sonne an die *andere*, vor ihr stehende Venus. Zwischen dem Ausdruck der beiden Planetenkräfte besteht eine Art Zweifel über eine gemeinsame Richtung. Damit dieser Zweifel für den Betroffenen nicht zu einer Blockade wird, sollte er sich dieses Zwiespaltes immer bewusst sein. Allein aus dieser Bewusstheit erwächst ihm die Kraft, sich in jedem Einzelfall einmal mehr gemäß seiner Sonne und ein anderes Mal mehr gemäß seiner Venus zu lieben. Musste in den beiden anderen Fällen die Energie mehr auf die im Außen zu vollziehende Handlung oder die zu überwindende Trägheit gerichtet sein, so muss sie sich hier nach innen richten und in dem Betroffenen eine Basis des Selbstvertrauens schaffen. Erst auf der Grundlage eines so gewonnenen Selbstvertrauens kann dann auch die Liebe wieder entschieden wirksam werden.

Wenn es auf den ersten Blick so aussieht, als seien die beiden ersten Wege leichter zu gehen, so beruht dieser Eindruck wohl wesentlich darauf, dass wir verführt sind, ein solches Urteil aus unseren Erfahrungen mit der uns umgebenden materiellen Welt abzuleiten, die ja nachdrücklich den Fortschritt propagiert. Scheinbar können wir ja nicht anders, als nach vorne zu schauen. Vergessen wir dabei aber nicht, dass es – allein aus der Position der Sonne im Tierkreis abgeleitet – sehr viele Menschen gibt, die auch in der äußeren Welt eher einen inneren Weg gehen. Wo die Feuer- und Luftzeichen beispielsweise mit Enthusiasmus nach vorn stürmen, finden die Wasserzeichen in der Besinnung auf sich selbst ihr Glück und ihre Erfüllung. Es gibt also auch hier weder einen leichten noch einen schweren Weg, entscheidend ist die Bereitschaft des Betroffenen, *seinen* Weg zu gehen.

4 Der Ausdruck Ihrer Sonne und Ihrer Venus in den zwölf Tierkreiszeichen

Bevor Sie nun über die wechselseitigen Einflüsse und Ausdrucksweisen der Sonne und der Venus unter Ihrer individuellen planetarischen Kombination nachlesen, hier einige Erläuterungen zum besseren Verständnis der Deutungstexte.

Der wohl wichtigste Hinweis besteht darin, Sie darauf aufmerksam zu machen, dass jede planetarische Konstellation in einem Kosmogramm vom Horoskopeigner sowohl erlöst-harmonisch als auch unerlöst-disharmonisch erfahren und ausgedrückt werden kann. In welcher Art und Weise ein Mensch seine symbolischen Planeteneinflüsse ausdrückt – das heißt, in welcher besonderen Weise Sie Ihrer Liebe Ausdruck verleihen –, kann man aus dem Horoskop allein nicht ablesen. Dazu bedarf es der genauen Kenntnis des Entwicklungs- und Bewusstseinsstandes des betroffenen Menschen. Man muss wissen, in welchem aktuellen Entwicklungszyklus sich dieser Mann oder diese Frau gerade befindet. All diese Umstände erschließen sich entweder in einem Gespräch, oder der Betroffene weiß die angebotene Analyse aufgrund seiner Biographie, seiner üblichen Art und Weise zu handeln, zu entscheiden, zu fühlen und zu denken, selbst einzuordnen. Indem er sich mit seiner Selbsteinschätzung zu den Aussagen in eine Beziehung setzt, erschließen sich ihm die notwendigen Einsichten, gemäß derer er unter Umständen entweder sein Verhalten im Einzelnen ändern müsste, oder er fühlt sich bei einem schon harmonischen Erleben und Ausdruck in seinem Verhalten bestätigt und ermuntert, auf diesem Wege fortzufahren.

Sie werden also in den einzelnen Analysen jeweils sowohl die Darstellung eines erlösten als auch eines noch nicht oder nur teilweise erlösten Umgangs mit Ihrer individuellen Liebesfähigkeit lesen. Je unvoreingenommener, offener und auch selbstkritischer Sie dabei «Ihre» Aspektierung in sich aufnehmen, umso größer wird Ihr Gewinn sein. Wenn Sie den Ausdruck Ihrer Liebe eher in den noch nicht oder nur teilweise erlösten Charakterisierungen gespiegelt sehen, besteht kein Grund, allzu scharf mit sich selbst ins Gericht zu gehen. Da ja auch der Umgang mit den Aussagen über Ihre Liebesfähigkeit letztlich von Liebe geprägt sein sollte, versuchen Sie bitte, auch die hier skizzierten Schattenseiten Ihres Liebesausdrucks liebevoll in sich aufzunehmen. Da zugleich auch alle positiv möglichen Varianten Ihres Liebesverhaltens aufgezeigt werden, bedarf es vielleicht nur eines kleinen, mutigen Schrittes, um einen noch gespannten Ausdruck zu transformieren. Bedenken Sie auch, dass eine einzig auf die Abwehr eines negativ-unerlösten Ausdrucks gerichtete Energie Sie davon abhalten wird, mit der gleichen Kraft und Intensität die positiv-erlösten Anteile zu fördern. Es ist letztlich ganz einfach so, dass die Schattenanteile Ihres Liebesausdrucks gleichsam automatisch verschwinden, je intensiver und bewusster Sie die Lichtseite in Ihrem Leben zum Ausdruck bringen.

Ein Vergleich macht deutlich, wie Sie am besten mit Ihren individuellen Schattenseiten umgehen können. Lassen Sie bitte dazu vor Ihrem geistigen Auge folgendes Bild erscheinen: Es ist dunkle Nacht, Sie sehen ein Haus mit geschlossenen Fensterläden, dessen Innenräume jedoch hell erleuchtet sind. Wenn Sie nun im Geiste ein Fenster öffnen, wird es im Inneren des Hauses, im Licht, nicht dunkler, sondern draußen, im Dunklen, wird es ein wenig heller. Das heißt, das Licht hat über die Dunkelheit gesiegt. Analog dazu werden die Lichtseiten Ihrer Liebesfähigkeit über die möglichen Schattenseiten siegen. Wenn Sie das Licht Ihrer Liebe bewusst leuchten lassen, eliminieren Sie gleichsam zwangsläufig deren Schatten. Und dies geschieht nicht in dem eher marsisch geprägten Akt eines Angriffs oder einer Unterdrückung, sondern im Sinne der Venus in Form einer Wandlung mittels der Liebe.

Da man aus einem Horoskop nicht unmittelbar ablesen kann, welche Energien und Ausdrucksweisen ein Mensch in den Vordergrund seines Wesens stellt, ob er beispielsweise mehr seine Sonnen- oder seine Venus-Natur lebt, empfiehlt es sich, auch einmal unter der umgekehrten Kombination nachzulesen. Wenn also zum Beispiel Ihre Sonne in Widder und Ihre Venus in Stier steht, sollten Sie auch die Analyse unter der Konstellation Sonne in Stier und Venus in Widder nachlesen. Und dies natürlich analog durch den ganzen Tierkreis. Je nachdem, ob sich die Dominanz Ihres Selbstausdruckes mehr aus der Kombination der einen oder anderen Konstellation ergibt, werden Sie sich selbst wieder erkennen. Es ist außerdem möglich, dass Sie, wie jeder Mensch, im Laufe Ihres Lebens eine Verschiebung Ihrer dominanten Ausdrucksweise vorgenommen haben. Dann werden Sie beim Lesen vielleicht denken: «So war ich früher einmal.» Je mehr Sie also bereit sind, mit Ihrem persönlichen Deutungstext auch ein wenig liebevoll zu *spielen*, umso zutreffender werden Sie die in diesen Aussagen liegende individuelle Aufgabe erkennen und lösen können. Es geht also im Wesentlichen nicht darum, alle möglichen Schattenseiten Ihres Liebesausdruckes mehr oder weniger gewaltsam zu eliminieren, sondern die Lichtseiten bewusst zu stärken. Wenn Sie einen liebevollen Umgang mit sich selbst pflegen, wird sich Ihre innere Erfahrung mit der Liebe vertiefen. Darüber hinaus strahlen diese Erfahrungen auch positiv und beglückend auf alle Ihre zwischenmenschlichen Kontakte und Beziehungen aus, ob in einer konkreten Partnerschaft oder im freundschaftlichen oder beruflichen Verkehr mit anderen Menschen. Es ist eine der wertvollsten Verheißungen, die in der Erfahrung eines jeden Menschen eingelöst wird, dass die Liebe den Menschen nicht verlässt – dass die Liebe uns Menschen überhaupt nicht verlassen kann. Es liegt an jedem Einzelnen, sich der Macht der Liebe zu beugen und aus dieser nur scheinbaren Unterwerfung eben die Kräfte zu entwickeln, die ihn glücklich machen.

In den folgenden Deutungstexten und Charakterisierungen wird immer wieder von Liebe gesprochen. Versuchen Sie, beim Lesen in Ihren Gedanken und in Ihrer Phantasie tief in die mit diesem Begriff verbundene Gefühlswelt einzutauchen. Lassen Sie vor Ihrem geistigen Auge und in Ihrem Herzen auch all die mannigfaltigen Ausformungen der Liebe mitschwingen, wie sie sich nicht nur als Mutterliebe, als geschlechtliche Liebe, sondern beispielsweise auch als Kameradschaft, als Freundschaft oder als Nächstenliebe offenbaren. Seine Eltern, seine Geschwister oder Verwandten zu lieben, gleicht in der Substanz der Liebe, die man für eine Idee, die Wahrheit, die Freiheit, für die gesamte belebte und unbelebte Natur und schließlich auch für Gott empfindet. Keine der Erscheinungsformen der Liebe ist «besser» oder «schlechter». Da die wahre Liebe ihrem Wesen nach nicht danach fragt, auf wen oder was sie sich richtet, sondern allein danach, ob sie sich mit einer aus dem Herzen kommenden Tat verbindet – mit einer persönlichen Entscheidung, für einen bestimmten Menschen oder eine Idee in Liebe aktiv zu werden, mit einem Akt unseres Willens, hier und nirgendwo anders aus Liebe zu handeln –, sind vor der Liebe nicht nur alle Menschen, sondern alle Erscheinungen unserer Wirklichkeit gleich. Je umfassender Sie in Ihrem Inneren und in Ihrem Leben die Liebe wahrnehmen können, desto vielfältiger werden Sie sich auch in den einzelnen Beschreibungen Ihrer individuellen Liebesfähigkeit wieder erkennen. Die Intensität der Resonanz, mit der Sie beim Lesen Ihrer planetarischen Konstellation konfrontiert werden, steht in einem direkten Verhältnis zum Grad Ihrer Bereitschaft, die der Liebe eigene Mannigfaltigkeit in sich selbst wahrzunehmen und auszudrücken. Versuchen Sie nicht, den Ausdruck Ihrer Liebe ausschließlich in größeren Zusammenhängen, in einem großen Erlebnis, in der «großen Liebe» zu suchen. Eine erfüllte Liebe zeigt sich sehr oft in scheinbar ganz unauffälligen Begegnungen und Handlungen. Wenn Sie sich Ihre Liebe als einen geschliffenen Diamanten vorstellen, so hängt dessen Glanz und Strahlkraft nicht allein von seiner Größe, sondern wesentlich von seinem inneren Feuer ab. Genauso verhält es sich mit der Liebe: Allein die Strahlkraft und das Feuer Ihres Herzens bestimmen die Tiefe und Aufrichtigkeit Ihrer Liebe. Selbst der kleinste Partikel eines solchermaßen in Liebe glühenden Diamanten oder Herzens überstrahlt mühelos seine Umgebung. Es gehört zum Wunder der Liebe, dass überall dort, wo sie sichtbar wird, auch die geringste Handlung Größe und Schönheit, Harmonie, Glück und Erfüllung hervorruft.

Wenn Sie sich in den folgenden Darstellungen Ihrer individuellen Liebesfähigkeit in einzelnen Punkten oder auch überwiegend eher im als unerlöst-disharmonisch beschriebenen Ausdruck wieder finden sollten, bedenken Sie: Die Liebe verlässt den Menschen nicht. Der Keim einer sich entwickelnden und erlebbaren Harmonie zwischen Ihrem Selbst und Ihrer Liebesfähigkeit ist immer gelegt. Vielleicht bedarf es nur eines kleinen, aber mutigen Schrittes im Sinne des Sich-selbst-Annehmens, um ihn in einer reichen und Sie beglückenden Saat erblühen zu lassen.

So finden Sie Ihren persönlichen Deutungstext

- Als Erstes müssen Sie herausfinden, in welchen Tierkreiszeichen Sonne und Venus in Ihrem Geburtshoroskop stehen. Dazu können Sie die Tabellen am Ende dieses Buches (S. 260) benutzen.
- Haben Sie Ihre persönliche Sonne-Venus-Kombination ermittelt? Als Nächstes suchen Sie diese Kombination im Inhaltsverzeichnis (Kapitel 4). Jetzt können Sie Ihren persönlichen Deutungstext auf den entsprechenden Seiten nachlesen.
- Falls Sie in der Tabelle zwei mögliche Positionen für Ihre Venus finden, lesen Sie die Analysen für beide Sonne-Venus-Kombinationen. Anhand des Deutungstextes werden Sie vermutlich erkennen, welche Venus-Position bei Ihnen zutrifft.
- Sie können zusätzlich auch den Text für die umgekehrte Sonne-Venus-Kombination zu Rate ziehen. Wenn in Ihrem Horoskop beispielsweise die Sonne in Zwillinge und die Venus in Widder steht, lesen Sie auch den Text für Sonne in Widder und Venus in Zwillinge.
- Wenn Sie die individuelle Sonne-Venus-Kombination von Familienangehörigen oder Freunden ermitteln wollen, benötigen Sie deren Geburtsdaten. Die persönlichen Deutungstexte finden Sie dann wie oben beschrieben.

Sonne in Widder

Sonne in Widder – Venus in Widder

Bei einem erlösten Erleben und Ausdruck dieser persönlichen Konstellation von Sonne und Venus vereinigen sich bei Ihnen die Kräfte der Liebe und die Kräfte Ihres Selbst zu einem machtvollen Strom. Sie tragen in sich ein Ideal der Liebe, das Sie mit großer Zuversicht – selbst davon begeistert und andere begeisternd – stürmisch in die Tat umsetzen möchten. Geschmeidig verbinden sich die Kraft Ihres Wollens und die Weichheit Ihrer Mittel bei dessen Durchsetzung. Die Ihnen daraus erwachsende Erfolgssicherheit lässt Sie immer wieder neue Subjekte und Objekte ins Auge fassen. Den Menschen, denen Sie in Liebe begegnen, vermitteln Sie auch in schwierigsten Lebenssituationen nachhaltigen Mut zur Bewältigung ihrer Existenz. Mit der Kraft Ihrer Liebesfähigkeit sind Sie fähig, andere Menschen mitzureißen und ihnen wieder neue Aufgaben, an die sich lohnt zu glauben, zu vermitteln und sie beim Erreichen ihrer Ziele aktiv zu unterstützen. Solange Sie die Kraft Ihrer Liebe nach außen orientieren, auf andere Menschen und Objekte, wirkt sie schöpferisch und wohltuend.

Gelingt Ihnen dies einmal nicht und setzen Sie sich selbst, Ihr Ego, allzu betont ins Zentrum Ihrer Wünsche und Handlungen, gerät Ihr Energiefluss ins Stocken, und es entsteht eine Art Egoismus, besser gesagt ein überbetonter Egozentrismus. Diese Haltung verstellt Ihnen dann einen befreiten und befreienden Blick auf Ihr Gegenüber, das Du. Das Ergebnis ist, dass sich diese inneren Spannungen in Form von cholerischen Ausbrüchen, als Streitlust und Ungeduld mit sich selbst und anderen entladen. Sie nähern sich dann allen Subjekten und Objekten Ihres Liebesbegehrens mit einem dominanten Imponiergehabe, angriffslustig und mit dem unbedingten und manchmal auch zwanghaften Wunsch nach einer unmittelbaren Erfüllung Ihrer Wünsche. Reagiert dann ein ins Auge gefasster Partner oder eine Partnerin nicht sofort auf Ihr stürmisches und unmissverständliches Angebot, verlieren Sie sehr schnell die Lust. Es fehlt Ihnen dann die Bereitschaft, mit Geduld und vielleicht auch mit ein wenig Diplomatie um einen Partner oder eine Partnerin zu werben. Hinter diesem Verhalten lauert dann uneingestanden die Angst, durch ein dauerhafteres und geduldiges Werben Ihren Stolz zu verlieren, und Ihr Interesse springt dann lieber gleich auf ein anderes Subjekt oder Objekt Ihres Begehrens über.

Auf der Ebene des Handelns oder Entscheidens umfangen Sie bei einem entspannten Energiefluss das Objekt Ihrer Wahl mit einer spontanen und impulsiven Liebe. Tatkräftig und auf Effizienz ausgerichtet, bündeln Sie Ihre Energien, um mit einem instinktiv sicheren Zugriff das Ideal Ihres Wollens zu verwirklichen. Ihre lebensbejahende Vitalität schöpft ihre Kraft wesentlich daraus, dass vor Ihrem geistigen Auge immer wieder neue Ziele Ihres Liebesbegehrens und Ihrer Liebeserfüllung auftauchen. Sich mit ihnen zu verbinden, sie aktiv in den Mantel Ihrer Liebe einzukleiden, andere mitzureißen und sich mitreißen zu lassen, darin liegt für Sie die Vollkommenheit Ihres Liebesglücks. Vollbringen Sie Taten der Liebe. In einer Verbindung mit erdbetonten Aufgaben gelingt es Ihnen, Werte von dauerhaftem Bestand und dauerhafter Schönheit zu schaffen. In einer Verbindung mit luftbetonten Aufgaben verhelfen Sie Ideen und Idealen zu einer positiven allgemeinen Gültigkeit. Ob als Jungfrau von Orleans oder als Ritter ohne Furcht und Tadel kämpfen Sie für die Macht der Liebe in all ihren irdischen Ausformungen. Unter allen möglichen Kreuzzügen, auf die sich die Menschen im Laufe der Jahrhunderte begeben haben, sollte Ihr persönlicher Kreuzzug einzig unter dem Zeichen einer friedlichen Verbreitung des Ideals einer aktiv gelebten Liebe stehen. Da Sie das Ideal der Liebe immer vor Ihrem geistigen Auge haben und es nicht Ihrer Natur entspricht aufzugeben, werden Sie sich auch bei möglichen Enttäuschungen in der Resonanz auf Ihre Liebe nicht entmutigen lassen. In solchen Fällen erwacht Ihre natürliche Fähigkeit, die Potenz Ihrer Liebe gleichsam in sich selbst und aus sich heraus zu regenerieren. Situationen, in denen Sie mit dem Rücken zur Wand stehen oder dies glauben, lassen die Flamme Ihrer Liebesfähigkeit besonders kraftvoll und strahlend lodern. Dieses Feuer entfacht dann in Ihnen auch den nötigen Mut, die Entschlossenheit und die Zuversicht, den entscheidenden aktiven Schritt weg von der Wand zu gehen. Diese Kühnheit, die wesentlich eine Kühnheit des Herzens ist, strahlt vorbildhaft auch auf andere Menschen aus. Je öfter Sie lustvoll erfahren, dass Sie anderen Menschen ein Beispiel sind, umso mehr vertieft sich in Ihrem Herzen Ihr Glaube, Ihr Vertrauen und Ihre Gewissheit in die eigenen Kräfte der Liebe.

Es ist jedoch für Sie außerordentlich wichtig, dass Sie Ihrer ja auch immer stark sexuell betonten Angriffslust Raum und vor allem Zeit für eine liebevolle und geduldige Annäherung an den Partner einräumen. Geschieht dies nicht, werden Sie vielleicht schon hundertmal die «Liebe auf den ersten Blick» oder die «ganz große Liebe» erlebt haben. Gedauert hat sie wohl aber immer nur kurz, und Sie sind wieder einmal enttäuscht zurückgeblieben. Ihre grundsätzlich sehr positive Anlage, sich eigentlich nie und durch nichts entmutigen zu lassen, kann sich in einem solchen Zusammenhang jedoch in ihr Gegenteil verkehren. Solange Sie nicht die Gründe für Ihre Enttäuschung realisieren oder sich selbst eingestehen wollen, geraten Sie in einen enervierenden Kreislauf von wiederkehrenden Versuchen und Irrtümern. Vielleicht erinnern Sie sich, wie oft Sie schon bei einem derart ausgedrückten Liebesbegehren den dramatischen Auftritt gewählt haben, um eine Liebe zu beenden, und wie oft diese nach außen hin imposanten Szenen in Ihrem Herzen doch eine nachhaltige Leere hinterlassen haben. Dass in der überwiegenden Zahl solcher Fälle natürlich der andere Schuld hatte, versteht sich für Sie von selbst. Sie neigen dann dazu, in der Liebe mit Stärke zu bluffen, und kompensieren Ihre wiederkehrende seelische Trauer mit immer neuen Liebesangriffen. Diese rastlosen Versuche, Ihre Liebe anderen gleichsam aufzuzwingen, kann im Einzelfall dazu führen, dass Sie zu der Überzeugung kommen, dass das jeweils andere Geschlecht Ihnen eigentlich keine ebenbürtigen Partnerschaften schenken kann. Möglicherweise führt dies dazu, dass Sie zeitweise oder auf Dauer homosexuellen Partnerschaften den Vorzug geben. Sie suggerieren sich dann das Gefühl einer Art Wahlverwandtschaft und glauben, sich in einer solchen Beziehung weniger anpassen zu müssen und Ihren Dominanzanspruch in der Liebe besser leben zu können. Ob dies für Sie letztlich eine erfüllende Lösung ist, können Sie nur selbst entscheiden.

Erst wenn Sie – vielleicht nach vielen schmerzlichen Erfahrungen – gelernt haben, dass sich die wirkliche und wahrhaftige Erfüllung Ihrer Liebeswünsche nur dann einstellt, wenn über die spontane Befriedigung hinaus auch ein geduldiger und dauerhafter Austausch von Gefühlen hinzukommt, können Sie der dramatisch auf- und absteigenden Spirale Ihres impulsiven Begehrens, dem Augenblick der Erfüllung und der nachfolgenden gefühlsmäßigen Leere entkommen. Vergegenwärtigen Sie sich einmal folgendes Bild: Eine immer wieder machtvoll aufschießende Fontäne erregt vielleicht unsere Bewunderung, wir sind fasziniert von dem hochschießenden und niederstürzenden Wasserschwall – das heißt von den Gefühlsmassen –, wir sind wie elektrisiert von dem prächtigen Farbenspiel der sich darin brechenden Sonnenstrahlen. Kämen wir jedoch mit diesen Wasser-Gefühlsmassen in eine engere Berührung, fühlten wir uns nur mehr oder weniger kalt geduscht. Ganz anders dagegen das schon eingangs gebrauchte Bild des machtvollen Stroms: In ihn können wir eintauchen, wohltuend in ihm baden, uns immer wieder neu erfrischen. Seinem stetigen Fluss können wir unsere Gefühle anvertrauen. Er trägt uns ruhig und zielbewusst überall dorthin, wo die Wünsche unserer Liebe eine erfüllende Antwort zurückerwarten und auch bekommen.

Ihre Verhaltensweisen auf der Partnerebene haben ihre nahtlose Entsprechung auf der Handlungs- und Entscheidungsebene. Auch hier ist es für Sie wichtig, sich geduldig auf eine Sache einzulassen, sich zuweilen auch anzupassen, ohne gleich das Gefühl zu haben, das Gesicht zu verlieren. Im unerlöst-disharmonischen Zustand werden Sie vermutlich dazu neigen, von einer noch nicht abgeschlossenen Handlung allzu impulsiv und spontan in die nächste zu springen. Zwar mag Ihnen dies immer wieder auch nachhaltigen Erfolg bringen, in Ihrem Inneren baut sich jedoch auf längere Sicht eine Spannung auf, die es unter Umständen verhindert, dass Sie sich an Ihren Erfolgen auch wirklich und nachhaltig erfreuen und sie genießen können. Bei einer unvoreingenommenen Betrachtung Ihrer Gefühls- und Seelenlage werden Sie dann feststellen, dass sich in Ihnen zunehmend eine seelische Leere breit macht, die mit der Zeit auch durch Imponiergehabe und Selbstgerechtigkeit nicht mehr zu kompensieren ist. Indem Sie jedoch lernen, sich mit innerer Anteilnahme auf andere Menschen und Sachzusammenhänge geduldig einzulassen, bereiten Sie Ihrem Liebesideal den Boden, auf dem es in Gestalt von stetig beantworteter Zärtlichkeit, gegenseitiger Fürsorge und einem Interessenausgleich der Wünsche seine wahre Erfüllung findet.

Sonne in Widder – Venus in Wassermann

Es ist gut möglich, dass Sie mit dieser astrologischen Sonne-Venus-Kombination in sich immer wieder einen leisen Zweifel spüren, eine gewisse Unsicherheit, wie Sie Ihre Liebe am optimalsten ausdrücken könnten. Einerseits möchten Sie überall dort Ihre Liebe verströmen, wo es um die Belange einer Gruppe, wenn nicht gar um die Menschheit selbst oder um die Vielfalt Ihrer wechselnden Interessen geht. Andererseits verspüren Sie vielleicht aber auch eine große Sehnsucht danach, Ihre Liebe ganz konkret auf einen einzigen Menschen oder eine einzige Aufgabe zu konzentrieren. Sie lieben entweder den einen oder die eine und möchten gleichzeitig alle lieben, oder Sie lieben alle und möchten ausschließlich den einen oder die eine lieben. Vielleicht resultiert diese ambivalente Unsicherheit bei Ihnen aus dem unbewussten Gefühl, gemessen am Durchschnitt etwas Besonderes, irgendwie «auserwählt» zu sein. Es fällt Ihnen dann schwer, Ihre vielleicht zu sehr vom Verstand kontrollierten Vorstellungen von der Liebe in einer Partnerschaft konkret zu realisieren. Auf eine Ihnen unerklärliche Weise bleiben Ihre erotisch-sexuellen Phantasien in der konkreten Partnerbeziehung dann oft auf der Strecke. Gegenüber Ihren hoch gesteckten Wünschen und Vorstellungen von der idealen Liebe und wie sie zu «funktionieren» habe, bleibt die Wirklichkeit eher schal und unerfüllt. Die Ursache dafür liegt nicht zuletzt darin, dass Sie eher dazu neigen, über Ihre Gefühle und Ihre Liebe zu reden und zu diskutieren, sie zu rationalisieren, als sie sinnlich zum Ausdruck zu bringen. Sie umgeben sich unter Umständen unbewusst mit einer gläsernen Wand, hinter der Sie für den Partner oder die Partnerin zwar sichtbar, aber körperlich und sinnlich nicht greifbar sind. Diese gläserne Wand lässt ein Überfließen sinnlicher Ausdrucksformen der Liebe, wie Wärme, Berührungen, Gerüche, zärtliche Laute und vieles andere mehr, nicht zu. Ihre Art, Liebe auszustrahlen, zu geben und zu empfangen, nimmt dann leicht einen gleichsam virtuellen Charakter an.

Je mehr es Ihnen aber schon gelungen ist oder gelingen wird, Ihren Verstand nicht zum Kontrolleur, sondern zum wohlwollenden Ratgeber und Freund Ihrer Gefühle zu machen, umso befreiender werden Sie die Erfüllung Ihrer Liebe erleben. Im «Kampf» um diese Befreiung sind Ihre besten Waffen Ihr Humor, Ihre unkonventionelle Art zu denken und zu handeln und Ihr intensiver Drang nach persönlicher Unabhängigkeit. Versuchen Sie, entweder alle in dem einen oder der einen oder den einen oder die eine in allen zu lieben. Ihr hoch entwickelter Sinn für Gleichheit und Gerechtigkeit wird es Ihnen leicht machen, die Gewichte Ihrer zärtlichen Zuneigung, Ihrer mitmenschlichen Fürsorge und mitfühlenden Anteilnahme gleichwertig zu verteilen. Indem Sie Ihr ausgeprägtes intuitives Wissen darüber, wie die Liebe theoretisch zu funktionieren habe, in die Praxis umsetzen, sind oder werden Sie fähig, wie ein «Spiritus Rector», wie ein führender und belebender schöpferischer Geist zu handeln, der nicht nur anderen Menschen, sondern auch allen Projekten und Zielen Ihrer materiellen Welt den Funken einer umfassenden Liebe einhaucht.

Am besten bringen Sie die Kraft Ihrer Liebe dadurch zum Ausdruck, dass Sie andere Menschen mit den Werten der Brüderlichkeit und Kameradschaft, die Sie selbst so schätzen, inspirieren. Indem Sie liebevoll den Geist und die Vorstellungskraft anderer Menschen immer wieder neu, innovativ, unkonventionell und herausfordernd anstoßen, stärken Sie einerseits in ihnen deren lebendigen Ausdruck und ziehen andererseits aus diesen kleinen «Liebesexperimenten» für sich selbst die größte Befriedigung. Durch Ihr Vorbild können Sie anderen Menschen die Zuversicht und den Mut vermitteln, dass man mit einem unkonventionellen Vorgehen in der Liebe sehr erfolgreich sein kann. Es erfüllt Sie mit Stolz, wenn Sie Ihre Liebe auf eine Art und Weise zeigen, die aus dem Rahmen fällt. Sie finden Ihr persönliches Glück und Ihre persönliche Erfüllung, wenn Sie die Welt im Großen wie im Kleinen mit ausgefallenen Taten Ihrer Liebe überraschen. Aus der daraus erwachsenden positiven Resonanz schöpfen sowohl Sie selbst als auch andere Menschen neue Lebenskraft, neuen Mut, vor allem auch Mut zum wohl kalkulierten Wagnis, und neue körperliche, geistige und seelische Kraft. Ihre Art zu lieben mag anderen Menschen manchmal verrückt erscheinen, und doch haben Sie ihnen eine Menge zu sagen – entweder dem einen oder der einen oder vielen Menschen.

Zu einer mächtigen, verändernden Kraft wird Ihre Liebe, wenn Sie sowohl in Ihrem persönlichen Umfeld als auch in einer gleichsam öffentlichen Mission dafür kämpfen, dass alte und verkrustete Formen der Liebe aufgebrochen und erneuert werden. Vor allem bei überkommenen, nur noch zwanghaft vollzogenen, institutionalisierten Formen der Liebe vermag der freiheitliche Geist Ihrer Liebe nachdrücklich aufzuräumen. Sie wissen, dass die wahre Liebe sich ihre Rechte nicht verordnen lässt, schon gar nicht durch Gesetze. Sie wissen, dass Liebe nicht eingefordert, sondern nur geschenkt werden kann. Da Sie in hohem Maße fähig sind, Liebe in Freiheit zu schenken und Sie auch entsprechend einzufordern, sind Sie anderen Menschen ein lebendiges Beispiel, wie sie sich zu ihrem eigenen Glück aus den Fesseln erzwungener oder nur erduldeter Partnerschaften selbst befreien können. Da Sie sich außerdem in allen Fragen der Liebe auch bei möglichen Rückschlägen nicht entmutigen lassen, fungieren Sie als eine Art Fackelträger einer freien, verantwortungsvollen und partnerschaftlich gleichberechtigten Liebe unter den Menschen. Um die Vielfalt der Ausdrucksmöglichkeiten Ihrer Liebe zum Erblühen zu bringen, müssen Sie aber im Einzelfall, wenn Sie es nicht schon getan haben, einige andere Anlagen Ihrer Persönlichkeit in den Griff bekommen. Wenn wir in diesem Zusammenhang nochmals den Begriff des Virtuellen aufgreifen, so kann es sein, dass Sie beispielsweise Ihren Körper als einen mit den vielfältigsten Sinnen ausgestatteten lebendigen Organismus eher misstrauisch wahrnehmen. Vielleicht haben Sie hin und wieder den Eindruck, dass dort in Ihnen und mit Ihnen etwas lebt und sich entwickelt, dessen vitale Entfaltung sich jedoch Ihrer – vor allem emotionalen – Einflussnahme entzieht. Es ist nur logisch, dass Sie diese vielleicht auch nur sehr diffus wahrgenommene Diskrepanz weder sich selbst noch anderen gegenüber eingestehen wollen. Um im Zusammenhang mit Ihren Gefühlen Ihrem Kopf Recht zu geben, fordern Sie unter Umständen Ihren Körper zu immer neuen Ausdrucksformen der Liebe und der Sexualität heraus. Der Wunsch nach einer rationalen Steuerung Ihrer Liebesfähigkeit kann im Extremfall dazu führen, dass Sie in sehr ausgefallene sexuelle Praktiken flüchten. Mehr oder weniger unbewusst wollen Sie damit Ihrem Körper dann einmal zeigen, was sich Ihre Phantasie so alles aus-«denken» kann. Nach dem Motto «Man sollte eben alles einmal erlebt haben» spielen Sie dann unter Umständen leichtfertig mit den Gefühlen Ihres Partners oder Ihrer Partnerin. Dass Sie bei diesem mitunter gewagten Spiel die gleiche Ungeduld und den gleichen Wunsch nach unmittelbarer Erfüllung Ihres Liebesbegehrens, die Sie dann auf sich selbst richten, auch gegenüber dem Partner deutlich machen, versteht sich von selbst.

Da jeder Mensch die ihm eigene Art zu lieben ja nicht nur auf andere Menschen richtet, sondern nicht zuletzt auch alle Handlungen und Entscheidungen seines täglichen Lebens sich analog vollziehen, können auch auf dieser Ebene entsprechende Schwierigkeiten auftauchen. Vielleicht keimt in Ihnen hin und wieder das Gefühl, bestimmten Aufgaben Ihres Lebens gar keine Beachtung, das heißt auch keine Liebe schenken zu müssen. Vielleicht halten Sie es dann irgendwie für unter Ihrer Würde, sich mit *solchen* Sachen überhaupt abgeben zu müssen. Wenn Sie im Zweifelsfalle dann doch von den Lebensumständen dazu gezwungen werden, sich mit ihnen auseinander zu setzen, haben Sie vielleicht das Gefühl, irgendwie «entfremdet» tätig zu sein. Diese Haltung schließt natürlich den erfolgreichen Verlauf oder Abschluss einer Arbeit nicht aus. Die für Sie wesentliche Frage besteht vielmehr darin, ob Sie fähig sind, sich mit den Ergebnissen Ihrer Arbeit und Ihren Erfolgen auch vom Herzen her identifizieren zu können. Unter Umständen stehen Sie dann Ihren eigenen Erfolgen wie einem Fremdkörper gegenüber. Mit dem Verstand können Sie dann zwar Ihre eigenen Leistungen nachvollziehen und sie genießen, Sie werden mit ihnen jedoch kaum eine innere Wärme oder seelische Zufriedenheit verbinden. Ihrem Verstand mögen die Ergebnisse dann zwar vielleicht gefallen, Ihr Herz und Ihre Gefühle lassen sie jedoch kalt.

Sonne in Widder – Venus in Fische

Vielleicht ist es Ihnen schon einmal bei der «großen» oder auch öfter bei einer «kleinen» Liebe passiert, dass Ihre innere Stimme Ihnen sagte: «Könnte ich doch nur so lieben, wie ich es möchte und *auch* könnte.» In diesem kleinen «auch» liegt das ganze Geheimnis, aber auch im Einzelfall die Schwierigkeit, Ihrer Liebesfähigkeit und Liebessehnsucht einen adäquaten Ausdruck zu verleihen. Einerseits schmeichelt es Ihnen nämlich, wenn man Sie als das im Verborgenen blühende Veilchen entdeckt und mit Liebe pflückt. Andererseits möchten Sie aber auch selbst erobern und ein von Ihnen angebetetes Veilchen stürmisch pflücken. Wie dem auch im Einzelfall sei, vertrauen Sie darauf, dass in Ihrem Herzen der gleichsam göttliche Funken einer allumfassenden Liebe glüht und strahlt. Ihre romantische Phantasie zaubert Ihnen immer wieder Bilder inniger Zärtlichkeit, warmer Hingabe und mitfühlenden Verständnisses vor Ihr geistiges Auge. Es bedarf vielleicht nur des kleinen Anstoßes, sich selbst zu ermuntern und zu ermutigen, dass Sie die Fülle Ihrer schier grenzenlosen Liebesfähigkeit aktiv nach außen tragen und andere Menschen damit glücklich machen. Fürchten Sie nicht, dass Sie, wenn nur der Damm Ihrer Liebe brechen würde, andere Menschen damit überfluten würden. Setzen Sie die in Ihnen wirksame Flut der Gefühle der Liebe frei. Überschwemmen Sie gleichsam die ganze Welt mit diesen Wassern der Liebe, und Sie werden erleben, wie um Sie herum alle Menschen, aber auch alle Lebenssituationen, in die Sie eingebettet sind, vitalisiert werden, neue Lebenskraft schöpfen und aufblühen. Es wird Sie mit unvergleichlichem Glück erfüllen, wenn Sie gewahr werden, wie aus dem aktiv gestreuten Samen des Veilchens ein ganzes Blumenmeer wächst und gedeiht. Seien Sie nicht enttäuscht, wenn nicht jedes Samenkorn aufgeht und die erwarteten Früchte trägt. Ihr innerer Reichtum an selbstloser Liebe, an Feinfühligkeit und Vertrauen in die Macht der Liebe ist so groß, dass er nie versiegt.

Seien Sie wie ein Sämann, der kraftvoll und voller Zuversicht seine Saat in die Erde legt. Umkleiden Sie aktiv die Menschen und all Ihre Handlungen und Entscheidungen mit dem Zaubermantel Ihrer Liebe, und eine reiche Ernte an eigener Kraft, an Durchsetzungsvermögen, Selbstbewusstsein und Selbstwertgefühl wird Sie belohnen. Bedenken Sie, wie viel mehr Selbstbestätigung und liebevolle Aufmerksamkeit ein Veilchen genießen kann, wenn es nicht im Verborgenen, sondern für alle sichtbar und aktiv im Geben und Empfangen von Liebe strahlend blüht. Stellen Sie sich und die grenzenlosen Kräfte Ihrer Liebe ins Zentrum Ihrer Handlungen und Entscheidungen. Die aus diesem Zentrum aktiv ausgehenden Strahlen der Liebe werden dann in allen anderen Menschen genauso wie in Ihnen selbst eine kraftvolle, lebendige und Leben spendende Resonanz finden.

Vielleicht lösen die in Ihnen wirksamen Sonnen- und Venus-Kräfte aber auch hin und wieder einen spürbaren inneren Konflikt aus. Sie werden sich möglicherweise dabei ertappen, dass Sie einerseits das Gefühl haben, eigentlich sehr stark, mutig und draufgängerisch zu sein, verharren dann aber im entscheidenden Moment in einer gewissen Schwäche. Es ist fast so, als erschreckten Sie vor der Macht Ihrer Liebe. Vielleicht fürchten Sie sogar, vom Ausdruck Ihrer Liebesgefühle selbst überwältigt zu werden oder andere damit allzu sehr unter Druck zu setzen. Um sich zu schützen, flüchten Sie dann vielleicht in sexuelle Phantasien, geben sich erotisch gefärbten Tagträumereien hin oder schwärmen eine scheinbar unerreichbare Partnerin oder einen unerreichbaren Partner aus der Ferne an. Da Sie in diesem Zustand auch dazu neigen, sich selbst zu suggerieren, Ihre allumfassende Liebe könnte eigentlich von keinem anderen Menschen ebenbürtig beantwortet werden, ist es nur ein kleiner Schritt für Sie, sich gleichsam als Märtyrer der Liebe zu empfinden. In einer Mischung aus Selbstgerechtigkeit und Selbstmitleid versäumen Sie es dann auch nicht, andere Menschen, entweder sehr direkt oder auch eher unterschwellig, atmosphärisch auf Ihre offene Wunde hinzuweisen. Hinter Ihrer nach außen gezeigten Labilität und mimosenhaften Empfindlichkeit verbirgt sich eigentlich der Wunsch, zu imponieren und Ihrer Liebe machtvollen Ausdruck zu verleihen.

Im partnerschaftlichen Rollenspiel können sich Situationen ergeben, in denen Sie Konflikte mit einer Art dramatischer Untertreibung zu lösen versuchen. Es hat dann den Anschein, als machten Sie sich künstlich abhängig. Im extremsten Fall kann dies dazu führen, dass Sie sich im negativen Sinne symbiotisch, das heißt parasitär an einen Partner oder eine Partnerin anklammern. Aus einer sich selbst gegenüber vielleicht nicht eingestandenen Furcht vor der Kraft Ihrer Liebe wählen Sie den Weg des Erleidens, der im Einzelfall auch bis zum Masochismus führen kann. In dieser verkehrten Welt Ihres Gefühlsausdrucks glauben Sie dann, über demonstrativ dargestelltes Leid Macht ausüben zu können, um so zu Ihrem Recht in der Liebe zu kommen. Der Ausweg aus dieser ja auch für Sie selbst unerfüllten Gefühlswelt heißt Vertrauen. Wenn es Ihnen gelingt, Ihr Herz mit Vertrauen in seine eigene Kraft zu erfüllen, lösen Sie in sich eben die befreienden und beglückenden Schwingungen aus, die Sie vorher gewaltsam unterdrückt haben. Dies gilt dann nicht nur für die partnerschaftliche Liebe. Bei einer ergänzenden künstlerisch-kreativen Anlage in Ihrem Horoskop werden Sie beispielsweise leicht einen Zugang dazu finden, Ihre Liebe auch in schöpferische Gestaltungen einfließen zu lassen. Dabei ist es zunächst ohne Bedeutung, ob Sie sich mehr aktiv schöpferisch oder eher rezeptiv mit allen möglichen Formen der Kunst auseinander setzen. In beiden Fällen erwarten Sie dann, aus Ihrer lebendigen Intuition gespeist, ganz außerordentliche Eindrücke, die sich auch zu einem spirituellen Erfahren und Erfassen der Kunst ausweiten können. Da diese seelischen Erfahrungen nun gleichsam Ihr ganzes Wesen erfüllen und intensiv auf Ihre Umwelt ausstrahlen, können Sie, auch ohne es konkret zu beabsichtigen, nicht nur Ihren Partner oder Ihre Partnerin, sondern die ganze Welt an Ihrem Glück und an Ihrer Erfüllung teilhaben lassen. Ohne das für Sie so wichtige Vertrauen in die Macht der eigenen Gefühle besteht jedoch auch die Gefahr, dass Sie hin und wieder fürchten, für Ihre Liebe im Einzelfall nicht genug zurückzubekommen. Im übertragenen Sinne strafen Sie dann unter Umständen die Partnerin oder den Partner dafür, indem Sie ihn oder sie spüren lassen, wie sehr Sie unter der Ihrer Meinung nach nicht gleichwertigen Beantwortung Ihrer Gefühle leiden. Im Arrangieren von Lebenssituationen, in denen Ihre selbstquälerische Liebe die beiderseitige partnerschaftliche Atmosphäre bestimmt, können Sie sehr erfinderisch sein.

Vergleichbares könnte Ihnen natürlich auch auf der Handlungs- und Entscheidungsebene begegnen. Auch hier lauert im Zweifelsfalle im Hintergrund eine gewisse Furcht, die höchste Form der Bewältigung Ihrer Aufgaben doch nicht erreichen zu können. Es ist dann nahe liegend, dass Sie in solchen Fällen oft schon auf halber Strecke zum Ziel entmutigt aufgeben. Selbst die Aufgaben, in die Sie eigentlich Ihr ganzes Herz und Ihre ganze Liebe glaubten hineingelegt zu haben, können Sie, gemessen an Ihren hoch gesteckten Erwartungen, nur in den seltensten Fällen erfolgreich abschließen, sodass Sie auch hier in ein selbst gewähltes Martyrium der Erfolglosigkeit flüchten. Die in der Regel sowohl am Beginn einer Partnerschaft als auch am Beginn einer Handlung stehende schwärmerische Identifikation mit der geliebten Person oder Aufgabe hat bei Ihnen nicht selten einen leicht zwanghaften Charakter. Dieser zuweilen dramatische Ansatz verpufft mehr oder weniger nach kurzer Zeit und macht einem kläglichen Selbstmitleid Platz. Es entspricht dann Ihrer inneren Logik, dass an Ihrem Misserfolg entweder andere Menschen oder die Umstände schuld sind. In Ihrer Phantasie, in Ihren Wünschen und Hoffnungen schlummert jedoch ein immer reger Traum von einer allumfassenden Liebe. Um ihn zum Leben zu erwecken, um ihn für Sie in der Wirklichkeit zu realisieren und Sie mit allem Glück zu erfüllen, bedarf er Ihrer tätigen Liebe, Ihres aktiven Dienstes an anderen und nicht selten auch einer hingebungsvollen, jedoch nicht sich selbst aufopfernden Zuwendung an das Du.

Sonne in Widder – Venus in Stier

Sie geben sich nicht damit zufrieden, dass die Liebe nur eine Idee oder ein Ideal ist. Wie kaum in einer anderen Planetenkombination streben Sie danach, der Liebe in all ihren vor allem irdischen Ausformungen einen konkreten und sinnlich erfahrbaren Ausdruck zu verleihen. Für Sie geht ein besonderer Reiz davon aus, Ihren Erfindungsreichtum im Ausdruck Ihrer Liebe für andere Menschen sichtbar und im Wortsinne greifbar zu machen. Sie möchten Ihrer Liebe vor allem einen wertbeständigen Ausdruck geben. Sei es einerseits im Anstreben einer dauerhaften, innigen und herzlichen Partnerschaft, in der Treue ganz groß geschrieben wird, oder andererseits im kreativen Erschaffen von zeitlosen Objekten der Kunst. Sie können sich sehr intensiv und anhänglich in einem positiven, warmen Wir-Gefühl sowohl mit anderen Menschen verbinden als auch mit Ihren täglichen Handlungen und Entscheidungen. In beiden Fällen streben Ihre Gefühle danach, sich innerlich immer identisch mit Ihrem Tun oder dem besonderen Menschen zu fühlen. Mit Selbstbewusstsein und Tatkraft gelingt es Ihnen, Situationen zu schaffen, aus denen Sie selbst und andere Menschen das tiefe Empfinden einer vertrauensvollen Geborgenheit schöpfen können. Ob Sie nun Ihre Liebe und Hingabe in scheinbar triviale Tätigkeiten – wie kochen, den Garten versorgen oder sich selbst bzw. den Partner oder die Partnerin pflegen, beispielsweise mit einer wohltuenden Massage – einfließen lassen, immer umgeben Sie Ihre Tätigkeiten mit dem Flair des Schönen, des Ästhetischen, des Geschmackvollen, und vor allem suchen Sie damit einen größtmöglichen körperlichen Genuss zu verbinden. Ihre eigene Lebenskraft schöpfen Sie wesentlich aus einer unmittelbar spürbaren körperlichen Nähe des Partners oder der Partnerin. Da Sie selbst es genießen, zu schmusen, gestreichelt und beschenkt zu werden, lassen Sie die gleichen Genüsse auch gerne dem Partner angedeihen.

Im Falle eines unerlösten Erlebens Ihrer Sonnen- und Venus-Kräfte ist es Ihnen noch nicht gelungen, diese beiden Energien harmonisch in sich zu koordinieren. Während Ihre Widder-Sonne sich eigentlich kraftvoll auf die Umwelt richten will, verharren Ihre Venus-Energien noch in einer gewissen Stagnation. Eine eher dumpfe Unentschlossenheit verhindert, dass sich die Energien Ihrer Liebe frei entfalten. Dieses Verharren führt dann leicht zu einem Verhalten, das wesentlich von einer latent passiven Genusssucht geprägt ist. Im darin noch erkennbaren Unvermögen, den Reichtum Ihrer Liebe mit anderen zu teilen, versuchen Sie, immer mehr Beweise, vor allem materielle Beweise, der Liebe anderer anzuhäufen. Lässt dann die erwünschte Liebeszufuhr tatsächlich einmal nach, reagieren Sie gekränkt oder sentimental, so als hätte man Ihnen etwas weggenommen, obwohl Sie doch eigentlich nur weniger bekommen haben, als Sie glaubten beanspruchen zu können. Gleichzeitig wachen Sie eifersüchtig darüber, wie viel an Liebe, Zärtlichkeit und Aufmerksamkeit den anderen zuteil wird. Ihr Narzissmus wird unter solchen Vorzeichen leicht zu einem Fass ohne Boden. Getrieben von Gier und Unersättlichkeit versuchen Sie vor allem, Ihren Sinnen reichliche Liebesnahrung zuzuführen. Alles, was gut schmeckt, riecht, was weich und anschmiegsam Ihrem Körpergefühl schmeichelt, was das Auge oder das Ohr erfreut, wird von Ihnen verschwenderisch aufgesogen.

Je mehr Sie jedoch schon erfahren haben oder erfahren werden, über welch großen Reichtum an Liebe, Zärtlichkeit, Wärme und Hingabe Sie verfügen, umso mehr werden Sie gerne bereit sein, Ihre Liebe mit anderen großzügig zu teilen. Dann bedeutet Teilen für Sie, keinen Verlust zu erleiden oder gar ein Opfer zu bringen. Unmissverständlich sagt Ihnen Ihr Gefühl, dass der Strom des Liebe-Schenkens unmittelbar mit einem Strom des Liebe-Empfangens beantwortet wird. Da Sie dabei auch ganz praktisch vorgehen, gelingt es Ihnen, für sich selbst und andere auch jeweils greifbare und dauerhafte Ergebnisse zu erzielen. Vor allem im Bereich künstlerisch-schöpferischer Tätigkeiten vermögen Sie die ganze Fülle Ihrer Liebe auszudrücken. Es geht dabei nicht darum, immer gleich Werke von höchstem künstlerischen Rang zu schaffen. Ein geschmackvoll gedeckter Tisch, ein schön arrangierter Blumenstrauß, ein mit Liebe gewähltes und verpacktes Geschenk stellen in sich auch kleine Kunstwerke dar, an denen sich Ihr Herz erfreuen kann. Bei einem noch unerlösten Ausdruck Ihrer Sonnen- und Venus-Kräfte kann Ihr Gespür für wahre Schönheit, Ästhetik und Qualität jedoch auch getrübt sein. Dann besteht die Tendenz, dass Sie sich mit Objekten von zum Teil auch überbordendem Kitsch umgeben. Es erscheint Ihnen dann wichtiger, in einer allgemeinen Quantität zu schwelgen, als sich einer besonderen, eher schlichten Qualität zu erfreuen.

Ihre im unerlösten Stadium tendenzielle Vorliebe für das Üppige kann sich sowohl auf die Gestaltung Ihres Lebensumfeldes und der von Ihnen bevorzugten Mode als auch auf Ihre Partnerwahl auswirken. Mit einer eher lasziven Sinnlichkeit versuchen Sie dann, vor allem Partner oder Partnerinnen anzuziehen, deren finanzieller oder ganz allgemein materieller Wohlstand Ihnen nicht nur das Gefühl, sondern auch die konkrete Sicherheit einer wohligen Geborgenheit garantieren. Da Sie unter diesen Vorzeichen selbst nur sehr bedingt bereit sind, zur Mehrung Ihres seelisch-gefühlsmäßigen Wohlbefindens aktiv etwas beizutragen, zugleich aber das Gefühl haben, dankbar sein zu müssen, revanchieren Sie sich bei Ihrem Partner oder Ihrer Partnerin mit allen möglichen Ausdrucksformen einer leicht passiven, duldsamen Sinnlichkeit und Leidenschaft. Im extremsten Fall kann diese Art der Bequemlichkeit dazu führen, dass Sie sich beispielsweise um materieller Vorteile willen in eine partnerschaftliche Abhängigkeit bringen, in der wechselweise materielles und sexuelles gegenseitiges Benutzen und Ausnutzen eine nicht geringe Rolle spielen.

Den Königsweg Ihrer Liebeserfüllung gehen Sie sowohl für sich selbst als auch für Ihre Partnerin oder Ihren Partner, wenn es Ihnen gelingt, durch einen harmonischen wechselseitigen Austausch der Gefühle ein gemeinsames Klima der herzlichen gegenseitigen Geborgenheit zu schaffen. Eine andere wesentliche Kraft Ihres Liebesausdruckes liegt in der Treue, die Sie anderen Menschen, aber auch Ihren alltäglichen Obliegenheiten entgegenbringen. Unbeschadet möglicher Enttäuschungen halten Sie doch an Ihrem Glauben und der Gewissheit an das grundsätzlich Gute im Menschen fest. Unermüdlich kämpfen Sie für den dauerhaften Bestand aller Ausdrucksformen Ihrer Liebe. Dadurch, dass dieser Glaube an die unverbrüchlichen Werte der Liebe und Treue gleichsam von Ihrem ganzen Wesen sichtbar ausgestrahlt und von Ihrer Umgebung wahrgenommen wird, lösen Sie bei anderen Menschen Kraft und Zuversicht aus und unterstützen sie so bei der Bewältigung ihrer eigenen Probleme und ihres Schicksals.

Auch hier gibt es natürlich eine mögliche unerlöste Variante. Beispielsweise mag Ihnen die liebevolle und intensive Beschäftigung mit einer Aufgabe in Ihrem Leben nur dann sinnvoll erscheinen, wenn das angestrebte Ergebnis voraussehbar die Summe des von Ihnen geleisteten körperlichen, geistigen und seelischen Einsatzes weit übertrifft. Sie neigen dazu, weniger die Sache an sich zu lieben, sondern mehr das, was diese für Sie sichtbar und greifbar abwirft. In allen Fällen, sei es gegenüber dem Partner, anderen Menschen oder gegenüber bestimmten Lebensaufgaben, in denen Ihre – unerlöst – eher laszive Art der Durchsetzung Ihrer Wünsche nicht zum Ziel führt, verfallen Sie leicht in die Reaktionen eines beleidigten Kindes. Trotz, Dickköpfigkeit und Eifersucht sind dann die sichtbaren Zeichen Ihres Verhaltens. Da Sie unterbewusst Angst davor haben, den Reichtum Ihrer Liebe und Liebesfähigkeit mit anderen zu teilen, besteht die Gefahr, dass Sie, im übertragenen Sinne, früher oder später daran ersticken. Da die Kräfte der Liebe ihrer Natur gemäß nach außen streben, Sie dies aber unter einem solchen Vorzeichen nur bedingt zulassen, verfestigen sie sich dann – im Sinn eines möglichen Ausdrucks – in einer unübersehbaren körperlichen Fülle. Auf diese eigentlich ganz unnatürliche Art breitet Ihre nicht mit anderen geteilte Liebe dann ihren Glanz auf eher zu runden Körperformen aus. Im liebevollen Umgang mit anderen eher geizig, gehen Sie jedoch mit Ihrer Eigenliebe vergleichsweise verschwenderisch um, was Sie nicht zuletzt durch auffallenden Schmuck nach außen sichtbar zeigen.

Zeigen Sie den Menschen Ihre Liebe, indem Sie sie berühren, mit der Wärme Ihrer Stimme umschmeicheln, lassen Sie sie von dem schmecken, was Sie zubereitet haben. Die warme Sinnlichkeit dieser Liebesbeweise wird sich auf die anderen übertragen und ein gemeinsames Klima der herzlichen gegenseitigen Geborgenheit schaffen.

Sonne in Widder – Venus in Zwillinge

Unter dem Schirm dieser Sonne-Venus-Konstellation bedeutet es für Sie das größte Glück und fast die ganze Erfüllung aller nur denkbaren Ausdrucksformen Ihrer Liebe, Ihre Gefühle «unter die Leute» zu bringen. Vor allem lieben Sie es, interessant, charmant und geistreich über die Liebe zu sprechen. Ohne es vielleicht in jedem Einzelfall konkret zu wollen, entzünden Sie damit in anderen einen genauso lebendig sprühenden Funken der Liebe. Sie bringen andere Menschen gleichsam auf immer neue Ideen, wie sie ihre Liebe auch leben könnten. Sie finden es einfach langweilig und uneffektiv, Ihr schier unerschöpfliches Reservoir an Ideen, wie man Menschen glücklich machen kann, nur für sich selbst zu nutzen. Mit der Vielfalt Ihrer Interessen und Ihrem spontanen Zugriff, diese auch aktiv in die Tat umzusetzen, schaffen Sie um sich herum das Klima eines nie versiegenden Austausches an Beweisen der Liebe. Dessen Spektrum reicht von der kleinen, liebevoll ausgewählten Aufmerksamkeit bis hin zum groß angelegten Liebes-Überraschungscoup. Mit großer Leichtigkeit können Sie sich den besonderen Wünschen und Erwartungen eines Partners oder einer Partnerin anpassen. Ihrem Charme gelingt es mühelos, auch weniger bedeutsame Begegnungen mit anderen Menschen für diese zu einem besonderen Ereignis werden zu lassen. Ihre leichte Art, mit der Sie gleichsam in einem permanenten Flirt mit Ihrer Umwelt stehen, hinterlässt bei anderen Menschen die beglückende Gewissheit, in diesem Augenblick geliebt zu werden, und die Zuversicht, auch in Zukunft mit Ihrer Liebe rechnen zu können. Was auf den ersten Blick vielleicht eher wie ein Spiel mit der Liebe aussieht, ist für Sie jedoch ernst. Es ist für Sie deshalb ernst, weil Sie aus Ihrer Freude an liebevollen Kontakten für sich selbst die Kraft zur Bewältigung Ihrer eigenen Aufgaben und Probleme ziehen.

Doch ist auch Vorsicht geboten. Bei einem noch unerlösten Ausdruck leidet die Vielfalt des Ausdrucks Ihrer Liebe leicht an einer gewissen Überspitzung. Es fehlt Ihnen vielleicht nur an einem bestimmten Maß der Einschätzung, wann, wo und wie viel Sie von Ihren Gefühlen zum Ausdruck bringen sollten. Trotz bester Absichten, sich auf einen Partner oder eine Partnerin liebevoll einzulassen, stehen Sie dann immer ein wenig unter Druck. Selbst in der intimsten Nähe hat der Partner oder die Partnerin dann unter Umständen das Gefühl, Sie seien innerlich irgendwie auf dem Sprung. So schön der Anblick eines Schmetterlings für den Augenblick auch sein mag, man weiß, im nächsten Moment wird er sich mit der gleichen Hingabe einer anderen Blüte zuwenden. Dabei fehlt es bei Ihnen auch in den kürzesten Begegnungen mit anderen Menschen nicht an einer gewissen dramatischen Komponente. Es besteht jedoch die Neigung, dass Sie Ihre Liebe mehr zerreden, als sie in Ihrem Gefühl wirklich nachzuvollziehen. Irgendwie setzen sich Gefühle der Liebe nicht, sie bleiben mehr oder weniger flüchtig. Für Sie selbst mag dies vielleicht nicht so problematisch sein, weil ja eventuell schon die nächste Blüte lockt. Für den Partner oder die Partnerin entsteht jedoch der Eindruck, als nähme er oder sie sozusagen nur an einem Experiment teil. Werden Sie dann von Fall zu Fall mit diesem Eindruck konfrontiert, reagieren Sie leicht cholerisch und gehen vielleicht auch einem Streit darüber, zumindest mit Worten, nicht aus dem Wege. Ihr Egoismus lässt es dann einfach nicht zu anzuerkennen, dass der andere versucht, die Gültigkeit Ihrer Spielregeln außer Kraft zu setzen. Im Zweifelsfalle werden Sie selbstgerecht auf Ihrem Spiel bestehen und mehr oder weniger überstürzt das nächste Abenteuer suchen.

In der gleichen Weise, wie Sie im noch unerlösten Erleben Ihrer Liebe dazu neigen, relativ schnell die Lust an Menschen zu verlieren, verhalten Sie sich auch gegenüber Ihren alltäglichen Aufgaben. Schnell entflammt, jedoch ohne dauerhafte Bindung an ein bestimmtes berufliches oder privates Projekt, flüchten Sie in eine auf Dauer natürlich nicht befriedigende Vielfalt der Interessen. Ihrem sehr lebendigen Geist gelingt es zwar, immer neue Luftschlösser zu bauen und sie Ihnen als verlockende neue Ziele zu suggerieren. Kaum hat jedoch ein solches Luftschloss dann in der Realität ein wenig festere Konturen angenommen, weht Sie vielleicht schon der Hauch einer noch interessanteren Aufgabe an, der Sie unbedingt und sofort Ihre Aufmerksamkeit schenken möchten. Die Ernsthaftigkeit am Beginn einer Handlung verflüchtigt sich dann relativ schnell und macht einer gewissen Rastlosigkeit und einem Leichtsinn in der Durchführung Platz. Es gelingt Ihnen zwar immer wieder, sich selbst und anderen mit Ihrer Vielseitigkeit zu imponieren, die konkreten Ergebnisse bleiben jedoch in der Regel weit hinter Ihren eigenen Erwartungen und denen der anderen zurück. Das in Ihnen dann in stillen Stunden aufkeimende Gefühl einer Leere, eines Unbefriedigtseins kompensieren Sie vielleicht, indem Sie nochmals eine mögliche Qualität durch mehr Quantität ersetzen.

Bei der Art, wie Sie anderen Menschen Ihre Liebe zeigen, spielt im Einzelfall auch immer wieder ein kleiner Schwindel eine Rolle. Das heißt nicht, dass Sie den Partner oder die Partnerin grundsätzlich und absichtlich betrügen. Sie gestatten nur dem Ausdruck Ihrer Wahrheit eine etwas größere Bandbreite. Es ist nicht so, dass Sie es mit Partnerschaften oder auch allen anderen Belangen Ihres Lebens nicht «genau» nehmen. Sie nehmen diese Dinge eben meist nur für den jeweiligen Augenblick genau. Bei näherer Betrachtung ergibt sich jedoch für andere Menschen daraus eine gewisse Unschärfe, die Sie in letzter Konsequenz nicht immer als besonders zuverlässig, vertrauenswürdig und treu erscheinen lässt. Da Sie Liebe, Erotik und Sexualität nicht nur gerne erleben, sondern auch gerne darüber reden, ist der Schritt zu einer gewissen Geschwätzigkeit über die eigene Liebe und die Liebe im Allgemeinen nicht sehr groß. Es ist nicht jedermanns Sache, eine mit Ihnen erfahrene Liebe am nächsten Tag – im schlimmsten Falle – in den Klatschspalten der Boulevardpresse wieder zu finden.

Ein ganz anderes Bild zeigt sich, wenn es Ihnen schon gelungen ist, die in Ihnen lebendig wirkenden Sonnen- und Venus-Kräfte harmonisch zu koordinieren. Dann ist es Ihnen beispielsweise möglich, auch allen Belangen Ihres Alltags oder Ihres Berufes die gleiche freudige Erwartung und spontane Hinwendung angedeihen zu lassen, wie Sie sie üblicherweise auf andere Menschen richten. Da Sie sich im Geiste auch auf schwierigere Fragen oder Aufgaben unvoreingenommen und offen für eine positive Resonanz einzustellen vermögen, antworten Ihnen die Dinge genauso aufgeschlossen, wie Sie an sie herangehen. Mit dieser Vorgehensweise laden Sie die Batterie sowohl Ihrer geistigen als auch Ihrer körperlichen und seelischen Kräfte immer wieder neu auf. Dies macht Sie zu allen Zeiten fit, um den Wettbewerb mit anderen leicht zu bestehen. Aus der positiven Resonanz, die Sie auf den immer spontanen Ausdruck Ihrer Liebe erfahren, ziehen Sie Kraft und Zuversicht zur Meisterung all Ihrer Lebenssituationen. Im besten Fall fungieren Sie als ein großer Kommunikator der Liebe. Mit dem sicheren Wissen, dass nur in einem gegenseitigen Austausch alle einen Gewinn haben, nehmen und geben Sie mit vollen Händen. Es ist so, als fließe durch Sie ein endloser, nie versiegender Strom von empfangender und spendender Liebe hindurch. Damit tragen Sie wesentlich dazu bei, dass die Liebe den Menschen wirklich nicht verlässt. Denn solange noch Menschen wie Sie die Idee und das Ideal der Liebe immer wieder vor allem geistig aufrechterhalten und neu beleben, kann die Liebe unter den Menschen nicht wirklich versiegen oder verloren gehen. Und da Sie diesen Austausch der Liebe ohne bewussten Eigennutz in Bewegung halten, ziehen Sie selbst einen großen Nutzen daraus. Sie verhalten sich gleichsam wie eine Zelle – eine Zelle der Liebe, die allein dadurch, dass sie sich immer wieder teilt, selbst wächst und damit aktiv zum allgemeinen Wachstum der Liebe beiträgt.

Sonne in Stier

Sonne in Stier – Venus in Stier

Im harmonischen Erleben dieser Konstellation fühlen Sie in sich einen Reichtum der Sinne und der Liebe am Werk, der es Ihnen leicht macht, diese Fülle mit anderen zu teilen. Es gefällt Ihnen, allen Menschen ein unmittelbar spürbares, warmes Gefühl der Zusammengehörigkeit zu vermitteln. Mit der gleichen praktischen Herzlichkeit packen Sie auch Ihre alltäglichen Aufgaben an. Die Direktheit, mit der Sie Ihre Liebe auf Ihre Arbeit lenken, macht Sie leistungsfähig in allen materiellen Belangen. Vor allem in einer künstlerischen Arbeit gelingt es Ihnen, große oder kleine Werke von einfacher und gediegener Schönheit und Ästhetik herzustellen. Da Sie sich nicht den wechselnden Moden unterwerfen, strahlen Ihre Arbeiten, auch wenn Sie nur handwerklicher Art sind, Beständigkeit in der Form und Zuverlässigkeit im Gebrauch aus. Die gleiche innere Nähe, die Sie Ihren Tätigkeiten entgegenbringen, suchen und erwarten Sie auch in einer Partnerschaft. Hier kommt dann die ganze Fülle Ihrer Liebe in Form von inniger Zärtlichkeit, von echter, unerschütterlicher, unsentimentaler Treue, von praktischer Hingabe und liebevoller Versorgung des Partners oder der Partnerin zum Ausdruck. Sie verstehen es gleich gut, Liebe zu empfangen und zu schenken. In beiden Fällen spielen die sinnlichen Reize, die von der Liebe ausgehen, eine besondere Rolle für Sie. Sie genießen es, wenn Sie sich selbst oder der Partner sich unverklemmt den sensuellen Reizen der Körperlichkeit hingeben können. Schmecken, riechen, eine warme, sanfte Stimme, schmusen, massiert zu werden oder es selbst zu tun, all dies und natürlich noch eine Menge mehr sind Ausdrucksformen Ihrer Liebe, mit denen Sie verschwenderisch umgehen können. Wenn all diese wunderbaren Dinge auch noch in ungestörter Ruhe, ohne Hast und falsches Drängen geschehen, ist die Erfüllung Ihres Liebesglücks vollkommen. Es breitet sich dann in Ihrem Herzen eine lebendig wahrgenommene Sicherheit der Gefühle aus, von denen Sie, sich in Liebe erinnernd, auch an Tagen der Einsamkeit zehren können.

Wenn Sie jedoch diese kosmische Signatur noch teilweise oder überwiegend unerlöst zum Ausdruck bringen, sind Sie über einen Zustand bevorzugter Eigenliebe noch nicht hinausgewachsen. Die Kraft Ihrer Liebe verharrt dann bei Ihnen noch in einer gewissen trägen Starre, in der sie sich weder körperlich noch geistig oder seelisch entfalten kann. Da Sie sich wahrscheinlich in vielen Lebensbereichen allem Fremden gegenüber eher zurückhaltend und vorsichtig verhalten, besteht die Möglichkeit, dass Sie auch den in sich spürbaren Funken der Liebe als etwas Fremdes empfinden, dessen Glimmen Sie nur dann dulden, wenn er sich ruhig verhält und lediglich Ihre eher lethargischen Bedürfnisse nach Genuss befriedigt. Aus Furcht, der Funke könnte zu einer lodernden Flamme werden, lassen Sie dann nur zu, dass sich Ihre Liebe in einem eher engen Radius um Sie herum bemerkbar macht. Ihr Hauptaugenmerk liegt vor allem darauf, sich selbst möglichst verschwenderisch von der Liebe anderer verwöhnen zu lassen. Dagegen gestatten Sie Ihrer Liebe, in der Anhäufung überwiegend materieller Güter geradezu zu schwelgen. Dabei müssen die empfangenen Geschenke nicht unbedingt schön oder geschmackvoll sein, viel wichtiger ist es Ihnen, dass man ihnen den Preis ansieht. Von Fülle umgeben, fällt es Ihnen schwer, etwas abzugeben oder mit anderen zu teilen. In den meisten Fällen werden Sie es vorziehen, nicht zu teilen, und lieber den Ruf, geizig zu sein, in Kauf nehmen.

In der gleichen Haltung, die Sie in diesem Entwicklungsstadium der dinglichen Welt gegenüber einnehmen, begegnen Sie auch anderen Menschen. Der einmal gewonnene Partner oder die Partnerin wird um jeden Preis festgehalten, und dies umso mehr, wenn von dieser Beziehung auch Ihr gesamtes leibliches Wohl und Ihre materielle Versorgung und Geborgenheit abhängen. Auf eine Trennung reagieren Sie mit einer sich bis ins Krankhafte steigernden Eifersucht. Es hat dann den Anschein, als würde durch eine solche Trennung mit einem Schlage und mit äußerster Vehemenz all die Energie freigesetzt, die Sie vorher hinter einem stupiden Phlegma verborgen hielten. Stur und nachtragend versuchen Sie dann, die entschwindende Liebe mit allen Mitteln festzuhalten. Um endlich wieder in die wohlige Ruhe Ihres Narzissmus fallen zu können, scheuen Sie sich im Extremfall auch nicht, sich in eine fast sklavische Abhängigkeit von einem Partner oder einer Partnerin zu begeben. Die Stimme Ihrer Liebe suggeriert Ihnen dann vielleicht, dass dies allein aus Treue geschieht; in Wahrheit sind

Sie jedoch einfach zu träge und unflexibel, um Ihre Liebe auf einen anderen Menschen zu richten.

Da für Sie die Liebe in all Ihren Ausformungen keine außerirdische Erscheinung ist, suchen und finden Sie Ihre Erfüllung überwiegend in ganz handfesten Beweisen der Zuneigung anderer Menschen. Sie wissen, kleine Geschenke erhalten die Freundschaft und mit ihr auch die Liebe. Lassen Sie sich nicht irritieren, wenn andere Menschen ihre Liebe mehr an Ideen hängen. Für Sie wurde die Erde geschaffen, um sich an ihr zu erfreuen, sie zu pflegen und zu hegen. Für Sie wurde auch der Mensch geschaffen, um sich an ihm zu erfreuen, ihn zu pflegen und zu hegen. Ihre Liebe fühlt sich eins mit allem, was organisch wächst und gedeiht. In Ihrem Herzen wissen Sie, dass auf der Erde nichts von Dauer ist. Ungeachtet dessen versuchen Sie aber gerade dieser begrenzten Existenz das Flair von Schönheit, Ästhetik, Geschmack und Harmonie zu verleihen. Und da wir Menschen schließlich alle auf der Erde leben und eigentlich jeder es sich hier auf Erden auf seine Art schön machen möchte, geht von Ihnen der Impuls aus, den Menschen zu zeigen, *wie* sie es sich, dauerhaft auf Zeit, schön machen könnten. Der ruhige Fluss Ihrer nach außen gezeigten und gelebten Gefühle vermittelt anderen Menschen die Gewissheit, dass die Kraft der Liebe vor allem in ihrer unerschütterlichen Ruhe und ihrem festen Glauben an sich selbst liegt.

Überall dort und immer dann, wenn die Kraft und die Ruhe Ihrer Liebesfähigkeit noch keine harmonische Verbindung miteinander eingegangen sind, besteht die Gefahr, dass Sie überwiegend in eine vordergründige Genusssucht abdriften. Und die Möglichkeiten, wie Sie vor allem Ihrem Körper Genüsse verschaffen können, sind fast grenzenlos. Alles, was gut schmeckt, gut riecht, was möglichst golden glänzt, was reich und in den Formen barock daherkommt, wird mit viel Eigenliebe vereinnahmt. Wenn Ihr Geschmack dabei nicht überwiegend konservativ ausgerichtet ist, gefällt er sich auch leicht im Kitsch. Das in Ihnen schlummernde künstlerisch-kreative Talent vergeudet sich dann leicht an einer für andere offensichtlichen Geschmacklosigkeit. In der Bewältigung Ihrer täglichen Aufgaben sind Sie im Antrieb eher gehemmt, es dauert eine ganze Zeit, bis Sie in Fahrt kommen, dann allerdings verfolgen Sie Ihre Ziele mit einem positiv durchsetzungsfähigen Vorwärtsdrängen.

Ebenso, wie Sie eigentlich einem Partner oder einer Partnerin nach

Ihrem Verständnis ewig treu sein wollen, bleiben Sie auch Ihrer Arbeit treu. Auf Einspruch oder gar Kritik reagieren Sie entweder gekränkt oder retten sich in eine unerschütterliche Besserwisserei. Eigentlich sind Sie nur zu bequem, sich einer Sache nochmals und nun aus einer anderen Perspektive anzunehmen. Im Grunde genommen verteidigen Sie dabei immer nur den Besitz Ihrer Liebe, sei es nun in der Partnerschaft oder im Zusammenhang Ihrer Arbeit, vor allem jedoch den alleinigen Besitz Ihrer Eigenliebe. Je mehr Sie jedoch in sich eine zielstrebige Ruhe und eine auch auf andere gerichtete Energie erleben und ausdrücken können, umso mehr schlägt Ihr Sonne-Venus-Pendel in eine positiv-erlöste Richtung.

Sonne in Stier – Venus in Fische

Bei einem erlöst gelebten Ausdruck Ihrer Sonne-Venus-Konstellation vereinigen sich in Ihnen der Traum von der Liebe und die Tat der Liebe auf das Harmonischste. Es ist Ihnen vor allem wichtig, dass sich Ihre Ideale der Liebe auch im Alltag sichtbar konkretisieren. Mit großer innerer Ruhe und freundlich-gelassener Hingabe arbeiten Sie daran, dass all der Liebeszauber Ihrer Phantasie sowohl in die Sie umgebende dingliche Welt als auch in die Menschen Ihrer Umgebung sichtbar einfließt. Sie vermögen es, die von Ihnen in Träumen geschaute Möglichkeit des Wunderbaren, des Schönen und Harmonischen im liebevollen Zusammenleben in aller Einfachheit, selbstlos und verständnisvoll mit anderen Menschen zu teilen. Es gelingt Ihnen mitunter sogar, gleichsam den Himmel auf die Erde zu holen. Tatkräftig im Erschaffen von dauerhaften Werten der Liebe, sei es in der Partnerschaft oder in Ihrem Beruf, scheuen Sie sich andererseits auch nicht, Ihrer Liebe Opfer zu bringen. Ein kleiner, ausgewählter Kreis Ihnen wertvoller Menschen genießt Ihre schier grenzenlose Opferbereitschaft. Da Sie auch, wenn Sie ein Opfer bringen, aus der Fülle Ihrer Liebesfähigkeit schöpfen, fallen Ihnen diese Opfer nicht schwer. Selbst von Liebe überflutet, ist es Ihnen ein Leichtes, andere Menschen mit den Wassern Ihrer Liebe zu überschwemmen.

Wenn Ihr übriges Horoskop auch eine Option auf einen künstlerisch-kreativen Beruf aufweist, werden Ihre reichen Gaben vor allem in diesem Bereich für Sie zu einer besonderen seelischen Erfüllung reifen. Da Sie aber eigentlich jeden Gegenstand Ihres Interesses mit der gleichen Liebe und Fürsorge umgeben, vermögen Sie auch allen mehr oder weniger trivialen Tätigkeiten des Alltags den Zauber des Besonderen zu verleihen. Sie haben für sich entdeckt, dass der in Ihnen lebendige göttliche Funken der Liebe nicht erst im Himmel eingelöst werden kann, sondern vor allem auf der Erde und mit den Menschen gelebt werden sollte. Ohne eigentlich darüber nachdenken zu müssen, gelingt es Ihnen immer wieder, die Ideale Ihrer Liebe in einer ganz praktischen und pragmatischen Sinnlichkeit zum Ausdruck zu bringen. Für andere Menschen beispielsweise zu kochen, ihnen eine besonders behagliche häusliche Atmosphäre zu schaffen, sie mit allem Raffinement zu verwöhnen, fällt Ihnen ebenso leicht, wie sich und den Partner oder die Partnerin in entspannten Liebesträumen zu wiegen. Dem Partner Zärtlichkeit und Geborgenheit zuteil werden zu lassen, erfüllt und beglückt Sie ebenso, wie sie umgekehrt vom Partner zu empfangen. Solange Sie sich in einer Partnerschaft in ein unverkrampftes Wir-Gefühl eingebettet wissen, steht Ihrem körperlichen und seelischen Glück nichts im Wege. Dabei warten Sie nicht darauf, dass Ihr Gegenüber die Umstände für ein solches Glück schafft. Sie verstehen es, Ihr Leben selbst in die Hand zu nehmen, und werden so zu Ihres eigenen Glückes Schmied. Mit dieser zupackenden, liebevollen und verständnisvollen Tatkraft wirken Sie vorbildhaft auf andere Menschen, die vielleicht genau wie Sie auch von einem Glück in der Liebe träumen, es jedoch versäumen, selbst etwas dafür zu tun. Es ist vielleicht nicht Ihre Art, viele Menschen gleichsam an der Hand zu nehmen und ihnen zu zeigen, wie man seine Vorstellungen von der Liebe praktisch leben kann. Dem kleinen, von Ihnen bevorzugten Kreis von Menschen geben Sie jedoch Anlässe genug, um zu erkennen, dass auch die romantischsten Träume von der Liebe auf der Erde realisiert werden können.

Wenn Sie diese planetarische Konstellation noch überwiegend unerlöst leben, besteht eine nachhaltige Tendenz bei Ihnen, sozusagen in zwei unterschiedlichen Richtungen einer aktiv gelebten Liebe auszuweichen. Zum einen leiden Sie vielleicht unter einer gewissen Trägheit Ihrer Entschlusskraft und Handlungsbereitschaft. Zum anderen neigen Sie dazu, überall dort, wo Sie aufgefordert sind, aktiv liebend tätig zu werden, diese Aktivität zu verweigern und sich in einen Zustand einzulullen, der Ihnen suggeriert, dass Sie irgendwie nicht lieben können. Da Sie dann sowohl von Ihrer seelischen als auch von Ihrer körperlichen Befindlichkeit eher dazu neigen, zu nehmen als zu geben, werden Sie überwiegend den Eindruck haben, von anderen eigentlich nie genug Liebe zu bekommen. Im Umgang mit anderen Menschen werden Sie immer wieder hervorheben, wie empfindlich, wie leicht verwundbar und wie sensibel Sie eigentlich sind. Daraus entsteht früher oder später bei Ihnen ein Verhalten demonstrativer Hilflosigkeit. Sie gefallen sich sowohl in einem gewissen seelischen als auch körperlichen Phlegma und machen sich dadurch leicht von der Liebe und Zuwendung anderer Menschen abhängig. Im extremsten Fall gefallen Sie sich in der Rolle eines Märtyrers oder einer Märtyrerin der Liebe.

Ihre Phantasie gaukelt Ihnen zwar unaufhörlich reiche Wonnen der Liebe vor, vor deren Realisation Sie jedoch in der Regel zurückschrecken, aus Furcht, die Wirklichkeit könnte Ihren Träumen von der Liebe nicht gewachsen sein. Meistens bleibt es dann beim Schwärmen oder Anhimmeln eines mehr oder weniger unerreichbaren möglichen Liebespartners. Da es Ihnen in solchen Situationen unter Umständen an dem nötigen Selbstbewusstsein mangelt, einen aktiven, sowohl innerlichen, das heißt gefühlsmäßigen, als auch äußeren, das heißt handlungsbetonten Schritt zu wagen, ziehen Sie sich, wieder einmal leicht gekränkt und voller Selbstmitleid, in Ihre Ecke zurück. Machen Ihnen wohlgesonnene Menschen Sie auf dieses mimosenhafte Verhalten aufmerksam, reagieren Sie eher gereizt und weisen fast stolz auf all die Wunden hin, die Sie schon davongetragen haben.

Wenn ein anderer die Initiative ergreift und Sie aus Liebe in eine Partnerschaft führt, gehen Sie unter Umständen sehr leichtgläubig auf seine Liebesangebote ein. Sie betrachten den Partner oder die Partnerin dann leicht durch eine eher rosarot gefärbte Brille und weigern sich, auch offen zutage tretende Missverhältnisse sich selbst und anderen gegenüber einzugestehen. Fällt dann eines Tages der Schleier der Täuschung, verfallen Sie leicht in einen Zustand mitleidiger Ergebenheit und Abhängigkeit, im extremsten Falle auch Hörigkeit. Trotz aller möglicher Mängel in einer solchen Partnerschaft halten Sie jedoch mehr oder weniger verbissen an der Verbindung fest. Für Außenstehende hat es dann fast den Eindruck, als genössen Sie Ihr Liebesmartyrium. Da Sie unter Umständen die materielle Seite einer solchen Verbindung, in der Sie sich versorgt fühlen, schätzen, kann Ihre scheinbare Duldsamkeit auch den Eindruck des Parasitären erwecken. Die Ursache für den meist offensichtlichen Leidensdruck, unter dem Sie Liebe erfahren, liegt darin, dass Sie es Ihrer Liebe nicht gestatten, sich frei zu äußern, sich unbelastet von allen unerfüllbaren Phantasien und vor allem aktiv auf andere Menschen ausgerichtet zu entfalten. So wie Sie eigentlich Ihre Träume von der Liebe nicht loslassen können, weigern Sie sich natürlich dann auch, einen Partner loszulassen, wenn dieser sich aus dem von Ihnen ausgestrahlten Leidenssyndrom befreien möchte. Die Trennung ist für Sie dann wieder ein neuer Beweis, dass Sie Liebe eigentlich nur leidend erfahren können. Den gleichen latenten Masochismus, den Sie in Partnerschaften zeigen, übertragen Sie möglicherweise auch auf alle Belange Ihres täglichen Aufgabenbereiches. Eher schwerfällig im Antrieb, verharren Sie mehr in Ihren Vorstellungen und Träumen von einem möglichen Ergebnis oder dem Erfolg Ihrer Arbeit, als sie tatkräftig und entschlossen anzugehen. Es hat dann oft den Anschein, als würden Sie selbst einen möglichen Misserfolg vorprogrammieren.

Sonne in Stier – Venus in Widder

Um es mit einem Bild zu beschreiben, fällt es Ihnen bei einem noch disharmonischen Ausdruck dieser Sonne-Venus-Konstellation immer wieder schwer, sich zwischen *springen* und *sich ducken* zu entscheiden. Wann immer die Liebeskräfte Ihrer Widder-Venus zu einem impulsiven und draufgängerischen Angriff auf ein Objekt Ihrer Liebe drängen, raten Ihnen die Stier-Kräfte zum Verharren. Oder die Venus treibt überall dort zum Aufbruch an, wo die Stier-Sonne verharren möchte. Aufgrund einer Diskoordination dieser beiden symbolischen Wirkkräfte orientieren Sie Ihr Verhalten überwiegend an der einen oder anderen Position. Es entsteht eine Disproportion zwischen einerseits «wollen und nicht können» und andererseits «können und nicht wollen». Je nachdem, welche Kraft im Einzelfall dominiert, werden Sie

Ihre Liebe entweder extrem fordernd äußern, auch wenn Sie eine Frau sind, eher männlich-aktiv und rigoros, vor allem aber immer irgendwie unter Zeitdruck. Oder Sie werden auf jede Art der Aktivität verzichten und sich eher phlegmatisch-erduldend lieben lassen oder selbst lieben. Möglich ist auch, dass Sie im Sinne einer Art Vorwärtsverteidigung Ihre Trägheit zur Schau stellen und sich darin gefallen, lieber erobert zu werden, als selbst zu erobern.

Da es Ihnen im unerlösten Ausdruck wahrscheinlich auch an einer gewissen Portion Diplomatie fehlt, um diese Diskrepanz mit Charme zu überbrücken, retten Sie sich in die Haltung «dann eben nicht». Dieser Trotz wird vor allem dann in Erscheinung treten, wenn es in einer Partnerschaft zum Bruch kommt. Sie wählen entweder den großen dramatischen Auftritt, um von sich aus das vielleicht nur teilweise zerbrochene Porzellan endgültig in einen Scherbenhaufen zu verwandeln, oder Sie versuchen, den Partner oder die Partnerin mit allen Mitteln festzuhalten. Eine heftige und verzehrende Eifersucht, die sich entweder im lautstarken Ausbruch Luft schafft oder qualvoll in Ihrem Herzen wühlt, ummänteln Sie möglicherweise damit, dass Sie selbst Ihr Verhalten als Treue ausgeben. Von dieser Art der Treue führt dann allerdings nur ein kleiner Schritt bis in die totale Abhängigkeit, im extremsten Fall bis zu einer gleichsam hündischen Ergebenheit gegenüber dem Partner oder der Partnerin. Da es jedoch gleichzeitig vehement in Ihnen rumort, Sie sich in Ihrem Stolz maßlos gekränkt fühlen, lassen Sie den Partner oder die Partnerin Ihre angespannte innere Seelenlage durch Ihr wechselweise betont aggressives oder betont passives Verhalten spüren. Möglich, dass sich dann die beleidigten Gefühle Ihrer Liebe in einer Art passiver, zugleich demonstrativer Schlamperei und Unordnung äußern. In letzter Konsequenz kann dieses innerliche Zwischen-Baum-und-Borke-Stehen dazu führen, dass Sie aus einer heterosexuellen in eine homosexuelle Partnerschaft flüchten. Der Begriff Flucht erscheint hier angebracht, da Sie Ihrer Natur nach eigentlich eher konservativ und wenig experimentierfreudig sind. Vielleicht ist Ihr einziges Ziel bei einem solchen Schritt auch nur, die Menschen in Ihrer Umgebung zu bluffen oder zu verblüffen und ihnen zu zeigen, was *auch* in Ihnen steckt.

Bei Ihrer eigentlich reichen Anlage, die Liebe in all ihren sinnlichen Ausformungen genießen zu wollen, steht Ihnen doch immer wieder ein gewisser Zeitdruck im Wege. Sich an der Liebe eines anderen oder auch an einer Sache in Ruhe und frohen Herzens zu erfreuen, ist nicht unbedingt Ihre Stärke. Unter der gleichen inneren Anspannung und Diskrepanz, mit der Sie in Liebe auf andere Menschen zugehen, gehen Sie auch an die Lösung Ihrer Aufgaben und Geschäfte heran. In einer Mischung aus einem konservativ-dogmatischen und mitunter auch besserwisserischen Beharren auf den alten Methoden einerseits und einem von Fall zu Fall überstürzten und eher richtungslosen Wagemut andererseits bringen Sie sich damit öfter, als es notwendig wäre, um einen Erfolg.

Um auch den positiven Ausdruck dieser Sonne-Venus-Konstellation zunächst in einem Bild zu beschreiben, könnte man hier von einem Sprung sprechen, bei dem Sie genau wissen, wie viel Energie Sie brauchen, um an einem bestimmten Punkt zu landen. Auf die Liebe übertragen heißt dies, dass Sie ein sicheres Gespür dafür haben, den spontan und stürmisch eroberten Partner oder die Partnerin auch sicher zu halten. Die Waffen der Liebe, die Sie dabei einsetzen, bestehen vor allem aus Ihrer Entdeckerfreude, wie und womit Sie sich selbst und dem Partner ein Höchstmaß an sinnlichem Genuss verschaffen können. Die Palette dieser möglichen Liebesgenüsse reicht von der Idee, zusammen Pferde zu stehlen, bis hin zu ganz praktischen Anlässen, wie zusammen gut essen zu gehen, Musik zu hören, gemeinsam ein Haus oder einen Garten zu pflegen oder – in einer Art positivem Widerspruch – sich in aller Ruhe stürmisch zu lieben. In Ihrem Liebesbegehren wünschen Sie Ihrer «Liebe auf den ersten Blick» eigentlich nur eines: dem ersten Augenblick Dauer zu schenken. Das in Ihnen sehr wache Bewusstsein, dass die Liebe auch ein Ideal darstellt, veranlasst Sie jedoch nicht, diesem Idealbild gleichsam abgehoben nachzustreben. Ihr Interesse geht vielmehr dahin, Ihr Liebesideal schon auf Erden zu realisieren. Im Erfinden von Anlässen und bei der Ausgestaltung von Umständen, die dies ermöglichen, sind Sie besonders kreativ. Sich selbst und den Partner oder die Partnerin immer wieder ermunternd, lieben Sie es, Ihrer Liebe auch ein wenig Risiko und vor allem Abwechslung beizumischen, vor allem dann, wenn Sie sich selbst Ihrer Liebe sicher sind.

Ihre Liebe möchte auf festem Grund bauen, aber so, dass auch die Fassade immer mal wieder erneuert werden kann. Aktiv und einfallsreich gestalten Sie für sich und Ihren Partner immer wieder neue häusliche Situationen und Atmosphären, die bei aller äußeren Umtriebigkeit doch sehr viel Ruhe und Geborgenheit ausstrahlen. Uneitel und selbstsicher gefallen Sie sich bevorzugt in einem großen Kreis von Freunden und Bekannten in der Darstellung Ihrer partnerschaftlichen Liebe und Zuneigung. Die von Ihnen selbst und der Partnerschaft ausströmende Harmonie wirkt auf andere Menschen nie statisch, sondern ist immer bewegt bzw. ergibt sich aus einem fließenden dynamischen Prozess. Das Wir-Gefühl Ihrer Liebe schließt eben nicht nur den eigenen Partner, sondern auch all die Menschen ein, mit denen Sie sich herzlich verbunden fühlen. Da Sie alle Erfordernisse der Liebe vor allem praktisch angehen, sind Sie für Ihre Freunde und Bekannten immer wieder ein bevorzugter Anlaufpunkt, wenn es um einen praktischen Rat oder eine entschiedene Tat geht.

Mit der gleichen Entschlossenheit, das Notwendige möglich zu machen, es durch aktives Tun zu bewirken, gehen Sie auch Ihre ganz persönlichen, beruflichen oder familiären Aufgaben an. Ihre Ziele verfolgen Sie mit einer glücklichen Mischung aus spontanen Impulsen und disziplinierter Ausdauer. Vom Erfolg nicht eitel gemacht und von einem Misserfolg nicht entmutigt, bewahren Sie sich in der Zuneigung zu Ihren Aufgaben eine Frische, die Sie mühelos auch über schwerere Zeiten trägt. Und wenn Sie dann noch bemerken, dass Ihr Enthusiasmus andere Menschen mitzureißen vermag, fühlen Sie sich in besonderer Weise für Ihre Art zu lieben belohnt. Falls Sie als Frau hin und wieder das Gefühl haben – oder dies von anderen vermittelt bekommen –, dass Sie vielleicht Ihrer Liebe zu direkt Ausdruck verleihen, lassen Sie sich davon nicht irritieren. Das ist nicht Ihr Problem, im Zweifelsfall ist es das Problem des betreffenden Mannes. Für die Sicherheit im Gefühl und die Abwechslung in der Liebe, die Sie ihm schenken, sollte er bereit sein, auch einen kleinen Preis zu zahlen.

Sonne in Stier – Venus in Zwillinge

Wollte man die Mannigfaltigkeit Ihres harmonisch gelebten Liebesausdrucks auf eine einzige Formel bringen, so könnte diese lauten: «Wir sind in der Liebe frei.» Auf eine unnachahmliche Art vermögen

Sie Ihrem Partner oder Ihrer Partnerin das Gefühl zu vermitteln, dass die besondere Form Ihrer gemeinsamen Liebe darin besteht, frei zu sein. Den zunächst in diesem Verhalten zu vermutenden Widerspruch überbrücken Sie leicht mit Ihrem Charme und Ihrer Fähigkeit, über Ihre Liebe nicht nur spannend und amüsant zu reden, sondern ihr auch einen warmen sinnlichen Ausdruck und Bestand zu verleihen. Sie sind um keinen Einfall verlegen, wenn es darum geht, dem Partner oder der Partnerin nicht nur ein harmonisches Zuhause zu schaffen, sondern ihn oder sie auch mit allen nur denkbaren leiblichen Genüssen zu versorgen. Ihre immer aktive Bereitschaft, sich nicht nur körperlich, sondern auch geistig anregen zu lassen und selbst geistige Impulse zu geben, schafft eine partnerschaftliche Atmosphäre, die sowohl von einer sicheren Gewissheit der beiderseitigen Treue geprägt ist als auch von einem ausgelassenen Spiel mit der Liebe, und hier vor allem auch mit deren sexueller und erotischer Komponente. Es gelingt Ihnen, in die Abwechslung Ruhe zu bringen und in die Ruhe Abwechslung. Ob Ihre auch in einer schon länger bestehenden Partnerschaft nie versiegende Lust auf den Flirt sich nun direkt körperlich auf den Partner oder die Partnerin richtet oder den Umweg über kreatives Kochen, über ein geselliges Zusammensein mit Freunden oder den von Ihnen als Überraschung geplanten gemeinsamen Ausflug oder Urlaub geht, immer verbinden sich mit diesen Aktivitäten Herzlichkeit und Phantasie im Ausdruck Ihrer Liebe für den Partner.

Es entspricht Ihrem innersten Bestreben, die Vorstellungen, die Sie von der Liebe haben, auch in die Tat umzusetzen. Vor allem künstlerisch-kreative Berufe sind ein Feld, auf dem Sie sehr erfolgreich arbeiten können. Sprachliche Gewandtheit und ein sicherer Geschmack für das nicht nur modisch Schöne lassen Sie, wo immer Sie tätig werden, Ergebnisse erzielen, die sich durch Einfallsreichtum und Innovation ebenso auszeichnen wie durch Wertbeständigkeit, gediegene Einfachheit und praktischen Nutzen im Gebrauch. Es muss dabei nicht immer um Werke von außergewöhnlichem Rang gehen, der Alltag bietet Ihrem Einfallsreichtum genügend Möglichkeiten an, sich auch hier kreativ zu äußern.

Da Sie sich Ihrer Anlage gemäß sowohl körperlich als auch geistig gerne sinnlich verführen lassen und selbst verführen, steht Ihrer Liebe eine breite Palette für das Genießen und das Bereiten von Genuss zur Verfügung. Ein möglicherweise nicht immer ebenbürtiges Angebot vonseiten des Partners oder der Partnerin kompensieren Sie leicht, indem Sie den fehlenden Anteil beispielsweise in einer Freundschaft ausleben. Da Sie dem Partner oder der Partnerin damit jedoch keinen Anlass geben, eifersüchtig zu sein, partizipiert er oder sie gleichermaßen an Ihrem Vergnügen. Auch hier hilft Ihnen wieder Ihr Charme, mit dem Sie auch einmal dunkle Wolken, wenn sie überhaupt auftauchen, wieder hell erstrahlen lassen können. Für Sie stellt die Liebe gleichsam ein immer wieder zu bestehendes, reizvolles irdisches Experiment dar. Sie möchten, dass sich der Geist Ihrer Liebe verkörpert bzw. die körperliche Seite der Liebe auch immer einen geistigen Aspekt aufweist. Da es Ihnen leicht fällt, sich vorurteilslos und flexibel den irdischen Bedingungen der Liebe anzupassen, umgibt den besonderen Ausdruck Ihrer Liebe auch immer ein Hauch des Geistes. Da Sie aus der Not keine Tugend machen, gelingt es Ihnen, zugleich leichtfüßig und irdisch haftend den Weg Ihrer Liebe zu gehen.

Unter dieser planetarischen Konstellation fühlen Sie sich bei einem unerlösten Erleben, was den Ausdruck Ihrer Liebe betrifft, immer wieder im Konflikt zwischen Leicht-«Sinn» und Schwer-«Mut». In Ihren Gedanken und Vorstellungen flattern Sie gleichsam von einer Liebesblüte zur nächsten. Sollen dann jedoch Ihre im Kopf vollzogenen Liebesexperimente in die Tat umgesetzt werden, fehlt es Ihnen in der Regel am Mut, einen aktiven Schritt in Richtung auf den ins Auge gefassten Partner oder die Partnerin zu wagen. Dann finden Sie sich als flügellahmer Schmetterling tatenlos und träge zu Hause auf der Couch sitzend, während draußen das Leben pulsiert.

Möglich ist aber auch, dass Ihre zwillinghaften Venus-Kräfte so stark sind, dass sie Sie verführen, sich immer wieder in leichtsinnige Abenteuer der Liebe einzulassen, während Ihre Stier-Sonne darüber traurig ist, dass keine der so viel versprechend begonnenen Partnerschaften zu einer dauerhaften Beziehung führt. Eine Erlösung aus diesem Dilemma wäre nur möglich, wenn Sie sich entschließen könnten, sich nicht im Sinne von «entweder – oder», sondern im Sinne von «sowohl – als auch» zu verhalten. Dazu wäre es nötig, dass Sie Ihre mentale Beweglichkeit auch auf Ihre körperliche Beweglichkeit übertragen, sich selbst immer wieder einen ganz entschiedenen Anstoß geben, um so Ihr latentes Phlegma und Ihre Unflexibilität im Handeln und Entscheiden zu überwinden.

Sowohl Ihr Liebesbegehren als auch Ihre Liebeserfüllung schwanken immer wieder zwischen Abwechslung und Treue. Tendiert die Waagschale in Richtung Treue, neigen Sie dazu, Ihren vermeintlichen Besitzanspruch gegenüber dem Partner oder der Partnerin eifersüchtig zu verteidigen – vor allem dann, wenn mit dem Besitz der Liebe des Partners auch ein für Sie nicht minder wichtiger Besitz materieller Güter und eine allgemeine Versorgung zusammenfallen. Tendiert die Waagschale dagegen in die andere Richtung, bestehen Sie hartnäckig darauf, Ihre gedanklichen Liebes-Luftschlösser auch in der Realität zu bauen. Nach dem Motto «an jedem Finger zehn» mogeln und schwindeln Sie sich dann durch ein vielfältiges Geflecht teilweise parallel laufender Partnerschaften. Sie versprechen Ihre Liebe heute hier und morgen dort, ohne wirklich daran zu denken, Ihre Zusagen auch einzuhalten. In diesem für Sie ernsthaften Spiel erwecken Sie jedoch bei Ihren Partnern das Gefühl einer oberflächlichen Flatterhaftigkeit. Natürlich würden Sie es vehement abstreiten, dass Ihre Liebe im Zweifelsfall auch lügen kann. Sie sehen es eher so, dass die Wahrheit Ihrer Liebe eben ein wenig dehnbarer ist. Und darin gibt Ihnen Ihre tendenziell immer auch ein wenig besserwisserische Stier-Sonne auch noch Recht. Vielleicht verzweifeln Sie auch immer wieder daran, dass man in der Liebe nicht alles und das schon gar nicht gleichzeitig haben kann. Es liegt eben ein nicht zu lösender Widerspruch darin, einerseits als Abenteurer auf dem freien Meer der Liebe zu segeln und andererseits die Behaglichkeit und Geborgenheit eines ruhigen Lebens im sicheren Hafen genießen zu wollen. Irgendwie befinden Sie sich immer in einer besonderen Art innerer oder äußerer Abhängigkeit. Einerseits machen Sie sich von Ihren Gedankenexperimenten über eine mögliche freie und ungebundene Liebe abhängig, andererseits verfallen Sie möglicherweise auch in einen eher dumpfen Materialismus, in dessen Zentrum vor allem die Befriedigung Ihrer vielfältigen leiblichen Genüsse steht.

In der gleichen Weise, wie Sie Ihre Liebe entweder auf einen Partner oder eine Partnerin fixieren möchten oder einer eher leichtsinnigen Vielfalt in der Partnerschaft frönen, gehen Sie auch mit den Ihnen obliegenden Aufgaben des Alltags um. Da es Ihnen auch hier relativ schwer fällt, entweder die Mannigfaltigkeit Ihrer Interessen zu bündeln, um im Einzelfall auch einmal zu einem wertbeständigen Ergebnis zu kommen, oder aber bei einer eher sturen Verfolgung einer einzigen Aufgabe andere Möglichkeiten aus Bequemlichkeit zu ignorieren, entstehen leicht Ergebnisse oder Erfolge, die weder Fisch noch Fleisch sind.

Sonne in Stier – Venus in Krebs

Wenn Sie diese Sonne-Venus-Konstellation partiell oder noch überwiegend unerlöst erleben, dominieren Furcht und Ängstlichkeit den Ausdruck Ihres Wesens. Sie neigen dazu, Ihre eigentlich reiche Anlage, anderen Menschen Liebe zu schenken, sie zu umsorgen und zu versorgen, eher zu verstecken, sich mit ihr gleichsam in ein Schneckenhaus zu verkriechen. Wann immer Sie es doch einmal riskieren, die zarten Fühler Ihres Liebeswerbens auszustrecken, und dabei auch nur auf den geringsten Widerstand stoßen, ziehen Sie sich zutiefst erschreckt wieder in die tiefsten Winkel Ihrer Seele zurück. Dieses Verhalten entspricht der schon sprichwörtlichen Empfindlichkeit der Mimose. Anderen Menschen gelingt es dann, wenn überhaupt, nur mit Mühe, Sie wieder aus Ihrem Schmollwinkel herauszulocken. Es braucht viel zärtliche Zuwendung, um Sie aus diesem Zustand von Selbstmitleid oder Melancholie zu befreien. Aus dem Gefühl heraus, der andere könnte etwas von Ihnen wollen, was Sie nicht zu geben bereit sind, begegnen Sie solchen Bemühungen aber eher misstrauisch, sodass der Partner seine Bemühungen wahrscheinlich früher oder später aufgeben wird. Wieder einmal haben dann für Sie offensichtlich die Umstände und das Verhalten anderer Menschen Ihren Befürchtungen Recht gegeben. Wieder einmal haben Sie sich mit Ihrer eigenen selbst erfüllenden Prophezeiung selbst eingeholt. Anstatt nun vielleicht bei einer anderen, neuen Gelegenheit daraus zu lernen, neigen Sie eher dazu, das Erlebte dahin gehend zu interpretieren, dass die Welt ganz allgemein und die Menschen im Besonderen rau und unwirtlich sind.

Möglich ist aber auch, dass Sie eine ganz andere Strategie verfolgen, um Ihre eigene Liebe zu leben und sie anderen zuteil werden zu lassen. Dort, wo Sie im ersten Fall eher zögern, werden Sie nun massiv tätig.

Die einmal von Ihnen eroberten Liebesobjekte werden nun von Ihnen mit Beweisen der Liebe, der Fürsorge und des Bemutterns erdrückt. Die vorher eher gemiedene Nähe wird nun derart eng, dass Ihr Partner oder Ihre Partnerin gleichsam die Luft zum Atmen verliert. Indem Sie jetzt über den Schatten Ihres latent vorhandenen Geizes springen, überhäufen Sie den anderen entweder mit einer ihn erdrückenden Fülle materieller Liebesbeweise – er oder sie wird dann gnadenlos bekocht, bestrickt oder ganz allgemein bemuttert –, oder Sie ersticken ihn mit einer fast sklavischen sexuellen Abhängigkeit. Führen diese Mittel nicht zu dem von Ihnen gewünschten Ziel einer eher schwülen und lasziven Symbiose, scheuen Sie sich auch nicht, Ihr Ziel mit Hilfe von wohl dosierten Phasen demonstrativer Depressionen oder vom Zaun gebrochener cholerischer Eifersuchtsszenen zu erreichen. In Ihrem Unterbewussten wollen Sie einfach nicht wahrhaben, dass Ihre besitzergreifende Liebe nichts mit Treue zu tun hat. Wenn Sie sich einmal das Bild eines Krebses, dessen Symbolik ja Ihre Venus bestimmt, vergegenwärtigen, so sehen Sie, dass auch er gleichsam sein ganzes Wesen unter einem Panzer verbirgt und einschließt. Im Bewusstsein seiner inneren Weichheit und Verletzlichkeit zeigt er nach außen eine harte Schale, die ihn zwar einerseits schützt, die aber andererseits verhindert, dass der wahre Kern, der aus schier grenzenloser Liebe und Opferbereitschaft besteht, sich offenbaren kann. Wenn Sie sich nun wirklich einmal aus Ihrem Panzer herauswagen, versuchen Sie, die Welt derart mit Liebe zu überhäufen, dass keiner auf die Blöße und Verwundbarkeit aufmerksam wird. Dass Sie sich Ihren täglichen Aufgaben in gleicher Weise einerseits mit einer gewissen ängstlichen Schüchternheit oder andererseits mit einem sturen, unflexiblen Beharrungsvermögen nähern, im Einzelfall auch gegen besseres Wissen, ist Teil Ihres gesamten Lebensausdruckes. Letztlich sind Sie nicht bereit, das mit jedem Ausdruck der Liebe verbundene Wagnis und Risiko einzugehen.

Wenn zur Beschreibung eines eher unerlösten Ausdruckes der Liebe unter dieser Sonne-Venus-Verbindung das Bild des Krebses und sein Eingeschlossensein in einen Panzer verwendet wurde, so verliert dieser Vergleich bei einem erlösten Liebesausdruck seine Gültigkeit. Ihre Krebs-Venus hat im übertragenen Sinne den Panzer abgeworfen, und die ganze Fülle Ihrer sanften Zärtlichkeit, Ihrer romantischen Sinnlichkeit und Ihres Wunsches, andere zu schützen und zu umsorgen, kann sich sichtbar entfalten. In gleichsam idealer Weise gehen Ihre Selbstliebe und Ihre Liebe zu den Menschen eine harmonische, Sie selbst und die anderen beglückende Verbindung ein. Unermüdlich streben Sie einen sowohl seelischen als auch körperlichen Austausch der Liebe und Ihrer Gefühle mit anderen Menschen an. Die wohl umfassendste Erfüllung Ihres Liebe-Schenkens und Liebe-Empfangens erleben Sie im Kreis einer von Ihnen wohl versorgten Familie. Mit einem sicheren Gefühl und einem ganz praktischen Zugriff für die auch materiellen Voraussetzungen der Entfaltung der Liebe verstehen Sie, auch Ihren geheimsten Sehnsüchten und Träumen von der wahren Liebe konkreten Ausdruck zu verleihen. Da Sie fähig sind, auch in der scheinbar unbelebten Natur der Dingwelt die entgegen aller Vorurteile in ihr verborgene Seele zu entdecken, umkleiden Sie all Ihre Handlungen und Entscheidungen immer auch mit dem Glanz sensibler Behutsamkeit und gefühlvoller und weicher, gleichwohl aktiv zupackender Entschlossenheit.

Auch überall dort, wo die Gefühle Ihrer Liebe eine Rolle spielen, wollen Sie greifbare, praktische Ergebnisse erzielen. Für diese Vorgehensweise werden Sie auch bei den alltäglichsten Aufgaben reichlich belohnt. Die Menschen, denen Sie helfen, die Sie versorgen, bringen Ihnen ein Höchstmaß an Dankbarkeit entgegen. Diese Dankbarkeit verwandelt sich dann wiederum für Sie zu einem neuen Impuls zu tätiger Liebe. Ihre den Partner oder die Partnerin bewegende innere seelische Ruhe und Sicherheit der Gefühle schafft in der Partnerschaft eine warme Atmosphäre gegenseitigen Vertrauens und selbstloser gegenseitiger Fürsorge. Im besten Falle kulminiert Ihre Art, Liebe auszudrücken, in einer im positiven Sinne gelebten Mütterlichkeit.

Ihre Fähigkeit, auch die geistigen Anteile alles Lebendigen zu erkennen, strahlt auch auf Ihre Sexualität aus. Zärtliche Hingabe an den Partner oder die Partnerin ist und bleibt immer von einem leichten Schleier des Geheimnisvollen umweht. Ohne es vielleicht selbst konkret zu wollen, gelingt es Ihnen auf diese Weise, dem Zauber der Liebe über den Überschwang ihres Anfangs hinaus Dauer zu verleihen. Die geheime Regie bei diesem Bestreben und auch bei dessen Erreichen führt Ihre Seele. Ihrer harmonischen Schwingung verdanken Sie es, dass Ihre Liebe nicht ins Sentimentale oder nur Schwärmerische abgleitet. Sie schwärmen nicht nur davon, den Bestand einer Partnerschaft auch praktisch zu gewährleisten, indem Sie kochen, das Haus versorgen, Gäste empfangen und liebevoll mit den Kindern umgehen – Sie tun es auch. Ihr Partner oder Ihre Partnerin kann sich auf die Taten Ihrer Liebe verlassen. Denn nichts zeichnet die wahre Liebe mehr aus, als wenn sie nicht nur immer wieder beschworen wird, sondern sich vor allem in Taten lebendig ausdrückt. Aus dem glücklichen Zusammenspiel eines vorgestellten und auch vollzogenen Ausdrucks Ihrer Liebe können Sie in der Partnerschaft das Klima eines sicheren, sich gegenseitig respektierenden Wir-Gefühls schaffen, das auch immer die Öffnung gegenüber anderen Menschen zulässt.

Sonne in Zwillinge

Sonne in Zwillinge – Venus in Zwillinge

Die nahe liegende Einschätzung, dass wahre Liebe ausschließlich in einer dauerhaften Verbindung ihre Erfüllung finden könnte, wird durch Ihr persönliches Liebesverhalten nicht grundsätzlich widerlegt, sondern um eine gleichermaßen Erfüllung verheißende Variante bereichert. Ihnen erscheint es zunächst einmal wichtig, den Gedanken der Liebe aktiv zu verbreiten. Indem Sie ihn im Sinne eines Liebes-Kommunikators unermüdlich in anderen Menschen erst einmal wachrufen, schaffen Sie ihm die Basis, sowohl ideell als auch materiell wirksam zu werden. Ihnen gelingt es ohne Mühe, anderen Menschen Einfälle zu suggerieren, ihnen Möglichkeiten und Ziele für einen vielfältigen Ausdruck ihrer Liebe aufzuzeigen. Ihrer schöpferischen Phantasie ist es zu verdanken, dass andere Menschen überhaupt eine Idee davon entwickeln, wo, wem und wie sie ihre Liebe zeigen können. In Ihnen steckt etwas von einem ewigen Kind, dem es durch seinen Charme und seine Liebenswürdigkeit gelingt, die Erwachsenen zu immer neuen Beweisen ihrer Liebe zu animieren. Gerade dadurch, dass Sie sich nicht darauf festlegen lassen, dass die Liebe sich so und nicht anders zu äußern habe, schaffen Sie für sich und andere einen Freiraum variablen Schenkens und Empfangens der Liebe, in dem sich die unterschiedlichsten Ausdrucksformen der Liebe leicht und unbeschwert entfalten können. Es gelingt Ihnen, der Liebe zwischen den Menschen einen Weg zu öffnen und Verbindungen herzustellen, in denen sie wirksam werden kann.

Der wachen Lebendigkeit Ihres Verstandes entgeht kein Anzeichen eines ersten Liebe-zeigen-Wollens, weder bei sich selbst noch bei anderen. Sie setzen dann all Ihren Ehrgeiz daran, diese von anderen Menschen vielleicht überhaupt nicht wahrgenommenen Anzeichen im Sinne eines Katalysators mit Energie aufzuladen. Der von Ihnen empfangene Impuls ermöglicht es dann anderen Menschen, die Vorstellungen von der Liebe auch in die Tat umzusetzen. Ohne es im Einzelfall konkret zu wollen, entwickelt sich so aus Ihrem eher spielerischen Umgang mit der Liebe bei anderen Menschen die Ernsthaftigkeit ihres Ausdrucks. Es erfüllt Sie mit größtem Glück, wenn es Ihnen wieder einmal gelungen ist, in Ihrem weit ausgebreiteten Netzwerk der Liebe, in das Sie ohne Vorurteil und unbefangen alle Menschen, die Ihre Aufmerksamkeit und Ihr Interesse erregen, wohlwollend einbeziehen, neue Liebesmaschen zu knüpfen und zu aktivieren. Mit Ihrer intensiven, vor allem geistigen Energie setzen Sie nicht nur sich selbst immer wieder in Richtung auf neue Aufgaben der Liebe in Bewegung. Durch Sie angespornt, gelingt es auch allen Menschen, mit denen Sie in Kontakt kommen, die eigene Trägheit des Herzens und der Liebe zu überwinden. Ihre hohe Anpassungsfähigkeit macht es Ihnen leicht, ohne sich selbst aufzugeben, in den unterschiedlichsten und meist sehr unkonventionellen Partnerschaften Ihr Glück zu finden. Wie ein Brückenbauer schaffen Sie zwischen den oft nur träge dahinfließenden Wassern der Liebe Wege des leichten und ungehinderten Austauschs im Zeichen tätiger Liebe unter den Menschen. Da Sie selbst gleichsam Teil dieser Brücken sind, bleibt Ihnen selbst bei einem Zerbrechen einer Partnerschaft doch immer der Weg der Freundschaft zu diesen Partnern oder Partnerinnen offen.

Die vielleicht beste Beschreibung für den unerlösten Ausdruck Ihrer Liebe finden wir in dem bekannten Sprichwort «Honi soit qui mal y pense» – «Ein Schuft, wer Schlechtes dabei denkt». Wo immer in Ihrem Leben die Liebe eine Rolle spielt, bewegen Sie sie mehr in Ihrem Kopf und Ihrem Verstand als in Ihrem Herzen und sind doch stets der oder die Letzte, die sich «Schlechtes dabei denkt». Das Bild des Schmetterlings wird nicht umsonst gern mit dem Zeichen Zwillinge verbunden. Für Sie stellt sich die Liebe in all ihren Ausdrucksformen als eine große bunte Wiese voller blühender Blumen dar, an deren Nektar zu nippen Sie unwiderstehlich anzieht. Ob diese Vielfalt der Blüten Sie nun in Gestalt interessanter und origineller Menschen oder aufregender Vorhaben lockt, immer fühlen Sie sich herausgefordert, sie in Ihre Liebesexperimente zu verstricken. Mit wahrem Feuereifer stürzen Sie sich in jedes neue Liebesabenteuer, oft so vehement, dass dem Partner oder der Partnerin geradezu die Luft wegbleibt. Aber kaum ist Ihre neue Liebes-Versuchsanordnung in ein Stadium der ersten Erprobung gekommen, lockt Sie schon wieder eine neue Variante, die Sie dann natürlich auch in einer anderen Partnerschaft durchspielen möchten. Der Art und Weise, wie Sie sich dann aus der einen Beziehung in die nächste hinübermogeln, ist – sofern man nicht selbst betroffen ist – eine gewisse Souveränität nicht abzusprechen. Wenn Ihnen von anderen vielleicht immer wieder vorgeworfen wird, dass Sie dazu neigen, sich aus Partnerschaften herauszulügen, trifft das nur bedingt den wahren Kern Ihres Liebesverhaltens. Von Natur aus skeptisch, glauben Sie einfach nicht daran, dass Sie mit nur einem Partner oder einer Partnerin das ganze Spektrum Ihrer Liebesmöglichkeiten ausschöpfen können.

Da Sie die Gefühle Ihrer Liebe kaum im Herzen, sondern überwiegend in Ihrem Kopf bzw. Ihrem Verstand bewegen, sind Sie nie um ein logisches Argument verlegen, das die Vielfalt Ihrer Liebesinteressen erklärt. Eine mögliche Eindeutigkeit der Stimme Ihres Herzens wird von der Vieldeutigkeit Ihres Verstandes immer wieder überlagert, irritiert und nicht zuletzt in die Irre geführt. Es ist nur folgerichtig, dass bei diesem Spiel mit der Liebe Ihr Verstand immer auf seine Kosten kommt. Ihr Herz dagegen bleibt auf der Strecke. Die Vielfalt Ihrer Interessen an Menschen und Aufgaben schmeichelt Ihrem Intellekt, er gefällt sich in einer gewissen Oberflächlichkeit. Spricht Ihr Herz dann auch einmal von einer Tiefe der Gefühle, wird dieser Wunsch wortreich, ironisch, vielleicht auch sarkastisch wegdiskutiert.

In der gleichen Art, wie Sie sich selbst begegnen, gehen Sie auch mit Ihren Partnern oder Partnerinnen um. Wann immer Sie von anderen der Wunsch nach Tiefe und Dauerhaftigkeit der Liebe erreicht, gelingt es Ihnen irgendwie, alle Anteile des Herzens in der Liebe souverän wegzudiskutieren. Der Ausdruck Ihrer Liebe ist immer von einer nervösen Unbeständigkeit geprägt. Sie gefallen sich darin, klug und originell über die Liebe zu sprechen. Vielleicht schreiben Sie auch aufregend und interessant über dieses Thema. Die Liebe jedoch auch im Herzen zu leben und ihr durch Taten dauerhaften Bestand zu verleihen, ist nicht unbedingt Ihre Sache. In Ihren geistigen Liebes-Luftschlössern weht eben immer ein frischer Wind, und Sie kommen gar nicht auf den Gedanken, im übertragenen Sinne einmal die Fenster zu schließen und das, was da hereingeweht ist, festzuhalten. Die starke Dominanz, die Ihr Verstand über Ihr Herz ausübt, lässt Sie vielleicht im Einzelfall auch arrogant und hochmütig über all die Menschen denken, die sich dabei wohl fühlen, nur eine einzige Liebe zu haben. Da Sie Menschen und Dinge gleichermaßen nur nach dem Grad des intellektuellen Interesses und der Möglichkeit eines mit ihnen durchzuführenden Experimentes beurteilen, verharren alle Ausdrucksformen Ihrer Liebe mehr oder weniger an der Oberfläche.

Wenn Sie sich in einer stillen Stunde nach einer sehr tiefen und einmaligen Liebe sehnen oder Ihnen von anderen vielleicht vorgeworfen wird, Sie gingen zu leichtfüßig mit der Liebe um, vergegenwärtigen Sie sich doch einmal folgendes Bild: Man sollte dem elektrischen Strom nicht vorwerfen, dass er nicht selbst leuchtet, seine Qualität besteht darin, dass er die Welt – und hier vor allem die Welt der Liebe – zum Leuchten bringt. Früher oder später wird Sie Ihr Verstand auch an die Bedürfnisse Ihres eigenen Herzens erinnern. Und selbst wenn dann nur ein Bruchteil der Liebe, die Sie in anderen Menschen entzündet haben, wieder auf Sie zurückfließt, wird Ihr Herz reichlich belohnt sein.

Sonne in Zwillinge – Venus in Widder

Was Ihnen unter dieser planetarischen Konstellation wohl am schwersten fallen wird, ist einzusehen und zu respektieren, dass vor allem in der Liebe nicht überall dort, wo ein Wille ist, auch ein Weg sein muss. Vielleicht treibt es Sie im Einzelfall bis in den «Wahnsinn», dass immer dann, wenn bei Ihnen der Blitz der Liebe eingeschlagen hat, der ins Auge gefasste Partner oder die Partnerin nicht auch gleichzeitig und unmittelbar in hellen Liebesflammen steht. Wenn eine in Ihren Augen unverständlich lahme Reaktion trotz allem noch Ihr Interesse weckt, werden Sie angriffslustig versuchen, dem Feuer ein wenig nachzuhelfen. Sie lassen dann eher unüberlegt und hastig Ihrem nervösen Einfallsreichtum freie Bahn und umgirren Ihren Partner oder Ihre Partnerin derart mit Ideen, wie, wann und wo man doch das Glück einer gemeinsamen Liebe finden könnte, dass er oder sie vor lauter Möglichkeiten den Kern Ihrer Liebe nicht erkennen kann. Wenn andererseits Ihr eigenes Interesse beim ersten, nicht erwiderten Ansturm seitens des Partners oder der Partnerin erlahmt, kompensieren Sie diese verlorene Schlacht, indem Sie unmittelbar zum Angriff auf ein anderes Ziel blasen. Nicht wesentlich anders verhalten Sie sich aber auch, wenn ein anderer einmal zeitgleich mit Ihnen in Liebe zu Ihnen entbrennt. Nicht selten werden Sie dann nach einiger Zeit die Lust an der eroberten Festung verlieren und neue Angriffsziele ins Auge fassen.

Da sich bei Ihnen bei einem noch unerlösten Erleben die Liebe überwiegend im Kopf abspielt und jeder Gedanke an die Liebe sich mehr oder weniger zwanghaft mit einer unmittelbaren Handlung verbinden möchte, wirkt Ihr Liebesausdruck immer leicht gehetzt und aggressiv. Sie scheinen zwar unentwegt «in Sachen Liebe» tätig zu sein, gemessen am Ergebnis haben Ihre Handlungen aber eher den Charakter eines blinden Aktionismus. Ihr eher spielerischer Umgang mit der Liebe leidet dann unter dem Nichtvorhandensein von Einfühlungsvermögen in die besonderen Liebesbedürfnisse Ihres Gegenübers. Es gefällt Ihnen, Ihre Eroberungen wie Jagdtrophäen zur Schau zu stellen, und Sie nehmen wenig Rücksicht darauf, dass Sie den Partner oder die Partnerin damit vielleicht verletzen könnten. Wenn es Ihnen einmal nicht gelingt, Ihr Zielobjekt in direktem Angriff in den Bann Ihrer Liebe zu schlagen, scheuen Sie sich auch nicht, allerlei Tricks bis hin zur wohl durchdachten Intrige anzuwenden. Dem Raffinement Ihres dann über Dritte und Vierte lancierten und signalisierten Liebesbegehrens kann sich so schnell niemand entziehen.

Die Skepsis, die Sie – in diesem disharmonischen Zustand – Ihren eigenen Gefühlen entgegenbringen, bedingt, dass es Ihnen nur selten gelingt, eine beiderseitig dauerhafte und vertrauensvolle Partnerschaft überhaupt einzugehen, geschweige denn über längere Zeit zu leben. Vielleicht haben Sie mitunter das Gefühl, dass es irgendwie Ihren Stolz verletzt, sich nur an einen Menschen zu binden, wo Sie doch an jedem Finger zehn haben könnten. Im schlimmsten Fall werden Sie immer wieder das Opfer Ihrer Vorstellungen von der Liebe. Einer Ihrer Grundsätze lautet: «Die Gedanken sind frei.» In einem trügerischen Analogieschluss halten Sie nun aber auch die Liebe für frei. Selbst wenn Gedanken ihre wesentliche Qualität daraus beziehen, dass sie frei sind, so gilt das nicht automatisch auch für die Liebe: Die besondere Freiheit der Liebe liegt vielmehr darin, dass sie sich bewusst bindet. Genau genommen besteht Ihre Problematik darin, dass Sie dem Ausdruck Ihrer Liebe entweder nur eine einzige Richtung geben wollen oder sich in der Vielfalt möglicher Ziele verzetteln.

Ganz anders werden Sie diese planetarische Disposition erleben und auch ausdrücken können, wenn Sie schon zu einer gewissen inneren Harmonie gelangt sind. Dann sind Sie um einen Einfall, wo, wie und für wen Sie in Liebe tätig werden könnten, und die dafür nötige Energie zur Umsetzung Ihrer Idee eigentlich nie verlegen. Es macht Ihnen einfach Spaß herauszufinden, wo in Ihrem Umfeld gleichsam eine noch nicht mit Liebe versorgte Lücke besteht. Sie entweder zwischen Menschen oder auch in Bezug auf Ihre alltäglichen Aufgaben zu füllen, davon fühlen Sie sich immer wieder herausgefordert. Ohne dass Sie darüber nachdenken müssen, offenbart Ihnen Ihr Einfallsreichtum dann auch den Weg, der zum Erreichen des Zieles beschritten werden muss. Da eine Ihrer wesentlichsten Gaben darin besteht, Ihre Mitmenschen und Ihre Umwelt ganz allgemein nicht nur aufmerksam, interessiert und wissbegierig zu beobachten, sondern Sie auch zugleich Lust verspüren, die Dinge selbst in die Hand zu nehmen, werden Sie gleichsam zu einem Promoter im Entdecken und Gestalten der vielfältigsten Ausdrucksweisen der Liebe. Mit Ihrer Fähigkeit, Menschen und Dinge gleichermaßen mit einer Liebe auf den ersten Blick wahrzunehmen, verstehen Sie es stets, Ihre Liebesgefühle aktiv auszugestalten. Ihrem beweglichen, vorurteilsfreien Verstand entgeht es nicht, dass alles, was unter dem Zeichen der Liebe geschieht, erfolgreicher geschieht. Aus diesem nicht nur intellektuellen Verständnis über das Funktionieren der Liebe heraus bemühen Sie sich unentwegt, Brücken zu schlagen oder Wege zu ebnen, auf denen der Austausch der Liebe zwischen den Menschen sich entfalten kann.

Ihre Partnerschaften stehen unter dem Zeichen eines nie ermüdenden Interesses und großer Aufmerksamkeit für die besonderen Belange des Partners oder der Partnerin. Mit einem wachen Forschergeist versuchen Sie immer wieder herauszufinden, mit welcher Überraschung Sie ihn oder sie glücklich machen können. Da Sie dabei überwiegend geistige Interessen wahrnehmen und befriedigen möchten, ist es für sie außerordentlich wichtig, dass Sie einen geistig aufgeschlossenen Partner wählen. Nichts ist für Sie wichtiger, als immer wieder auch Gespräche über die Liebe zu führen. Der in solchen Gesprächen zunächst genährte Verstand und Intellekt erwärmt jedoch auch zusehends Ihr Herz. Es ist einfach so; während bei anderen Menschen die Liebe durch den Magen geht, entfaltet sie sich bei Ihnen über den Verstand. Ihr Wunsch, die in Gedanken mit dem Partner oder der Partnerin durchgespielten Experimente der Liebe auch körperlich zu genießen, verhilft Ihrer gelebten Sexualität bei der gegenseitigen Entdeckung einer schier grenzenlosen Fülle eines meist auch sehr stürmischen Genusses zu immer neuen Freuden. Wenn man im Sprichwort sagt: «Varietas delectat» – «Abwechslung erfreut», heißt dies für Sie nicht nur Abwechslung an der Oberfläche, sondern vor allem Abwechslung bei allen körperlichen, seelischen und geistigen Anregungen und Reizen, die vom Partner ausgehen.

Da eine Ihrer Hauptvoraussetzungen, um glücklich zu sein, darin liegt, sich in stetiger Kommunikation mit der Welt zu befinden, Sie zugleich aber auch nicht darauf warten, dass dieser Wunsch nach beiderseitigem liebevollen Austausch nur von den anderen geleistet wird, fühlen Sie sich immer wieder selbst aufgefordert, Ihrem Glück durch Eigeninitiative auf die Sprünge zu helfen. Wo andere Menschen in Trägheit verharren, weil sie nicht wissen, wie sie ihrer Liebe Ausdruck verleihen könnten, fällt Ihnen immer etwas ein. In der Liebe sind Sie, im positiven Sinne gemeint, für jede Überraschung gut. Ihre Liebesangebote an Ihren Partner reichen dann vom schon erwähnten interessanten und geistreichen Gespräch über spontane Einladungen an Freunde oder als Überraschung geplante und organisierte gemeinsame Reisen bis hin zur Wahl ausgefallener Orte, wo Sie die rein sinnlichen Freuden der Liebe und der Sexualität genießen möchten. Dieses Spektrum ist weit gefächert, und je mehr Ihr Partner oder Ihre Partnerin bereit ist, dieses amüsante Spiel mitzuspielen, umso mehr steigert dies Ihre Lust – und die Erfüllung Ihrer Lust – im gegenseitigen Austausch von Liebe.

Unter eher noch gespannten Vorzeichen findet Ihr Verhalten anderen Menschen gegenüber seine Analogie auch darin, wie Sie mit Ihren beruflichen und privaten Aufgaben umgehen. Dann fällt es Ihnen schwer, eine gewisse Kontinuität sowie Diplomatie und weise Beschränkung in Ihr Verhalten zu integrieren. Indem Sie innerlich eigentlich immer irgendwie kämpferisch auf dem Sprung sind, versagen Sie sich selbst und anderen die Wärme und Erfüllung eines auf Dauer ausgelegten Austausches der Gaben der Liebe.

Sonne in Zwillinge – Venus in Stier

Wenn Ihre Sonne-Venus-Kräfte in Ihnen in einem ausgewogenen Verhältnis zueinander stehen, verbinden sich einerseits Ihre unverkrampfte Selbstliebe und andererseits Ihr stets waches Interesse an Ihrer Umwelt in harmonischer Weise. Sie verstehen es, mit offenem Herzen Liebe zu schenken und zu empfangen. Da Sie selbst vor allem jede Art konkreter sinnlicher Genüsse schätzen, sich aber auch vorstellen können, dass es anderen Menschen genauso geht, bemühen Sie sich, andere an Ihrem Genuss teilhaben zu lassen. Wenn es darum geht, den Partner oder die Partnerin, Freunde oder Bekannte einfallsreich zu beschenken, sind Sie um Ideen nie verlegen. Das Gleiche gilt für gerne mit anderen geteilte sinnliche Genüsse, wie gemeinsam an einem schön gedeckten und geschmückten Tisch opulent zu speisen, überraschend Picknicks zu arrangieren oder auf einem gemeinsamen Einkaufsbummel sich selbst und Ihre Begleitung zu verwöhnen. Die in Ihnen angelegte Dualität – einerseits ein betontes Wir-Gefühl, andererseits der Wunsch, auch immer unter Leuten zu sein – irritiert Sie nicht. Souverän gelingt es Ihrer schöpferischen Energie, Ihre Liebe gleichermaßen auf den Partner oder die Partnerin und auf einen großen Kreis von Freunden und Bekannten zu verteilen. Da Ihnen vor allem am Austausch der Liebe zwischen den Menschen etwas liegt, entspringen Ihrer regen Phantasie immer wieder Einfälle, wo und wie Sie in Liebe tätig werden können. Ihre Herzlichkeit im Umgang mit von Ihnen geliebten Personen verschafft auch eher flüchtigen Bekannten doch immer das Gefühl, sich auf Ihre Freundschaft und Ihr Mitgefühl dauerhaft verlassen zu können. Diese positiven Akzente verschieben sich, wenn Sie noch nicht gelernt haben, in der gerade aufgezeigten Souveränität gleichermaßen über Ihr Herz und Ihren Verstand zu verfügen.

Die wesentliche Aufgabe besteht dann für Sie darin, diese Diskrepanz in Ihrem Verlangen, einerseits alle Liebe nur für sich zu behalten und zu genießen und andererseits großzügig mit den Gaben Ihrer Liebe umzugehen, aufzuheben. Eine Stimme in Ihnen sagt Ihnen immer wieder sehr deutlich, wo, wie und zu wem Sie sich eigentlich liebevoll verhalten sollten. Eine andere Stimme hindert Sie jedoch gleichzeitig daran, Ihre Vorhaben auch in die Tat umzusetzen. Es fällt Ihrem Verstand dann unter Umständen leicht, Ihnen auch die entsprechenden Ausreden für Ihr Nichtstun zu suggerieren. Vielleicht überlegen Sie beispielsweise, ob denn ein Partner oder eine Partnerin mit einem gerade spontan gekauften Geschenk auch wirklich etwas anfangen könnte oder ob es nicht besser wäre, Sie würden sich selbst daran erfreuen. Unter eher noch gespannten Vorzeichen gönnt sich Ihre ausgeprägte Eigenliebe nach Möglichkeit jeden Genuss. Vor allem Genüsse, die sich Ihnen über die Sinne vermitteln, stehen dabei im Vordergrund. Gut zu essen, sich zu pflegen, sich teuer, aber nicht unbedingt geschmackvoll zu kleiden, sich mit Schmuck eher zu behängen, als ihn ausgewählt zu tragen, in allem nach außen hin ein wenig zu protzen, darin gefällt sich dann die Sinnlichkeit Ihrer Liebe. Ihr eher lasziver Narzissmus liebt es dann auch, sich mehr passiv lieben zu lassen, als in der Sexualität selbst aktiv zu werden.

Dieser relativ hohe Anteil an Bequemlichkeit im Ausdruck Ihrer Gefühle wird aber gleichzeitig auch immer wieder durch eine Sie vielleicht irritierende Unbeständigkeit herausgefordert. In Gedanken spielen Sie dann vielleicht die Möglichkeiten aufregender Liebesabenteuer durch. Wenn Sie Ihren nervösen Träumen tatsächlich einmal reale Gestalt verleihen und sich auf ein gewagtes Abenteuer einlassen, stellen Sie möglicherweise sehr schnell fest, dass dieser spielerische Umgang mit der Liebe auch anstrengend ist. Im Zweifelsfall besinnen Sie sich dann wieder auf Ihre geliebte und geschätzte Bequemlichkeit und ziehen sich – enttäuscht glücklich oder glücklich enttäuscht – zurück. Es ist gut denkbar, dass Sie viele Jahre Ihres Lebens in dem Zwiespalt verbringen, ob es für Sie richtiger ist, sich in eine feste Partnerschaft zu begeben oder eher der freien Liebe zu frönen. So kann es beispielsweise passieren, dass Sie sich schon fast sklavisch an einen Partner oder eine Partnerin binden und sich vor allem auch von dessen materieller Versorgung abhängig machen. Da Ihnen jedoch in Ihren Gedanken die andere, freie Liebe gleichzeitig Unabhängigkeit vorgaukelt, lassen Sie Ihre innere Unzufriedenheit unter Umständen nörglerisch und besserwisserisch an Ihrem Partner aus. Es versteht sich von selbst, dass Eifersucht in diesem Spiel auch eine große Rolle spielt.

Wenn Sie dagegen den anderen Weg gehen, verkehren sich nur die Vorzeichen. Ganz im Trubel ausgelassener Sexualität befangen, sehnen Sie sich gleichzeitig nach einer wohligen, unaufgeregten und behüteten Geborgenheit. Kompensatorisch werden Sie dann vielleicht dazu neigen, über die Liebe im Allgemeinen und Ihre Liebe im Besonderen eher sarkastisch und arrogant zu sprechen. Beide Formen des Ausdrucks sind dabei von einem unübersehbaren Maß an Sentimentalität geprägt.

In der gleichen Weise, wie es Ihnen bei einem entspannten Ausdruck Ihrer Liebesfähigkeit gelingt, sich auch zunächst fremden Menschen interessiert, aufgeschlossen, herzlich und offen hinzugeben, verfahren Sie auch mit allen Aufgaben, die Ihnen das Leben stellt. Da Sie die Vielfalt Ihrer Interessen mehr oder weniger auf jede Arbeit richten können, gehen Sie diese mit entsprechender Frische, mit unkonventionellen Mitteln und einem gesunden Menschenverstand an. Ihr ausgeprägter Intellekt sagt Ihnen, was in der materiellen Welt objektiv erreichbar ist. Das einmal ins Auge gefasste Ziel verfolgen Sie einerseits ausdauernd, andererseits aber auch um mögliche Varianten im Vorgehen nie verlegen, vor allem aber immer mit dem Wunsch, dass die Ergebnisse Ihrer Arbeit sowohl Schönheit als auch Nützlichkeit optimal in sich vereinigen. Die gleiche Ihnen wohl tuende körperliche Nähe, die Sie zu Menschen suchen, übertragen Sie auch auf Ihre Handlungen, wo sie sich dann als gedankliche Nähe äußert. In der Summe sind Sie also sowohl seelisch als auch geistig immer «bei der Sache». In gewisser Weise haben Sie in sich ein Bewusstsein bewahrt, wie man es oft bei kleinen Kindern beobachtet. Was bei ihnen noch unbewusst geschieht, nämlich nicht zu unterscheiden zwischen dein und mein und deshalb offenen Herzens zu geben und zu empfangen, sich ganz einfach am permanenten Austausch liebevoller Gefühle erfreuen zu können, geschieht bei Ihnen nun auf der bewussten Ebene.

Ihr Verstand und Ihr Gefühl haben Ihnen gesagt, dass die Liebe zwischen den Menschen nur funktionieren kann, wenn sie sich in einem ständigen Fluss befindet. Was hier fließen muss, sind nun nicht nur die Gefühle der Liebe, sondern auch all die materiellen Ausdrucksweisen – wie Geschenke, sich berühren, schmusen, geistreich und interessant miteinander sprechen und vieles mehr –, in denen sich die Liebe darstellt. Indem Sie Ihrer inneren Wahrheit, was Liebe für Sie bedeutet, immer treu bleiben, haben Ihre Lebensäußerungen stets den Charakter einer spontanen, herzlichen und vorurteilslosen Hinwendung an andere Menschen. Sie haben auf eine unverkrampfte Art gelernt und erfahren, dass man alles, was man in Liebe für sich selbst tut, auch für andere tut und dass man alles, was man in Liebe für andere tut, auch für sich selbst tut. Und da Sie dieses Wissen auch permanent aktiv in die Tat umsetzen, finden Sie sich gleichsam im Zentrum eines von Ihrer Liebe dicht geflochtenen Netzes allseits tätiger Liebe.

Aber auch zu dieser Ausrichtung Ihrer Liebesenergien gibt es eine mögliche Schattenseite. Genauso, wie es Ihnen schwer fällt, gegenüber anderen Menschen immer ganz ehrlich zu sein, sind Sie auch sich selbst gegenüber nicht ganz ehrlich. Egal, ob Sie mehr eine anlagebedingte Lethargie oder eine gewisse Flatterhaftigkeit in den Vordergrund Ihres Lebens stellen, in beiden Fällen lügen Sie sich selbst in die Tasche. In vergleichbarer Weise schwanken Sie auch, wie Sie sich Ihren täglichen Aufgaben gegenüber verhalten sollen. Phasenweise können sich dann leicht Zeiten einer hektischen Umtriebigkeit mit Intervallen selbstquälerischer Faulheit und Stagnation abwechseln. Da sich mit beiden Verhaltensweisen nur schwerlich wirklich befriedigende Erfolge erzielen lassen, flüchten Sie vielleicht in eine Art Versorgungsmentalität, die dem Partner oder der Partnerin alle Bürden der Liebe auflastet.

Sonne in Zwillinge – Venus in Krebs

Eine mögliche Schwierigkeit im harmonischen Erleben und Ausdruck Ihrer Liebe unter dieser planetarischen Konstellation könnte darin liegen, dass es Ihnen noch nicht gelungen ist, eine Balance zwischen den einerseits nach innen und andererseits nach außen gerichteten Ausdrucksformen Ihrer Liebe zu finden. Vielleicht liegt der wesentliche Grund dafür darin, dass Sie überwiegend eher furchtsam und ängstlich auf Angebote der Liebe und Zuneigung aus Ihrer Umgebung reagieren. Da oft schon geringe Anlässe genügen, Ihre Gefühle und Stimmungen zu irritieren, neigen Sie vielleicht allzu sehr dazu, sich in das Schneckenhaus Ihrer inneren Welt zurückzuziehen. Die Folgen sind dann immer wiederkehrende Phasen von Melancholie, die sich im extremsten Fall bis zu einer vorübergehenden oder auch länger andauernden Depression steigern können. Voller Selbstmitleid werden Sie vermutlich andere Menschen und die Welt an sich für das Ihnen scheinbar entgegengebrachte raue Klima verantwortlich machen. In Wirklichkeit reagieren Sie jedoch einerseits übersensibel, andererseits aber auch allzu skeptisch auf Ihre Umwelt. Unsicher und unbeständig in der Darstellung Ihrer Gefühle, fliehen Sie entweder in eine Vielfalt eher nur oberflächlicher Beziehungen oder ziehen sich schmollend in die dunkelste Ecke Ihres Herzens zurück.

Wenn Sie eine dauerhafte Partnerschaft eingehen, neigen Sie dazu – vielleicht aus Furcht, zu wenig Liebe zu geben –, Ihre Fürsorge und Hingabe an den Partner oder die Partnerin zu übertreiben. Es besteht dann die Gefahr, dass Sie Ihr Gegenüber derart bemuttern, dass jede freie Entfaltung von Liebe in der Beziehung im Keime erstickt wird. Unmerklich tragen Sie dazu bei, den Partner oder die Partnerin gleichsam in ein Kindstadium zurückzuversetzen. Er wird von Ihnen beispielsweise überschwänglich bekocht, bestrickt oder permanent zur Vorsicht vor allen möglichen, in der Welt lauernden Gefahren ermahnt, dass er oder sie am Ende wirklich zu einem Kind regrediert. Möglich ist auch, dass Sie den umgekehrten Weg gehen und sich selbst zum Kind in der Partnerschaft machen und daraus den Anspruch ableiten, genau wie ein Kind von der Mutter, also von dem Partner oder der Partnerin, umfassend geliebt und versorgt zu werden. Hier kann leicht eine Art schwüler Anhänglichkeit entstehen, in der sich wahre Liebe nicht entfalten kann. Ein möglicher dritter Weg geht unter Umständen in die schon angedeutete Richtung. Sie folgen dann eher Ihrer Neigung, unbeständig und oberflächlich Beziehungen einzugehen, deren Anzeichen für eine mögliche tiefere Liebe Sie jedoch in Ihrem Gefühl und Ihrem Herzen nicht wahrnehmen. Die erlebte innere Leere kompensieren Sie mit intellektuell gefärbten Scheinargumenten, mit denen Sie sich selbst und anderen gegenüber über die wahre Liebe lustig machen. Ironie, Sarkasmus und Arroganz stehen Ihnen dann als Waffen dafür leicht zur Verfügung. Ihre Tendenz, mit Ihren Gefühlen und dem Ausdruck Ihrer Liebe immer ein wenig an der Oberfläche zu bleiben, lässt Sie dort auf die geringste atmosphärische Störung mimosenhaft und beleidigt reagieren. Obwohl Sie selbst, was Ihre Gefühlsreaktionen betrifft, äußerst dünnhäutig sind, gehen Sie mit anderen Menschen eher leichtfertig um. Aus Furcht, selbst verletzt zu werden, entwickeln Sie dann eine Art Vorwärtsstrategie und sind im zwischenmenschlichen Austausch nach dem Motto «Angriff ist die beste Verteidigung» nicht selten verletzend und schrecken auch vor kleinen Schwindeleien bis hin zu Lügen nicht zurück.

Ihre innere Furcht, sich der Liebe nicht wirklich vertrauensvoll hingeben zu können, kann sich auch auf die Art übertragen, wie Sie das Verhältnis zu allen Ihnen obliegenden Aufgaben definieren. Auch hier gelingt es Ihnen in der Regel relativ schlecht, einen harmonischen Ausgleich zu schaffen zwischen einer einerseits überschwänglichen und fast erstickenden Hinwendung zum Gegenstand Ihres Interesses und der andererseits nur oberflächlichen und wenig ausdauernden Beschäftigung damit. Ihre Neigung, die Gefühle Ihrer Liebe entweder zu rationalisieren oder darüber zu psychologisieren, führt letzten Endes zu einem Zustand, in dem Sie in beiden Fällen ohne eine echte Antwort bleiben, sodass Ihre Liebe in diesem Zwiespalt nicht zu einem heiteren und herzlichen Ausdruck gelangen kann.

Bei einem erlösten Erleben und Ausdruck dieser Kombination der Sonnen- und Venus-Kräfte gelingt es Ihnen dagegen mühelos, ein Gleichgewicht zwischen dem berechtigten Ausdruck Ihrer Selbstliebe und der Liebe zu anderen Menschen herzustellen. Sie haben es erfahren und wissen, dass die gleiche Sensibilität und das Bedürfnis, beschützt zu werden und selbst zu beschützen, auch in anderen Menschen wach sind und genährt werden möchten. In all die Fürsorge, die Sie unaufwändig und mit liebevoller Zärtlichkeit Ihrem Partner, Ihrer Partnerin oder der ganzen Familie angedeihen lassen, beziehen Sie auch all die Menschen ein, mit denen Sie herzliche und innige Gefühle verbinden. Sie verhalten sich mit dem Ausdruck Ihrer Liebe wie eine wirklich fürsorgende Mutter, die unterschiedslos all ihre Kinder mit der gleichen Sanftheit und Zärtlichkeit in Liebe umhegt. Da Herz und Verstand harmonisch miteinander kooperieren, gelingt es Ihnen, mit schöpferischer Energie und Herzenswärme Brücken zwischen den Menschen zu schlagen, über die sie ihre Liebe miteinander austauschen können.

Wahrscheinlich leben Sie eingebettet in einen großen Kreis von Freunden und Bekannten, die Sie alle als zu Ihrer Familie gehörig betrachten. Über diese Familie breiten Sie ein Netz unaufdringlicher und sensibler Beziehungen aus, die auch einen Schuss Romantik nicht entbehren. Sie schweben dann gleichsam wie ein guter Geist der Liebe über diesen Gewässern. Ihr ganz und gar nicht nur im Herzen, sondern auch rational geträumter Traum von einer erfüllten und erfüllenden Liebe wird dann wahr, wenn Ihre zu allen Zeiten lebendige Bereitschaft, anderen zu helfen und sie zu beschützen, in der Partnerschaft oder auch im Kreis der Freunde und Bekannten in gleicher Weise beantwortet wird. Im Bemühen, dieses Ziel zu erreichen, folgt Ihr Herz gerne Ihrem Verstand, der immer wieder für unkonventionelle Einfälle in der Frage des Wie, Wo und für Wen gut ist. Dieses harmonische Zusammenspiel zwischen Herz und Verstand hilft Ihnen dann auch bei der Verfolgung Ihrer beruflichen und privaten Interessen. Zeitgleich wissen und fühlen Sie, an welche Aufgaben Sie Ihr Herz oder Ihren Verstand hängen sollten. Da Sie dadurch eigentlich immer gleichsam aus der Mitte heraus, mit sich selbst identisch, handeln und entscheiden können, sind Ihre Unternehmungen in der Regel auch von Erfolg gekrönt.

Die Vielfalt Ihrer Interessen, die sich sowohl auf Menschen als auch auf die materielle Welt richten, bietet Ihnen immer wieder neue Möglichkeiten, in Liebe tätig zu werden. Allein dadurch, dass es Ihnen mühelos gelingt, Menschen zusammenzuführen, schaffen Sie die Grundlage dafür, dass sich zwischen diesen Menschen auch Gefühle und Taten der Liebe entwickeln können. Ihre seelische Tiefe stimuliert andere, in ihrem Inneren nach den gleichen Ausdrucksformen einer herzlichen Liebe zu suchen. Dem im Zusammenhang des Tierkreiszeichens Zwillinge immer nahe liegenden Bild des Schmetterlings kommt in seinem erlösten Ausdruck bei Ihnen die Funktion zu, die Idee und die möglichen Taten der Liebe befruchtend von einer Blüte auf die andere zu übertragen. In der Partnerschaft findet Ihre Liebe vor allem dann ihre Erfüllung, wenn Ihr Wunsch und Ihr Bedürfnis nach gleicherweise körperlicher, seelischer und geistiger Nähe zum Partner oder zur Partnerin ideal zusammenfinden. Nur Verstand oder nur Seele genügt Ihnen nicht. Da Sie selbst aber fähig sind, beide Pole im Geben harmonisch zu verknüpfen, werden Sie im Empfangen der Liebe anderer auch nur selten enttäuscht. Vielleicht gilt Ihre besondere Vorliebe, zu hegen, zu pflegen und zu beschützen, nicht nur anderen Menschen, sondern der gesamten belebten Natur. Dann eröffnet sich Ihnen ein weites Feld, in dem Sie mit Tieren und Pflanzen zu Ihrer eigenen Erfüllung besonders liebevoll umgehen können. Die Ihnen aus dieser Welt entgegenströmende Dankbarkeit belohnt Sie nicht nur für Ihre Mühe, sie ist zugleich auch ein Ansporn, Energie für neue Aufgaben freizusetzen.

Sonne in Zwillinge – Venus in Löwe

Wenn in Ihrem Liebesverhalten noch die eher unerlösten Kräfte Ihrer Sonne und Ihrer Venus im Vordergrund stehen, wird eine Ihrer Hauptschwierigkeiten in einer gewissen Oberflächlichkeit in Bezug auf Partnerbeziehungen liegen. Vielleicht ist in Ihnen ein Gefühl rege, demzufolge Sie sich in einer gewissen Weise auserwählt fühlen, sich für etwas Besonderes halten. Folglich neigen Sie dazu, auf andere Menschen eher ein wenig herabzuschauen, sie überwiegend arrogant und selbstgefällig zu behandeln. Besonders schwierig wird es dann, wenn Sie den Eindruck haben, nicht im allgemeinen Mittelpunkt des Interesses zu stehen. Dies trifft sowohl auf enge partnerschaftliche Beziehungen zu als auch auf eine scheinbare, wenn auch nur vorübergehende Isolation im Kreis von Freunden oder Bekannten. Sie fühlen sich dann, weil Sie Ihrer Meinung nach nicht genug Beachtung finden, in Ihrer Eitelkeit gekränkt. In einer Gegenreaktion werden Sie vielleicht versuchen, sich vehement und vor allem mit verbalen Äußerungen, die Sie dann für besonders witzig halten, mehr oder weniger geschwätzig ins allgemeine Rampenlicht zu rücken. Oder Sie wählen den Weg des schmollenden Rückzugs, indem Sie sich suggerieren, dass der Partner, Freunde und Bekannte im Grunde Ihrer nicht wert sind.

Eine mögliche Gefährdung, nicht zum wahren Ausdruck Ihrer Liebe zu kommen, mag auch darin liegen, dass Sie dazu neigen, auf Schmeichler hereinzufallen. Hier besteht eine gewisse Diskrepanz: Einerseits gehen Sie selbst eher spielerisch mit den Gefühlen anderer Menschen um, halten es auch durchaus für möglich, gleichzeitig mehrere Partnerschaften lose miteinander zu verbinden, andererseits können Sie sich jedoch nicht vorstellen, dass andere Menschen vielleicht genauso mit Ihnen verfahren. Da Sie jedoch Ihre gefühlsmäßigen Bindungen vom Verstand her sehr scharfsinnig analysieren können, durchschauen Sie relativ schnell den Betrug und wenden sich ab. In der Folge kommt es leicht zu immer wieder relativ flüchtigen Gefühlsbindungen, oberflächlichen Kontakten und einer Situation, in der Sie zwar vielleicht «everybody's darling» sind, Ihre wahren Empfindungen jedoch unausgedrückt und unausgelebt bleiben. In einem solch unerlösten Stadium ist es Ihnen noch nicht gelungen, den inneren Konflikt zwischen den Polen *einsam* und *gemeinsam* harmonisch zu lösen.

Diese Sonne-Venus-Verbindung stellt ein Zusammenspiel der Elemente Luft (Sonne) und Feuer (Löwe) dar. Wenn nun das von der Luft permanent genährte Feuer keinen Angriffspunkt hat, also beispielsweise einen Partner, den es mit seiner Glut wärmen könnte, verzehrt sich die Flamme gleichsam selbst und verbrennt dabei die Gefühle Ihrer Liebe. Wenn wir für einen Augenblick bei diesem Bild verweilen, so könnte man auch sagen, dass Wärme nicht etwas ist, das sich unmittelbar einstellt. Um in einer Partnerschaft miteinander warm zu werden, braucht es Zeit. In einer nur flüchtigen Begegnung kann dagegen nur eine erste Hitze entstehen, an der man sich aber auch leicht die Finger verbrennt.

Bei einem noch nicht oder nur teilweise harmonischen Zusammenfließen Ihrer Energien ist es nahe liegend, dass Sie sich mit der gleichen inneren Disposition, die Sie in einer Partnerschaft ausleben, auch Ihren täglichen Aufgaben und Entscheidungen nähern. Sie werden zwar zunächst einmal auf jede neue Aufgabe «enflammiert» reagieren, die Vielseitigkeit der darin liegenden Möglichkeiten erkennen und versuchen, sie in die Tat umzusetzen. Diese Erwärmung findet jedoch mehr im Kopf als im Herzen statt. Die wirkliche Liebe für eine Sache sollte aber vom Herzen ausgehen und sich dauerhafter und gefühlsintensiver nicht nur mit jeder besonderen Aufgabe, sondern auch mit jedem besonderen Menschen oder Partner verbinden.

Wenn wir uns für den erlösten Ausdruck Ihrer Sonne-Venus-Kräfte nochmals das Zusammenspiel der beiden Elemente Luft und Feuer vergegenwärtigen, so entsteht nun das Bild einer wärmenden Flamme, die sich gleichermaßen an anderen Menschen und an Lebenssituationen ganz allgemein entzündet und ihre wärmende Kraft ausstrahlt. Auf diese Weise ist es Ihnen möglich, Ihre ganze Liebe aus einem wahrhaft großen und weiten Herzen schöpferisch und großzügig auf Ihre Umgebung zu verteilen. In Ihnen ist ein stets reger Impuls wach, sich gleichsam mit Ihren Gefühlen und der eigenen Lust an diesen Gefühlen zu verschenken. Ihr schöpferischer Geist spürt nicht nur immer wieder neue Menschen, sondern auch Sachzusammenhänge auf, denen Sie sich leidenschaftlich und warmherzig nähern. Ihre stark erotische Ausstrahlung, gepaart mit einem sprudelnden und lebendigen Geist, wirkt anziehend auf andere Menschen und macht es Ihnen leicht, mühelos die unterschiedlichsten Kontakte zu knüpfen.

In einer konkreten Partnerschaft partizipiert die Partnerin oder der Partner an Ihrem nie versiegenden Einfallsreichtum, mit dem Sie Ihre Gefühle und Ihre Liebe immer wieder neu ausdrücken können. Ihre kreative Neugier auf Menschen zielt auf einen stetig wechselnden, deshalb nie langweiligen, lustvollen Austausch in der Partnerschaft. Zweifellos stellen Sie damit hohe Anforderungen an Ihr Gegenüber. Sie oder er muss bereit sein, diesen kreativen Prozess einer beiderseitigen Liebe und eines beiderseitigen Austauschs der Gefühle mit zu vollziehen. Das Abenteuer der Liebe besteht für Sie darin, diesen Prozess in einem dauernden Fluss zu halten. Da Sie jedoch sowohl über die dafür nötigen geistigen Energien als auch über seelische Stärke verfügen, kann sich Ihrem mitreißenden Temperament und Ihrer fordernden Leidenschaftlichkeit kaum jemand entziehen. Aus tiefstem Herzen wollen Sie zwischen den Menschen Brücken der Liebe schlagen, über die nicht zuletzt Sie selbst gehen.

Aus der Zwillinge-Sonne erwächst Ihnen das Bewusstsein eines *ewigen Kindes*, das jedoch aus der Venus-Löwe-Konstellation *erwachsen* genug ist, sich aus einem tiefen Glauben an seine Liebesfähigkeit heraus immer wieder neu zu verschenken. Auf eine besondere Weise ist in Ihnen eine Sicherheit der Gefühle lebendig, die Sie ohne Anmaßung stolz sein lässt und dazu motiviert, aus der königlichen Fülle Ihres Herzens in der Liebe mehr zu geben als zu erwarten bzw. zu nehmen. Das Gefühl, alles gegeben zu haben, erleichtert es Ihnen auch, Enttäuschungen oder Trennungen in der Partnerschaft zu ertragen. Aus Erfahrung wissen Sie, dass sich die Kräfte Ihrer Liebe jederzeit in Ihnen regenerieren, und finden entsprechend leicht wieder den nötigen Mut und Enthusiasmus, um eine neue Partnerschaft zu beginnen.

In der gleichen Art und Weise, wie Sie eher unkonventionelle Partnerschaften bevorzugen, einfach weil dort Ihr geistiges Potenzial besser angesprochen wird, konzentrieren Sie Ihre Interessen im Alltag ebenfalls eher auf das Außergewöhnliche. Ihre vielseitigen Aktivitäten richten sich intelligent und neugierig auf immer neue Ziele, denen Sie jedoch gleichzeitig von ganzem Herzen zugetan sind. Auch hier ist es so, dass Sie der *Sache* etwas geben wollen, nämlich einerseits Ihre leidenschaftliche Beschäftigung damit und andererseits Ihr Bemühen, auch andere Menschen in diese Begeisterung mit einzubeziehen. Mit dieser Motivationskraft gelingt es Ihnen, im Zusammenspiel mit anderen sowohl das Herz als auch den Verstand zu aktivieren. Am optimalsten könnten Sie die Verbindung dieser Kräfte Ihrer inspirierenden Liebe in Berufen einsetzen, die im Wesentlichen durch eine kreative Tätigkeit im Bereich zwischenmenschlicher Kommunikation zu charakterisieren wären.

Sonne in Krebs

Sonne in Krebs – Venus in Krebs

Bei dieser Sonne-Venus-Konstellation stehen Sie unter dem besonderen Einfluss des Mondes. Es ist deshalb sehr bedeutsam, in welcher Form Sie diese Mondkräfte in Ihrem Leben wirksam werden lassen. Im positiven Sinne wäre dann eine auch mögliche und spürbare, von Launen und Ängsten geprägte Wandelbarkeit der Gefühle schon zu einer unerschütterlichen seelischen Ruhe und Ausgeglichenheit der Gefühle gereift. Dann strahlt Ihre ganze Persönlichkeit, wenn Sie das Bild nicht missverstehen, die Aura einer liebevollen, zärtlichen, besorgten und versorgenden *Mutter* aus. Sanfte Zärtlichkeit und vertrauensvolle Hingabe sind die wesentlichsten Ausdrucksformen Ihrer Liebe. In einer Atmosphäre ruhiger beiderseitiger Gewissheit findet zwischen Ihnen und Ihrem Partner oder Ihrer Partnerin sowohl in der Intimität als auch in der Begegnung mit Freunden und Bekannten ein ausgewogener seelisch-körperlicher Austausch statt. Im Vordergrund des Ausdrucks Ihrer Liebe steht die Familie. Ihre Gefühle sind zutiefst befriedigt, wenn Sie Ihren Partner oder Ihre Partnerin, aber auch die Kinder, wohl versorgt und behütet um sich wissen. In der Resonanz auf die von Ihnen ausgestrahlte herzliche Wärme können Sie sich sonnen und jederzeit neue Kraft für sich selbst sammeln. Ihre wesentlich seelisch-gefühlsmäßig inspirierte Phantasie findet immer neue Wege, vor allem dem Leben in der Familie die Harmonie und Sicherheit der wechselseitigen Gefühle zu vermitteln. Um diese Harmonie zu gestalten, greifen Sie entweder schon bestehende familiäre Traditionen auf oder schaffen neue, um das Band der allseitigen Liebe fester zu knüpfen. Es ist nur selbstverständlich, dass Sie bestrebt sind, auch den Kreis der engeren Freunde und Bekannten in diese betont häusliche Atmosphäre mit einzubeziehen.

Ihre Fähigkeit, gleichsam seismographisch in die Seele anderer Menschen zu schauen und deren Gefühle und Stimmungen in sich selbst nachvollziehen zu können, macht Sie gegenüber den kleinen und großen Fehlern anderer Menschen geduldig und nachsichtig. Aus Ihrer Mond-betonten heiteren seelischen Gelassenheit heraus verstehen Sie es, Ihre Liebe gleichmäßig auf alle, die Sie lieben, zu verteilen. Schützend und zugleich kämpferisch wachen Sie mit Ihrer Liebe über die Unversehrtheit der Ihnen nahe stehenden Menschen. Ob Sie nun mehr materiell oder eher ideell Trost spenden, es gibt eigentlich keine Lebenssituation, in der Sie nicht bereit wären, sich voll und ganz für andere Menschen einzusetzen. Ihre Fürsorge für andere wird reichlich belohnt durch die Anerkennung und Achtung, die Sie umgekehrt aus allen zwischenmenschlichen Beziehungen erfahren.

Wenn Ihr Liebesausdruck jedoch noch wesentlich von dem schon angesprochenen auch möglichen disharmonischen Erleben dieser Sonne-Venus-Verbindung bestimmt wird, werden Ihre Liebe und Ihre Gefühle von einer Ängstlichkeit überlagert, die eigentlich jede spontane und freie Äußerung sehr schwer, wenn nicht gar unmöglich macht. Es entsteht das Bild eines Menschen, der sich aus Furcht, verletzt zu werden, immer wieder in sein Schneckenhaus oder besser in seinen Krebspanzer zurückzieht. Der Hintergrund für diese Überängstlichkeit in der Darstellung und im Ausleben der Gefühle ist meist in einer noch nicht erfolgten Abnabelung von der eigenen Mutter zu suchen. Bei seiner Mutter konnte man sicher sein, allumfassend geliebt und versorgt zu werden, ohne selbst etwas dafür tun zu müssen. Wenn mit zunehmendem Alter die Erfahrung gemacht wird, dass nicht alle Menschen bereit sind, sich so aufopferungs- und hingebungsvoll um Sie zu kümmern, führt das leicht zu einem Rückzug der Gefühle. Aus einem solchen Rückzug der Gefühle erwachsen nun in der Regel zwei ganz unterschiedliche Lebensäußerungen.

Auf der einen Seite bleibt die Sehnsucht, Liebe zu geben, aus Angst unerfüllt. Gleichzeitig werden jedoch in einem kompensatorischen Akt andere Menschen für die eigene Unfähigkeit gleichsam dadurch bestraft, dass Sie ihnen überwiegend launisch, übersensibel, nachtragend und mit mimosenhafter Empfindlichkeit gegenübertreten. In einer Art passivem gefühlsmäßigen Widerstand schaffen Sie dann ein zwischenmenschliches Klima, in dem Sie andere Menschen über Ihre jeweilige Gefühlslage bewusst im Unklaren lassen. Wenn nicht in einer Ihrer Meinung nach angemessenen Art liebevoll um Sie gebuhlt wird, ziehen Sie sich schmollend, beleidigt und mit demonstrativem Selbstmitleid zurück. Ohne es bewusst zu wollen, begeben Sie sich durch ein solches Verhalten in eine permanente gefühlsmäßige Abhängigkeit gegenüber anderen Menschen. Anstatt anderen Menschen in der Partnerschaft oder auch im liebevollen freundschaftlichen Miteinander aus dem reichen Fundus Ihrer Gefühle und Ihrer Liebesfähigkeit etwas zu geben, saugen Sie wie ein Schwamm Beweise der Liebe und Zuneigung anderer auf, ohne jemals wirklich restlos zufrieden zu sein.

Denkbar ist jedoch auch, dass Sie vor dem gleichen Hintergrund die Flucht nach vorn antreten und versuchen, den Partner oder die Partnerin derart zu bemuttern, dass er oder sie unter Ihrer Liebe zu ersticken droht. Ihr Gegenüber wird dann gleichsam «zu»-gekocht, «zu»-gestrickt, ganz einfach «über»-versorgt, ohne sich dagegen wehren zu dürfen. Wagt sie oder er es jedoch, sich einmal dagegen zu wehren, dann antworten Sie mit gezielt eingesetzten Depressionen, mit Gekränktheit, verletztem Stolz und sentimentalem Selbstmitleid. Eher wehleidig ziehen Sie sich wieder in Ihre Gefühlshöhle zurück und verweigern jede Äußerung eines freien und unmittelbaren Austausches der Liebe. Gleichermaßen überschwänglich im Bemuttern wie in der Forderung, bemuttert zu werden, gelingt es Ihnen dann nur sehr schwer, eine ausgeglichene Harmonie im Ausdruck Ihrer Empfindungen und Ihrer Liebe herzustellen.

Diese eher missliche Situation ändert sich zunehmend, je mehr Sie Ihre gesamte Gefühlswelt gleichsam mondhaft entspannen können. Da in Ihnen ein instinkthaftes Empfinden für die Liebe angelegt ist, umfassen Ihre Ausdrucksformen der Liebe dann sowohl die Zärtlichkeit der Geliebten oder des Geliebten als auch die beschützenden Elemente einer Mutter. Als Mann verfügen Sie mit dieser Sonne-Venus-Kombination über die eher seltene Gabe, Ihre weiblichen Anteile nicht hinter einer groben Schale zu verbergen, sondern sich offen zu ihnen zu bekennen. Unabhängig vom Geschlecht umweht Ihre Liebe immer ein Hauch von Sehnsucht, von Romantik und Verträumtheit. Der Ihnen damit innewohnende Traum von einer erfüllten Liebe lässt Sie auch bei Enttäuschungen in einer Partnerschaft nicht grundsätzlich verzweifeln, sondern nach neuen Wegen und neuen Menschen suchen, mit denen Sie dieses Ideal erreichen können. Aus der seelischen Kraft Ihres Herzens ziehen Sie immer wieder neue Energien, mit deren Ausdruck Sie andere Menschen für die Liebe und den Austausch von Gefühlen begeistern und mitreißen können.

Mit der gleichen warmen, umfassenden Zärtlichkeit, mit der Sie auf Menschen zugehen, nähern Sie sich auch Ihren allgemeinen Lebensaufgaben. Was immer Sie tun, Sie umfassen den Gegenstand Ihres Interesses mit liebevoller und sensibler Hingabe. Die dadurch in die jeweilige Aufgabe einfließende Wärme und hingebungsvolle Aufmerksamkeit belohnt sich durch sich selbst.

Bei einer noch völlig gespannten oder nur teilweise entspannten Gefühlslage sollten Sie Folgendes bedenken: Sie dürfen von der Welt der Dinge, von Ihren täglichen Aufgaben und Verpflichtungen nicht erwarten, dass sie Sie wie eine liebende Mutter empfängt. Wenn also zwischen Ihnen und Ihren Aufgaben nicht unmittelbar eine Art Gegenliebe entsteht, verführt Sie Ihr Wankelmut leicht dazu, die betreffende Angelegenheit schon bald mehr oder weniger ungeprüft wieder aufzugeben. Dass Sie dieser Sache gegenüber Ihr Herz nicht öffnen konnten, werfen Sie nun wieder der Sache vor und verfallen unter Umständen in einen nicht enden wollenden und selbstquälerischen Gram darüber, dass Ihnen offensichtlich nichts gelingen will. Dadurch, dass dann vielleicht auch niemand bereit ist, Ihren Kummer zu teilen, können Sie in eine nach unten offene Spirale gefühlsmäßiger Unzufriedenheit und Verzweiflung geraten.

Sonne in Krebs – Venus in Stier

Im erlösten Erleben dieser planetarischen Konstellation findet Ihre Liebe überall dort ihre höchste Erfüllung, wo sie sich mit ganz konkreten Situationen verbindet. Sie sind nicht bereit, nur den Traum der Liebe zu träumen, Sie möchten ihn schon auf der Erde Wirklichkeit werden lassen. Ein bevorzugtes Feld, Ihr Liebesideal zu realisieren, stellt für Sie die Familie oder eine dauerhafte Partnerschaft dar. In der Ruhe und Geborgenheit einer engen Partnerbeziehung genießen Sie körperliche Nähe, warme, liebevolle Zärtlichkeit und behutsames Eingehen auf die Wünsche des Partners. Da Sie selbst bereit sind, auch Ihren Anteil am gemeinsamen Spiel der Liebe zu leisten, stellt sich ein ausgewogenes Verhältnis von Geben und Empfangen her. Sie genießen es, gleichermaßen zu lieben und geliebt zu werden. Und dies nicht in irgendeiner abgehobenen Form, sondern ganz praktisch, so, dass man es spüren, fühlen, schmecken, riechen, hören und sehen kann. Ihr ausgeprägtes Wir-Gefühl stärkt die Partnerschaft auch in Zeiten, in denen äußerer Druck Anlass zu Sorgen gibt.

Da sich Ihr Traum von der Liebe nicht nur auf eine ganz konkrete Zeit, nämlich die Gegenwart, sondern auch auf einen ganz konkreten Ort bezieht, verstehen Sie es mühelos, für die Erfüllung Ihrer Liebeswünsche auch das notwendige häusliche Ambiente zu schaffen. Auch hier dominieren die Sinne. Farben, Formen und Düfte bilden ein unerschöpfliches Reservoir für Ihre Phantasie, um Ihrer häuslichen Atmosphäre die Aura zu verleihen, in der Sie sich aufgehoben, seelisch und körperlich entspannt fühlen und aus der heraus Sie im Ausleben Ihrer Gefühle aktiv werden können. Man könnte hier im positiven Sinne von *Gemütlichkeit* sprechen als dem Zustand, in dem Sie sich am wohlsten fühlen. Unverkrampft treu und anhänglich schätzen Sie es, einen bestimmten Kreis von Menschen um sich zu haben, auf den Sie Ihre Liebe, Ihre Fürsorge, Ihre Zärtlichkeit und Ihre Hingabe gleichmäßig verteilen. In besonderer Weise sind in diesen Kreis Ihre Kinder eingeschlossen. Sie vor allem partizipieren an Ihrer warmen und hingebungsfähigen – wenn Sie das Wort nicht scheuen – *Mütterlichkeit*. Sensibel und intuitiv können Sie die Wünsche anderer Menschen an deren Augen ablesen und wissen auch immer, wie diese Wünsche konkret befriedigt werden können. Ihre Bereitschaft, Ihre Gefühle an andere zu verschenken, reicht dann von der liebevollen, zärtlichen Umarmung, vom zarten Streicheln bis hin zu ganz praktischen Vorgängen, wie für den geliebten Menschen beispielsweise gut zu kochen. Sie wissen, «Liebe geht durch den Magen», und dies ist vielleicht nicht der schlechteste Weg, den die Liebe gehen kann.

Entschieden schwieriger wird es, wenn Sie noch relativ stark dem unerlösten Ausdruck dieser Konstellation verhaftet sind. Dann wird die wesentliche Problematik im Ausdruck Ihrer Liebe darin liegen, keinen harmonischen Ausgleich zwischen *Nehmen* und *Geben* schaffen zu können. Denkbar ist, dass Sie das frühkindliche Muster, von der Mutter alle Liebe erwarten zu dürfen, ohne dafür etwas geben zu müssen, derart verinnerlicht haben, dass Sie sich eine andere Art liebevollen Umgangs miteinander gar nicht vorstellen können. Ihr Narzissmus stellt gleichsam ein Fass ohne Boden dar, das andere Menschen füllen sollen. Wie ein Schwamm saugen Sie jegliche Liebesbeweise vom Partner, der Partnerin oder auch anderen Menschen gierig auf. Auf eine eher lasziv-bequeme Art und Weise *lassen* Sie sich lieben, ohne selbst aktiv zu werden. Sie genießen den Genuss, vor allem in all seinen körperlich-sinnlichen Varianten. Wird jedoch einmal Ihr Lust- und Genussanspruch in der Partnerschaft nicht zu Ihrer vollsten Zufriedenheit erfüllt, strafen Sie den Partner oder die Partnerin mit Launen, unbegründeter Eifersucht und stellen auch kleinste Fehler Ihres Gegenübers in den Mittelpunkt zermürbender und nachtragender Beziehungsdiskussionen. Ihre eigenen Gefühle nehmen Sie überwiegend sentimental wahr, gefallen sich in Selbstmitleid und einem notorisch zur Schau gestellten Unbefriedigtsein. Ihr Grundproblem liegt darin, zu glauben, dass sich, wenn Sie anderen Menschen etwas von Ihrer Liebe schenkten, Ihr Vorrat an Liebe mit der Zeit erschöpfen könnte.

In Wirklichkeit verhält es sich jedoch gerade umgekehrt: Je mehr ein Mensch an Liebe, an Zuneigung, an herzlichen Gefühlen für andere Menschen opfert, umso reicher fließt dieser Strom der Liebe zu ihm zurück. Wenn Sie sich in einer Partnerschaft genug geliebt fühlen, besteht die Tendenz, dass Sie sich in eine bis ins Sklavische gehende Abhängigkeit begeben. Ergeben, im Extremfall unterwürfig, klammern Sie sich dann an einen anderen Menschen. Je länger eine solche Verbindung dauert, umso weniger wird es Ihnen gelingen, über Ihre eigenen Gefühle frei und aktiv zu verfügen. Ob es sich dann im Einzelfall mehr um eine sexuelle oder um eine eher materielle Abhängigkeit handelt, hängt von Ihrer besonderen Partnersituation ab. Da Sie den Ausdruck von Gefühlen und Liebe auch überwiegend mit materiellen Aspekten verbinden, stehen natürlich neben der Forderung, ganz allgemein gut versorgt zu sein, Geschenke, vor allem wertvolle, im Zentrum Ihrer Wünsche an die Partnerin oder den Partner. Dass sich solche Geschenke auch mitunter am Rande des Kitschs bewegen, spielt für Sie persönlich kaum eine Rolle, Hauptsache, man sieht ihnen an, dass sie teuer waren. Mit Schmuck überladen und modisch-glänzend herausgeputzt stellen Sie dann das äußere Zerrbild Ihrer inneren Gefühlswirklichkeit dar. Auch hinsichtlich der kulinarischen Genüsse des Lebens steht Ihre Selbstliebe im Vordergrund, sodass auf lange Sicht Gewichtsprobleme zu Ihren vordringlichsten Sorgen gehören.

Unter dem Vorzeichen eines bereits harmonischen Ausdrucks Ihrer Gefühle könnten sich diese negativen Ausdrucksweisen Ihrer Liebe sehr schnell in ihr positives Gegenteil verkehren. Dann widmen Sie sich mit der gleichen warmen Anteilnahme, mit der Sie anderen Menschen begegnen, auch all den Ihnen gestellten Aufgaben und Entscheidungen des Alltags. Sie sind bereit, eine Situation von innen heraus anzunehmen. In der Regel wird zunächst Ihr Gefühl «Ja» zu einer Aufgabe sagen. Ist diese gefühlsmäßige Identität erst einmal hergestellt, umgeben Sie Ihr Handeln mit einer an die Aufgabe gebundenen dauerhaften Liebe und Aufmerksamkeit. Dass die Dinge nicht nur einfach *gemacht* werden sollen, versteht sich für Sie von selbst. Sie legen besonderen Wert darauf, dass alles, was geschieht, wo Sie handelnd oder entscheidend eingreifen, auch von Schönheit, Ästhetik und Geschmack geprägt ist. In der gleichen Weise, wie Sie in der Partnerschaft die Solidität der Gefühle in den Vordergrund stellen, lehnen Sie auch hier alles Flüchtige oder nur auf schnellen Gebrauch oder Verbrauch Gerichtetes ab.

Unter eher noch gespannten Vorzeichen werden Sie jedoch mit Ihren Energien ähnlich sparsam, wenn nicht gar geizig umgehen wie mit dem Ausdruck Ihrer Gefühle und es kaum verstehen, sich einer Aufgabe liebevoll und enthusiastisch zu nähern. Sie neigen dann dazu, zu fürchten, die *Sache* wollte Ihnen etwas wegnehmen, wollte Ihnen gleichsam Energie entziehen, wenn Sie sich aktiv auf sie einlassen. Da Sie ganz allgemein den Menschen und der Welt eher misstrauisch gegenüberstehen, immer auf der Hut sind, dass man nicht zu viel von Ihnen verlangt, vermeiden Sie es, der Welt und den Menschen etwas zu geben, zu teilen, sich mitzuteilen, Liebe und Gefühle zu verschenken. Damit bringen Sie sich selbst um den reichen Lohn des frei fließenden Liebesstroms.

Sonne in Krebs – Venus in Zwillinge

Vor dem Hintergrund eines harmonischen Ausdrucks dieser planetarischen Konstellation ist es Ihnen gelungen, Ihre Gefühlswelt nach außen hin zu öffnen und gleichsam alle Menschen – graduell jedoch verschieden – an Ihrer Liebe teilhaben zu lassen. Sie sind neugierig sowohl auf die Liebe, wie sie sich in Ihrem eigenen Herzen entwickelt und erblüht, als auch auf die Resonanz, die Ihre Gefühle in anderen Menschen auslösen. In einem gleichmäßigen, permanenten, sowohl vom Herzen als auch vom Verstand geleiteten Fluss und Austausch Ihrer Liebe mit anderen schaffen Sie es, zwischen sich und den Menschen eine Brücke aus Fürsorglichkeit, aus herzlicher Wärme, regem seelischen Interesse und ernsthaft-spielerischem Gefühlsaustausch zu schlagen. Vor allem die stets wache Präsenz Ihrer Empfindungen lässt Sie problemlos auf andere Menschen gleichsam instinktiv zugehen, wobei dieser Instinkt gleichzeitig immer auch vom Verstand kontrolliert wird. Sprechen dann im Einzelfall Herz und Verstand die gleiche Sprache, so steht dem intensiven Ausdruck Ihrer Liebe nichts mehr im Wege.

Da Sie einerseits sehr innig mit all den auch unterbewussten Strömungen Ihrer Gefühle verbunden sind, andererseits aber fähig sind, Ihre tiefsten Seelen- oder Gefühlslagen mit dem Verstand zu erfassen, gelingt es Ihnen, die in einer Partnerschaft auftretenden Schwierigkeiten gleichsam aus zwei Perspektiven her anzugehen – mit dem Verstand zu analysieren oder mit dem Herzen auszuloten. Sie lösen den betreffenden Konflikt, indem Sie aus oder mit dem Herzen sprechen. Ihr dringender Wunsch, Ihr Liebesempfinden nicht nur für sich selbst zu behalten, sondern es mit anderen zu teilen, macht Sie im Austausch von Gefühlen außerordentlich kontaktfreudig. Mit Ihrem Charme erobern Sie mühelos die Herzen der Menschen. In einer Mischung aus mütterlicher Fürsorge und geistreich-intellektueller Aufgeschlossenheit stellen Sie in jeder Partnerschaft genau die Atmosphäre her, die es auch in lang anhaltenden Beziehungen nie langweilig werden lässt. Diese allseitige Aufgeschlossenheit führt auch dazu, dass Sie in spielerischem Wechsel einerseits die traute Zweisamkeit sehr schätzen, andererseits aber auch immer wieder einen Kreis von Freunden und Bekannten um sich scharen, durch deren Kontakte Ihre eigene Beziehung lebendig bleibt.

Da Sie die besonderen Bedürfnisse anderer Menschen sowohl seelisch als auch vom Verstand her sehr intensiv wahrnehmen, gelingt es Ihrer Anpassungsfähigkeit, um sich herum eine Aura von Aufgeschlossenheit, von Wärme, Fürsorge und gefühlsmäßiger Intensität zu schaffen. Dabei ist es nicht so, dass Sie sich durch Ihre Anpassung gleichsam selbst verlieren. Im Gegenteil, Ihre eigenen Bedürfnisse nach Liebe und Zärtlichkeit wissen Sie einfallsreich und auf eine unverstellte Art und Weise sinnlich direkt einzufordern. Wahrscheinlich haben Sie als Kind durch Ihre Mutter die dauerhafte, nachhaltige und beglückende Erfahrung gemacht, dass ein freier Austausch, ein freier Ausdruck der Liebe umso freier ist, je gewisser diese Liebe sich ihrer selbst in Bindung an *einen* geliebten Menschen ist.

Falls Sie sich jedoch noch in einem Entwicklungsprozess hin zu einem erlösten Ausdruck Ihrer Liebe und Gefühle befinden, entsteht ein graduell unterschiedlicher, eher gespannter Hintergrund. In einem noch unerlösten Ausdruck lassen sich Ihre von dieser Sonne-Venus-Konstellation bedingten Schwierigkeiten am besten in folgendem Bild beschreiben: Einerseits empfinden Sie sich in Bezug auf Ihre Gefühle frei wie ein Schmetterling, möchten von einer Blüte, von einer Partnerschaft zur nächsten flattern. Andererseits besteht jedoch gleichzeitig ein intensiver Wunsch, bei einer einzigen Blüte, in einer Partnerschaft, für längere Zeit zu verweilen. Die Ausdrucksformen Ihrer Liebe schwanken also gleichsam zwischen Festhalten und Experimentieren.

Man könnte Ihre innere Situation auch so beschreiben, dass Sie eigentlich immer auf der Suche sind. Die Gründe für dieses Verhalten liegen in Ihrer speziellen Konstellation: Einerseits neigt Ihre Zwillinge-Venus dazu, auch dann noch – zumindest in Gedanken – weiter zu suchen, wenn vielleicht der ideale Partner oder die ideale Partnerin schon gefunden wurde. Auf der anderen Seite suggeriert Ihnen Ihre Krebs-Sonne eine gewisse Ängstlichkeit im Umgang mit Ihren Gefühlen. Aus Angst, Ihre Liebe vielleicht an den falschen Partner zu verschenken, ziehen Sie sich lieber in Ihr Schneckenhaus bzw. in Ihren Krebspanzer zurück. In der Folge neigen Sie möglicherweise dazu, Ihre Liebe nach dem Motto «Einmal ist kein Mal» mehr oder weniger wahllos zu verschenken oder eher vorsichtig und misstrauisch auf die eine oder den einen zu warten. Ihre graduell vorliegende Unfähigkeit, sich dauerhaft an einen anderen Menschen zu binden – obwohl gerade danach gleichzeitig ein tiefes inneres Bedürfnis vorliegt –, wird im einen Fall mit Leichtsinn, im anderen Fall mit Selbstmitleid kompensiert.

Dahinter steht ein Lebensmuster, das sich wesentlich am Bilde des *ewigen Kindes* orientiert. In der Kindheit war es nämlich so, dass man der Liebe der Mutter ganz gewiss sein konnte, auch wenn man noch so viele andere Beziehungen hatte. Zu begreifen, dass sich für den Erwachsenen diese Konditionen der Liebe ändern, stellt für Sie unter Umständen eine noch nicht bewältigte Aufgabe dar. Der darüber empfundene, nicht immer bewusst wahrgenommene seelische Schmerz wird nun kompensatorisch nach außen verlagert und führt zu einem Verhalten, das Sie anderen Menschen gegenüber eher launisch, nachtragend, egozentrisch und leicht gekränkt erscheinen lässt. Es besteht auch eine Tendenz, dass Sie sich selbst immer wieder gleichsam in die eigene Tasche lügen, indem Sie andere Menschen dafür verantwortlich machen, dass Sie nicht die gewünschte Erfüllung in der Liebe finden. So kann es durchaus sein, dass Sie am Beginn einer Liebesbeziehung in Ihrem Kopf, in Ihren Gedanken, das Luftschloss einer sich nun endlich erfüllenden Liebe konstruieren. Da Sie aber gleichzeitig nur bedingt bereit sind, auch mit Ihrem Herzen in dieses Schloss mit einzuziehen, verflüchtigt sich der intensive Wunsch leicht zu einem Selbstbetrug.

In einer gewissen Weise geben Sie dem Partner oder der Partnerin immer eine Art Rätsel auf. Ihr Gegenüber soll Ihr Geheimnis – Ihren doppelten Wunsch, Ihr inneres, gefühlsmäßiges Schwanken zwischen Freiheit und Geborgenheit – lüften. Wenn es nun jemandem gelingt, dieses Geheimnis zu lüften, und Ihrem Ausdruck der Liebe nichts mehr im Wege stünde, fühlen Sie sich vielleicht innerlich doch dazu verführt, weiterzusuchen, ob etwa nicht doch auch eine oder ein «andere(r)» …? Da diese innere Haltung wesentlich etwas damit zu tun hat, sich zu einem Menschen oder auch zu einer Aufgabe aus vollem Herzen zu bekennen, wird der Ausdruck Ihrer Liebe in beiden Fällen auch erst dann seine Erfüllung finden, wenn Sie – um auf das eingangs benutzte Bild zurückzukommen – das gefühlsmäßige Risiko eingehen, für längere Zeit oder auch auf Dauer auf einer einzigen Blüte zu verharren.

Betrachtet man Ihre individuelle Konstellation jedoch nochmals aus der Perspektive eines schon vollständig oder überwiegend entspannten Erlebens, so fließt die in Ihnen angelegte gefühlsmäßige Offenheit und Unverstelltheit, die Sie Menschen gegenüber zum Ausdruck bringen, nun in der gleichen Weise auch in all Ihre Handlungen und Entscheidungen ein. Sie sind fähig, sich vom Herzen her an eine Aufgabe zu binden. Dafür, dass Sie auf der anderen Seite von einer Aufgabe nicht abhängig werden, sorgt Ihr kritischer Verstand. Im optimalen Zusammenspiel von Herz und Verstand können Sie immer ganz bei der Sache sein und erfolgreich handeln und entscheiden. Dass Ihre Handlungen und Entscheidungen zentral auf die Bedürfnisse des Partners oder der Partnerin oder der Familie gerichtet sind, dafür sorgt – unbewusst – Ihr angeborener *mütterlicher* Instinkt.

Sonne in Krebs – Venus in Löwe

Betrachtet man diese planetarische Konstellation einmal unter dem Aspekt, welche Elemente sich hier symbolisch miteinander verbinden, so sind dies Wasser (Krebs) und Feuer (Löwe). Da das Element Wasser unsere Gefühle symbolisch verbindet, entsteht bei einem unerlösten Ausdruck dieser Sonne-Venus-Verbindung die Situation, dass Sie dazu neigen, Ihre Gefühle gleichsam zu verbrennen. Dies führt dann zu einem Verhalten, bei dem Sie vor allem Wert darauf legen, mit Ihrem Gefühlsausdruck andere Menschen zu beeindrucken, ihnen zu imponieren und Ihre Liebe mehr aus einer augenblicklichen Laune heraus, ohne davon selbst wirklich berührt zu sein, zu verschenken. In diesem Zustand fallen Sie besonders leicht auf Menschen herein, die Ihnen schmeicheln und damit Ihren ausgeprägten Narzissmus vordergründig bedienen. Eine in Ihnen angelegte innere Schüchternheit kompensieren Sie dann durch Imponiergehabe und den meist zwanghaften Wunsch, immer im Mittelpunkt zu stehen. Wird Ihre Eitelkeit einmal nicht in der Weise akzeptiert, wie Sie es für sich einfordern, reagieren Sie beleidigt, gekränkt und nachtragend. Da Sie in der Regel ganz einfach zu bequem sind, sich über längere Zeit werbend um die Liebe eines anderen Menschen zu bemühen, brechen Sie alle Kontakte, die nicht zu einer unmittelbaren Anerkennung Ihres Liebesangebotes führen, ebenso schnell ab, wie sie angebahnt wurden.

Mehr oder weniger krampfhaft versuchen Sie, nach außen hin den Eindruck zu vermitteln, dass Sie etwas Besonderes sind. Sie fühlen sich irgendwie auserwählt, und Ihr Snobismus lässt es nicht zu, sich mit anderen Menschen gleichsam gemein zu machen. Dass hinter Ihren betont großen Auftritten eigentlich die Furcht lauert, vielleicht doch nicht so begehrenswert zu sein, wie Sie es sich einbilden, werden Sie in der Regel verdrängen. Wenn Ihnen jedoch diese innere Unsicherheit der eigenen Gefühle einmal bewusst wird, verfallen Sie in Selbstmitleid und retten sich, indem Sie sich entweder sentimental-gekränkt zurückziehen oder sich bei nächster Gelegenheit nach dem Motto «Angriff ist die beste Verteidigung» noch grandioser in Szene setzen. Da der Ausdruck Ihrer Liebe eigentlich immer nur mehr oder weniger um Ihre zwanghafte Eigenliebe kreist, versagen Sie Ihren Gefühlen eine freie Entfaltung auf einen möglichen Partner hin.

Ihren häufig wechselnden Launen entsprechend neigen Sie dazu, nicht nur mit Ihren eigenen Gefühlen zu spielen. Das gleiche Spiel treiben Sie auch gegenüber anderen Menschen. Möglicher Hintergrund für dieses Verhalten kann das Verhältnis zu Ihrer Mutter sein. Vielleicht hat Ihre Mutter in Ihnen als Kind die kleine Königin oder den kleinen König so bedingungslos angehimmelt, all Ihre Launen so unwidersprochen geduldet und Sie Ihrer Eitelkeit derart nachgiebig frönen lassen, dass Sie sich eine andere Form der Partnerbeziehung gar nicht vorstellen können. Als Sie dann mit zunehmendem Alter erfahren mussten, dass in der Welt der Erwachsenen diese Gesetze der Liebe nicht mehr gelten, versuchten Sie, sich die gewohnte Herrschaft über die Liebe, die Zuneigung, die Fürsorge und Hingabe anderer Menschen gleichsam zu erkämpfen. Dass Sie bei diesem Kampf, auch wenn Sie ihn einmal für kurze Zeit gewinnen, letztlich doch immer verlieren, wird Ihnen sicherlich nur in stillen Stunden klar, wenn Sie es sich erlauben, einmal wirklich auf Ihre innere Stimme, Ihr Herz und die darin wohnenden Gefühle der Liebe zu hören. Es ist nahe liegend, dass Sie mit dem gleichen kämpferisch-siegreichen Impuls auch an Ihre Aufgaben und Pflichten herangehen. Entweder die Schlacht wird im ersten Anlauf gewonnen und Sie triumphieren, oder Sie geben schon beim ersten geringsten Anzeichen von Widerstand gekränkt auf.

Das Spektrum dieser Ausdrucksweisen erfährt eine spürbare und für Sie beglückende Veränderung, je mehr es Ihnen gelungen ist, Ihre Gefühlslage in eine dauerhafte oder zumindest immer wiederkehrende harmonische Schwingung zu versetzen. Wenn wir für den erlösten Ausdruck dieser Sonne-Venus-Konstellation noch einmal das Bild von den Elementen aufgreifen, die hier zusammentreffen, so ist es nun so, dass das Feuer (Löwe) das Wasser der Gefühle (Krebs) immer auf genau der Temperatur hält, dass Sie Ihre Gefühle und Ihre Liebe mit einer für andere Menschen beglückenden dauerhaften Wärme und Leidenschaft ausdrücken können. Im sicheren Vertrauen darauf, dass die warme Quelle Ihrer Gefühle nicht versiegen wird, können Sie alle Menschen, im Besonderen jedoch die Menschen, die Ihnen am Herzen liegen, großzügig, loyal, mit großer, uneitler Herzlichkeit und mit allen nur denkbaren Ausdrucksformen Ihrer Liebe beglücken. Es ist Ihnen gleichsam eine Lust, sich aus Ihrem großen Herzen heraus an andere Menschen zu verschenken. Mit der in Ihnen lebendigen Liebesfülle gehen Sie dann generös und verschwenderisch um. Da Sie selbst von diesem Reichtum begeistert sind, können Sie auch andere Menschen mit Ihrer Liebe begeistern, sie aktivieren und anspornen. Ihr Enthusiasmus im Umgang mit den Ausdrucksformen Ihrer Liebe speist sich dann einerseits aus einem tiefen seelischen Verständnis für die Gefühle anderer Menschen, andererseits aus der Leidenschaft, das, was an Liebe in Ihnen wach und lebendig ist, auch in anderen Menschen hervorzurufen und zu stärken. Ihre dabei auch immer mütterlich geprägte Fürsorge für andere hat jedoch nie auch nur den Anschein des Gönnerhaften. Die eigene Fülle mit anderen zu teilen, ohne auf eine Gegenleistung zu spekulieren, gehört zu Ihren herausragenden Eigenschaften.

Im Ausdruck Ihrer Gefühle und Ihrer Liebe sind Sie dann phantasievoll und schöpferisch. Um eine Wahl, wie Sie anderen Ihre Gefühle zeigen könnten, sind Sie nie verlegen. Ob Sie sich mit Worten oder Taten der Liebe äußern, Ihren Geschenken haftet immer etwas an, was man mit der Qualität «aus vollem Herzen» beschreiben könnte. Instinktiv wissen Sie, wo Sie Ihrer Liebe und Zuneigung eher mit Mitteln der Erotik und der sexuellen Ausstrahlung oder mehr mit den Mitteln mütterlicher Hingabe und zärtlicher Fürsorge Ausdruck verleihen sollten. Der im unerlösten Ausdruck noch zwanghafte Wunsch, immer und um jeden Preis im Mittelpunkt stehen zu wollen, macht nun einer souveränen Sicherheit Platz. Sie wissen oder haben es erfahren, dass Liebe, die von Herzen kommt, sich keinen Mittelpunkt suchen muss, sie wird von selbst zum Mittelpunkt.

Unter der nie versagenden Liebe in Gestalt lebendiger Wärme erblühen und gedeihen nicht nur wir Menschen, sondern auch die Erde, auf der wir leben. Am optimalsten können Sie die Fülle Ihrer Liebe in einer engen, dauerhaften Partnerschaft ausleben. Hier gilt Ihre besondere Aufmerksamkeit dann nicht nur dem Partner oder der Partnerin, sondern mit gleicher Intensität und Leidenschaft auch Ihren Kindern. Mit der souveränen Selbstverständlichkeit, mit der Sie liebend handeln und entscheiden, geben Sie ein Vorbild, an dem andere Menschen sich orientieren und wachsen können. Mit der gleichen herzlichen Intensität, mit der Sie auf Menschen zutreten, gehen Sie auch an die Bewältigung Ihrer täglichen Aufgaben und häuslichen Verpflichtungen heran. Auch hier erblühen die Vorhaben Ihres Interesses unter der schöpferischen Wärme, die Sie ihnen angedeihen lassen. Da Sie gar nicht anders können, als auch den Dingen des Lebens Ihre Liebe entgegenzubringen, beantworten diese Dinge Ihre innere gefühlsmäßige Anteilnahme mit Erfolg und Sie stolz machendem Gelingen.

Sonne in Krebs – Venus in Jungfrau

Im erlösten Ausdruck dieser Konstellation legen Sie vor allem Wert auf die konkrete und praktische Seite der Liebe. Der ebenfalls in Ihrem Herzen wohnende Traum von der Erfüllung der Gefühle in der Liebe soll jedoch irdisch umgesetzt werden. Sie halten es gleichsam für Ihre Pflicht, andere Menschen zu lieben und von ihnen geliebt zu werden. Ihr Verstand sagt Ihnen, dass es ohne gegenseitige Liebe zwischen den Menschen keine materielle und ideelle Weiterentwicklung auf Erden geben kann. Sie haben klar erkannt, dass die Liebe das wesentlichste Band zwischen den Menschen darstellt, das sowohl die Individualität als auch die Gemeinsamkeit unter den Menschen am nachdrücklichsten fördert. Indem Sie damit sozusagen den Nutzen der Liebe erkannt haben, verleihen Sie den Ausdrucksformen Ihrer Liebe einen hohen Grad an Zuverlässigkeit, an Treue und an Fürsorge für andere Menschen. Leben und lieben begreifen Sie als eine Kunst, als den Ausdruck wahrer Lebenskunst, und Sie lassen keine Gelegenheit aus, sich in dieser Kunst aktiv zu üben.

Ihre Meisterschaft in dieser Kunst haben Sie dann erreicht, wenn es Ihnen gelingt, bei anderen Menschen genau den ganz besonderen Punkt ihrer Liebesempfänglichkeit herauszufinden und befriedigen zu können. Das Gleiche erwarten Sie in der Partnerschaft vom Partner oder von der Partnerin. Maßvoll und wohl überlegt, verteilen Sie die reichen Gaben Ihrer Liebe auch auf scheinbar triviale Liebeshandlungen, wie für den Partner zu kochen, ihn zu massieren, sich mit ihm angeregt und geistreich zu unterhalten oder auch gemeinsam an einer bestimmten Sache zu arbeiten. Vielleicht dauert es immer eine gewisse Zeit, bis Ihr Gegenüber hinter den Schleier Ihrer zunächst eher scheuen Sinnlichkeit vorzudringen vermag. Ist dieser Schleier jedoch erst einmal gelüftet, offenbaren Sie sich in einer harmonischen Mischung aus Vernunft und Leidenschaft. Da Ihnen ein eher freies Vagieren der Gefühle nicht liegt, suchen Sie vornehmlich eine feste, dauerhafte, auf gegenseitiger Treue und Zuverlässigkeit basierende Partnerschaft. Es ist nur scheinbar ein Widerspruch, aber wirklich frei können Sie Ihre Gefühle und Ihre Liebe nur innerhalb zuverlässiger partnerschaftlicher Grenzen ausleben. Nicht das stets Neue, sondern die ruhige Gelassenheit des intim Vertrauten reizt und beflügelt Ihre erotische und sexuelle Phantasie. Anmutig, geistreich und einfühlend können Sie dann auch für den Partner oder die Partnerin zu einem Lehrer in der Kunst des Liebens werden.

Da es Ihrem innersten Wesen entspricht, den Ausdruck Ihrer Gefühle zunehmend zu verfeinern, bauen Sie um sich herum eine häusliche oder familiäre Situation auf, in der die Flüchtigkeit der Liebe keinen Platz hat, sondern Gefühle fest in das Gleichmaß einer beständigen Treue und gegenseitiger Fürsorge eingebunden werden sollen. Da Sie es lieben, mit Ihrem praktischen Sinn und Gespür für die Liebe den Partner oder die Partnerin gleichermaßen vom Verstand und vom Herzen her anzusprechen – und natürlich auch auf diese Weise angesprochen zu werden –, sind Sie selbst um eine Wahl in den differenzierten Ausdrucksmöglichkeiten Ihrer Gefühle nie verlegen. Wenn der Ausdruck Ihrer Liebe nach außen hin vielleicht gelegentlich eher bescheiden wirken mag, kümmert Sie dies wenig, denn in Ihrem Herzen fühlen und mit Ihrem Verstand wissen Sie, dass für Sie der nur scheinbar enge Rahmen die eigentliche Fülle birgt.

Ganz anders dagegen ist die Situation, wenn Sie die in dieser planetarischen Prägung mitschwingende Ängstlichkeit der Gefühle noch nicht oder nur teilweise überwunden haben. Es ist durchaus denkbar, dass bei einem noch unerlösten Erleben dieser Sonne-Venus-Konstellation bei Ihnen der Traum von einer erfüllten Liebe und von erfüllten Gefühlen die Wirklichkeit ersetzt. Es ist aber nun nicht so, dass Sie grundsätzlich in einer Traumwelt leben. Eher im Gegenteil: Wenn Sie sich selbst beschreiben müssten, würden Sie wahrscheinlich sogar sagen, dass Sie mit beiden Beinen fest auf dem Boden der Wirklichkeit stehen. In Bezug auf Ihre Gefühle und den Ausdruck Ihrer Liebe macht Ihnen jedoch gerade diese Wirklichkeit Angst. Diese Angst – oder besser gesagt Furchtsamkeit – lässt Sie Ihre Gefühle eher distanziert wahrnehmen, das heißt, wo immer Gefühle der Liebe nach außen dringen möchten, sich liebevoll an andere Menschen anbinden wollen, müssen sie erst die wachsame Instanz des Verstandes passieren. Dort wird dann mehr oder weniger kritisch geprüft, ob eine bestimmte Gefühlsäußerung im jeweiligen Augenblick eher nützlich oder unnützlich erscheint. Im Zweifelsfalle neigen Sie dazu, Ihrem Verstand eher Recht zu geben, und unterdrücken die Stimme des Herzens. Die warme Stimme des Herzens wird dann gleichsam auf Eis gelegt, und Sie erscheinen in Ihrem Verhalten unterkühlt und prüde.

Vielleicht spielt in diese Sprödigkeit auch ein Erlebensmuster mit hinein, das Sie in Ihrer Kindheit gelernt haben. Wenn Ihnen durch Ihre Eltern vermittelt wurde, dass Gefühle, vor allem sexuell betonte Gefühle, immer auch etwas mit Schmutz zu tun haben, kann dies im Erwachsenenalter dazu geführt haben, dass Sie selbst sauber bleiben möchten und sich den Ausdruck von Liebe nur dann gestatten, wenn Sie glauben, ihn in Reinheit erleben zu können. Es entwickelt sich dann leicht die Tendenz zu einem gewissen Puritanismus, der sich nicht zuletzt auch in einem zwanghaften Wunsch nach permanenter makelloser körperlicher Reinheit niederschlagen kann. Es ist dann vielleicht auch nur ein kleiner Schritt, dass Sie all die Gefühls- und Sinnenfreuden, die andere Menschen offenbar erleben, heftig und unnachsichtig kritisieren. Sie gestatten es Ihrer Liebe nicht, sich sowohl seelisch als auch körperlich frei und hingebungsvoll zu entfalten. Wo immer ein Anlass dazu besteht, tritt unmittelbar die warnende Stimme des Verstandes in Erscheinung und lässt Sie sich in die ordentliche Welt Ihrer Träume zurückziehen. Hier sind Sie dann mit Ihren Gefühlen allein, können selbst bestimmen, was erlaubt und was verboten ist. Und da das niemand weiß, macht es auch niemanden heiß. Im übertragenen Sinne stellt dieses Verhalten eine Art von Narzissmus dar, der sich am meisten in der Versagung der eigenen Wünsche gefällt.

Vielleicht ist es so, dass Sie das leidenschaftliche Ausleben von Gefühlen in der Liebe für minderwertig und Ihrer nicht würdig halten. Dem mehr oder weniger chaotischen Ausbruch von vor allem sexueller Leidenschaft stehen Sie hilflos gegenüber, da er all Ihre Ordnungsprinzipien mit einem Schlage über den Haufen wirft. Pedantisch versuchen Sie dann, die eigenen und die Gefühle des Partners zu sortieren, zu rationalisieren und sich unter Umständen auch ironisch-sarkastisch davon zu distanzieren. Da Ihr kritischer Verstand in diesem Stadium eigentlich immer verhindert, Ihre eigenen Gefühle sensibel, warm und fließend wahrzunehmen, fällt es Ihnen schwer, dies auch bei einem Partner oder einer Partnerin zu können. Das gleiche Misstrauen, mit dem Sie dem Aufblühen eigener Liebesgefühle begegnen, richten Sie auch auf die Gefühlsäußerungen, die Ihnen in einer Partnerschaft entgegengebracht werden. Im Zweifelsfall verarbeiten Sie dann Enttäuschungen in der Liebe entweder dadurch, dass Sie sich voller Selbstmitleid in sich zurückziehen, oder indem Sie sich über die Ihrer Meinung nach unangemessenen Forderungen anderer Menschen nach einem liebevollen Austausch mit Ihnen beklagen, sie kritisieren oder abweisen. In der gleichen relativ unspontanen Art und Weise gehen Sie auch an die Aufgaben Ihres Alltags heran. Da es Ihnen auch schwer fällt, der Welt der Dinge in Liebe zu begegnen, werden die Dinge Ihnen in der Regel ihre Gegenliebe versagen. Auf diesen Liebesentzug werden Sie dann ebenfalls entweder gekränkt-resignierend oder kritisch-nachtragend reagieren.

Wenn es Ihnen dagegen gelungen ist, die möglichen inneren Spannungen zu meistern, widmen Sie sich in der gleichen Weise, mit der Sie liebevoll-vernünftig mit Menschen umgehen, auch all Ihren Handlungen. Mit herzlichem Zugriff und dauerhaftem und vernünftigem Verfolgen erreichen Sie durch Fleiß und die Kunst, aus allem das Beste zu machen, Ihre Ziele. Auch hier qualifizieren Sie sich weniger im Extravaganten, sondern mehr in der Verfolgung des Speziellen. Gemäß Ihrem innersten Wesen gelingt es Ihnen, auch die nur scheinbar kleine Form mit einem großen Inhalt zu füllen.

Sonne in Löwe

Sonne in Löwe – Venus in Löwe

Wollte man die Ausdrucksmöglichkeiten der Liebe unter dieser Konstellation im unerlösten Ausdruck symbolisch beschreiben, so wären sie zu charakterisieren als eine nur «in sich selbst verliebte Sonne». Würde man dieses Bild auf die Beziehung zwischen unserer kosmischen Sonne und der Erde übertragen, so forderte die Sonne von der Erde jede nur erdenkliche Art der Anbetung und Bewunderung, ohne die Erde umgekehrt auch nur im Geringsten mit ihrer Leben spendenden und erhaltenden Kraft zu versorgen. Wenn Sie die Kräfte dieser Sonne-Venus-Verbindung noch überwiegend unerlöst ausdrücken, gefallen Sie sich darin, Ihrer Eitelkeit und Ihrem Narzissmus vor allem dadurch zu frönen, dass Sie gleichsam zwanghaft immer im Mittelpunkt des allgemeinen Interesses stehen möchten. Wo Ihnen die Ihnen Ihrer Meinung nach zustehende Aufmerksamkeit, verbunden mit den entsprechenden Tributen der Liebe und Zuneigung durch andere Menschen, nicht widerfährt, scheuen Sie sich auch nicht, diese Liebesergebenheit zu erzwingen. Mit einem despotisch anmutenden Eigensinn schaffen und arrangieren Sie dann Partnerverhältnisse, deren wesentliches Merkmal in einer vielfältigen materiellen, sexuellen oder sozialen Abhängigkeit Ihrer «Liebes-Trabanten» zu Ihnen besteht. Die Sucht, um jeden Preis immer im Rampenlicht zu stehen, macht Sie besonders anfällig für die Liebesangebote von Schmeichlern. Solche Schmeichler stärken und unterstützen auf fatale Weise Ihre Allmachtphantasien und Ihr Bedürfnis, als irgendwie auserwählt zu erscheinen. Mit Ihrem Imponiergehabe versuchen Sie nicht nur den Partner oder die Partnerin zu dominieren, auch an Freunde und Bekannte richten Sie die unmissverständliche Aufforderung zu einer allgemeinen Ergebenheit. Wird Ihnen die geforderte Demut versagt, reagieren Sie leicht hysterisch, auch cholerisch und in der Ablehnung eines Ihrer Meinung nach zu geringen Liebesangebotes gnadenlos. Der Ausdruck Ihrer Gefühle und Ihrer Liebesfähigkeit erschöpft sich wesentlich in zuweilen auch bizarren Formen der Selbstliebe.

Bezogen auf Ihren gesamten Lebenshintergrund sind Sie dem Verhalten eines verwöhnten Kindes noch nicht entwachsen. So wie Sie vielleicht für Ihre Eltern über viele Jahre hindurch der *kleine Sonnenschein* waren, Ihre Eltern in Ihnen vielleicht den einzigen Sinn ihres eigenen Lebens erfuhren, glauben Sie nun vielleicht, auch der einzige Sinn im Leben anderer Menschen sein zu müssen. In Ihrem selbstverliebten Egozentrismus kommt es Ihnen vermutlich überhaupt nicht in den Sinn, dass Liebe und Zuneigung, Zärtlichkeit und Fürsorge etwas sind, was unter Menschen ausgetauscht und nicht nur entgegengenommen werden sollte. Unbewusst vermitteln Sie in Ihrem Verhalten gegenüber anderen Menschen den Eindruck, dass es gleichsam eine Gnade ist, von Ihnen geliebt zu werden. Da unter diesen Umständen länger andauernde partnerschaftliche Verbindungen eher die Ausnahme sein werden, flüchten Sie sich in oberflächliche Bekanntschaften oder Liebesabenteuer, die immer nur so lange dauern, wie der jeweilige Partner oder die Partnerin bereit ist, Ihnen in Liebe zu dienen. Gehen solche Beziehungen zu Ende, reagieren Sie gekränkt und werden die Gefühle Ihres verletzten Stolzes dadurch zu kompensieren suchen, dass Sie sich suggerieren, Ihre Liebe wieder einmal an einen unwürdigen Menschen verschenkt zu haben.

Wenn Sie diese beiden Energien noch eher disharmonisch erleben und ausdrücken, besteht auch die Tendenz, dass Sie sich in der gleichen Art, wie Sie in Ihren Gefühlen und dem Ausdruck Ihrer Liebe gegenüber anderen Menschen eigentlich immer nur um sich selbst kreisen, auch gegenüber den Gegebenheiten der materiellen Welt Ihrer Handlungen und Entscheidungen verhalten. Zu stolz, um sich wirklich auf eine Sache in Liebe einzulassen, neigen Sie dann dazu, auch Ihre ganz persönlichen Angelegenheiten eher zu delegieren und sich selbst nicht – oder allenfalls eher gönnerhaft und von oben herab – zu involvieren. Bei diesem Verhalten müssen Sie jedoch damit rechnen, dass da, wo keine Liebe ist, auch keine Gegenliebe entstehen kann.

Bleiben bei einem noch unerlösten Ausdruck Ihrer Liebe die Fülle und der Reichtum Ihrer Gefühle, Ihrer Hingabefähigkeit und Ihrer Fürsorge für andere nur auf Sie selbst beschränkt, so öffnet sich im erlösten Ausdruck eine schier unversiegbare Quelle, aus der Sie hochherzig, loyal und schöpferisch die Gaben Ihrer Liebe verteilen. Wie die Sonne am Firmament wissen Sie nun, dass sich das von Ihnen ausgehende Feuer leidenschaftlicher Liebe und wohltuender, lebensfördernder Wärme nie erschöpfen kann. Es bereitet Ihnen Lust und befriedigt all Ihre Wünsche nach der Erfüllung Ihrer Liebe, wenn Sie sich aus der Fülle Ihres Herzens verströmen und verschenken können. Mit Ihrer auch stark erotisch und sexuell betonten Ausstrahlung ziehen Sie andere Menschen an und sind bereit, sich ihnen voll zärtlicher Hingabe zu widmen. Die Ihnen innewohnenden seelischen Kräfte, Ihr Enthusiasmus und Ihr Wunsch, Ihre Liebe vor allem tätig, aktiv und zum Wohle anderer Menschen einzusetzen, umgeben Sie mit einer Aura eines durchweg lebensbejahenden Menschen. Wo immer andere Menschen sich in einer Notsituation befinden, fühlen Sie sich aufgefordert, ohne zu zögern materielle oder ideelle Hilfe zu leisten. Es macht Sie glücklich, andere glücklich zu machen.

Da Ihre Liebe sich besonders effektiv im Schöpferischen entfaltet, verstehen Sie es, Ihr eigenes und das Leben anderer Menschen aktiv in die Hand zu nehmen, ihnen zu helfen, sie zu beschützen, sie mitzureißen und ganz allgemein für das Leben und die Liebe zu begeistern. Sie erfüllen damit gleichsam eine Vorbildfunktion, an der sich andere, schwächere Menschen orientieren können. Da Sie selbst Wert darauf legen, über einen großen Freiraum seelischer Entfaltung zu verfügen, gewähren Sie den Menschen, die Sie unterstützen, so viel Spielraum, dass sich niemand als in Ihrem Schatten lebend vorkommt. Obwohl Ihnen die Stellung von Sonne und Venus im Löwe-Zeichen alle königlichen Attribute der Darstellung Ihrer Gefühle und Ihrer Liebe verleiht, lassen Sie doch für keinen Augenblick den Eindruck entstehen, dass die von Ihnen geliebten Menschen in irgendeiner Art der Abhängigkeit oder einer nur gewährten Gnade zu Ihnen stehen. Sie lieben andere ganz einfach aus Achtung vor dem Menschen.

In der gleichen Weise, wie Sie für Ihre Gefühle Respekt fordern, respektieren Sie die Gefühle anderer. In einer engen Partnerschaft strahlt die Wärme Ihrer Liebe gleichermaßen auf den Partner oder die Partnerin wie auf Ihre Kinder aus. Sie alle fühlen sich unter Ihrem großherzig gewährten Schutz geborgen und dabei in ihrer eigenen Freiheit nicht beschnitten. Sie verstehen es, die Menschen, die einer Führung bedürfen, in Liebe zu führen, ohne jedoch ihre Eigeninitiative einzuschränken. Sie schätzen es, den Glanz, den Sie aus der Fülle

Ihres Herzens ausstrahlen, auch materiell sichtbar werden zu lassen. Ein großes Haus zu führen, Freunde und Bekannte an Ihrem Glück in der Partnerschaft oder im Beruf teilhaben zu lassen, darin erfüllen sich die Wünsche, die Sie mit einer aktiv gelebten Liebe verbinden. Ihre herzliche Art zu geben findet ihre Resonanz in all der warmen Liebe, der Zuneigung und der Verehrung, die Ihnen aus der Partnerschaft und aus dem Kreis Ihrer vielen Freunde und Bekannten und nicht zuletzt auch von Ihren Kindern zufließt. Ohne es bewusst zu wollen, stehen Sie im Mittelpunkt eines allgemeinen herzlichen Interesses und erfreuen sich ebensolcher Beliebtheit und Anerkennung. Der Glanz der Liebe und Ihrer Gefühle, den Sie ausstrahlen, fällt leuchtend auf Sie zurück. Da Sie in Ihrer liebevollen Hinwendung bei Menschen keine Unterschiede machen, gehen Sie auch selbstbewusst und enthusiastisch an Ihre alltäglichen Aufgaben heran. Mit dieser Einstellung dürfen Sie immer darauf hoffen, dass auch die materielle Welt sich gleichsam für Sie begeistert, und entsprechend erfolgreich können Sie Ihre Handlungen und Entscheidungen organisieren und zum gelungenen Abschluss bringen.

Sonne in Löwe – Venus in Zwillinge

Im Zusammenhang von astrologischen Zwillinge-Betonungen haben wir für einen noch unerlösten Ausdruck mehrfach das Bild des von einer Blüte zur nächsten flatternden Schmetterlings bemüht. Auch für diese Sonne-Venus-Konstellation ist das Bild stimmig, es muss jedoch um einen wesentlichen Faktor erweitert werden. Unter dem Zwillinge-Aspekt ist der Betroffene so sehr in die Vielfalt der unterschiedlichen Blüten verliebt, dass er sich nur schwer entscheiden kann und gleichsam immer auf der Suche ist. Mit der zusätzlichen Löwe-Betonung richtet sich jedoch seine Liebe vornehmlich auf sich selbst. Das heißt nicht mehr die Vielfalt des Anderen, sondern die Vielfalt des Eigenen steht im Mittelpunkt der Wahrnehmung. Wenn Sie diese Planetenkombination sehr intensiv ausdrücken, sind Sie so sehr mit sich selbst beschäftigt, dass Sie sich vielleicht gar nicht vorstellen können, dass es außerhalb Ihrer eigenen Person noch etwas anderes gibt, was

Ihrer Liebe würdig wäre. Ihre nur auf sich selbst bezogene Eitelkeit kann im extremsten Fall Züge einer schon fast hysterischen Selbstliebe annehmen. Nicht nur, dass Sie auf jeden Menschen hereinfallen, der Ihrer Selbstherrlichkeit schmeichelt, Sie können im Einzelfall auch kaum zwischen einer ernst gemeinten Anerkennung und purem schmeichlerischen Geschwätz unterscheiden. Um im Rampenlicht einer meist fragwürdigen Popularität zu stehen, ist Ihnen jedes Mittel recht.

Da Sie sich selbst für den interessantesten Gesprächsstoff halten, finden Sie es natürlich besonders aufregend, wenn andere Menschen über Sie sprechen. Das läuft ein wenig nach dem amerikanischen Motto «Hauptsache, der Name ist richtig geschrieben» ab. Dass unter diesen Voraussetzungen eine liebevolle Hingabe und längerfristige Bindungen an andere Menschen, wenn überhaupt, nur sehr schwer zu erreichen sind, können Sie wahrscheinlich leicht aus Ihrer Biographie ablesen. Da Sie in Partnerbeziehungen vor allem immer das Neue reizt, dies jedoch wesentlich darin besteht, wie Sie sich selbst in Bezug auf wechselnde Partner oder Partnerinnen immer wieder selbst neu empfinden, drehen sich Partnerschaften eigentlich immer nur um eine möglichst häufig wechselnde Befriedigung Ihrer Selbstliebe und Selbstherrlichkeit. Dass Sie sich dabei, was Ihre Gefühle in solchen Beziehungen betrifft, meist selbst in die Tasche lügen, kompensieren Sie vielleicht damit, dass Sie sich einfach zu schade dafür halten, sich in Liebe dauerhaft an einen Menschen zu binden. Da Sie in Ihrer Selbstverliebtheit auch dazu neigen, einem möglichen Partner oder einer Partnerin immer wieder neue Facetten Ihrer selbst suggerierten Vielfalt zu zeigen, weiß man bei Ihnen eigentlich nie so genau, woran man ist. Der von Ihnen selbst so geschätzte Facettenreichtum Ihrer Persönlichkeit verkommt zu einer amorphen Beliebigkeit. In dem mehr oder weniger irrigen Glauben, man müsste Sie so nehmen, wie Sie sind, vergessen Sie jedoch, dass andere Menschen überhaupt nicht wissen, wer oder was Sie eigentlich sind. Um zu *sein*, müssten Sie erst einmal jemand *werden*, das heißt für Ihre Gefühle und den Ausdruck Ihrer Liebe ein inneres Zentrum bilden, aus dem heraus Ihre Liebe aktiv werden könnte. Solange Sie sich jedoch weigern, sich ernsthaft mit Ihren Gefühlen und Ihrer Liebesfähigkeit auseinander zu setzen, bleiben Sie der Schmetterling, der mehr oder weniger hoffnungslos nur um sich selbst flattert und bei sich selbst sucht, was er allein bei anderen Menschen finden könnte – den lebendigen und lebenserhaltenden Austausch von Gefühlen, von einer Liebe, die nicht nur oberflächlich nimmt, sondern auch intensiv zu geben bereit ist.

Wenn Sie im unerlösten Ausdruck Ihren Egozentrismus, der Sie eigentlich in keiner Weise erfüllt, auch auf Ihre Handlungen und Entscheidungen übertragen, werden Sie zwar nach außen hin immer beschäftigt sein, die Ergebnisse Ihrer Arbeit werden jedoch für Sie selbst und andere kaum wirklich wertvoll sein. Was die Fähigkeit und den Ausdruck Ihrer Liebe betrifft, befinden Sie sich dann immer mehr oder weniger im Stadium des Experimentierens.

In einem erlösten Ausdruck dieser Sonne-Venus-Kombination kann dagegen von einem Experiment keine Rede mehr sein. In doppelter Weise souverän, aus vollem Herzen und mit bewusstem Verstand, sind Sie sich Ihrer Gefühle und der Kraft Ihrer Liebe bewusst. Aus beiden Bereichen fließen Ihnen schöpferische Energien zu, die Sie in ebenso leidenschaftliche wie geistreich-charmante Ausdrucksformen Ihrer Gefühle umsetzen können. Unabhängig davon, ob Sie anderen Menschen Ihre Liebe mehr aus dem Verstand oder aus dem Herzen kommend entgegenbringen, können Sie einer herzlichen Resonanz darauf sicher sein. Sie wissen ganz einfach, weil Sie es auch immer wieder positiv erfahren, dass die Kräfte der Liebe nur im Austausch mit anderen Menschen sich selbst regenerieren und zu einem machtvollen Strom anschwellen können.

Es genügt Ihnen nicht, für sich allein zu lieben, die wahre Erfüllung Ihrer Liebe empfinden Sie dann, wenn Sie sie in einer Partnerschaft, aber auch ganz allgemein in jedem anderen zwischenmenschlichen Kontakt teilen und Ihre Gefühle ins Werk setzen können. Das heißt, Sie möchten mit Ihrer Liebe bei anderen Menschen etwas bewirken, sie mitreißen, sie begeistern. Da Sie vor allem der greifbare Ausdruck Ihrer Liebe glücklich macht, sind Sie um eine Idee, wie Sie anderen helfen und für sie sorgen können, nie verlegen. Dass Sie mit dieser tätigen Form der Liebe automatisch ins Zentrum allgemeiner Anerkennung und Bewunderung rücken, stärkt wiederum Ihre schöpferische Aktivität und spornt Sie zu neuen Taten der Liebe an. Mit dem Ihnen eigenen spontanen Ausdruck Ihrer Gefühle gewinnen Sie leicht die Zuneigung anderer Menschen, die Herzen fliegen Ihnen zu. Die Natürlichkeit, mit der Sie über Gefühle sprechen und aus Liebe handeln, ermutigt andere Menschen, es Ihnen gleich zu tun.

In einer engeren Partnerschaft legen Sie sehr viel Wert darauf, dass sich die Ausdrucksformen wechselseitiger Liebe, Zuneigung, Zärtlichkeit und Fürsorge aus dem harmonischen Zusammenfließen sowohl der Herzens- als auch der Verstandeskräfte ergeben. Erotik und Sexualität haben für Sie in der Partnerschaft den gleichen Stellenwert wie geistige Anregung, kommunikative Ansprache und intellektueller Austausch mit dem Partner oder der Partnerin. Da es Ihrem inneren Wesen entspricht, auch die noch so intimste Partnerschaft nicht nur zum Selbstzweck zu leben, betten Sie Ihre Zweisamkeit mit Leichtigkeit gleichzeitig angeregt und anregend in einen größeren Kreis von Freunden und Bekannten ein. Indem Sie andere an Ihrem Glück teilhaben lassen, schaffen Sie den Grundstein dafür, dass alles, was Sie an Liebe geben, hundertfach zu Ihnen zurückfließt. Die ausgewogene Mischung, mit der Sie gleichermaßen ernsthaft und spielerisch mit Ihren Gefühlen umgehen, bewahrt Sie davor, einerseits selbst von anderen Menschen emotional abhängig zu werden, andererseits lassen Sie anderen so viel emotionalen Freiraum, dass auch keine Abhängigkeit Ihnen gegenüber entstehen kann.

Besonders positiv wirkt sich dies natürlich in allen Partnerschaften aus, da bei dem von Ihnen initiierten lebendigen Austausch auch nach Jahren kaum Langeweile aufkommt. Da sich unter dieser Sonne-Venus-Konstellation die Elemente Feuer und Luft verbinden, entsteht immer dann für Sie eine beglückende Situation, wenn sich die gleichsam selbst nährende Flamme Ihrer Liebe ihre Wärme auf einen anderen Menschen oder auf ein Objekt Ihres Interesses richtet. Das heißt, Ihre Liebe braucht, um sich für Sie optimal zu erfüllen, ein Ziel, ein Feld der Betätigung, auf dem sie wirkungsvoll ihre lebendige Kraft entfalten kann. Die Vielfalt Ihrer Interessen, sowohl an Menschen als auch an den materiellen Gegebenheiten der Welt, lässt Ihnen jedoch so viel inneren Freiraum und Spielraum, Ihre Liebe immer wieder auf neue Ziele zu orientieren.

Sonne in Löwe – Venus in Krebs

Bei einem noch überwiegend unerlösten Erleben dieser beiden symbolischen Planetenkräfte werden Sie zwischen den Extremen einer einerseits betonten Zurückhaltung im Ausdruck und einer andererseits mehr oder weniger demonstrativen Zurschaustellung Ihrer Liebe schwanken oder sich irgendwo dazwischen arrangieren. Diese innere Disposition lässt Sie entweder in dem Schneckenhaus verharren, in das Sie sich mit Ihren Empfindungen zurückziehen, oder das Rampenlicht suchen, in das Sie sich immer wieder geradezu zwanghaft begeben. In beiden Bereichen sind Sie jedoch unterschiedlichen Gefahren ausgesetzt. Wenn Sie das allgemeine Interesse der Menschen um Sie herum genießen, bewirken vielleicht schon kleinste Bemerkungen oder Gesten, dass Sie sich zutiefst verletzt ins Schneckenhaus zurückziehen. In solchen Fällen mimosenhaften Rückzugs nagt jedoch die Eitelkeit an Ihnen, nun nicht glänzen und strahlen zu können.

Diese unsichere Haltung im Ausdruck Ihrer Gefühle und Ihrer Liebe liegt in Ihrer zu starken und noch unausgewogenen Selbstliebe begründet. Ihre Gefühle kreisen entweder so sehr um sich selbst, dass Sie gar keinen liebevollen Bezug zu anderen Menschen aufbauen können, oder Sie versuchen derart zwanghaft und eigensinnig, geliebt zu werden, dass Sie keinen Unterschied mehr machen, wem Sie Ihre Liebe schenken. In dieser Situation sind Sie natürlich besonders anfällig für Schmeicheleien, die Ihnen zumindest vorübergehend das Gefühl geben, anerkannt, beachtet und – wie Sie glauben – auch geliebt zu werden. Es schmeichelt Ihrer Selbstliebe und Ihrem Stolz, für eine gewisse Zeit im Zentrum des Interesses zu stehen. Da Sie sich im Ausdruck Ihrer Liebe eher ängstlich-vorsichtig verhalten, neigen Sie aber auch dazu, diese Furcht dadurch zu kompensieren, dass Sie nach dem Motto «Angriff ist die beste Verteidigung» Ihrer Liebe zu impulsiv, zu draufgängerisch Ausdruck verleihen und dadurch auf einen möglichen Partner oder eine Partnerin vielleicht im ersten Moment abschreckend wirken. In den Fällen, in denen der erste Angriff nicht zum Ziel führt, verfallen Sie leicht in quälerisches Selbstmitleid oder kompensieren Ihren Ärger, indem Sie sich in den Wahn hineinsteigern, die anderen seien Ihrer einfach nicht würdig.

Da es Ihnen im unerlösten Erleben dieser Konstellation noch nicht gelungen ist, für Ihre Gefühle und Ihre Liebe einen harmonischen und auf Austausch bedachten Ausdruck zu finden, versuchen Sie in Partnerschaften entweder, Ihren Partner auf erstickende Weise zu bemuttern, oder Sie gerieren sich als der kleine despotische König, dem die Liebe Ihrer Meinung nach einfach zusteht. Im Fall des Bemutterns wird der Partner oder die Partnerin durch übertriebene Fürsorge aller Freiheiten beraubt. Ängstlich wachen Sie über jeden Schritt Ihres Gegenübers. Ihr Partner darf nur das lieben, was auch Sie lieben, ob nun beim Essen, in Fragen der häuslichen Atmosphäre, der Mode oder der gemeinsamen Unterhaltung und Geselligkeit. Weicht er jedoch einmal von Ihren Liebesvorgaben ab, strafen Sie ihn mit demonstrativem Selbstmitleid, im Extrem werden Sie auch zur Depression greifen, um ihn wieder auf Ihre Gefühle und Ihre Art zu lieben einzuschwören. Für den Fall, dass Sie sich mehr in der Rolle des kleinen Königs oder der Königin gefallen, dominieren Sie die Eigenständigkeit Ihres Gegenübers auf vergleichbare Weise, indem Sie unter dem Deckmantel der Liebe Ihrer Selbstherrlichkeit frönen und gleichsam von oben herab je nach Laune Liebe und Zuneigung gewähren.

Das, was Ihnen im unerlösten Ausdruck Ihrer Liebe noch versagt bleibt – nämlich Gefühle nicht nur tief zu empfinden, sondern sie auch harmonisch und adäquat nach außen zu zeigen –, gelingt Ihnen im erlösten Ausdruck mühelos. Sie sind sich der Zartheit und Verletzlichkeit Ihrer Gefühle bewusst. Sie wissen, dass Ihre besondere Kraft im Reichtum Ihrer Seele liegt, und sind bereit, diese seelischen Kräfte großzügig auf andere Menschen zu übertragen. Es macht Sie glücklich, anderen Menschen zu helfen, sie zu versorgen und sie zu umsorgen. Mit schöpferischer Energie sucht und findet Ihre Aktivität ohne Unterlass Menschen und Felder, für die und auf denen Sie helfend tätig sein können. Die größte Erfüllung Ihrer Liebe empfinden Sie immer dann, wenn Sie ihr einen großzügigen, souveränen und vor allem tätigen Ausdruck verleihen können. Ein bevorzugter Bereich der schöpferischen Darstellung Ihrer Gefühle ist für Sie die Familie oder eine längere intensive Partnerschaft. Hier verstehen Sie es, eben die ungezwungene herzliche Atmosphäre herzustellen, von der beide Partner seelisch, körperlich und geistig profitieren.

Die Vielfalt Ihrer Ausdrucksmöglichkeiten von Gefühlen reicht von einer sanften Zärtlichkeit und romantischen Verträumtheit bis hin zu einem sowohl körperlichen als auch geistigen Verschmelzen mit dem Partner oder der Partnerin. Da bei Ihnen in der Liebe Körper und Seele immer in der gleichen Frequenz schwingen, verstehen Sie es im besten Fall, Ihrer Leidenschaft auch eine leicht mystische Aura zu verleihen. Es ist nur natürlich, dass Sie, da Sie sich selbst so frei und selbstbewusst zu Ihren Gefühlen bekennen, auch von Ihrer Umwelt geliebt, anerkannt und respektiert werden. Anders als im vergleichsweise unerlösten Ausdruck ist es nun nicht mehr nötig, dass Sie sich mehr oder weniger zwanghaft in den Vordergrund spielen. Jetzt stehen Sie kraft Ihrer souveränen und selbstsicheren Ausstrahlung automatisch im Zentrum allgemeinen Interesses und allgemeiner Bewunderung. Die innere seelische Sicherheit, mit der Sie Ihre Gefühle zum Ausdruck bringen, verleiht Ihnen das Charisma unangreifbarer königlicher Würde. Vor allem im engeren Rahmen einer festen Partnerschaft oder in der Familie strahlen Sie so viel sensible Güte und Wohlwollen aus, dass sich alle davon betroffenen Menschen auf eine unaufdringliche Art und Weise von Ihnen beschützt fühlen. Da für Sie selbst die Integrität Ihrer Person unantastbar ist, verletzen Sie bei aller Fürsorge auch nie die Integrität anderer. Selbstsicher überlassen Sie den körperlichen, geistigen und seelischen Austausch in der Partnerschaft dem freien Spiel der Kräfte. Mit Ihrem gleichsam angeborenen Optimismus und Ihrem tiefen Glauben an die Kraft der Liebe verstehen Sie es vor allem dann, all Ihre Gefühle produktiv und konstruktiv tätig werden zu lassen, wenn innere oder äußere Schwierigkeiten die Partnerschaft einmal bedrohen. Dann zögern Sie auch nicht, sich kämpferisch und aufopfernd für die Menschen einzusetzen, denen Ihre Liebe gehört. Ob Sie den «Feind» in Ihre scharfen Krebszangen nehmen oder eher mit unüberhörbarem Löwengebrüll in die Flucht schlagen, in jedem Fall stellen Sie sich wachend und verteidigend vor Ihre Schutzbefohlenen. Da Sie üblicherweise Ihrem Verhalten auch einen Schuss natürlicher Dramatik beimischen, verfehlt Ihre Entschlossenheit nicht ihr Ziel.

Mit der gleichen Leidenschaft und Intensität der Gefühle, die Sie im Umgang mit anderen Menschen auszeichnet, widmen Sie sich auch allen anstehenden Aufgaben und Entscheidungen. Am Beginn einer Handlung oder Entscheidung steht immer eine Art schöpferischer Optimismus, der Sie die Dinge unvoreingenommen und selbstsicher angehen lässt. Da jedem ersten Ansatz auch immer ein leicht kämpferischer Geist beigemischt ist, steht dem erfolgreichen Verfolgen Ihrer Interessen in der Regel nichts entgegen.

Ganz anders verhalten Sie sich jedoch, wenn Sie diese planetarische Prägung noch teilweise oder überwiegend disharmonisch erleben und ausdrücken. Dann nähern Sie sich in der gleichen, zwischen den Extremen schwankenden Art und Weise auch Ihren alltäglichen Aufgaben und Verpflichtungen. Auch hier ist es so, dass entweder zu große innere Nähe oder zu große selbstherrliche Distanz Ihnen einen erfolgreichen Umgang mit den Dingen des Lebens eher erschweren.

Sonne in Löwe – Venus in Jungfrau

Wenn Sie den Ausdruck Ihrer Gefühle noch überwiegend unerlöst erleben, neigen Sie mit dieser Konstellation dazu, zwischen zwei Extremen keine organische Mitte zu finden. Das eine mögliche Extrem drückt sich als starke Zurücknahme aller gefühlsmäßigen Äußerungen aus. Sie trauen sich dann ganz einfach nicht, Ihrer Liebe einen direkten und spontanen Ausdruck zu verleihen. Das andere Extrem liegt in dem Wunsch, mehr oder weniger unangefochtener Mittelpunkt der Liebe und Zuneigung anderer Menschen zu sein. Beide Extremformen beruhen auf einer Art Überkompensation einer inneren Ängstlichkeit, die Sie gegenüber Ihren Gefühlen hegen. Das lässt Sie dann gefühlsmäßig entweder eher distanziert, unterkühlt und wenig einfühlend oder allzu fordernd, egozentrisch und selbstherrlich auf andere Menschen zugehen. Von großer Bedeutung wird sein, wie Sie sich beim Ausdruck Ihrer Liebe vor allem auch mit der rein körperlichen Seite der Liebe und Sexualität bereits auseinander gesetzt haben. Da die Sexualität vielleicht nicht immer Ihren Vorstellungen von einem porentief sauberen Umgang zweier Partner miteinander entspricht, sich sexuelle Leidenschaft auch nicht unbedingt mit Ordnung verbindet, können Sie dazu neigen, sich Liebe und Leidenschaft eher in erotischen Phantasien zu gestatten. In dieser Phantasiewelt haben Sie dann das Gefühl, alles jederzeit unter Kontrolle zu haben.

In Ihrem Verhalten führt dies leicht zu einem prüden Puritanismus, zu einer Flucht in die körperliche Askese. Da jedoch gleichzeitig der

Wunsch nach Selbstdarstellung sehr rege in Ihnen ist, verdichten sich diese beiden – noch unerlöst erfahrenen – Eigenschaften zu einem Gefühl der Minderwertigkeit und des Misstrauens gegenüber allen spontanen mitmenschlichen Äußerungen der Zuneigung. Nahe liegend ist jedoch auch, dass Sie von Fall zu Fall Ihre Vorsicht zurückstellen und dann besonders anfällig für Schmeichler sind. Solche Menschen vermitteln Ihnen den fatalen Eindruck, vorübergehend Macht über andere zu haben. Dass diese Macht auf sehr tönernen Füßen steht, wissen Sie natürlich selbst. Umso intensiver werden Sie jedoch versuchen, sich eitel und selbstverliebt im Schein dieser Sonnen zu gefallen. Verlöschen dann die Sie ja nur scheinbar erwärmenden Strahlen der Liebe, der Aufmerksamkeit und Zuneigung, werden Sie das entweder mit mehr oder weniger cholerischen oder hysterischen Gefühlsausbrüchen beantworten oder sich resignierend und unverstanden wieder in Ihre Phantasien flüchten.

Was Sie wohl mit am meisten abschreckt, ist eine gewisse Zügellosigkeit, mit der Gefühle sowohl von Ihnen Besitz ergreifen als auch Ihnen entgegengebracht werden. Es fällt Ihnen vielleicht noch sehr schwer einzusehen, dass Gefühle und mit ihnen auch die Liebe sich in ihrem Ausdruck nicht an allgemeine Regeln oder eine vorgeschriebene Ordnung halten. Sie brechen scheinbar willkürlich aus, machen auch zuweilen Angst und lösen vor allem bei Menschen, die sich selbst sehr stark kontrollieren, die Furcht aus, sich gleichsam selbst zu verlieren. Da Sie sich diesen unkontrollierbaren Turbulenzen der Liebe vielleicht noch nicht gewachsen fühlen, neigen Sie dazu, andere Menschen, die dies frei und ungezwungen in sich zulassen, für diese Freiheit zu kritisieren. Indem Sie jedoch einmal das Risiko eingehen, Ihre Liebe sich frei entfalten zu lassen und sich auf einen Menschen intensiv und einfühlsam einzulassen, können Sie all Ihre vagen Ängste verlieren. Im noch disharmonischen Zustand bringen Sie diese Ängste nicht nur im Kontakt mit anderen Menschen, sondern wahrscheinlich auch gegenüber Ihren alltäglichen Aufgaben zum Ausdruck. Auch in diesem Bereich ist es denkbar, dass Sie sich eher in den Traum von einer entschiedenen Handlung oder Entscheidung flüchten, als sich liebevoll einzulassen und die Sache aus vollem Herzen und mit totaler Hingabe anzugehen.

Ganz anders verhält es sich im erlösten Ausdruck dieser Konstellation: Hier wollen Sie dem ganzen Spektrum Ihrer Gefühle, Ihrer Zärtlichkeit, Ihrer Hingabefähigkeit, Ihrer Sexualität und Ihrer Erotik einen greifbaren Ausdruck verleihen. Selbst die schönsten Träume von der Liebe halten Sie nicht davon ab, nach ganz praktischen Wegen zu suchen, um Ihre Liebe konkret in die Tat umzusetzen. Da Sie die Sie beherrschenden Gefühle sowohl sinnlich-einfühlsam als auch vom Verstand her klar wahrnehmen, fällt es Ihnen leicht, dies auch im Verhalten anderen Menschen gegenüber zum Ausdruck zu bringen. Sie wissen und fühlen, wie Sie selbst geliebt werden wollen, und entsprechend sensibel und einfühlsam können Sie auch mit Ihrem Partner oder Ihrer Partnerin umgehen. Mit Hilfe der in Ihnen lebendigen kreativen Kräfte suchen Sie sich vor allem in länger andauernden Partnerschaften besonders der Liebeskunst anzunähern und dies auch auf esoterischem Weg, beispielsweise im Tantra, zu erreichen. Aber auch scheinbar ganz profane Tätigkeiten, wie Kochen, einen Garten, ein Haus oder eine Wohnung liebevoll zu pflegen und zu versorgen, stellen für Sie Bereiche dar, in denen Ihre Liebe praktische Erfüllung findet.

Mit Ihrem hinreißenden, aber nie vordergründigen und aufdringlichen Optimismus gelingt es Ihnen, in der Partnerschaft eine Atmosphäre von emotionaler Sicherheit und Geborgenheit und fürsorglichem beiderseitigen Schutz zu schaffen. Ohne es vielleicht selbst ganz konkret zu wollen, werden Sie so zu einem Zentrum ausstrahlender Liebe, was Ihnen die Zuneigung und Anerkennung anderer Menschen sichert. Auch wenn Sie Ihre Liebe nicht gleichsam demonstrativ vor sich hertragen, können doch die Menschen, die Sie in Ihr Herz geschlossen haben, jederzeit auf Ihr mitfühlendes Vertrauen und Ihre praktisch-pragmatische Hilfe zählen. Es ist ganz einfach so, wenn Sie lieben, dann lieben Sie zuverlässig, ohne Schnörkel, ohne eine affektierte emotionale Aufgeregtheit. Und dies nicht nur in Worten, sondern vor allem auch in Taten. Nach außen zeigen Sie einen auf den ersten Blick hin eher zurückhaltenden Charme, hinter dessen liebenswürdiger Bescheidenheit sich jedoch ein leidenschaftliches Herz verbirgt. Die Erfüllung Ihrer Liebe finden Sie dann, wenn Sie als kreativer Schöpfer zu ganz praktischen Auswirkungen der Liebe beitragen können. Dies geschieht vor allem, indem Sie bereit sind, anderen Menschen in Liebe zu dienen. Und Ihre Erfahrung, dass die Liebesdienste, die Sie anderen angedeihen lassen, mit gleicher Intensität zu Ihnen zurückfließen, bestärkt Sie dann auch immer wieder darin, auf dem richtigen Weg zu sein.

Obwohl reich an tätiger Liebe, gehen Sie doch mit Ihren Gefühlen nicht blind verschwenderisch um. Da Sie anderen Menschen Ihre Liebe vor allem durch Ihre Taten verdeutlichen, legen Sie auch Wert darauf, dass Sie selbst angemessene Gaben der Liebe empfangen. Es ist nicht Ihre Art, mit Ihren Gefühlen oder den Gefühlen anderer Menschen zu spielen, sich in Tändeleien zu verzetteln. Sie fragen ganz konkret danach, welcher auch praktische Nutzen sich mit dem Ausdruck Ihrer Liebe verbindet. Und dies gilt in einer Partnerschaft wechselweise. Es ist nahe liegend, dass Sie diese Tugenden vor allem in einer lang andauernden Partnerschaft voll entfalten und zum Erblühen bringen können. Aus der hier vorliegenden Mischung des Feuer- und Erdelementes – Löwe und Jungfrau – ergibt sich etwas, was man als Liebe mit Sachverstand umschreiben könnte. Sowohl Ihr kluger Verstand als auch Ihr leidenschaftliches Herz sagen Ihnen, dass wir als Menschen auf der Erde leben und dass sich unsere Gefühle und unsere Liebe auch nur unmittelbar auf der Erde ausdrücken lassen. Sie ziehen es vor, den Traum von der Liebe nicht zu träumen, sondern ihn ganz konkret in all seinen irdisch möglichen Ausformungen zu leben. Es ist nur folgerichtig, dass Sie mit dem gleichen kühlen Verstand und warmen Herzen an Ihre täglichen Obliegenheiten herangehen. In einer harmonischen Mischung aus objektiver Distanz und gefühlsmäßiger Nähe zu Ihren Aufgaben gelingt Ihnen immer wieder das kleine Wunder, nicht nur bei einer großen, sondern auch bei einer scheinbar banalen Aufgabe einen Sie erfüllenden Erfolg zu erreichen.

Sonne in Löwe – Venus in Waage

In einem noch unerlöst gelebten Stadium liegt Ihre wohl größte Schwierigkeit beim Ausdruck Ihrer Gefühle und im Erleben Ihrer Liebe in Ihrem ausgeprägten Narzissmus. Nicht nur, dass Sie sich selbst als eine gleichsam verwunschene Prinzessin oder einen verwunschenen Prinzen sehen, Sie lassen dies auch Ihre Umgebung deutlich spüren – bis zur Aufdringlichkeit hin. In einer Partnerschaft gefallen Sie sich dann in der Rolle eines männlichen oder weiblichen Prinzgemahls. Eine Liebe ohne Luxus und ohne einen Sie stets bewundernden Hofstaat von Freunden und Bekannten können Sie sich wohl kaum vorstellen. Wenn nicht andere Faktoren in Ihrem Horoskop Sie auch die ganz konkrete Wirklichkeit erkennen lassen, halten Sie die Welt wahrscheinlich für ein Luftschloss und Ihr Leben auf ihr für ein Märchen. Und wie es eben im Märchen so üblich ist, erwarten Sie, dass Ihnen die Früchte der Liebe einfach in den Mund wachsen. Es fällt Ihnen in Ihrem Traum befangen nicht ein, sich um die Liebe, die Zuneigung und die Zärtlichkeit anderer Menschen aktiv zu bemühen. Die meiste Zeit über befinden Sie sich in der fatal hoffnungsvollen Erwartung, dass Ihnen die Herzen anderer Menschen ganz einfach zufliegen müssen.

Empfindlich wie die sprichwörtliche Prinzessin auf der Erbse, registrieren Sie die feinsten Nuancen gefühlsmäßiger Schwingungen in Ihrer Umgebung. Sobald dann die von Ihnen bevorzugte Atmosphäre Ihrer ambivalenten Tagträume auch nur im Mindesten gestört wird, reagieren Sie ungehalten, beleidigt, hysterisch und nicht selten mit unvermuteter cholerischer Wut. Ihre Eitelkeit und Selbstgefälligkeit dulden ganz einfach keine Irritationen Ihrer Wahnbilder von der Liebe. Wahrscheinlich haben Sie schon in frühen Kindertagen die ja nur scheinbar heile Welt der Märchen derart verinnerlicht, dass Sie als Erwachsener nicht mehr fähig sind, aus ihr heraus in die Wirklichkeit zu treten. Und wo sich dann im konkreten Leben Ihrem Traum von der Liebe größere oder kleinere Widerstände entgegenstellen, reagieren Sie wie ein ungnädiger Despot, das heißt eigentlich mit dem noch nicht überwundenen Despotismus eines Kleinkindes. Denn sind die anderen Menschen nicht willig, Sie zu lieben, dann gebrauchen Sie Gewalt. Unter heißen Tränen fast zu ersticken, schluchzende Nervenzusammenbrüche und demonstrative Migräneanfälle gehören dann zu Ihren bevorzugten Waffen.

Denkbar ist auch, dass Sie Ihre Selbstherrlichkeit dadurch nähren, dass Sie sich ganz einfach in Ihre Traumwelt flüchten und sich der feindlichen Welt versagen. Als dritte Variante bleibt Ihnen jedoch auch die Möglichkeit, Ihre gesamten Lebensumstände schönzufärben. Dann lassen Sie die Wirklichkeit erst gar nicht an sich heran und verharren traumverloren im Luftschloss Ihrer sentimentalen Gefühle. Die Gefahr, dass Sie in dieser Situation besonders für Schmeichler ein willfähriges Opfer darstellen, liegt auf der Hand. Diese suggerieren Ihnen durch ihre zweifelhafte Anbetung, im Zentrum allgemeiner Bewunderung zu stehen. Im Grunde tun jedoch die Schmeichler nichts anderes als Sie selbst: Sie verschleiern ihre wahren Gefühle, gaukeln Liebe vor, wo eigentlich nur bestimmte Interessen vorliegen. Denn bis zu einem gewissen Grad sind ja auch Sie selbst bereit, anderen Menschen zu schmeicheln, aber eben nur so lange, bis Sie deren uneingeschränkte Huldigung erreicht haben. Sie verstehen es vorzüglich, Ihren Hofstaat bei Laune zu halten – jedoch nur mit dem einzigen Ziel, dass man Sie bei Laune hält. Und da Ihre Launen einem Ihnen selbst vielleicht gar nicht bewussten inneren Gesetz permanenter Veränderung unterworfen sind, wird es wohl für die meisten Ihrer wirklichen Freunde mit der Zeit zu anstrengend, sich immer wieder neu auf Ihre Kapricen einzustellen. Möglicherweise ist es dann Ihr Schicksal, umgeben von Luxus und einem Kreis stetig wechselnder Hofschranzen, dennoch ein relativ einsames und gefühlsmäßig verarmtes Prinzen- oder Prinzessinnenleben zu führen. Die Erfüllung der ja auch in Ihnen wachen und lebendigen Kräfte der Liebe erleben Sie dann nur in Ihren Träumen.

Im erlösten Ausdruck dieser Sonne-Venus-Verbindung sind Sie dagegen wie fast unter keiner anderen planetarischen Konstellation geradezu für die Liebe und eine erfüllte Partnerschaft geschaffen. Der in der Venus und im Zeichen Waage symbolisch zum Ausdruck kommende intensive Wunsch nach einer gleichberechtigten Partnerschaft, nach einem wechselweise schöpferisch-fließenden Austausch der Gefühle, macht es Ihnen möglich, in der Liebe nicht nur zu nehmen, sondern auch zu geben. Nicht nur von Ihnen selbst, sondern vom ganzen Umfeld Ihres Lebensraumes geht das strahlende Flair Ihrer immer auch auf andere Menschen bezogenen Gefühle aus. Es fällt Ihnen mit Ihrem beträchtlichen Charme, Ihren guten Umgangsformen und Ihrer herzlichen Aufgeschlossenheit leicht, harmonische Beziehungen zu anderen Menschen herzustellen und auf Dauer zu pflegen. Dies geschieht sowohl in der Partnerschaft als auch in Ihrem großen Freundes- und Bekanntenkreis mit der gleichen uneitlen Selbstverständlichkeit. Mühelos und rücksichtsvoll, freundlich und optimistisch schaffen Sie um sich ein Ambiente gefühlsmäßig ausgewogener Kontakte. Tolerant, ohne jedoch die eigene Position aufzugeben, verstehen Sie es, sich auch mit den kleinen oder größeren Schwächen anderer Menschen zu arrangieren. Es spricht für Ihre Fairness, dass Sie auch dort helfend eingreifen, wo Sie es eigentlich nicht müssten.

In einer konkreten Partnerschaft stehen die Zeichen markant auf Verwöhnen. Sie haben kein schlechtes Gewissen dabei, wenn Sie sich selbst, den Partner oder die Partnerin auf alle nur erdenkliche Art und Weise verwöhnen. Die «Ars Vivendi» und die «Ars Amandi», die Lebens- und die Liebeskunst, verschmelzen bei Ihnen zu einer vor allem auch künstlerisch und ästhetisch geprägten allgemeinen Lebenshaltung. Sie genießen die Schönheit der Liebe und lassen andere großzügig an Ihrem Genuss teilhaben, den Sie ja mit einem feinen Gespür für die besonderen Wünsche des Partners oder der Partnerin selbst mit gestaltet haben. Über die ganz konkrete beiderseitig liebevolle und zärtliche Wunscherfüllung im Bereich der Erotik und Sexualität hinaus zielen die Ambitionen Ihrer Gefühle aber auch auf ihre Erfüllung im Bereich gemeinsam genossener Erlebnisse in der Welt der Kunst, der Musik, des Theaters und des gesellschaftlichen Lebens. Für Sie gestaltet sich jede Begegnung mit einem anderen Menschen gleichsam zu einem Fest beiderseitiger Liebe, zu dem Sie jedoch nicht nur selbst geladen sein möchten, sondern zu dem Sie auch selbst laden.

Großzügig und ohne Ansehen der Person greifen Sie überall dort helfend und sorgend ein, wo Sie spüren, dass die Taten Ihrer Liebe auf fruchtbaren Boden fallen. Auf diese Art und Weise hinterlässt Ihre Liebe nachhaltig Spuren im Denken, Fühlen und Verhalten anderer Menschen. Ohne es selbst absichtlich zu wollen, geben Sie mit Ihrem auf einen liebevollen und harmonischen Austausch zwischen den Menschen ausgerichteten Verhalten anderen eine Orientierungsmöglichkeit für deren eigenes Verhalten. Unangefochten stellen Sie im Kreis Ihrer Freunde und Bekannten eine zentrale Sonne dar, an deren Leben spendenden Wärme und Liebe alle partizipieren. Sie müssen sich im zwischenmenschlichen Bereich nicht um Führung bemühen. Sowohl in einer intimen Partnerschaft als auch im freundschaftlichen Umgang mit Ihnen überlassen sich andere gern Ihrem schöpferischen Tatendrang. Aus der Kraft Ihrer Seele erwächst Ihnen ein unerschütterlicher Glaube an das Gute im Menschen, ein Glaube und eine innere Sicherheit, die Ihnen auch in Fällen möglicher Enttäuschungen nicht den Mut nehmen können. Da Sie nicht nur die Menschen, sondern die ganze Erde als ein Wirkungsfeld für Ihre tätige Liebe betrachten, widmen Sie sich auch Ihren Handlungen und Entscheidungen mit der gleichen intensiven, auf Harmonie bedachten und ganz allgemein Schönheit schaffen wollenden herzlichen Hingabe.

Sonne in Jungfrau

Sonne in Jungfrau – Venus in Jungfrau

Bei einem noch unerlösten Erleben dieser Planetenkonstellation sind möglicherweise nicht nur der Ausdruck Ihrer Liebesfähigkeit und Ihrer Gefühle, sondern auch die Gesamtheit Ihrer Lebensäußerungen überwiegend von einer spürbaren Unsicherheit geprägt. Es ist durchaus denkbar, dass alle Ihre Handlungen und Entscheidungen sehr stark unter dem Einfluss einer überbetonten rationalen Kontrolle stehen, die Ihnen immer wieder ganz allgemein zur Vorsicht rät. Es könnte leicht die immer wiederkehrende Situation eintreten, dass Sie eine relativ freie Entfaltung Ihrer Gefühle erst dann zulassen, wenn auch Ihr Verstand und dessen vorsichtiges Abschätzen zwischen Für und Wider es erlauben. Vielleicht unterliegen Sie bestimmten, schon in der Kindheit erworbenen und verinnerlichten Ordnungszwängen so stark, dass Sie sich ein freies und spontanes Ausleben der Gefühle gar nicht vorstellen können. Vor diesem Hintergrund ist es nahe liegend, dass Sie das, was Ihrem Verstand zufolge nicht sein darf, kompensieren, indem Sie besonders rigide Moralvorstellungen entwickeln. Der Ausdruck Ihrer Gefühle unterliegt dann einem zwanghaften Puritanismus. Auf sichtbare Angebote der Liebe und Zärtlichkeit anderer Menschen reagieren Sie eher ängstlich, prüde und wenig einfühlsam. Diese Haltung kann auch von einer gewissen pietistischen Frömmelei überlagert sein, wobei dann christlich-religiöse Motive vorgeschoben werden, um der scheinbaren Sünde zu entgehen.

Denkbar ist auch, dass der Gedanke oder die Spekulation, ob denn die Aufnahme einer liebevollen Beziehung für Sie überhaupt nützlich wäre oder nicht, immer wieder derart Raum einnimmt, dass eine herzliche Begegnung unter Umständen schon im ersten Ansatz zunichte gemacht wird. Ihre mehr oder weniger stark ausgeprägte Tendenz, Ihrem Herzen und Ihren Gefühlen zu misstrauen und Ihrem Verstand den Vorzug einzuräumen, kann in letzter Konsequenz dazu führen, dass Sie in Ihrer Gefühlswelt derart verarmen, dass Sie sich schließlich auch ganz allgemein als irgendwie minderwertig empfinden. In einer Partnerschaft können Sie mit einem solchen Bewusstsein leicht in die Rolle eines willfährigen Opfers hineinwachsen. Und dies in doppelter Weise: einmal in der Form, dass Sie sich selbst dem Partner oder der Partnerin mehr oder weniger bedingungslos unterwerfen, oder umgekehrt, indem Sie Ihr Gegenüber zu Ihrem Opfer machen. Eine so auf gegenseitiger Abhängigkeit basierende Partnerschaft trägt dann nach außen oft die Kennzeichen einer scheinbar liebevollen Harmonie, einer scheinbar idealen Unzertrennlichkeit, während im Inneren der Beziehung nur kleinlicher Zwang, dünkelhafte Bevormundung und zermürbende gegenseitige Abhängigkeiten wirksam sind.

Die Zwanghaftigkeit, mit der Sie Ihre Gefühle ausdrücken, werden Sie wahrscheinlich auch auf Ihr rein körperliches Verhalten übertragen und daher besonders viel Wert auf Sauberkeit und Hygiene legen, was sich im Einzelnen bis zum Waschzwang steigern kann. Dass dies vor allem ein erfülltes Erleben der Sexualität erschweren kann, liegt nahe, denn im Unterbewussten neigen Sie mehr oder weniger dazu, alles, was mit Sexualität zu tun hat, als irgendwie schmutzig anzusehen. In der Summe all dieser Faktoren könnte sich dann eine Partnerschaft entwickeln, die man treffend mit «viktorianisch verklemmt» bezeichnen könnte. Also eine Partnerschaft, in der alle Formen von Sexualität und Erotik nur kurzzeitig mit dem eigentlichen Ziel einer langfristigen materiellen Versorgung geduldet werden. Unter dem Begriff Vernunftehe spielen solche Partnerschaften noch bis in unsere Tage eine bedeutsame Rolle. Ihre Neigung, sowohl Menschen als auch der Welt ganz allgemein zunächst einmal eher vernünftelnd zu begegnen, hindert Sie daran, sowohl in allen zwischenmenschlichen als auch in beruflichen Bereichen Ihre Gefühle ganz einfach fließen zu lassen und der in Ihnen aufsteigenden Liebe und Zuneigung einen unverkrampften herzlichen Ausdruck zu verleihen.

Welch reiches Potenzial an kreativem Ausdruck Ihrer Liebe diese Sonne-Venus-Verbindung symbolisch enthält, zeigt sich dann, wenn es Ihnen gelungen ist, die darin wirksamen Kräfte erlöst und produktiv in Ihr Leben zu integrieren. Herz und Verstand gehen nun keine getrennten Wege mehr und behindern sich nicht gegenseitig. Jetzt arbeiten sie zusammen und setzen eben die inneren Energien frei, die zu einem Sie selbst und andere Menschen erfüllenden seelischen Wachstum führen. Der Weg dorthin führt über die Reinheit Ihrer Gefühle anderen Menschen gegenüber und gipfelt in dem Wunsch, der Kraft Ihrer Liebe einen konkreten Ausdruck zu verleihen. Angeleitet durch Ihr intensives inneres Begehren, sich als Persönlichkeit zu vervollkommnen, genügt Ihnen die allgemeine Liebe nicht. Sie sind auf der Suche nach der besonderen Liebe. Sie möchten in und vor allem an der Liebe stetig wachsen. Um dieses Ziel zu erreichen, gehen Sie zunächst einmal ganz praktisch vor. Ihrem sowohl geistigen wie seelischen Scharfblick entgehen die eigenen Bedürfnisse nach einem zärtlichen, liebevollen und fürsorglichen Austausch der Gefühle ebenso wenig wie die Wünsche anderer Menschen. Sie wissen, was Ihnen selbst emotional gut tut, und lassen es auch anderen angedeihen. Das heißt, Sie halten es keinesfalls für unter Ihrer Würde, anderen Menschen in Liebe zu dienen – sei es nun in einer konkreten Partnerschaft, indem Sie den Partner beispielsweise kulinarisch verwöhnen oder in der Sexualität auf seine besonderen Wünsche und Bedürfnisse unverkrampft eingehen. Liebe, Erotik und Sexualität sind für Sie eine Kunst, und entsprechend kreativ möchten Sie sich in diesen Bereichen zusammen mit dem Partner mehr und mehr spezialisieren, den Austausch der Gefühle und der Leidenschaft zunehmend verfeinern. Und was auch immer zu dieser Verfeinerung beiträgt, Sie benutzen es, um damit Ihrem Ideal von der Liebe näher zu kommen.

Dass Sie dieses Ideal nun nicht himmelstürmend mit einem Schlage realisieren wollen, entspricht Ihrer eher scheuen Sinnlichkeit, die behutsam geweckt werden will und sich langsam, aber stetig reifend entfaltet. Sie lieben die kleinen, aber bedeutsamen Schritte einer beiderseitigen partnerschaftlichen Entwicklung, den maßvollen, nichtsdestoweniger leidenschaftlichen emotionalen Umgang miteinander. Da solche Reifungsprozesse natürlich wesentlich mit gemeinsam verbrachter Zeit zu tun haben, legen Sie auf unbedingte Treue in der Partnerschaft besonders viel Wert. Die gleiche Treue zeichnet auch Ihr Verhalten gegenüber anderen Menschen im Kreis Ihrer Freunde und Bekannten aus. Es mag im Einzelfall länger dauern, bis Sie Ihr Herz für einen bestimmten Menschen wirklich öffnen. Sobald dies jedoch geschehen ist, kann eine langjährige Freundschaft entstehen, der Sie aufopfernd und mit einfühlsamer Fürsorge dienen. Streng achten Sie jedoch darauf, dass aus solchen Beziehungen keinerlei gegenseitige, weder materielle noch emotionale Abhängigkeiten entstehen. Die Integrität Ihrer Persönlichkeit und die des anderen bleiben immer gewahrt. In einer lebendigen Synthese zwischen den Wünschen des Herzens und den Geboten des Verstandes stellen Sie zwischen sich und anderen Menschen eine ausgewogene Balance eines unaufdringlichen, maßvollen und jederzeit hilfsbereiten und herzlichen Austauschs von Gefühlen der Liebe her.

Ihre aus dem Herzen und aus dem Verstand gespeiste Fähigkeit, anderen Menschen gegenüber zwischen zu großer Nähe und zu großer Distanz klar zu unterscheiden, lässt Sie in allen partnerschaftlichen und zwischenmenschlichen Beziehungen immer eine gleichsam ideale Mitte finden. Aus dieser Mitte heraus können Sie dann auch leicht im Zusammenhang Ihrer Handlungen und Entscheidungen den für Sie im Einzelfall optimalen Weg wählen. Die positiven Erfahrungen, die Sie auf diesem Weg machen, fördern und unterstützen Ihre uneitle Selbstgewissheit und lassen Sie stolz sein auf das schon Erreichte und das noch zu Leistende neugierig und aktiv begrüßen.

Sonne in Jungfrau – Venus in Krebs

Je nachdem, wie stark Sie noch in einem unerlösten Erleben der Energien dieser symbolischen Sonne-Venus-Konstellation befangen sind, werden sich aus beiden Komponenten kommend vage Ängste und eine betonte Vorsicht in all Ihren Lebensäußerungen zeigen. Dies jedoch in besonderer Weise im Ausdruck Ihrer Gefühle, denn gerade auf diesem Sektor empfinden Sie sich als besonders verletzlich. Auf diese Weise kann leicht der Eindruck entstehen, dass Sie sich weder aus Ihrer Seele noch mit Ihrem Körper hervortrauen. Ihre in der Regel durch keinen konkreten Anlass hervorgerufene Angst, verletzt, gekränkt oder beleidigt zu werden, bewirkt, dass sich Ihre Seele, und mit ihr alle Ausdrucksformen der Liebe, nicht aus ihrem emotionalen Schneckenhaus herauswagt. Diese emotionalen Schutzmechanismen haben ihre Entsprechung auf der körperlichen Ebene, wo Sie sich durch alle nur denkbaren Vorsichtsmaßnahmen vor möglichen, aber auch hier eher diffusen Gefahren zu schützen versuchen. Typische psychosomatische Manifestationen dieser zweifachen Affinität zu allen möglichen Ängsten und Befürchtungen wären auf der rein körperlichen Ebene bestehende oder immer wiederkehrende Phobien oder Allergien. Auf der geistigen Ebene könnten Sie allerlei Formen einer pseudoreligiösen Frömmelei oder eines ausgeprägten Sektierertums entwickeln. Aus Angst, dass sich Ihre Gefühle einmal frei entfalten und zu einer leidenschaftlichen und liebevollen Begegnung mit einem anderen Menschen führen könnten, neigen Sie dazu, Ihre Emotionen einer strengen und kritischen Kontrolle durch Ihren Verstand zu unterwerfen.

Mit Ihrer stets aktiven Tendenz, Ihre Gefühle und alle Ausdrucksformen Ihrer Liebe akribisch daraufhin zu befragen, welcher Nutzen denn wohl mit einer Erfüllung der Liebessehnsucht verbunden sein könnte, unterdrücken Sie jede spontane vitale Lebensäußerung. Aufgrund der Unsicherheit gegenüber Ihren eigenen Emotionen, Ihrem Zärtlichkeitsbedürfnis und den Ausdrucksweisen Ihrer körperlichen Funktionen stehen Ihnen in der Regel nur zwei Wege im Sinne einer Kompensation offen. Entweder Sie ziehen sich voller Selbstmitleid, schmollend, beleidigt – von wem eigentlich? – aus der Welt zurück, oder Sie begeben sich in eine materielle, geistige oder seelische Abhängigkeit zu einem anderen Menschen. Sie nehmen also gleichsam eine Opferrolle an, für die Sie sich unter Umständen durch wiederkehrende Depressionen selbst bestrafen. Oder Sie wählen in einer Art Vorwärtsstrategie die Rolle des Retters. In diesem Fall versuchen Sie, Ihre eigenen Ängste zu besänftigen, indem Sie zwanghaft versuchen, von Ihrem Partner oder Ihrer Partnerin alle nur denkbaren – vielleicht auch nur eingebildeten – Gefahren abzuwehren. Sie neigen dann dazu, nicht nur den Partner, sondern auch Ihre Kinder, im Zweifelsfalle auch alle anderen Menschen, die Sie zu lieben glauben, mit einer aufdringlichen Fürsorge und umfassendem Bemuttern aller Freiheiten zu berauben. Mit Ihrer rastlosen Umtriebigkeit, immer für andere da zu sein, und dem Zwang, auch dort überschwänglich zu helfen, wo gar keine Hilfe erbeten wurde, ersticken Sie auch noch den letzten Freiraum, dessen andere Menschen für ihre eigene Entwicklung bedürfen und den sie auch beanspruchen können. Es ist durchaus denkbar, dass Sie die hier beschriebenen Rollen im Laufe Ihres Lebens wechseln, indem Sie sich an jeweils andere Partner ängstlich anpassen. Natürlich versäumen Sie in solchen Abhängigkeitsverhältnissen nicht, Ihr Gegenüber mehr oder weniger pedantisch und erbsenzählerisch immer wieder auf Ihre aufopfernden Liebesdienste hinzuweisen und gleichzeitig die scheinbare Lieblosigkeit der anderen scharf und unnachsichtig zu kritisieren. Da – verkürzt ausgedrückt – die Frage «Was bringt es mir?» auch alle übrigen Handlungen und Entscheidungen Ihres Lebens dominiert, werden Sie nicht nur auf dem Feld der Liebe, sondern auch in Ihrem Alltag aufgrund vager Ängste und übergroßer Vorsicht viele gute Ansätze zu einer erfolgreichen Arbeit an sich vorübergehen lassen.

Bei einem erlösten Erleben dieser planetarischen Konstellation haben Sie entweder selbst sehr früh die entscheidende Erfahrung gemacht, dass die Liebe sich nur in den Taten der Liebe entfalten und erfüllen kann, oder Sie hatten das Glück, diese unumstößliche Wahrheit am Verhalten Ihrer Eltern vorbildhaft zu erleben und nachvollziehen zu können. Sie haben sich damit ein lebendiges Wissen um die Sie selbst und andere Menschen beglückenden Wirkungen einer tätigen Liebe erworben. Aus diesem Bewusstsein speist sich nun bei Ihnen ein stetiger und fruchtbarer Austausch zwischen Körper, Seele und Geist. Wo immer Sie für andere Menschen sorgen, sie beschützen, ihnen in liebevoller Hingabe dienen, fördern Sie Ihr eigenes seelisches Wachstum und arbeiten an der Vervollkommnung eines harmonischen Liebesausdruckes. Die Art und Weise Ihrer eher zärtlich-scheuen, nichtsdestoweniger aktiven und konsequenten Hinwendung zu anderen Menschen umgibt Sie mit der Aura einer fast mystischen Reinheit der Gefühle, die auf andere Menschen außerordentlich anziehend wirkt. Man begibt sich gerne sowohl in Ihren gefühlsmäßigen als auch in Ihren konkret materiellen Schutz. Da die Taten Ihrer Liebe immer auf eine sichtbare Effizienz abzielen, ernten Sie deren Früchte sowohl in einer Partnerschaft als auch im freundschaftlichen Umgang mit anderen Menschen. Die sensible und intuitive Wahrnehmung Ihrer eigenen seelischen und körperlichen Bedürfnisse macht Sie aufgeschlossen gegenüber den gleichen Bedürfnissen bei anderen Menschen. Da Sie das Potenzial an romantischer Liebe, an Sehnsucht nach einem liebevollen Verschmelzen mit dem Partner und den intensiven Wunsch nach beiderseitig hingebungsvoller Liebe, das Sie in sich lebendig fühlen, auch bei allen anderen Menschen voraussetzen, sind Sie unermüdlich bemüht, die Kunst der Liebe zu perfektionieren.

Ihr praktischer Sinn ist dann auch nie um Einfälle verlegen, wie Sie Ihre Gefühle in die Tat umsetzen können. Sowohl als Frau als auch als Mann fließen Ihre Energien und Ihre Tatkraft wesentlich in eine uneingeschränkte Versorgung und Erhaltung der Familie. Diese Fürsorge gleitet nun nicht mehr, wie im noch unerlösten Ausdruck, in ein überschwängliches und aufdringliches Bemuttern ab, sondern findet ihre Erfüllung in einer ausgewogenen Abstimmung wechselseitiger Verpflichtungen. Ihr analytischer Verstand sagt Ihrem Herzen immer, wo und in welcher Form Sie in aller Bescheidenheit, aber nachdrücklich, liebend aktiv werden sollen. Aus der Tiefe Ihrer Seele und Ihrem Herzen steigen immer wieder Bilder von einer idealen, vollkommenen Liebe in Ihr Bewusstsein auf, und Sie betrachten es als Ihre bedeutsamste, gleichsam lebenslange Aufgabe, diesen zunächst nur traumhaften, visionären Bildern eine reale, konkrete Gestalt zu verleihen. Dies führt dazu, dass Sie fähig sind oder zunehmend fähig werden, auch scheinbar triviale Handlungen, wie beispielsweise zu kochen, Pflanzen oder Tiere zu versorgen oder ganz allgemein in einem Haushalt tätig zu werden, mit dem Mantel Ihrer Liebe zu umkleiden. Da Sie aus Erfahrung wissen, dass in allen Erscheinungen der Welt der Keim der Liebe lebendig ist und zum Erblühen gebracht werden möchte, sehen Sie sich gerne in der Rolle eines aktiven Helfers oder einer aktiven Helferin, um diesen Lebensprozess zu fördern. Indem Sie unaufwändig, kontinuierlich und zugleich mit warmem Herzen und kühlem Verstand an der Realisierung Ihres nicht nur romantischen, sondern ganz konkreten Liebesideals arbeiten, tragen Sie vorbildhaft zu Ihrem eigenen inneren Wachstum und dem anderer Menschen bei. Da Sie zwischen einer liebevollen Hinwendung zu Menschen oder zu Dingen keinen Unterschied machen, sind sowohl Ihre partnerschaftlichen als auch Ihre ganz allgemein zwischenmenschlichen Beziehungen ebenso von der Aufrichtigkeit und Reinheit Ihrer Gefühle geprägt wie Ihre alltäglichen Handlungen und Entscheidungen.

Sonne in Jungfrau – Venus in Löwe

Falls Sie noch überwiegend im unerlösten Ausdruck dieser planetarischen Konstellation befangen sind, könnte man die daraus resultierenden Schwierigkeiten vielleicht am einfachsten so umschreiben:

vom Herzen her zu *wollen*, aber vom Verstand her nicht zu *können*. Das heißt, bei Ihnen liegt eine innere Diskrepanz vor zwischen einem Herzen, das sich eigentlich verschenken möchte, und einem Verstand, der dem Sich-in-Liebe-Verströmen immer wieder Einhalt gebietet. Ihre überwiegend von Ihrem überkritischen Verstand her kommenden Einwände gegen ein freies Ausleben der Gefühle werden Sie wahrscheinlich in der einen oder anderen Art zu kompensieren suchen. Eine Möglichkeit besteht darin, dass Sie im Ausdruck Ihrer Liebe und Zuneigung anderen Menschen gegenüber einen unübersehbaren Narzissmus zeigen, dass Sie versuchen, sich im Kreis anderer Menschen mehr oder weniger zwanghaft in den Mittelpunkt der allgemeinen Aufmerksamkeit zu spielen, oder überwiegend oberflächliche Kontakte knüpfen, um sich auf eine engere gefühlsmäßige Bindung gar nicht erst einlassen zu müssen. In dem Bewusstsein, irgendwie auserwählt zu sein, wird Ihr analytischer Verstand immer wieder scheinbar sachliche Argumente finden, warum der eine oder andere mögliche Partner eigentlich doch «nichts für Sie ist». Dieses Überlegenheitsgefühl führt leicht zu relativ häufig wechselnden, kurzzeitigen Partnerschaften, die eigentlich nur dem Ziel dienen, dass Sie sich so intensiv wie möglich amüsieren. Da alle die Menschen, die Ihr Spiel nicht mitspielen wollen, Sie Ihrer Meinung nach kränken und in Ihrem Stolz verletzen, strafen Sie sie mit demonstrativer Nichtachtung oder einem herablassenden Snobismus. Im Gegensatz zu den Menschen, die Ihnen mit dem Ausdruck ehrlicher Bewunderung und liebevoller Hinwendung begegnen, haben es die windigsten Schmeichler bei Ihnen leicht. Da Sie selbst darauf versessen sind, überall zu glänzen und zu imponieren, fallen Sie entsprechend leicht auf den falschen Glanz und das vordergründige Imponiergehabe dieser Blender herein. Sie fühlen sich in Ihrer Eitelkeit bestätigt und sind gleichsam gönnerhaft bereit, dafür den Preis einer eher fragwürdigen Liebe zu bezahlen.

Eine mögliche, ebenfalls kompensatorisch motivierte Verhaltensalternative läge in einer nach außen hin pseudo-religiös bemäntelten Prüderie, aus der heraus Sie die freie Entfaltung Ihrer Gefühle und Ihrer Liebe einer akribischen, verstandesmäßigen Prüfung unterziehen, sodass sie oft schon im Keim erstickt. So wie Sie Ihre eigenen Gefühle einer ganz entschiedenen Kontrolle durch den Verstand unterwerfen, neigen Sie auch dazu, sich den Vorschriften und Regeln anderer Menschen zu unterwerfen. Es ergeben sich dann leicht Partnerschaften, in denen Sie mehr oder weniger unbewusst die Rolle einer Dienerin oder eines Dieners übernehmen. Diese Abhängigkeit vom Partner kann sich sowohl auf der materiellen als auch auf der emotionalen Ebene manifestieren. Enge partnerschaftliche Beziehungen gefrieren dann zu einem Netzwerk pedantisch genau festgelegter Verhaltensweisen, zu immer wiederkehrenden stumpfen Ritualen, in denen der Austausch beiderseitiger Gefühle und sexueller Leidenschaft genauestens geregelt ist. Auf diese Weise wird über die Liebe gleichsam Buch geführt, und selbst die geringste Abweichung seitens des Partners oder der Partnerin wird von Ihnen nicht nur unnachsichtig kritisiert, sondern auch entsprechend durch vorübergehenden Liebesentzug geahndet. Da sowohl das Schenken als auch das Empfangen von Gefühlen sich bei Ihnen wesentlich an einer Art Kosten-Nutzen-Rechnung orientiert, werden Sie sich vielleicht früher oder später ganz Ihrem ängstlichen Verstand unterwerfen und als Preis dafür mit immer wiederkehrenden Migränen oder den unterschiedlichsten Phobien bezahlen.

Ganz anders im Fall eines erlösten Ausdrucks dieser Planetenkonstellation: Hier ist es Ihnen gelungen, genau die Brücke zwischen Herz und Verstand zu schlagen und zu begehen, wozu Sie im anderen Fall zu vorsichtig, zu ängstlich und übertrieben vernünftig waren. Sie schaffen es nun mühelos, Ihren Verstand fühlen und Ihr Herz denken zu lassen. Scheinbar absichtslos weist Ihr scharfblickender Verstand Ihren schöpferischen, enthusiastischen, herzlichen und leidenschaftlichen Gefühlen genau die Bereiche zu, in denen Ihre Liebe tätig werden kann. Umgekehrt wird Ihr analytischer Verstand derart von Ihrem Herzen gesteuert, dass es nie zu leeren, nur bedürfnisorientierten und rein auf den eigenen Nutzen abgestimmten Handlungen kommt. Wechselweise stellen Sie Ihr Herz und Ihren Verstand in einen gegenseitigen Dienst. Die Souveränität Ihrer persönlichen Ausstrahlung lässt in ihrer Mischung aus einer wohltuenden Bescheidenheit, Reinheit der Gefühle und einer großherzigen Lust, sich in den Taten der Liebe zu verschenken, keinen Zweifel aufkommen, dass sich die Ausdrucksformen Ihrer Gefühle an einem hohen Liebesideal orientieren. Da Sie aus einem inneren Bedürfnis heraus danach streben, diesen Traum schon auf Erden zu verwirklichen, erfüllt sich Ihre Liebe vor allem dann, wenn Sie sich großzügig, loyal, begeistert und begeisternd für andere Menschen mit Rat und Tat einsetzen können.

Vor allem in einer engen Partnerschaft sorgen Sie unermüdlich dafür, dass sowohl die körperlichen als auch die geistigen und seelisch-emotionalen Bedürfnisse Ihres Gegenübers optimal erfüllt werden. Dass Sie die gleiche liebevolle Aufmerksamkeit auch vom Partner erwarten, entspricht Ihrem lebendigen Bewusstsein für einen beiderseitig notwendigen tätigen Austausch der Gefühle. Warmherzig und sensibel erspüren Sie in der Partnerschaft auch die Bereiche der Sexualität, die Ihrem Partner besondere Lust verschaffen, denn Sie wissen, dass mit seiner Lust auch Ihre eigene emotionale Hingabe und Leidenschaft wächst. Sie halten auch die trivialste Handlung für nicht zu gering, dass Sie sie nicht doch mit allen Anzeichen einer lustvollen Anteilnahme und dem Wunsch nach Vollkommenheit und Schönheit in der Ausführung verbinden. Gerade Ihre Fähigkeit, das Große auch im Kleinen bewusst wahrzunehmen, eröffnet Ihrer Liebe immer wieder neue Felder, auf denen Sie zu Ihrem eigenen Wachstum und dem Ihres Partners schöpferisch tätig werden können. Diese tätige Liebe lassen Sie nun jedoch nicht nur dem Partner angedeihen, sondern werden auch in vielfältigster Art und Weise sorgend und schützend für andere Menschen aktiv. Sehr schnell begreifen und erfahren Ihre Freunde und Bekannten, dass man sich auf Ihre Treue und Hilfsbereitschaft verlassen kann. Ohne vordergründigen Aktionismus sind Sie immer dann mit kühlem Kopf und warmem Herzen zur Stelle, wenn andere Menschen Ihrer materiellen oder ideellen Hilfe bedürfen. In besonderer Weise zeichnet sich Ihre Hilfe dann dadurch aus, dass sie nicht wahllos und übertrieben geleistet wird, sondern in erster Linie Hilfe zur Selbsthilfe ist.

Ein besonderes Feld für die Darstellung Ihrer Gefühle bildet der gesamte Bereich der Kunst. Dies werden vor allem Künste sein, in denen Ihre schöpferischen Energien neben dem uneingeschränkten Willen zur Schönheit der Form und des Inhaltes auch einen mehr oder weniger praktischen Effekt anstreben und Gestalt werden lassen. Die gleiche intensive und auf Perfektion ausgerichtete – sowohl rationale als auch emotionale – Aufmerksamkeit schenken Sie natürlich auch all Ihren alltäglichen Aufgaben. Auch hier wissen Sie aus tiefster Seele um die besondere Bedeutung der nur scheinbar kleinen Handlungen und Entscheidungen, in denen die wahre Liebe für Sie vor allem Erfüllung findet.

♎

Sonne in Jungfrau – Venus in Waage

Bei einem noch unerlösten Ausdruck dieser Sonne-Venus-Konstellation besteht die Tendenz, dass Sie sich im Erleben Ihrer Liebe infolge einer allzu kritischen Beurteilung der Wirklichkeit in eine Traum- oder Phantasiewelt flüchten. Die Venus-Anteile im Tierkreiszeichen Waage gaukeln Ihnen unterbewusst eine Welt der Harmonie und Schönheit vor, in der Sie glauben, Ihre Gefühle mehr oder minder konfliktfrei zum Ausdruck bringen zu können. Da es jedoch einerseits keine völlig konfliktfreie Welt gibt, andererseits Ihr immer wacher kritischer Verstand dazu neigt, selbst dort, wo im Einzelnen schon partiell eine gewisse Harmonie in partnerschaftlichen Beziehungen vorliegt, doch noch ein Haar oder zumindest ein Härchen in der Suppe zu finden, stehen Sie potenziell der Erfüllung Ihrer Liebe selbst im Wege. Vergleichsweise könnte man dieses Verhalten mit dem der Prinzessin auf der Erbse im Märchen in Verbindung bringen. Obwohl Sie auf weichen Gefühlskissen gebettet sind, hindert Sie letztlich die kleine Erbse am ungestörten Genuss einer eigentlich zufrieden stellenden Lebenssituation. Es sind dann vor allem die oft wenig beachteten Kleinigkeiten im Verhalten Ihres Partners, die Sie nur sehr schwer tolerieren können und die immer wieder Anlass zu im Grunde unnötigen Auseinandersetzungen liefern. Im Einzelfall stellt dann allein die berühmtberüchtigte Zahnpastatube, die Ihrer Meinung nach vom Partner nicht sachgemäß ausgedrückt wurde, schon Grund genug dar, um Sie aus Ihrem seelischen und gefühlsmäßigen Gleichgewicht zu bringen.

Gravierender können die Auswirkungen dann sein, wenn in der gelebten Sexualität keine Übereinstimmung in Bezug auf deren *Ästhetik* zwischen Ihnen und Ihrem Partner oder Ihrer Partnerin erzielt werden kann. Auch hier sind es unter Umständen wieder nur Kleinigkeiten, beispielsweise für Sie abstoßende Gerüche oder vermeintliche Grobheiten des Partners, die die Erfüllung Ihrer partnerschaftlichen Liebe und Sexualität verhindern. Dies kann im Einzelfall dazu führen, dass Sie sich von solchen unabsichtlichen *Verstößen* gegen Ihre Feinfühligkeit derart abgestoßen fühlen, dass Sie in einer vordergründigen Prüderie Zuflucht suchen. Nicht selten wird eine solche Verweigerung der körperlichen Liebe mit einer puritanisch angehauchten Frömmelei ummäntelt. Es werden vermeintlich religiöse Gebote vorgeschoben, um dem körperlichen Ausdruck der Liebe zu entkommen. In der konkreten Auswirkung kommt es dann immer wieder zu für den Partner oder die Partnerin enervierenden so genannten Unpässlichkeiten. Im Grunde kaschieren Sie mit diesem Vermeidungsverhalten jedoch nur Ihre allzu hohen Erwartungen an die Liebe und die Erfüllung Ihrer Liebeswünsche.

Als eine Variante könnten Sie allerdings auch ein Verhalten entwickelt haben, bei dem Sie zwar die scheinbaren Unzulänglichkeiten in der Erfüllung Ihrer Liebe durch den Partner oder die Partnerin erdulden, andererseits aber nicht müde werden, durch kleine oder größere Kritik, durch Nörgelei und Sticheleien immer wieder darauf hinzuweisen. Dies vor allem dann, wenn sich in Ihrem Bewusstsein ein gewisses Nützlichkeitsdenken durchgesetzt hat und Sie Ihre in der Partnerschaft gewährleistete soziale oder materielle Versorgung nicht gefährden wollen. Im extremsten Fall kann es zu einer pedantischen und akribischen Aufrechnung der in der Partnerschaft wechselweise eingebrachten Leistungen kommen. Sie gefallen sich dann in der Rolle eines verwöhnten Kindes, dessen unersättlicher Narzissmus eigentlich nie wirklich befriedigt werden kann. Mehr oder weniger direkt geben Sie Ihrem Gegenüber zu verstehen, dass bei allem Bemühen, Ihnen voller Aufrichtigkeit Liebe, Zuneigung, Zärtlichkeit und Harmonie entgegenzubringen, doch immer noch bestimmte geheime Wünsche offen bleiben. Da Sie wahrscheinlich mit der gleichen die Erfüllung Ihrer Liebe verhindernden Motivation – einerseits einem zögernden, ängstlichen Verhalten und andererseits zu hoch gesteckten Erwartungen – auch an die Aufgaben und Entscheidungen Ihres Alltags herangehen, besteht die Gefahr, dass Sie auch bei rein äußerlich möglichen Erfolgen in Ihrem Herzen doch immer eher unbefriedigt bleiben.

Überall dort, wo bei einem noch unerlösten Erleben immer wieder Wünsche offen blieben oder zu hohe Erwartungen die Erfüllung Ihrer Liebe verhinderten, verstehen Sie es bei einem erlösten Ausdruck, ganz konkrete Schritte zu unternehmen, die Sie Ihrem umfassenden Glück näher bringen. Für Sie stellt sich die Liebe nicht als ein gleichsam himmlischer Traum dar, dessen Erfüllung Sie vom Partner oder von der Partnerin erwarten, sondern als eine zunächst ganz irdische Aufgabe, für die beide Partner etwas tun müssen. Um diese Aufgabe zu bewältigen, verfügen Sie über zwei Grundanlagen, die im harmonischen Erleben positiv ineinander greifen. Auf der einen Seite besitzen Sie mit Ihrer Jungfrau-Komponente einen ganz praktisch orientierten Lebenssinn, das heißt, Sie können jede Lebenssituation analytisch und mit Scharfblick daraufhin prüfen, ob die Ergebnisse Ihrer Handlungen und Entscheidungen für Sie nützlich oder unnützlich sind. Da diese Analyse jedoch nicht aus egoistischen Motiven erfolgt, sondern aus dem Wunsch, das für Ihr inneres und äußeres Wachstum jeweils Angemessene anzustreben, dienen die erzielten Ergebnisse nicht nur Ihnen selbst, sondern auch dem Partner oder der Partnerin. Zugleich verfügen Sie durch Ihre Waage-Komponente auch über ein sicheres Urteil in Bezug auf eine zumindest anzustrebende Gleichberechtigung in der Partnerschaft. Das heißt, Sie sind fähig, fair, rücksichtsvoll und auch im Sinne des Partners verantwortlich zu handeln.

Dem inneren Ausdruck nach verfügen Sie, was Ihre Motive betrifft, über eine ausgeprägte Reinheit und einen hohen moralischen Anspruch. In Ihrem Verhalten äußert sich dies dann als Charme, gute Umgangsformen, Toleranz und eine Sie umgebende Aura von unaufdringlicher Freundlichkeit und gelassener Bescheidenheit. Sie verstehen es, in einer Partnerschaft mit leichter Hand ein Klima beiderseitigen Respektes und wohlwollender und liebevoller Aufmerksamkeit zu erzeugen. Für Sie stellt die Liebe eine Art Gesamtkunstwerk dar, das sich jedoch nicht nur in einem ästhetischen Traum oder Rausch erschöpft, sondern auch ganz praktisch im Alltag von Nutzen ist. Um sich diesen irdischen Traum zu erfüllen, findet und erfindet Ihre reiche Phantasie immer wieder neue Möglichkeiten, um ein partnerschaftlich harmonisches Ambiente herzustellen. Als Mittel gehören Musik, Düfte und auf den Partner abgestimmte erotische Rituale ebenso dazu wie – scheinbar ganz trivial – ein gutes Essen und ausgewählte Getränke.

Da Sie tief in Ihrem Herzen wissen, dass sich eine Partnerschaft nur im wechselseitigen Austausch von Nehmen und Geben entwickeln kann, sind Sie jederzeit bereit, uneigensüchtig Ihren Anteil beizutragen. Der Erfüllung Ihres Traumes von der Liebe sind Sie immer dann am nächsten, wenn Sie das Gefühl haben, dass Ihre Liebeswünsche in eine Art geistigen und seelischen Wachstumsprozess eingebettet sind. Es sind dann vor allem die feinen Nuancen, kleine, fast unscheinbare Aufmerksamkeiten, zärtliche Blicke oder liebevolle, scheinbar absichtslose Berührungen im partnerschaftlichen Miteinander, an denen Sie die Qualität Ihrer Liebe ablesen. Was für viele Menschen wie ein innerer Widerspruch aussieht, ist für Sie das erklärte Ziel: die Leichtigkeit der Gefühle auf einem sicheren Grund. Da Sie nie das Gefühl haben, sich in Ihrem Stolz etwas zu vergeben, wenn Sie anderen Menschen dienlich sind, fließen Ihnen alle Ihre herzlichen Gaben als reiche Ernte wieder zu. Ihr sicheres Gespür für Gerechtigkeit und einen harmonischen Ausgleich in der Partnerschaft lässt Sie einerseits nie die besonderen Bedürfnisse eines Partners oder einer Partnerin übersehen, andererseits jedoch auch die eigenen Ansprüche immer wieder klar artikulieren.

Auftretende Schwierigkeiten in der Partnerschaft stellen sich Ihnen zunächst als ein zu lösendes Problem dar, dem Sie sich nicht nur gefühlsmäßig, sondern auch verstandesmäßig vorurteilslos stellen. Da Sie fähig sind, gleichsam mit dem Verstand zu fühlen und mit dem Herzen zu denken, wird es Ihnen leicht fallen, auch in schwierigsten Situationen immer wieder das Gleichgewicht Ihrer Liebe herzustellen und zu wahren.

Sonne in Jungfrau – Venus in Skorpion

Bei einem noch unerlösten Ausdruck Ihrer Liebe stehen Sie unter dieser planetarischen Konstellation mehr oder weniger stark in einem Spannungsverhältnis zwischen dem intensiven Ausleben Ihrer vor allem sexuellen Triebe und dem eher von Ängsten geprägten Erleben Ihrer Gefühle. Alles, was irgendwie mit dem Ausdruck Ihrer Liebe zu tun hat, ist stark von intensiven Wunschvorstellungen geprägt. Ihre weitschweifige Phantasie suggeriert Ihnen zum Teil bizarre Bilder der Liebeserfüllung, vor deren konkretem Ausleben jedoch Ihr Verstand Sie immer wieder ängstlich warnt. Man könnte sagen, dass Sie sich in einem nur sehr schwer aufzulösenden Zwiespalt zwischen Pflicht und Neigung befinden. Es ist durchaus denkbar, dass Sie in verschiedenen Lebens- oder Altersabschnitten im Ausdruck Ihrer Gefühle abwechselnd mehr in die eine oder die andere Richtung tendieren. Die eigentliche Problematik besteht darin, dass Sie, gleichgültig welche Richtung Sie im Einzelfall einschlagen, weder mit der einen noch mit der anderen Lösung innerlich zufrieden sind. Schlägt das Pendel einmal in Richtung einer frei ausgelebten Sexualität aus, erleben Sie sich zwar gefühlsmäßig als ausgeglichen, zugleich wird jedoch Ihr Verstand in Ihnen unter Umständen heftigste Gewissensbisse auslösen. Folgen Sie dagegen in einer anderen Phase Ihres Lebens mehr Ihrem Verstand, fühlen Sie sich gefühlsmäßig unbefriedigt und frustriert.

Möglich, dass Sie dann sogar die Flucht in eine völlige sexuelle Abstinenz ergreifen und Ihr Gewissen dadurch beruhigen, dass Sie Ihre Enthaltung mit religiösen Motiven bemänteln. Im Gesamtzusammenhang des Ausdrucks Ihrer Liebe kann es dazu kommen, dass Sie unter Umständen über viele Jahre in einer Partnerschaft verharren, obwohl Sie die Beziehung als äußerst erniedrigend empfinden. Solche Beziehungen haben ganz eindeutig selbstzerstörerischen Charakter. Indem Sie sich unter Umständen bis zur Selbstaufgabe in eine gefühlsmäßige, aber auch mögliche materielle Abhängigkeit von einem anderen Menschen begeben, durchleben Sie alle Höhen und Tiefen einer Hassliebe. Für Außenstehende entsteht dann der Eindruck, als hätten Sie sich gleichsam in einen bestimmten Partner oder eine bestimmte Partnerin verbissen. Dass solche Partnerschaften in einem hohen Maß von einer permanenten quälenden, vor allem selbstquälerischen Eifersucht geprägt sind, versteht sich von selbst. Der freie Fluss einer erfüllenden Entfaltung Ihrer Gefühle und Ihrer Liebe ist dann nachhaltig gestört.

Im extremsten Fall befriedigen Sie Ihre Liebessehnsucht ausschließlich durch das aus der Partnerschaft erwachsende emotionale Leid. Dieser lustschaffende Leidensdruck kann sich im Einzelfall derart steigern, dass eine Liebeserfüllung nur noch in wechselnden sadistischen oder masochistischen Praktiken gefunden werden kann. Möglicherweise entwickeln Sie aber auch eine nachhaltig prüde Lebenshaltung, bei der vor allem jeder sexuell oder erotisch geprägte Ausdruck der Liebe unterdrückt wird. In einer derart gelebten Partnerschaft ist es dann nahe liegend, dass der Partner für alle offenen Angebote der Zärtlichkeit und der Liebe moralinsauer kritisiert wird. Die in diesem Fall stark vom Gewissen kontrollierten und unterdrückten Gefühle werden dann kompensatorisch als kleinliche Kritik und erbsenzählerische Pedanterie am Partner ausgelebt. Dass solche Verbindungen dennoch oft über lange Zeit bestehen, hängt damit zusammen, dass die unter dieser Konstellation auch immer im Hintergrund lauernde Frage: «Was bringt es mir»? noch positiv beantwortet wird, beispielsweise aus materiellen Gründen. Es besteht dann die Tendenz, die materiellen oder auch emotionalen Leistungen des Partners bürokratisch gegen die eigenen Verdienste aufzurechnen. Es ist nahe liegend, dass unter dieser widersprüchlichen Wegweisung einerseits durch Ihre Gefühle und andererseits durch Ihren Verstand auch die Bewältigung Ihrer alltäglichen Aufgaben und Entscheidungen leidet. Auch hier kann der Zwiespalt zwischen einer einerseits stark trieb- und wunschorientierten Phantasie und einem andererseits stets wachen überkritischen Verstand den freien Fluss der Handlungen immer wieder einschränken.

Um den Ausdruck Ihrer Liebe bei einem erlösten Erleben dieser Konstellation in der Summe vorwegzunehmen, könnte man sagen, dass Sie gleichermaßen fähig sind, der Magie der Liebe praktischen und der Praxis der Liebe magischen Ausdruck zu verleihen. Sie haben erkannt, dass allein die Liebe – und in besonderer Weise ihre Ausformung in der Sexualität – über die Kräfte verfügt, mittels derer sich Menschen weiterentwickeln und zu einer inneren und äußeren Reife gelangen können. Die intensive Leidenschaftlichkeit Ihrer Gefühle drängt nach einem adäquaten Ausdruck auf der ganz alltäglichen, praktischen Ebene des partnerschaftlichen Miteinanders. Die Faszination Ihrer Ausstrahlung beschert Ihnen immer wieder Begegnungen mit Menschen, die beiderseitig als gleichsam schicksalhaft empfunden werden. Dies rührt vor allem daher, dass Sie fähig sind, andere Menschen sowohl mit dem Herzen als auch mit dem Verstand zu verführen. Ihre stark magisch-suggestiv betonte Ausstrahlung benutzen Sie jedoch nicht im Sinne einer zerstörerischen schwarzen Magie, sondern sehen in ihr ein Mittel, die eigenen seelischen Kräfte und die eines Partners oder einer Partnerin im Sinne der weißen Magie aufbauend zu gestalten und zu entwickeln. Dadurch, dass Sie Ihre Liebe nicht wahllos und eigensüchtig, sondern liebevoll, bescheiden und umsichtig in den Dienst einer Partnerschaft stellen, schaffen Sie ein Klima, in dem die Erfüllung der wechselseitigen Bedürfnisse im Vordergrund steht. Sie können sich aus Erfahrung darauf verlassen, dass Ihnen einerseits Ihr Verstand immer sagt, was im Sinne der Liebe recht getan wäre, und andererseits Ihr Verstand auch die Kompetenz Ihrer Gefühle akzeptiert. Das harmonische Zusammenfließen dieser beiden Instanzen befähigt Sie, intuitiv, vorurteilslos und mit zugleich kühlem Kopf und heißem Herzen zu handeln und zu entscheiden. Da Sie keine Angst vor der Kraft Ihrer Liebe und im Besonderen vor Ihrer Sexualität haben, können Sie sie jederzeit frei und ungezwungen leben und gerade aus ihr lebendige Kräfte für Ihr inneres Wachstum ziehen. Es ist so, als zeigte sich vor Ihrem inneren Auge das Ideal der Liebe, dem Sie nur unbeirrt, leidenschaftlich und an den jeweiligen Bedürfnissen orientiert folgen müssen, um die Erfüllung Ihrer Liebe zu erreichen.

Die Tiefe Ihrer Gefühle, die Sie auf andere Menschen richten, führt jedoch nicht dazu, dass Sie darin verschwimmen. Im Gegenteil, was man an Ihnen schätzt, ist die den Ausdruck Ihrer Gefühle stets begleitende geistige Wachheit und die uneigennützige Reinheit Ihrer Handlungen. Es gelingt Ihnen leicht, ohne sich etwas zu vergeben oder Ihren Stolz zu verlieren, sich leidenschaftlich und aufopfernd in den Dienst eines anderen Menschen oder auch einer Sache zu stellen. Dies führt jedoch nicht zu einer vordergründigen Selbstaufgabe oder zum gänzlichen Verzicht auf eigene Bedürfnisse. Das heißt, Ihre Liebe ist nicht bedingungslos, sondern vor allem in einer Partnerschaft wohl überlegt an einen harmonischen wechselseitigen Austausch und an ein beiderseitiges geistiges Wachstum geknüpft. Es ist Ihr stets wacher analytischer Verstand, der Ihnen rechtzeitig sagt, wann die Tendenz besteht, dass Sie in Ihrer leidenschaftlichen Hingabe an einen anderen Menschen möglicherweise ausgenutzt werden. Sie verstehen es aus kluger Einschätzung Ihrer grundsätzlichen Bereitschaft, Ihre Liebe bedingungslos an einen anderen Menschen zu verschenken, immer dann Grenzen zu setzen und diese auch zu wahren, wenn Sie Ihre Liebe auf das falsche Ziel gerichtet haben. Dann sind Sie bereit, sich mit der gleichen Leidenschaft von Menschen oder Lebensumständen abzuwenden, mit der Sie sich diesen vorher zugewendet haben. Aus dem harmonischen Zusammenspiel Ihres analysierenden Herzens und Ihres fühlenden Verstandes erwächst Ihnen in allen Lebenssituationen eine sichere, intuitive Kompetenz, die über Ihr intensives und zugleich kontrolliertes Verhalten und Ihre in gleicher Weise getroffenen Entscheidungen vorbildhaft auf andere Menschen ausstrahlt.

Sonne in Waage

♎

Sonne in Waage – Venus in Waage

Wollte man die Möglichkeit einer Erlösung aus einem noch weitgehend disharmonisch gelebten Ausdruck dieser Sonne-Venus-Konstellation auf eine einzige Formel bringen, so könnte man sagen: Sie müssten sich *entscheiden*, aus Ihrem *Luftschloss* oder auch aus Ihren Luftschlössern herauszutreten. Die beiden hervorgehobenen Begriffe markieren Ihre Problematik im Kern. Über Ihre Sonnenstellung im Waage-Zeichen mangelt es Ihnen in der Regel an der nötigen Durchsetzungskraft, all die Träume, Hoffnungen und Vorstellungen, die Sie vom Leben ganz allgemein und von einer Partnerschaft und Liebesbeziehung im Besonderen haben, aktiv zu verwirklichen. Wenn Sie sich im Einzelfall vielleicht sogar einmal mit Leib und Seele engagiert haben, dann fehlt es Ihnen doch an der notwendigen Ausdauer, um sich für den Bestand einer gefühlsmäßigen Bindung langfristig aktiv einzusetzen. Vielleicht führt dann schon ein kleiner, eigentlich ganz unbedeutender Konflikt dazu, dass Sie Ihren Mut wieder sinken lassen und, anstatt zu kämpfen, sich wieder narzisstisch in eine heile Traumwelt flüchten. Es ist ein wenig so, als würden Sie das Märchen von der Liebe am liebsten nur von seinem guten Ausgang her – «Und wenn sie nicht gestorben sind, dann leben sie noch heute glücklich und zufrieden …» – lesen und leben wollen. All die Irrungen und Wirrungen und wiederkehrenden Gefährdungen eines gemeinsamen Glücks, die auch im Märchen von der Prinzessin und dem Prinzen durchlebt werden müssen, möchten Sie für sich jedoch gerne aussparen. Dazu kommt natürlich auch, dass Sie bei der Entscheidung, wem Sie Ihre Liebe schenken möchten, sehr wählerisch sind. Immer wieder suggeriert Ihnen Ihre Eitelkeit vielleicht, dass man sich doch nicht an jeden oder jede verschenken kann. Latent schwingt da immer die Hoffnung mit, es könnte möglicherweise doch noch etwas Besseres kommen. Mag auch die Auswahl der potenziellen Partnerinnen oder Partner noch so groß, ansehnlich und verheißungsvoll sein, die Qual der Wahl durch eine ebenso mutige wie vertrauensvolle Entscheidung zu beenden, fällt Ihnen schwer. Es ist so, als ob Ihre Liebe immer mehr oder weniger Alles oder Nichts fordert, auf der Suche danach aber nervös hin und her laviert, sich da und dort auch den einen oder anderen Partner ganz einfach *schönredet*, im Zweifelsfall auch einmal *schöntrinkt*, um dann jedoch, wenn das verschwenderische und traumhafte Ambiente eines festlichen Abends nicht auch in den folgenden grauen Morgen hineindauert, wieder die Flucht zu ergreifen.

Ihr intensiver Wunsch, in der Liebe luxuriös verwöhnt und angehimmelt zu werden, lässt Sie oft schwer erkennen, welche Menschen für Sie wirklich wertvoll sind. Allzu leicht lassen sich Ihre Gefühle vom äußeren Rahmen, vom ambitionierten und vielleicht auch ein wenig prahlerischen Habitus eines Menschen täuschen. Da Sie für sich selbst die Grenze zwischen Schein und Wirklichkeit oft nur sehr fließend wahrnehmen, besteht immer die Tendenz, dass Sie auch in Ihrer Partnerwahl dem Schein erliegen. Da die Wünsche und Hoffnungen Ihrer Liebessehnsucht wesentlich darum kreisen, wie Sie selbst zu einer optimalen Befriedigung kommen, sind Sie kaum in der Lage, auf Dauer liebevoll und zärtlich auf die Bedürfnisse eines Partners oder einer Partnerin einzugehen. Die Intensität Ihres Gefühls- und Liebesausdrucks ist überwiegend situations- und stimmungsgebunden. Solange von einem Menschen oder einer Lebenssituation ein bestimmtes extravagantes Flair ausgeht, all Ihre Sinne sich angenehm umschmeichelt fühlen und Sie sich nicht für irgendetwas anstrengen und gleichsam nur Ihre verführerische Aura wirken lassen müssen, erfährt Ihre Liebe scheinbar den Himmel auf Erden. Dass Sie aus dieser vorübergehenden Sinfonie der Gefühle mitunter durch einen ganz und gar nicht harmonischen Paukenschlag herausgerissen werden, gestehen Sie sich vielleicht selbst nicht immer ein. Da Sie tendenziell wahrscheinlich aus der gleichen Haltung heraus, die Sie anderen Menschen gegenüber einnehmen, auch gegenüber Ihren alltäglichen Aufgaben handeln und entscheiden, besteht die Gefahr, dass Sie zwar immer äußerst geschäftig sind, meist jedoch eher in einer oberflächlichen und wenig ausdauernden Art und Weise. Es wirkt dann so, als ob Sie sich auch nicht an eine Sache *verschenken* möchten.

Im Gegensatz dazu eröffnet Ihnen diese planetarische Konstellation bei einem schon erreichten harmonischen Ausdruck den schier unerschöpflichen Reichtum eines erfüllten Liebesausdrucks. Wenn es Ihnen schon gelungen ist, das für alle Waage-betonten Menschen so bedeutsame gefühlsmäßige und seelische Gleichgewicht in sich lebendig werden zu lassen, dann übertragen sich diese guten, aufeinander abgestimmten inneren Schwingungen auf alle Felder Ihres Wirkens. Sie verstehen es dann, in einer stets leichten, rücksichtsvollen und gefälligen Art und Weise auf andere Menschen zuzugehen und mit einem gleichsam energischen Charme Ihre Ziele durchzusetzen. Da Sie selbst in einer Partnerschaft vor allem sehr viel Wert auf Gleichberechtigung und beiderseitige Solidarität legen, achten Sie nachdrücklich darauf, dass auch von Ihrem Partner oder Ihrer Partnerin alle Formen eines ausgewogenen Nehmens und Gebens fair eingehalten werden. Da Ihr gesamtes Handeln und Verhalten wesentlich partnerbezogen ist – und dies schließt auch alle beruflichen und freundschaftlichen Partnerschaften mit ein –, achten Sie sehr sensibel darauf, dass vor allem die Regeln des guten Geschmacks, der gegenseitigen Hochachtung und persönlichen Integrität gewahrt bleiben.

Ohne Mühe gelingt es Ihnen, um Ihre Person, aber auch in Ihrer häuslichen Situation ein ganz individuelles Ambiente zu schaffen, das sich vor allem durch eine ausgewogene Ästhetik, ein besonderes künstlerisches Flair und einen stilsicheren Geschmack auszeichnet. Enge Partnerschaften sind bei Ihnen vielleicht weniger durch eine intensiv gelebte Sexualität geprägt, dafür aber umso vielseitiger in der Ausgestaltung einer phantasievollen Erotik. Dabei spielen vor allem auch bestimmte Liebesrituale, die ihren Ausdruck in Ihrer Vorliebe für stimmungsvolle Musik, bezaubernde Düfte, gedämpftes Licht, Kerzen und dezente Blumenarrangements finden, eine bedeutsame Rolle. Die Liebe, die Partnerschaft und ganz allgemein das Zusammensein mit Menschen betrachten Sie als eine Kunst, deren Regeln Sie nie verletzend, sondern mit einfühlender Diplomatie, aber durchaus zielstrebig in Bezug auf die Durchsetzung der eigenen Wünsche meisterhaft beherrschen. Unabhängig davon, wie wohlsituiert Sie finanziell auch sein mögen, Ihrer stets aktiven reichen Phantasie gelingt es, Ihrer persönlichen Ausstrahlung und Ihrem ganzen Leben einen wohltuenden Hauch von Luxus zu verleihen. Gleichsam magisch fühlen Sie sich von Menschen und Situationen angezogen, die eine Atmosphäre von selbstverständlicher Toleranz, aparter Eleganz und einem taktvollen Miteinander um sich verbreiten. Ohne sich persönlich etwas zu vergeben, finden Sie im Zusammenleben, aber auch in der gemeinsamen

Arbeit mit anderen Menschen instinktiv die berühmte goldene Mitte, aus der heraus sich die Energien Ihrer Liebe in aller Vielfalt und Ausgewogenheit unmittelbar nutzbringend für Sie entfalten.

In Ihnen ist ein Traum von der *wahren, schönen* und *guten* Liebe lebendig. Im Gegensatz zu einem noch unerlösten Erleben finden Sie jedoch Mittel und Wege, Ihren Traum aktiv und ganz konkret zu realisieren. Nicht zuletzt beruht dies auf Ihrer Fähigkeit, allen Menschen und Ereignissen in Ihrem Leben immer auch eine schöne Seite abzugewinnen. Da dieses Sich-arrangieren-Können bei Ihnen Teil und Ergebnis bewusst gemachter eigener Erfahrungen ist und völlig unangestrengt in Ihr Verhalten einfließt, fehlt ihm der Charakter eines eher zwanghaften Friedens um jeden Preis. Wenn Sie im glücklichsten Fall für sich selbst im Spektrum Ihrer Gesamtpersönlichkeit schon Ihre goldene Mitte gefunden haben, vermögen Sie völlig unangestrengt und frei aus dieser Mitte heraus sowohl in Ihrem privaten als auch in Ihrem beruflichen Bereich sehr erfolgreich tätig zu werden. Das herzliche Wohlwollen, das Sie nicht nur dem Partner, der Partnerin und ganz allgemein allen Menschen angedeihen lassen, richten Sie gleichermaßen auch auf alle sachlichen Belange Ihres Lebens und erfahren auch in diesem Bereich eine entsprechend Anteil nehmende und erfolgsichernde Resonanz.

Sonne in Waage – Venus in Löwe

Wenn Sie diese planetarische Konstellation teilweise oder überwiegend harmonisch erleben und zum Ausdruck bringen können, entspringen die Darstellung Ihrer Gefühle und Ihre Fähigkeit, sich anderen Menschen in Liebe zu öffnen, einem wahrhaft großen Herzen. Sie lieben es, auf andere Menschen mit manchmal fast überschwänglichem Enthusiasmus zuzugehen und sie unvoreingenommen in den sicherlich großen Kreis Ihrer Freunde und Bekannten zu integrieren. Großzügig und warmherzig schöpfen Sie aus dem reichen Fundus Ihrer Gefühle. Es fällt Ihnen leicht, die Energien Ihrer Liebe leidenschaftlich und dabei doch taktvoll und freundlich auf den Partner oder die Partnerin und ganz allgemein auf andere Menschen zu übertragen. Ihrem ganzen Wesen entströmt eine lebendige Lust, partnerschaftliche Liebe, Anteilnahme und Hingabe zu verschenken. Der gleichsam königliche Charakter Ihrer Venus in Löwe umgibt Sie mit einer einerseits stolzen, andererseits aber durch die Sonnenprägung in der Waage auch jovialen und diplomatischen Aura. In allen Partnerbeziehungen, auch den beruflichen, legen Sie sehr viel Wert auf beiderseitige Fairness und auf einen harmonischen Ausgleich der wechselseitigen Interessen.

Vor dem königlichen Hintergrund Ihrer Venus erfüllen sich Ihre Vorstellungen von der Liebe am optimalsten dann, wenn deren konkretes Erleben in einen möglichst festlichen Rahmen oder in besondere, erotisch-sexuell betonte Rituale eingebettet ist. Phantasiereich und künstlerisch kreativ schaffen Sie für sich selbst und Ihren Partner ein Ambiente, in dem sich die Gefühle Ihrer Liebe immer wieder neu und abwechslungsreich entfalten können. Ihre angeborene Sensibilität und Ihr feines Gespür für ästhetische Wirkungen fließen nicht nur in Ihrer Vorliebe für modische Eleganz, in dem Sie umgebenden gewissen Flair und einem immer wahrnehmbaren Hauch von Luxus harmonisch zusammen. Ihre unnachahmliche Gabe, sich gleichsam mit allen Menschen solidarisch zu fühlen, ohne sich dabei auf eine anbiedernde Art und Weise gemein zu machen, lässt Sie die Herzen anderer immer wieder erobern und dauerhaft an Sie binden. Mit großem diplomatischen Geschick verstehen Sie es, sowohl partnerschaftliche als auch andere zwischenmenschliche Schwierigkeiten taktvoll und auf Fairness bedacht zu entschärfen. Mit Ihrer Methode – hart in der Sache, verbindlich im Ton – gelingt es Ihnen mühelos, immer wieder einen für alle befriedigenden goldenen Mittelweg selbstsicher anzustreben und erfolgreich zu erreichen. Dies vor allem dann, wenn Sie Ihren schwachen Punkt, Ihren Stolz, schon so weit im Griff haben, dass Sie sich ein wenig über die Dinge zu erheben vermögen.

Es ist nicht der Frieden um jeden Preis, den Sie zur Erfüllung Ihrer Liebe anstreben, alle wie auch immer gearteten partnerschaftlichen Arrangements müssen für Sie nachhaltig und unabdingbar durch Fairness und einen harmonischen Ausgleich der Interessen geprägt sein. Solange Sie sich in Ihrer schöpferischen Art, Gefühle und Liebe an andere uneigennützig und verschwenderisch zu verschenken, nicht ausgenutzt oder in Ihrem Stolz gekränkt fühlen, entwickeln sich sowohl Ihre partnerschaftlichen als auch alle anderen zwischenmenschlichen Beziehungen zu einem leidenschaftlichen Fest beiderseitigen Liebe-Schenkens und Liebe-Empfangens. Da Sie in der gleichen aufgeschlossenen und großherzigen Weise auch auf Ihre täglichen Aufgaben zugehen, ist Ihrem spontanen und energischen Zugriff der Erfolg immer sicher. Bei einer beruflichen Orientierung auf überwiegend künstlerische Tätigkeiten kommen Ihnen Ihr angeborener guter Geschmack, Ihr besonderes Feeling für ästhetischen Ausdruck und Ihr ausgeprägt nuancierter Farb- und Formensinn sehr hilfreich und Gewinn bringend entgegen.

Dieses Gesamtbild trübt sich jedoch teilweise oder völlig, wenn es Ihnen noch nicht gelungen ist, die in Ihnen wirksamen Sonnen- und Venus-Energien harmonisch miteinander zu verbinden. Unter noch unerlösten Vorzeichen verwandelt sich beispielsweise Ihr vordem angemessener, würdevoller Stolz in ein vordergründiges Imponiergehabe. Es scheint Sie dann unablässig dazu zu drängen, immer im allseits beachteten Mittelpunkt oder besser noch im grellen Rampenlicht zu stehen. Eine kaum zu befriedigende Eitelkeit verführt Sie dazu, Ihre Gefühle eher an oberflächliche und flüchtige Kontakte zu anderen Menschen zu vergeuden. Es entsteht der Eindruck, als suchten Sie die Erfüllung Ihrer Liebeswünsche vor allem im Genuss vordergründiger Vergnügungen. Der natürlich auch jetzt wirksame königliche Anteil der Venus lässt Sie sich nun jedoch gleichsam auserwählt fühlen. Sie neigen dann dazu, nicht nur in der Partnerschaft, sondern auch im allgemeinen Verkehr mit anderen Menschen leicht von oben herab, mit einem unübersehbaren Snobismus zu handeln und zu entscheiden. So fällt es Ihnen entschieden schwer, sich dauerhaft und hingebungsvoll auf einen anderen Menschen einzulassen. Alle partnerschaftlichen Kontakte leiden nun unter einer immer leicht überreizten Nervosität, und es gelingt Ihnen kaum, sich ganz konkret für einen bestimmten Menschen zu entscheiden. Es ist nur natürlich, dass Ihre Gefühle in einem solchen noch teilweise oder auch überwiegend unerlösten Zustand sehr anfällig für Schmeichler sind. Ihrem zwanghaft-intensiven Wunsch, geliebt zu werden, ist es aber noch verborgen geblieben, dass man Liebe nicht einfach einfordern kann, sondern selbst erst einmal Liebe schenken sollte, bevor man sie von anderen erwarten kann.

Für Ihr Liebesempfinden ist es charakteristisch, dass Ihre Gefühle sehr schnell und auch leidenschaftlich entflammen, sich jedoch schon bei der geringsten und oft auch nur scheinbaren Verletzung oder Kränkung demonstrativ und mit einer gewissen Dramatik vom Gegenstand Ihres Begehrens abwenden. Der Begriff Gegenstand steht hier zum einen für eine gerade noch geliebte Person, zum anderen für eine eben noch intensiv verfolgte Aufgabe oder Tätigkeit und soll verdeutlichen, dass Ihre Gefühle einen nur sehr dünnhäutigen inneren Bezug zu Ihrer Umwelt herstellen. In diesem Zusammenhang dürfte es Ihnen auch schwer fallen, sich in puncto Liebe konkret zu entscheiden. Stattdessen besteht die Tendenz, ein wenig herumzulavieren, in der vagen, aber immer wieder genährten Hoffnung, dass vielleicht doch noch irgendwo der eigentliche Prinz oder die eigentliche Prinzessin auf Sie wartet. In Ihren Gefühlsäußerungen schwingt dann immer ein leicht arrogantes, hochnäsiges Moment mit, das anderen Menschen den Eindruck vermittelt, Sie würden sich in Ihrem Umgang mit ihnen etwas vergeben.

Wenn wir beim harmonischen Ausdruck dieser planetarischen Konstellation schon davon gesprochen haben, dass unter Umständen Ihr Stolz die Achillesferse Ihrer Persönlichkeit darstellt, so ist es bei einem disharmonischen Erleben ganz offensichtlich, dass wesentliche Impulse Ihres Verhaltens aus gekränktem Stolz genährt werden. Ohne es im Einzelfall bewusst steuern zu können, haben Sie sicherlich oft den Eindruck, dass der Partner, die Partnerin oder ganz allgemein andere Menschen scheinbar immer etwas von Ihnen wollen. Vielleicht ist es nur das eine, was sie wollen, nämlich uneigennützig, herzlich und hingebungsvoll von Ihnen geliebt zu werden. Wenn es Ihnen gelänge, Ihre Liebe zu verschenken, würden Sie die zärtliche Liebe, die liebevolle Fürsorge und Anteil nehmende Aufmerksamkeit, die die anderen von Ihnen zu fordern scheinen, in reichem Maße zurückerhalten. Anstatt sich gegenüber einem möglichen Partner herablassend zu verhalten, sollten Sie sich vielmehr bemühen, ein paar Stufen von Ihrem imaginären Thron herunterzusteigen und auf ihn zuzugehen.

Neben einer Sie noch mehr oder weniger beherrschenden Eitelkeit liegt ein möglicher Grund für die Nichterfüllung Ihrer Liebesträume in einer sich immer wieder breit machenden Bequemlichkeit. Sie sind dann – trivial ausgedrückt – ganz einfach zu faul, um sich in Ihren Gefühlen oder im Ausdruck Ihrer Liebe anzustrengen. Am liebsten möchten Sie sich vielleicht ganz einfach nur lieben lassen. Die in einem solchen Verhalten verborgene gewisse Laszivität kann auch in ganz anderen Lebens- und Verhaltensbereichen zum Ausdruck kommen und dazu führen, dass Sie sich in allen Fragen des guten Geschmacks leicht vertun. Dann ist es vielleicht nur noch ein kleiner Schritt, und Ihre ganze Person und Ihr ganzes Verhalten sind von einem aufdringlichen Flair narzisstischer Genusssucht, prahlerischer Gefallsucht und aufreizender Geschmacklosigkeit umgeben.

Sonne in Waage – Venus in Jungfrau

Ihre Waage-Sonne löst in Ihnen bei einem harmonischen Ausdruck dieser planetarisch-symbolischen Kräfte den Impuls aus, in allen Lebensäußerungen, vor allem jedoch im Ausdruck Ihrer Liebe nach dem Schönen, Wahren und Guten zu suchen. Diesem intensiven Begehren fügen die Venus-Kräfte aus der Jungfrau noch den Akzent eines gleichzeitigen Strebens nach dem Praktischen und Nützlichen hinzu. Auf Ihren Partner oder Ihre Partnerin bezogen heißt dies, dass Sie seine oder ihre erotischen Wünsche einerseits mit einer gewissen scheuen, nichtsdestoweniger leidenschaftlichen Sinnlichkeit, andererseits aber auch mit einem klaren Blick für das Notwendige, nämlich einer auch im Alltag tätigen sorgenden Liebe, beantworten. In der Gewissheit der einträchtigen und harmonischen Verbundenheit Ihres Herzens mit Ihrem Verstand haben Sie erfahren, dass es in der Liebe sowohl Zeiten des Überschwanges als auch Zeiten der Bescheidung gibt. Sie wissen, dass sich die anfänglich immer verschwenderisch großen und tiefen Gefühle im Alltag einer Partnerschaft bewähren müssen, um auf Dauer ihre wahrhafte Erfüllung zu erfahren. Deshalb streben Sie danach, gerade dem Alltag in einer Partnerschaft das Flair des Besonderen zu geben. Wo immer Sie können, gönnen Sie sich und Ihrem Partner oder Ihrer Partnerin den Luxus ganz praktischer Liebesbeweise. Ihr Wissen um all die verfeinerten Formen der Erotik und Sexualität hilft Ihnen, diese Liebesbeweise ganz praktisch umzusetzen. Sie begreifen die Liebe – und hier vor allem die körperliche Liebe – als eine Kunst, die man erlernen, immer wieder neu und kreativ gestalten und miteinander austauschen kann.

Ein anderer, nicht weniger wichtiger Bereich in der Partnerschaft ist die tägliche Sorge und Fürsorge. Für den Partner oder die Partnerin zu kochen, häusliche Ordnung zu schaffen oder intensiv und aufmerksam Anteil zu nehmen an den Problemen des Partners, sind Arbeiten, die für Sie keine Mühe darstellen, sondern einen aus vollem Herzen gerne geleisteten Dienst. Eine Partnerschaft ist für Sie vor allem dann erfüllend, wenn sie auf taktvollem, gegenseitigem Respekt, auf der strikten Wahrung der beiderseitigen Integrität und einer unvoreingenommenen Fairness füreinander aufgebaut ist. Hätte der Begriff Tugend heute nicht – völlig zu Unrecht – einen meist ein wenig abfälligen Beigeschmack, so könnte man den Gesamtausdruck Ihrer Liebe als tugendhaft bezeichnen. Sie verabscheuen alles Grobe, Ungeschlachte und Übertriebene ebenso wie alles Gespreizte und Vulgäre. Sie schätzen alles, was zuverlässig, maßvoll und ausgewogen ist. Ihr ausgeprägt sensibles Gespür für die angemessene Balance, sowohl in allen zwischenmenschlichen Beziehungen als auch im Umgang mit Ihren täglichen Verpflichtungen, lässt Sie immer wieder versuchen, einfallsreich, geschickt und mit feiner Diplomatie nach einem im besten Fall goldenen Mittelweg zu suchen. Nach außen hin mag Sie dies im Einzelfall vielleicht manchmal als etwas zu vernünftig erscheinen lassen. Dieses Urteil sollte Sie jedoch nicht stören. Entweder haben Sie schon Ihren ganz persönlichen Stil im Ausdruck Ihrer Liebe gefunden, oder Sie werden ihn sich früher oder später intuitiv aneignen. Einmal gefunden, gibt er Ihnen und allen mit Ihnen in Liebe verbundenen Menschen einen sicheren, dauerhaften und unumstößlichen Halt. Sobald Sie diese innere Mitte gefunden haben, zeichnen sich alle Ihre Handlungen und Entscheidungen durch eine wohlproportionierte und unaffektierte Harmonie aus.

Da Sie sich gleichsam von Natur aus mit allen Menschen solidarisch fühlen, haben Sie nie das Gefühl, sich etwas zu vergeben, wenn Sie anderen Menschen mit herzlicher Liebe und aufopfernder Fürsorge dienen. Auch scheinbar niedrigen Arbeiten vermögen Sie den Charakter des Notwendigen und damit auch des Nützlichen abzugewinnen und sie trotzdem in Anmut sowie in aufmerksamer und geduldiger Hingabe zu leisten. Wenn diese Sonne-Venus-Energien entspannt und harmonisch in Ihre beruflichen Tätigkeiten einfließen, kann es Ihnen beispielsweise gelingen, künstlerische Werke von dauerhaftem Wert und hoher ästhetischer Ausdruckskraft und Schönheit zu schaffen. Da für Sie der harmonische Ausdruck Ihres Liebesbegehrens und Ihrer Liebeserfüllung nicht selbstverständlich ist, setzen Sie all Ihre Energie ein, um ganz konkret einerseits an dessen Verfeinerung zu arbeiten und ihm andererseits Dauer zu verleihen.

Wenn Sie die für Sie so wichtige innere Mitte noch nicht oder nur teilweise gefunden haben, können die unterschiedlichsten Diskrepanzen im Ausdruck Ihrer Liebe entstehen. Da sich diese Mitte ja auch wesentlich mit persönlicher Sicherheit im Auftreten verbindet, werden Sie immer wieder Lebenssituationen erleben, in denen Sie sich ausgesprochen unsicher fühlen. Im extremsten Fall können Sie sogar bedrückende Minderwertigkeitsgefühle entwickeln. Da es Ihnen in der Regel schwer fallen wird, sich diese Unsicherheiten selbst einzugestehen, neigen Sie kompensatorisch dazu, den Fehler nicht bei sich, sondern bei anderen zu suchen. Die Folge ist, dass Sie das Verhalten anderer Menschen wenig einfühlsam kritisieren oder auch mehr oder weniger sarkastisch verurteilen. Es scheint in Ihnen immer eine innere Stimme lebendig zu sein, die Sie vor dem lebendigen, sinnlichen Ausdruck Ihrer Liebe warnt und Ihnen zur Vorsicht rät, Ihren Gefühlen freien Lauf zu gönnen. Je mehr Sie dieser mahnenden inneren Instanz gehorchen, umso mehr werden Sie anderen Menschen gegenüber distanziert, schüchtern, gehemmt und unausgeglichen agieren und reagieren. Im Ausdruck und Ausleben Ihrer Sexualität kann dies unter Umständen extreme Formen der Prüderie annehmen. Es ist nur natürlich, dass das in Ihrem Herzen und Ihren Sinnen ja wache Liebesbegehren sich dann in erotische Phantasien flüchtet und dort verschwenderisch all das auslebt, was in einer Partnerschaft entweder verweigert oder zumindest nur unter Zwang zugelassen wird. Es ist durchaus denkbar, dass Sie die unbewusste Weigerung, Ihren Körper auch als Ausdrucksträger Ihrer Sinne aufzufassen und zu akzeptieren, dahingehend verbrämen, dass Sie den gesamten Bereich der Erotik und Sexualität mit einem Mantel der Scham, des Verbotenen, des Unzüchtigen und Unmoralischen umkleiden und Ihre Zuflucht in einem religiös motivierten Puritanismus suchen. Die angestrebte moralische Sauberkeit findet ihr Pendant dann in einem meist sehr übertriebenen Kult körperlicher Reinheit. Im Einzelfall kann dies auch zu zwanghaften Handlungen führen, etwa zu dem unwiderstehlichen Drang, mehrmals am Tag zu duschen oder die Kleider zu wechseln.

Es ist nahe liegend, dass ein solches Verhalten in einer Partnerschaft, aber auch im allgemeinen zwischenmenschlichen Verkehr zumindest auf Verwunderung, wenn nicht gar auf Ablehnung stößt. Den psychischen Hintergrund für solche Zwänge bildet eine Sie immer wieder irritierende Angst, dem Ansturm Ihrer Gefühle nicht gewachsen zu sein, von der Macht Ihrer Gefühle gleichsam überrollt zu werden. Aus Furcht, der gewaltige Strom Ihrer Gefühle und Ihres Liebesbegehrens könnte unkontrolliert über die Ufer treten, errichten Sie unermüdlich mächtige Dämme, in der Hoffnung, dass Sie damit die mitreißende Gewalt der Gefühlsströme kanalisieren können. Diese Dämme können in Ihrem Alltag die unterschiedlichsten Formen annehmen bzw. sich hinter den unterschiedlichsten Masken verbergen. Eine Maske könnte beispielsweise eine auffallende Pedanterie sein. Wenn nicht alles an seinem angestammten Platz ist, wenn das Haus, die Wohnung, Ihre Kleider und die Wäsche nicht porentief rein sind, empfinden Sie dies möglicherweise sogar als eine körperlich zu spürende Bedrohung.

Um sich vor einem solcherart gefürchteten Einbruch des Chaos zu schützen, werden Sie umso intensiver bemüht sein, neue Dämme zu errichten. Da diese eigentlich grundlos gefürchtete Bedrohung ja nicht nur von den Dingen, sondern auch von den Gefühlen eines Partners ausgehen kann, werden Sie auch in der Partnerschaft versuchen, selbst eine Ihnen entgegenkommende herzliche Liebe und Fürsorge unter Kontrolle zu halten. Als eine andere Maske fungiert möglicherweise Ihre Schwierigkeit, sich zu entscheiden. Vielleicht gibt Ihre mangelnde Entscheidungsfreude Ihnen auch das Gefühl – im übertragenen Sinn –, sauber zu bleiben. Indem Sie sich nicht involvieren lassen, meinen Sie, auch jedes hinter einer Entscheidung möglicherweise lauernde Chaos vermeiden zu können. Dieses stets befürchtete Chaos kann natürlich auch wieder hinter einem anderen Menschen lauern. Ein Grund mehr für Sie, in jedem potenziellen Liebespartner zunächst einmal auch eine mögliche Bedrohung Ihrer Ordnung zu wittern. Um sich vor dem Einbruch der Gefühle eines anderen Menschen und dem Ausbruch der eigenen Gefühle zu schützen, neigen Sie dazu, anstatt sich dem reißenden Strom der beiderseitigen Liebe einmal mutig und hoffnungsvoll anzuvertrauen, eher zögernd, distanziert, vorsichtig, misstrauisch und übertrieben tugendhaft die Festung zu verteidigen. Die eingangs beschriebene harmonische, alles integrierende innere Mitte ist auf diese Weise jedoch nur schwerlich zu finden.

Sonne in Waage – Venus in Skorpion

Bei einem noch weitgehend disharmonischen Erleben dieser Planetenkombination befinden Sie sich in einem Spannungsverhältnis, das man vielleicht am besten so beschreiben könnte: «Mein Wunsch ist mir Befehl, aber ich weiß nicht, was ich will.» Die erste Komponente entspräche dann dem Skorpion-Venus-Anteil, die zweite Komponente dem Waage-Sonne-Anteil in Ihnen. Vor diesem Hintergrund sind vor allem der Ausdruck Ihrer Gefühle und die Art und Weise, wie erotische und sexuelle Wünsche und Begierden in Ihnen aufsteigen und nach einer Befriedigung drängen, von einer sehr intensiv erlebten inneren Zerrissenheit gekennzeichnet. Mehr oder weniger ungehemmt steigen immer wiederkehrende Wellen der Leidenschaft in Ihnen auf und erfassen Ihre Gefühle wie eine tosende Brandung. Da bei einem noch unerlösten Ausdruck das harmonisierende Element aus dem Tierkreiszeichen Waage zu schwach ausgebildet ist, fordert Ihre Venus das unmittelbare und totale Ausleben der Gefühle. Es entsteht dann die Situation, dass Sie sich mit dem Mut der Verzweiflung, nach dem Motto «Alles oder nichts», unbedenklich in ein Liebesabenteuer fallen lassen. Der erste Rausch mag im Einzelfall die Erfüllung bringen. Es ist aber kein Geheimnis, dass die wahre Erfüllung der Liebe nicht allein im Sinnesrausch zu finden ist, sondern eher in einem dauerhaften Sich-Annähern, in einem allmählichen Sich-gegenseitig-Entdecken.

Dazu fehlen Ihnen jedoch in der Regel die Geduld und die Ausdauer, auch können Sie sich innerlich vielleicht nicht zu einem eher behutsamen Vorgehen in der Liebe entscheiden. In allen Fällen, in denen der unmittelbare Ausdruck Ihres Liebesbegehrens sich in einer – wenn vielleicht auch nur kurzen, vorübergehenden – Partnerschaft erfüllt, erleben Sie ungeahnte Höhepunkte sexuellen Glücks. Wenn Ihre begehrliche Direktheit dagegen von einem Partner oder einer Partnerin nicht unmittelbar beantwortet wird, fühlen Sie sich von einem Gefühl tiefster Erniedrigung zerrissen. Schlagartig ändert Ihr Gefühlspendel dann seine Richtung, die eben noch leidenschaftlich entflammte Liebe verkehrt sich in ihr Gegenteil und macht einem abgründigen Hass Platz. In beiden Varianten schwingt immer etwas von Fanatismus mit, der es Ihnen schwer macht, zwischen den Extremen der Gefühle eine harmonische Mitte zu finden. Eigentlich kämpfen Sie in der Liebe einen Kampf, den Sie nicht gewinnen können. Sie wollen siegen, ohne dafür ein Opfer zu bringen. Den Preis sollen immer die anderen bezahlen. Die Tendenz, die Erfüllung Ihrer Liebe überwiegend im Rausch zu suchen, birgt eine nicht zu unterschätzende Gefahr. Nichts nutzt sich mehr und schneller ab als rauschhaft-sinnliches Erleben. Um dennoch immer wieder in Rausch zu geraten, müssen Sie die Stimulationen entsprechend intensivieren. Es ist also durchaus denkbar, dass Sie früher oder später die Reizschwelle erhöhen werden und Ihre Zuflucht in sexuellen Praktiken suchen, die in den Bereich sado-masochistischer Liebestechniken einmünden. Unter diesen Vorzeichen entstehen dann Partnerschaften, die für Sie zwar sexuell erfüllend sein mögen, andererseits jedoch den ganzen Reichtum wohltuender Zärtlichkeit, zärtlicher Hingabe und fürsorgender Anteilnahme am Partner oder an der Partnerin vermissen lassen. Im Extremfall kommt es zu Liebesverbindungen, bei denen man den Eindruck hat, als hätten sich zwei Menschen gleichsam auf Gedeih und Verderb ineinander verbissen. Sich aus solchen ja auch stark selbstzerstörerischen Partnerschaften zu lösen, fällt sehr schwer. Auf der Gefühlsskala jagen sich dann abwechselnd ekstatische Höchstpunkte und niederschmetternde Tiefstpunkte. Die aufschlussreiche Interpretation des Begriffs Eifersucht – «Eifersucht ist eine Leidenschaft, die mit Eifer sucht, was Leiden schafft» – wäre hier, wie kaum sonst, die zutreffende Beschreibung für einen unter solchen Vorzeichen noch unerlöst gelebten Ausdruck der Gefühle.

Je mehr es Ihnen aber schon gelungen ist, die in Ihnen regen Ausdruckskräfte der Liebe zu harmonisieren, umso mehr gewinnen Ihre Gefühle an einer zauberischen Faszination der Ausstrahlung. Ihr ganzes Wesen scheint mit einer Aura wohltuend dosierter und intensiver Leidenschaftlichkeit umgeben. Würde man die Erscheinungsformen Ihres Fühlens und Handelns im noch unerlösten Ausdruck mit dem Begriff schwarze Magie umschreiben, so offenbart sich nun die ganze Fülle eines weiß-magischen Zaubers. Die Ursache für diesen Wandel liegt in Ihrer Fähigkeit, Ihre ja mit gleicher Intensität in sich wahrgenommene erotische und sexuelle Leidenschaft nun mit Hilfe der ausgleichenden und harmonisierenden Elemente Ihrer Sonne in die «Waage» zu bringen. Intuitiv gelingt es Ihnen, die Erfüllung Ihrer Liebeswünsche in ein Gleichgewicht zu bringen. So finden Sie die Mitte zwischen dem Bestreben, einerseits den Partner oder die Partnerin besitzen wollen und andererseits auf einen taktvollen und respektvollen Ausgleich bedacht zu sein, einerseits zu verführen und sich andererseits verführen zu lassen. Die tiefe, bis ins Abgründige reichende Welt Ihrer Gefühle erfährt über die Waage-Sonne eine wohltuende Moderation. Sie verstehen es leicht, die Sie immer wieder aufwühlenden sexuellen und erotischen Wünsche zu kanalisieren, sie einzukleiden in eine gleichsam zivilisierte Form und so das scheinbar Rohe des ersten Ausdrucks ins geschmackvoll Ästhetische zu transformieren.

Nicht nur alle engen Partnerbeziehungen, sondern eigentlich alle zwischenmenschlichen Begegnungen stehen bei Ihnen immer wieder unter dem Signum des Schicksalhaften. Die spontane Sinnlichkeit, mit der Sie auf andere Menschen zugehen, um sie werben und sich mit ihnen verbinden, hinterlässt auch bei nur flüchtigen Begegnungen den Eindruck des Unvergesslichen. Sie wissen selbst, dass von Ihnen ein gleichsam magischer Zauber ausgeht. Ihre tief empfundene Solidarität mit anderen Menschen lässt Sie jedoch diesen Zauber nicht eigennützig missbrauchen. Im Gegenteil, Ihre Liebe strebt danach, alle Menschen mit diesem Zauber aufzuladen und sie an ihm teilhaben zu lassen. Es ist das gewisse Etwas, das Sie wie ein durchsichtiger Schleier umgibt und Sie die Herzen der Menschen gewinnen lässt. Haben Sie diese gewonnen und einmal in Ihr eigenes Herz eingeschlossen, sind Sie bereit, sich für die Menschen, denen Sie in Liebe zugetan sind, bedingungslos aufzuopfern. Das bedeutet, dass Sie bereit sind, ohne eine Gegenleistung zu erwarten sich anderen hinzugeben, sich für sie einzusetzen und sie zu schützen. Ohne dass Sie selbst es vielleicht bemerken, strahlt Ihre Seele eine solche Kraft der Liebe aus, dass sich andere Menschen leicht daran aufrichten können.

Da Ihre ganze Lebensausrichtung wesentlich partnerorientiert ist, suchen und brauchen Sie auch einen gleichermaßen gefühlsstarken Partner oder eine Partnerin. Ihre Liebe sehnt sich in gleicher Weise nach Vertiefung und Verfeinerung. Dass dies nicht – wie noch im unerlösten Ausdruck – im Rausch möglich ist, wissen Sie oder haben es vielleicht auch leidvoll erfahren. Deshalb strebt Ihr Liebesbegehren nach einem dauerhaften Austausch der Gefühle und einem fairen Ausgleich der beiderseitigen und wechselseitigen Interessen in der Partnerschaft. Es erscheint nicht logisch, aber was Sie anstreben, ist die paradoxe Situation eines immer währenden und sich selbst nährenden kriegerischen Friedens. Das heißt nicht, dass Sie in einer Partnerschaft den Kampf um jeden Preis suchen, Sie bemühen sich vielmehr, die anfänglich in jeder Beziehung lodernde Glut der Gefühle und Leidenschaft immer wieder neu zu entfachen und sich mit ihr und in ihr immer wieder zu versöhnen. Die außerordentliche Intensität und Bedingungslosigkeit der Gefühle, mit der Sie auf Menschen zugehen, übertragen Sie bruchlos auch auf die Wahrnehmung Ihrer täglichen Verpflichtungen und Aufgaben. Ihre Fähigkeit, immer ganz und vor allem mit ganzem Herzen bei einer Sache zu sein, lässt Sie insbesondere in der Kombination mit künstlerisch-kreativen Tätigkeiten sehr erfolgreich arbeiten. Wenn hier ein heißes Herz und ein kühler, abwägender Verstand harmonisch zusammenspielen, gelingt es Ihnen, Ergebnisse zu erzielen, die sich in ihrem Ausdruck und ihrer Erscheinung vor allem durch eine intensive Sinnlichkeit, ein feines ästhetisches Gespür und klare, dem Auge schmeichelnde Formen auszeichnen. Im besten Fall ist der Ausdruck Ihrer Liebe sowohl in partnerschaftlichen Beziehungen als auch im Umgang mit der dinglichen Welt von einem Hauch gleichsam medialer Intuition umweht.

Sonne in Waage – Venus in Schütze

Wenn man diese planetarische Kombination zwischen Ihrer Sonne und Ihrer Venus einmal mit Bezug auf die darin mitschwingenden Elemente betrachtet, so finden wir hier das Zusammenspiel zwischen den Elementen Luft (Waage) und Feuer (Schütze). Die Elemente Luft und Feuer stellen zunächst einmal eine harmonische Verbindung dar, denn beide ergänzen sich. Feuer braucht Luft, um zu brennen. Bei einem disharmonischen Verhältnis besteht jedoch auch die Gefahr, dass ein Element das andere vernichtet: Der allzu heftige Luftstoß erstickt die Flamme, das allzu hoch lodernde Feuer verbrennt die Luft. Im übertragenen Sinn vollzieht sich der Ausdruck Ihrer Liebesfähigkeit genau auf diesen beiden möglichen Ebenen. Im harmonischen, erlösten Fall entfacht die Luft eine gleichmäßig starke und erwärmende Flamme. Im disharmonischen, unerlösten Fall jedoch bläst ein überstarker Wind die Flammen der Liebe zwar immer wieder heftig an, es entstehen hoch aufzüngelnde Gefühlsflammen, die aber auch leicht alle Substanz schnell und heftig verbrennen.

Wenn wir zunächst den letzten Fall betrachten, so besteht die Problematik Ihres Liebesausdrucks vor allem darin, dass Sie zwar immer wieder sehr heftig und uneingeschränkt für einen anderen Menschen in Liebe entflammen, es mangelt Ihnen jedoch wahrscheinlich an der Fähigkeit, diese Flamme über eine längere Zeit zu nähren und damit am Leben zu erhalten. Die daraus resultierende Unstetigkeit der Gefühle führt leicht zu häufiger wechselnden Partnerschaften, die zwar immer von großer Leidenschaft und intensiv erlebter Sexualität geprägt sind, aber eben in der Regel nur von kurzer Dauer sind. Solche partnerschaftlichen Verbindungen haben immer leicht den Charakter von einem Sie und auch den Partner oder die Partnerin gefühlsmäßig stark aufwühlenden Abenteuer. Es ist dann so, als stürzten Sie sich meist sehr dramatisch und mehr oder weniger unüberlegt von einem Liebesabenteuer ins nächste. Es beginnt mit einer alle Gefühle aufwühlenden Schwärmerei, Sie entbrennen in Leidenschaft, und die damit verbundenen Liebeswünsche sollen so schnell wie möglich auch ihre sexuelle Erfüllung finden. Wenn diese Leidenschaft vom potenziellen Partner geteilt und erwidert wird, dann entzündet sich ein Brillantfeuerwerk der Gefühle. Sie tauchen ein in einen Rausch schwelgerisch gelebter Leidenschaften und erliegen ihm zugleich. Diese Zeit der ersten Euphorie ist geprägt von einer oft ausufernden Überschwänglichkeit und Übertreibung in der Hingabe an den Partner oder die Partnerin. Alles passiert im großen Stil, die entflammte Liebe wird gleichsam pompös und dramatisch inszeniert. Aus übervollem Herzen schwört man sich bedenkenlos ewige Liebe und unverbrüchliche Treue.

Um es noch einmal in ein Bild zu übertragen – es ist eine Sache, eine Festung zu stürmen, und eine andere Sache, die Festung auch besetzt zu halten. Es kann nämlich geschehen, dass in der Fortdauer einer Beziehung so peu à peu doch die eine oder andere störende Seite des Partners sichtbar wird, die man im ersten Sturm der Leidenschaft nicht wahrgenommen oder geflissentlich übersehen hat. Dann reagieren Sie leicht empfindlich, fühlen sich vielleicht auch in Ihrem Stolz gekränkt oder in Ihrer erwachenden Egozentrik vom Partner nicht genug respektiert und *bedient*. Das ist dann der Zeitpunkt, in dem die einstmals hoch auflodernde Flamme der Liebe sehr schnell in sich zusammenfällt und Sie Ausschau halten nach einer anderen Energiequelle, an der sich Ihre Gefühle wieder neu entflammen können. Ihre Eitelkeit erträgt das Abflauen Ihrer eigenen Gefühle oder der des Partners nicht, und die vormals heiligen Schwüre ewiger Treue verblassen so schnell, wie sie entfacht wurden. So emphatisch, dramatisch, überstürzt und unbedingt, wie die Liebe begann, endet sie nun auch. Für ein sensibles und verständnisvolles Aufeinander-Eingehen bleibt kein Raum und vor allem keine Zeit mehr. Vielleicht winkt auch schon ein anderes Abenteuer, in das Sie sich dann ebenso oberflächlich, unbedenklich und nur dem ersten Gefühlsimpuls folgend stürzen. In der Summe mangelt es Ihnen vor diesem Hintergrund an der Fähigkeit, sich einmal für eine gewisse Dauer für einen anderen Menschen zu entscheiden, sich einfühlend auch auf dessen Bedürfnisse einzustellen und Ihren Egozentrismus durch Hingabe an den Partner oder die Partnerin zu moderieren.

Um einen Wechsel aus diesem eher disharmonischen Erleben Ihrer Gefühle in den harmonischen Bereich zu vollziehen, bedarf es eigentlich *nur* eines angemessenen Ausdrucks aller ja in Ihnen grundsätzlich lebendigen positiven Anlagen. Die Liebe bleibt für Sie dann auch weiterhin ein Abenteuer. Neben der überwiegend sexuellen Betonung gewinnt Ihre Liebe nun jedoch zusätzlich eine geistige Dimension. Sie glauben an ein Ideal der Liebe und versuchen, es in beiderseitigem Respekt, gegenseitiger Hochachtung und mit aufrichtigem Wohlwollen gemeinsam mit einem anderen Menschen in die Tat umzusetzen – enthusiastisch, leidenschaftlich und aktiv, nun aber mit klarem Blick auf eine gemeinsame, dauerhafte Zukunft. Mit großem diplomatischen Geschick, intuitiver Einfühlung und einem sensiblen Bewusstsein für einen fairen partnerschaftlichen Interessenausgleich führen Ihre Gefühle der Flamme der Liebe nun immer so viel Luft zu, wie zu einem nährenden und erwärmenden dauerhaften Feuer nötig ist. Sie finden die Erfüllung Ihrer Liebe, wenn der Ausdruck Ihrer Gefühle auch in einen geistigen Rahmen eingebettet ist. Das heißt, dass Sie in einer Partnerschaft auch wesentlich einen geistig-intellektuellen Anspruch stellen und einen ausgesprochen regen, phantasievollen und dabei durchaus auch streitbaren Austausch von Gedanken und Meinungen zu allen Fragen des Wissens, der Moral, der Ethik, des Glaubens und der Weltanschauung suchen.

Es ist für Sie selbstverständlich und unabdingbar, dass Sie Ihren

Partner oder Ihre Partnerin in die weit gesteckten Ziele Ihrer eigenen Persönlichkeitsentwicklung integrieren wollen. Damit dieser gemeinsame Entwicklungsprozess nicht in einer Art partnerschaftlicher Isolation stattfindet, umgeben Sie sich gerne mit einem größeren Kreis vor allem geistig interessierter Freunde und Bekannter, denen Sie in Ihrem Zuhause ein großzügiges und herzlich aufgeschlossenes Ambiente für geselliges Beisammensein schaffen. Mit Ihrem mitreißenden Enthusiasmus, der sowohl körperlich als auch geistig stets auf Expansion ausgerichteten Energie Ihrer Gefühle schaffen Sie um sich eine Aura freundlicher und tatkräftiger Hinwendung und Fürsorge für andere Menschen. Die größte Erfüllung Ihrer Liebe erwächst Ihnen aus der aufrichtigen Solidarität mit anderen Menschen. Der Ausdruck Ihrer Liebe ist immer auch geprägt von einem Zug des Humanitären, einer taktvollen, den anderen nicht vereinnahmenden Hilfsbereitschaft und nicht zuletzt auch vom aufopfernden Kampf für die legitimen Rechte anderer Menschen.

Es sind vor allem Ihr unerschütterlicher Glaube und Ihr geistiger und körperlicher Mut, die Sie im Einzelnen auch zu ganz ungewöhnlichen privaten und öffentlichen Heldentaten der Liebe motivieren. Mit der ganzen geballten Leidenschaft Ihrer Gefühle kämpfen Sie aktiv gegen das Unrecht, in welcher Gestalt es Ihnen auch immer gegenübertreten mag. Stets darauf bedacht, dass die Integrität Ihrer eigenen Gefühle nicht verletzt wird, respektieren Sie gleichermaßen die persönliche Freiheit Ihres Partners oder Ihrer Partnerin genauso wie die aller anderen Menschen. Über die stark lodernde Flamme des irdischen Ausdrucks der Liebe hinaus ist in Ihnen ein gleichsam göttlicher Funke der Liebe wach und aktiv. Aus ihm speisen sich Ihr nie versiegendes Wohlwollen und Ihre idealistische, gleichwohl handlungsorientierte und auf Erfolg zielende Hingabe und Fürsorge für andere Menschen. Unter dem Schutz Ihres großen Herzens erblühen nicht nur alle körperlich-sinnlichen, sondern auch alle geistig-intellektuellen Ausdrucksformen der Liebe zur schönsten und ausdrucksvollsten Reife.

Den ganzen Luxus, den Sie im Ausdruck und in der Darstellung Ihrer Gefühle anstreben, übertragen Sie zielbewusst auch auf Ihr häusliches oder berufliches Umfeld. In beiden Bereichen streben Sie nach einer gleichermaßen ausgefallenen wie harmonischen Solidität. Mit Ihrem angeborenen Empfinden für geschmackvolle Eleganz, Ihrer intuitiven Stilsicherheit in der Bewertung dessen, was schön, wahr und gut ist, gemischt mit einem unübersehbaren Hang zum Exotischen, kreieren Sie um sich eine Art Energiefeld, das für andere Menschen eine magnetische Anziehungskraft ausstrahlt. Um das eingangs benutzte Bild der beiden hier zusammenspielenden Elemente – Feuer und Luft – nochmals aufzugreifen, könnte man sagen, dass es Ihnen im besten Fall gelingt, Ihre Gefühle in einer stets ausgewogenen Mischung, einerseits mit aller zündenden Leidenschaft, andererseits aber auch mit der gebotenen Bündelung der Kräfte, in die Taten Ihrer Liebe einfließen zu lassen.

Sonne in Skorpion

Sonne in Skorpion – Venus in Skorpion

Wie bei allen dominanten Skorpion-Betonungen in einem Horoskop ist der davon betroffene Mensch auch unter dieser planetarischen Konstellation in einen sehr intensiv erlebten Stirb-und-werde-Prozess eingebunden. Dies macht einerseits die unwiderstehliche Faszination Skorpion-betonter Menschen aus, andererseits aber auch ihre unterschwellige Gefährdung, meist ein Leben lang im Widerstreit zwischen ihrem Wunsch nach entweder «Alles» oder «Nichts» hin und her gerissen zu sein. Im erlösten Fall gewinnen sie alles, im unerlösten Fall gewinnen sie nichts. Dies gilt natürlich auch für die Art und Weise, wie sie in der Liebe ihren Gefühlen Ausdruck verleihen. Unter dieser Polarität schwankt Ihr Liebesausdruck zwischen einer einerseits möglichen gefühlsmäßigen Ausbeutung des Partners und einer andererseits hingebungsvollen Aufopferung für den Partner. Im noch unerlösten Stadium gehorchen Sie mehr oder weniger zwanghaft dem wiederkehrenden Impuls: mein Wunsch ist mir Befehl. Es besteht dann die Tendenz, sich unnachgiebig, fast verzweifelt und fanatisch in eine Beziehung zu stürzen. Sie scheinen sich dann mit der ganzen Leidenschaft Ihrer Emotionen gleichsam in einen Partner zu verbeißen. Wider besseres Wissen neigen Sie dazu, Partnerschaften auch dann noch aufrechtzuerhalten, wenn alle Umstände für Sie eigentlich nur erniedrigend und quälend sind. Sie erleben Ihre Liebe dann in hohem Maße als selbstquälerisch, wobei Sie auch nicht davor zurückschrecken, Ihrerseits den Partner entsprechend zu quälen bzw. zu erniedrigen. So können sich leicht Formen einer offensichtlichen Hassliebe herausbilden, in der rasende Eifersucht, subtile Rachsucht, Heimlichkeiten und Intrige, Rücksichtslosigkeit und mitunter auch sexuelle, sado-masochistische Gewalt die dominierende Rolle spielen. In einer nach oben offenen Spirale kulminieren dann kleinste selbst erfahrene oder dem Partner zugefügte Verletzungen in dem einzigen Wunsch nach Rache und Vernichtung. Dass in einem solchen Labyrinth der Leidenschaften echte Gefühle oder gar der Ausdruck von Zärtlichkeit, Wärme und Liebe keine Bedeutung mehr haben, muss nicht betont werden. Alle Gefühle scheinen sich in dem einzigen Wunsch zu bündeln, den Partner auf jede nur denkbare Art und Weise zu demütigen, zu quälen, zu erniedrigen und sich an den eigenen oder den dem Partner geschlagenen Wunden zu delektieren. All Ihre Liebe fokussiert sich dann gleichsam in dem einzigen Bestreben, mit schonungsloser Gewalt, aber auch mit Arglist und Heimtücke emotionale Gewalt über den Partner zu gewinnen.

Diesem aktiv verfolgten Herrschaftsanspruch steht jedoch auch eine passive Variante gegenüber. Ihr Dominanzanspruch mutiert dann zu einem ebenso umfassenden und selbstzerstörerischen Unterwerfungsritual. Die Erfüllung Ihrer Lust messen Sie an dem damit verbundenen Leid, den erfahrenen Kränkungen und dem nun vom Partner ausgeübten seelisch-emotionalen, unter Umständen auch körperlich-physischen Druck. Alle Gefühle scheinen nun in einen alles verzehrenden Strom kalter, zerstörerischer Lava einzufließen. Auch hier sucht Ihre Liebe mit scheinbar unerbittlichem Eifer, was oft grenzenlose Leiden schafft. Da Sie unter diesen unerlösten Vorzeichen noch kein Bewusstsein dafür entwickelt haben, dass die Erfüllung Ihrer Liebessehnsucht sich nur in einem ausgewogenen Verhältnis zwischen Geben und Empfangen vollziehen kann, überbetonen Sie das Nehmen, das im Extremfall in ein gleichsam vampirhaftes Aussaugen der Gefühle und der Lebenskraft des Partners oder der Partnerin münden kann.

In der gleichen selbstzerstörerischen Art, wie Sie dazu neigen, sich bedingungslos Ihren eigenen Wünschen unterzuordnen, streben Sie die Herrschaft über die emotionalen Wünsche Ihres Partners an. Der daraus entbrennende, unter Umständen lebenslang verzweifelt geführte Kampf um die Vorherrschaft ist eine besondere Variante der Erfüllung Ihres Liebestraums. Da Sie sich wahrscheinlich mit der gleichen unerbittlichen Leidenschaft und Emotionalität in Ihre täglichen Aufgaben und Verpflichtungen involvieren, werden Sie auch hier immer wieder mit scheinbar unausweichlichen Entweder-oder-Entscheidungen konfrontiert sein und entsprechend leidvolle Erfahrungen machen.

Wo liegt der Ausweg aus diesem Teufelskreis, aus diesem Hassliebe-Syndrom, aus diesem quälenden Laufrad, in dem Sie Ihre unerlösten Gefühle in aberwitziger Weise immer tiefer in die Sackgasse treiben? Oder, um das eingangs vorgestellte Bild des Stirb-und-werde-Prozesses aufzugreifen: wie kann es Ihnen gelingen, unter dieser Sonne-Venus-Konstellation nicht zu *sterben*, sondern zu *werden?* Die Lösung für Sie heißt: geben anstatt zu nehmen. Hinter der scheinbaren Einfachheit der Antwort verbirgt sich jedoch die unübersehbare Schwierigkeit, sie einzulösen. Sie verfügen, wie kaum in einer anderen Konstellation, über einen ungeheuren Reichtum an tiefen, leidenschaftlichen und hingabefähigen Gefühlen. Mit der enormen Intensität und Suggestion Ihrer Ausstrahlung können Sie andere Menschen bis in das Innerste ihrer Herzen durchdringen. Intuitiv lösen Sie dort starke und unbedingte Gefühle und lebendige Leidenschaften aus, von denen diese Menschen vielleicht bisher selbst nichts geahnt hatten. Sie verfügen über die Fähigkeit, in anderen vor allem seelische Kräfte freizusetzen, die diese Menschen dann im Ausdruck ihrer Liebe über sich selbst hinauswachsen lassen können. Sobald Ihre Gefühle in einen uneigennützigen Ausdruck Ihrer Liebe, in ein hingabefähiges und aufopferndes Handeln einfließen, lösen sie in anderen Menschen gleichsam transformatorische Prozesse aus. Dort, wo Sie in einem noch unerlösten Ausdruck Ihrer Gefühle Wunden geschlagen haben, können Sie nun kraft Ihrer ebenfalls sehr stark entwickelten medialen Kräfte Wunden heilen. Jede liebevolle Begegnung mit anderen Menschen wird sowohl für Sie selbst als auch für die anderen zu einem nachhaltigen, unvergesslichen emotionalen Erlebnis.

Dies liegt vor allem an der suggestiven Intensität, mit der Sie in anderen Menschen die gleichen Wünsche nach einer Erfüllung eines Liebesbegehrens wecken können, die in Ihnen selbst wach sind. Es gelingt Ihrer Leidenschaft, ein gemeinsames und identisches Feuer des Liebesbegehrens und der Liebeserfüllung zu entzünden und es mit Ihren eigenen Gefühlen nährend am Leben zu erhalten. Es ist Ihre spezifische Art der Verführung, mit der Sie die oft noch in der Seele eines Partners oder einer Partnerin unbewusst schlummernden Leidenschaften aufspüren und zum gemeinsam genossenen Leben erwecken. Vielleicht haben Sie schon öfter die Erfahrung gemacht, dass am Beginn einer Partnerschaft in Ihnen Bilder und Vorstellungen darüber auftauchen, wie diese Verbindung sich entwickeln könnte. Wird Ihre Liebe erwidert, so setzen Sie alles daran, die einmal geschauten Bilder einer in sich vollkommenen und harmonischen Verbindung in der Realität behutsam nachzugestalten, sie aus der Partnerschaft heraus kreativ zu entwickeln. Ausdauernd und konzentriert versuchen Sie dann, dem ersehnten Punkt einer beiderseitigen allumfassenden Verschmelzung der Gefühle immer näher zu kommen. Eine intensiv gelebte und den Partner oder die Partnerin gleichermaßen befreiende Sexualität ist dann vielleicht nur einer von vielen Wegen, auf dem Sie Ihr Ziel verfolgen.

Ein anderer Weg könnte darin bestehen, dass Sie sich dem Partner und seinen Bedürfnissen in unvergleichlicher Weise verpflichtet fühlen. Aus dem oppositionellen Tierkreiszeichen Stier erwächst Ihnen dann ein positiv-bedingungsloses Wir-Gefühl, das heißt ein zunehmend erwachendes Bewusstsein dafür, dass zwischen Ihnen und Ihrem Gegenüber eine unverbrüchliche seelisch-emotionale Einheit entstanden ist. Aus dieser dann gefundenen Mitte Ihrer beiderseitigen Liebe schöpfen Sie schier unermessliche Kräfte, die unmittelbar wieder aufbauend in einen bleibenden Bestand, in eine beglückende Fortdauer und im besten Fall in eine Erweiterung und Vertiefung der seelisch-gefühlsmäßigen Bindung einfließen.

Sie verstehen es intuitiv, alle Subjekte und Objekte, die die Aufmerksamkeit Ihrer Gefühle gewinnen, mit einem magischen Zauber der Liebe und Leidenschaft zu umhüllen. Es ist fast so, als vermöchte die Intensität Ihrer emotionalen Hingabe in allen Menschen und Dingen, die damit in Berührung kommen, ein bisher verborgenes Licht zu dauerhaftem Strahlen zu bringen. Die von Ihnen ausgehende tiefe, wohltuende Wärme, besser gesagt die seelisch-emotionale Glut und Bedingungslosigkeit Ihrer Gefühle, nährt die Herzen und Seelen anderer Menschen und fließt als Wohlwollen, Fürsorge, Hilfsbereitschaft und herzliche Liebe wieder zu Ihnen zurück. Sobald und solange Sie andere Menschen, insbesondere den Partner oder die Partnerin, an der schier unergründlichen Tiefe Ihrer seelischen Empfindungen konstruktiv und beiderseitig aufbauend teilhaben lassen, regeneriert gerade dieser Austausch immer wieder aufs Neue Ihre eigenen Kräfte der Liebe. Es erscheint auf den ersten Blick als ein Widerspruch, aber je mehr Sie sich in den Taten Ihrer Liebe für andere verzehren, umso stärker entfachen Sie in sich das Feuer einer nie versiegenden Flamme der Liebe.

Sonne in Skorpion – Venus in Jungfrau

Unter dieser Sonne-Venus-Signatur stehen Sie bei einem noch weitgehend unerlösten Erleben Ihrer Gefühle in einem Spannungsfeld zwischen leidenschaftlicher Begehrlichkeit und von übergroßer Vorsicht verursachter Resignation. Einerseits möchten Sie sich immer alles trauen, andererseits verlässt Sie dann immer wieder mehr oder weniger im letzten Moment der Mut, die Wünsche Ihrer Liebe in die Tat umzusetzen. Es ist wahrscheinlich, dass Sie in Ihren erotisch-sexuellen Phantasien all die Liebesabenteuer in aller gefühlsmäßigen Intensität lustvoll durchspielen, auf die Sie sich im konkreten Fall aus einer Vielfalt von Ängsten heraus nicht einlassen. Vielleicht ist es vor allem der rein körperliche Ausdruck der Sexualität, der Ihnen Angst macht, da Ihnen die körperliche Liebe ja auch immer etwas «schmutzig» erscheint. Für Ihr unter Umständen stark ausgeprägtes Bedürfnis nach körperlicher Reinheit verbinden sich dann all die Geruchs- und Geschmacksreize der Sexualität mit einem Gefühl des Ekels. Je nachdem, wie dominant Sie Ihre Sonne- oder Venus-Komponenten leben, neigen Sie entweder dazu, die körperliche Liebe mehr oder weniger ganz abzulehnen und sich mit allen äußeren Anzeichen der Prüderie in einen gewissen Puritanismus zu flüchten. Oder Sie kompensieren Ihre innere Ablehnung dadurch, dass Sie sich im Sinne einer Vorwärtsstrategie umso intensiver und bedingungsloser in den – Ihrer Meinung nach – verwerflichen Sumpf stürzen.

Den Hintergrund für beide Fluchtwege bildet eine Art spröder Ängstlichkeit, mit der Sie die ungestüme Leidenschaft Ihrer Gefühle wahrnehmen. Die immer wiederkehrende und Sie irritierende Unsicherheit in der Wahrnehmung, in der Einschätzung und im Ausdruck der emotionalen Kraft Ihrer Liebe versuchen Sie mehr oder weniger erfolgreich nach außen hin dadurch unter Ihre Kontrolle zu bringen, dass Sie sich überwiegend kühl, distanziert, verschlossen und pedantisch verhalten. Es hat dann den Anschein, als wollten Sie dem Ausdruck Ihrer Liebe in keinem Fall einen – unverzeihlichen – Fehler gestatten. In einer Partnerschaft entsteht so leicht das Klima einer vernünftelnden beiderseitigen Rücksichtnahme, in der jeder spontane Ausdruck von Leidenschaft und Liebe oft mühsam unterdrückt wird.

Begleitet wird diese eher engherzige Gefühlsbindung von kleinlicher Eifersucht und der Tendenz, das Verhalten des Partners immer leicht beleidigt und gekränkt, nachtragend und meist unerbittlich krittelnd zu observieren. Vor allem diese nörgelnde Kritiksucht zeugt von Ihrem insgeheimen Wunsch, Macht und Einfluss über den Partner zu gewinnen.

Aus Angst vor den möglichen Folgen einer spontan, intensiv und leidenschaftlich gelebten Liebe und Sexualität kleiden Sie den Ausdruck Ihrer Gefühle in den Mantel einer unterkühlten Distanziertheit. Ihrer Liebe haftet dann immer etwas von einer prüden Wohlanständigkeit und biederen Ordentlichkeit an. Sobald jedoch der Partner dieses eher zwanghafte Lebensmuster durchbricht und die Erfüllung seiner Liebeswünsche außerhalb der Partnerschaft sucht, reagieren Sie mit ans Fanatische grenzender Rachsucht, verbissener Eifersucht und vorher nie gekannter Rücksichtslosigkeit. Mit einem Mal werden dann all die tiefen emotionalen Schichten in Ihnen aktiviert, die Sie vorher so mühsam und gewaltsam kontrolliert haben. Aus der Tiefe Ihrer Seele drängen all die Verletzungen Ihrer Liebe, die Sie sich letztlich selbst zugefügt haben, mit vernichtender Macht an die Oberfläche Ihres Bewusstseins und führen dort nicht selten zu selbstzerstörerischen Handlungen und Entscheidungen.

Die gleiche emotionale Frustration, die Sie vor diesem Hintergrund in Partnerschaften erleben, wird auch Ihren Umgang mit Ihren täglichen Aufgaben und Verpflichtungen prägen. Einerseits ängstlich zögernd, andererseits vielleicht allzu verbissen hartnäckig gefährden Sie damit deren erfolgreichen Verlauf. Sobald Sie jedoch erkennen, dass die Ursache für Ihre Problematik im Ausdruck Ihrer Liebe nur darin liegt, dass Sie vergeblich versucht haben, Ihre Leidenschaften allzu sehr unter Kontrolle zu halten, Ihre Gefühle allzu sehr rationalisiert haben, eröffnet sich Ihnen ein Ausweg aus Ihrem emotional zermürbenden Dilemma, zwischen einem spontanen und erfüllenden und einem ängstlichen, vorsichtig-pedantischen Ausleben Ihrer Gefühle eine Harmonie herzustellen.

Ist dieser erste Schritt in die Erkenntnis Ihrer Problematik jedoch erst einmal gelungen, ändert sich das Bild schlagartig. Nun gelingt es Ihnen mühelos, die Intensität Ihrer Gefühle in konstruktive Bahnen zu lenken. Als neues Ziel im Ausdruck Ihrer Liebe eröffnet sich Ihnen das weite Feld einer sensiblen Verfeinerung aller sinnlichen Reize. Sie empfinden es zunehmend als Sie am meisten erfüllende Aufgabe, Ihrer Liebe einen konkreten, praktischen Ausdruck zu verleihen. Aufgeschlossen und hingabefähig erkennen Sie die emotionalen Bedürfnisse des Partners oder der Partnerin, integrieren sie in Ihre eigenen erotisch-sexuellen Wunschvorstellungen und verschmelzen beide zu einer soliden Basis eines gemeinsam gelebten und erlebten Liebesglücks. In der Erfüllung der partnerschaftlichen Liebe begehen Sie ganz praktisch-pragmatische Wege. Dazu gehören alle Formen der tantrischen Liebeskunst ebenso wie scheinbar so triviale Tätigkeiten, wie für den Partner zu kochen, ihn zu massieren oder sich von ihm massieren zu lassen oder ganz einfach einen Haushalt ordentlich zu führen. All dies geschieht unaufwändig, anmutig, maßvoll, zuverlässig und mit intensiver gefühlsmäßiger Hingabe. Immer wieder stellen Sie sich und Ihrem Partner ganz nüchtern und direkt die Frage, worin der Nutzen Ihrer Partnerschaft liegt. Da diese Frage jedoch nicht nur aus einem kühl-rationalen Verstand, sondern zugleich auch aus einem liebevollen und offenen Herzen kommt, verbinden sich in ihrer konkreten Beantwortung die Ergebnisse immer in einer ebenso betont sinnlichen wie auch praktischen Harmonie und einem fairen Interessenausgleich. Sie verstehen es, die tief in Ihrer Seele und Ihrem Herzen lebendigen Leidenschaften in maßvolle, auf Bestand und Dauer zielende Bahnen zu lenken.

Wenn man dieses Bewusstsein in ein Bild übertragen wollte, so ähnelte es einem emotional brodelnden Vulkan, dem es jedoch gelingt, seine heißen Lavaströme der Gefühle und der Liebe derart auszubreiten, dass aus ihrem kontinuierlich und kontrolliert abkühlenden Magma dauerhaft fruchtbare Erde entsteht. Diesem skorpionisch-plutonischen Anteil Ihres Liebesausdrucks wohnt eine stark transformatorische Eigenschaft inne, mit deren Hilfe Sie alles, was vor allem auch in der Sexualität grob und unersättlich erscheint, zu verfeinern und gleichsam auf eine höhere, auch geistige Ebene zu erheben wissen. In Ihrem Wesen und Ihrer Erscheinung stellt sich das nach außen hin als eine Art scheuer Sinnlichkeit dar, als eine gelassene Anmut, hinter der jedoch Ihre emotionale Leidenschaft transparent wird. Da Sie selbst sehr viel Wert darauf legen, sowohl emotional als auch materiell wohl versorgt zu sein, sorgen Sie entsprechend nachdrücklich auch für die Menschen, denen Sie in Liebe zugetan sind. Es sind vor allem die oft unscheinbaren, aber effektiven und konkreten Taten Ihrer Liebe, die

Ihnen das unbedingte Wohlwollen anderer Menschen nachhaltig sichern und Ihnen deren Herzen liebevoll öffnen.

Es ist nicht Ihre Sache, anderen Menschen Ihre Gefühle aufzudrängen oder sich deren sinnlich-erotisch-sexuelle Begehrlichkeit aufzwingen zu lassen. Es bedarf einer gewissen zärtlichen Geduld und kreativer Beharrlichkeit seitens eines Partners, bis er Ihre hinter einer eher zurückhaltenden Sinnlichkeit verborgene tiefe und leidenschaftliche Emotionalität erwecken kann. Einmal zum Leben erwacht, verströmen Sie dann jedoch Ihre Gefühle mit großer Intensität und dem Wunsch nach deren dauerhaften Erfüllung. Es ist nahe liegend, dass Sie die gleiche wohl dosierte und kontrollierte Leidenschaft auch auf alle Ihre anderen, beruflichen und privaten Obliegenheiten richten. Da Sie sowohl emotional als auch rational immer bei der Sache sind, zeichnen sich Ihre Handlungen und Entscheidungen durch eine nüchterne, gleichwohl effektive und erfolgreiche Entschiedenheit aus.

Sonne in Skorpion – Venus in Waage

Wenn Sie diese Sonne-Venus-Verbindung noch ausschließlich oder weit überwiegend disharmonisch-unerlöst in sich erfahren, kann es zu einem Ausdruck Ihrer Liebe kommen, den man als eine Art Implosion der Gefühle beschreiben könnte. Implosion deswegen, weil dann unter Umständen Ihr ganzer Lebensausdruck wesentlich davon geprägt ist, dass Sie einerseits sehr stark unter der unbedingten Dominanz Ihrer Wunschvorstellungen stehen und andererseits Ihr Fühlen und Handeln von einem nicht zu übersehenden Narzissmus geprägt sind. Bei Ihnen wird dann gleichsam jeder noch so kleine Wunsch, jede vielleicht nur aus dem Augenblick geborene Begierde als ein unbedingt zu befolgender Befehl missverstanden. In den meisten Fällen sind es dann träumerisch-suggestive Prinzen- oder Prinzessinnenwünsche, unter deren Einfluss und Eindruck Sie sich in mehr oder weniger rosarote Luftschlösser hineinträumen. Erotisch-sexuelle Tagträume lassen Ihre Gefühle dann in eine Märchenwelt der Liebe gleiten, die mit der konkreten Wirklichkeit nichts oder nur sehr wenig zu tun hat. Da diese tief aus Ihrer Seele aufsteigenden Wunschbilder jedoch außerordentlich viel Macht über Ihr Bewusstsein ausüben, werden Sie mit aller Macht und auch mit Rücksichtslosigkeit versuchen, ihnen Realität zu verschaffen. Wenn sich diese ja mehr oder weniger zwanghaften Vorstellungen ganz konkret auf einen Partner richten, entbrennt in Ihnen eine scheinbar nicht zu zügelnde, oft fanatische Leidenschaft, mit der Sie den Partner um jeden Preis erobern möchten. Äußerst empfindlich registrieren Sie dann sowohl jedes positive wie negative Signal, mit dem der andere auf Ihre Forderungen nach Gegenliebe reagiert.

Da Sie einen offenen, klärenden Konflikt in der Partnerschaft eher scheuen, nehmen Sie Zuflucht zu einer nörgelnden Eifersucht, zu launischer Verschlossenheit oder einer den Konflikt geflissentlich überspielenden Schönfärberei. Mit allen Anzeichen demonstrativ gezeigter Ungnade versuchen Sie, bei Ihrem Gegenüber Gefühle der Schuld oder des Versagens zu evozieren, um dadurch – gleichsam durch die Hintertür – Ihren angestrebten Herrschaftsanspruch über die Gefühle des anderen umso nachhaltiger auszubauen. Wenn Ihre vor allem erotisch-sexuellen Begehrlichkeiten in der Liebe vom Partner nicht adäquat, das heißt gemäß Ihren narzisstischen Vorstellungen, beantwortet werden, verfolgen Sie diesen «Betrug» an Ihnen mit unnachsichtiger Rachsucht. Aus Ihrer Tendenz, leicht gekränkt, empfindlich und nachtragend zu sein, erwachsen dann leicht Partnerschaften, die oft nur noch deswegen bestehen, weil die vielleicht beiderseitigen Rachegelüste noch nicht befriedigt wurden. Das ist eine Art Hassliebe, die nach dem Motto «Auge um Auge, Zahn um Zahn» eine nach oben offene Spirale wechselseitiger Kränkungen, Verletzungen und Erniedrigungen zur Folge hat.

Ihr noch unerlöstes Bestreben, Ihren Traum von der Erfüllung Ihrer Liebeswünsche in der Wirklichkeit zu realisieren, kann vor diesem Hintergrund leicht in einen manchmal lebenslangen Albtraum führen, in dem sich dann die heimlich ersehnten lieblichen Feen in kleine, bösartige und rachsüchtige Gnome verwandeln. Nicht selten haftet dem Ausdruck Ihrer Liebe auch etwas leicht Snobistisches an. Durch unübersehbare Attitüden signalisieren Sie dann in Ihrem Verhalten, dass Sie sich für eine bestimmte Partnerschaft zu schade fühlen. Diese betont arrogante Distanzierung kann jedoch im Einzelfall auch ins Gegenteil umschlagen. Wenn es Ihnen nicht gelungen ist, mit Ihren Gefühlen den Partner oder die Partnerin zu dominieren, unterwerfen Sie sich ebenso entschieden. Nicht selten erwachsen daraus überwiegend sado-masochistisch geprägte Partnerschaften, in denen nur Sie selbst entscheiden können, inwieweit Sie diese Art der Liebe als für Sie erträglich und erfüllend oder als zerstörerisch einschätzen. Zusammenfassend könnte man sagen, dass Sie mehr oder weniger zwanghaft bemüht sind, Ihrer Traumvision von einem alle Wünsche erfüllenden einmaligen Liebesrausch Realität zu verschaffen.

Die Ursache dafür, dass Sie bei einem noch disharmonischen Erleben Ihrer Sonne-Venus-Einflüsse die Erfüllung Ihres Traumes weitgehend oder ganz verpassen, liegt darin, dass Sie die Einlösung Ihrer Wunschvorstellungen überwiegend von anderen Menschen, vom Partner oder der Partnerin erwarten. Aufgrund einer unflexiblen Trägheit sind Sie nicht bereit, selbst aktiv an der Verwirklichung Ihres Ideals mitzuarbeiten. Sobald Sie jedoch bereit sind, Ihre krasse Selbstbezogenheit aufzugeben und Ihren herablassenden Snobismus zu überwinden, das heißt für Ihren Traum von der Liebe tätig werden und ihn nicht nur für sich selbst, sondern auch für den Partner Wirklichkeit werden lassen wollen, wendet sich das Blatt zu Ihren Gunsten. Dann kommen all die in Ihnen angelegten positiven Eigenschaften und Fähigkeiten zum Tragen, die Sie vorher im Ausdruck Ihrer Gefühle ignoriert oder unterdrückt haben. Nun fällt es Ihnen leicht, die emotionale Intensität Ihrer suggestiven inneren Bilder in harmonische Handlungen und Entscheidungen einfließen zu lassen, in deren Mittelpunkt nun nicht mehr Sie selbst stehen, sondern eine wie auch immer geartete liebevolle partnerschaftliche Verbundenheit. Dem Reichtum Ihrer Phantasie entspringen immer neue kreative Ideen, wie Sie Ihren Gefühle einen leichten, fließenden, charmant-gefälligen Ausdruck verleihen können. Es gelingt Ihnen mühelos, sich selbst und Ihrem Lebensumfeld das Flair eines lustvollen Zusammenspiels aller nur denkbaren sinnlichen Reize zu verleihen. Ihrem äußerst sensiblen Gespür für künstlerisch-ästhetische Wirkungen eröffnen sich überall dort Möglichkeiten und Felder der Betätigung, wo es darum geht, einen auserlesenen Geschmack, modische Stilsicherheit und ein intuitiv-sicheres Bewusstsein für harmonisierende Farben und Formen sichtbar werden zu lassen.

Die Art und Weise, wie Sie dann in allen Menschen, aber auch in den Dingen deren ganz individuelle Schönheit entdecken und an ihrer lebendigen Entfaltung mitwirken wollen, hat fast etwas Magisches.

Unter Ihren Händen erblüht die materielle Welt der Dinge zu vorher nicht gekannter Schönheit. Ihre zugleich gefällig-freundliche und sinnlich-erotische Aura zieht andere Menschen intensiv und nachhaltig an. Dem emotionalen Sog Ihrer durchdringenden Ausstrahlung kann sich kaum jemand entziehen. Da Ihre Gefühle jedoch wesentlich auf einen harmonischen und vor allem rücksichtsvollen Austausch mit den Gefühlen anderer Menschen zielen, finden Sie die Erfüllung Ihrer Liebe in einer Partnerschaft vor allem dann, wenn auch der Partner oder die Partnerin die von Ihnen ausgehenden lebensbejahenden Schwingungen ebenso wirkungsvoll und kreativ beantwortet. Es entstehen dann partnerschaftliche Verbindungen, deren Hauptcharakteristika in einem fairen Ausgleich der beiderseitigen Interessen, einem rücksichtsvollen Umgang miteinander und einer unangestrengten, gleichsam natürlichen Gleichberechtigung liegen. Da Sie die gleiche Toleranz, die Sie für die Bedürfnisse Ihrer eigenen Liebeswünsche fordern, auch Ihrem Gegenüber zugestehen, gewinnt deren Erfüllung einen hohen Grad an Selbstverständlichkeit. Im besten Fall ergibt sich eine innige Verschmelzung des beiderseitigen Begehrens, da beide Partner sich auf der gemeinsamen Frequenz eines wohlwollenden und fürsorglichen wechselseitigen Gebens und Empfangens einschwingen.

Auch hier ist es vor allem Ihr Wunsch nach Verfeinerung, der alle Formen der körperlichen, aber auch geistigen Liebe durchdringt. Mit dem erotischen Zauber phantasievoller Liebesrituale verstehen Sie es, auch langjährige Partnerschaften immer wieder neu zu beleben und zu aktivieren. Anstatt einem zwanghaft-egoistischen Traum von der Liebe verhaftet zu bleiben, gelingt es Ihnen jetzt, die in Ihrer Phantasie geschauten Luftschlösser zu erden, ihnen eine konkrete, wirklichkeitsnahe Gestalt zu geben. Was vorher nur als ein den eigenen Narzissmus befriedigender Persönlichkeitsrausch erfahren wurde, wandelt sich in ein bewusstes, liebevolles, aufmerksames und verständnisvolles Wahrnehmen des Partners oder der Partnerin. In der Resonanz mit den Gefühlen des in behutsam-sinnlicher Zärtlichkeit und aufopfernder Hingabe erkannten Du des Partners erschließt sich für Sie die wahrhafte Erfüllung Ihrer Liebe. Da Sie mit der gleichen hingebungsvollen Sorgfalt und freundlichen Aufmerksamkeit, mit der Sie anderen Menschen begegnen, auch Ihre täglichen Aufgaben und Verpflichtungen angehen, ist Ihren Handlungen und Entscheidungen der Erfolg eigentlich immer sicher.

Sonne in Skorpion – Venus in Schütze

Wenn Sie diese Sonne-Venus-Konstellation in ihrer ganzen Umfassenheit harmonisch-erlöst erleben und ausdrücken, wird die Liebe für Sie gleichsam zu einem Glaubensbekenntnis, zu einer fast göttlichen Mission. Die aus Ihrer Seele aufsteigenden Emotionen entzünden sich zu einer hell aufleuchtenden Flamme leidenschaftlicher Gefühle. Diese Flamme strahlt gleichermaßen intensiv in ihrem körperlichen wie in ihrem geistigen Ausdruck und erfüllt Sie mit dem brennenden Wunsch, möglichst alle Menschen an der ganzen Fülle Ihres gefühlsmäßigen Erlebens teilhaben zu lassen. Es sind vor allem die unermüdlichen Taten Ihrer Liebe, die Ihnen die Herzen der Menschen eröffnen. Intuitiv erkennen Sie, wo andere Menschen Ihrer Hilfe oder Unterstützung bedürfen, und richten Ihre Energien ganz unmittelbar, spontan und effektiv auf die zu lösende Aufgabe. Da Ihr mitreißender Enthusiasmus nicht nur Sie selbst motiviert, sondern auch für andere eine nachahmenswerte Herausforderung darstellt, übernehmen Sie unbewusst auch immer ein wenig die Rolle eines vorbildlichen Lehrers.

Für Sie ist die Liebe in all ihren Ausdrucksformen ein aufregendes und zugleich geheimnisumwittertes Abenteuer, dem Sie sich freiwillig und herausfordernd stellen. Unentwegt versuchen Sie, das in Ihnen lebendige Ideal der Liebe kämpferisch in die Tat umzusetzen. Wohlwollend und auf die wirklichen Bedürfnisse anderer Menschen eingehend, verletzen Sie dabei jedoch nie die persönliche Integrität Ihrer Mitmenschen. Es sind vor allem der schöpferische Geist der Liebe und Ihr unabdingbarer Glaube an die Kraft der Liebe, die Sie tatkräftig vermitteln wollen. Wenn es mitunter den Anschein hat, dass Sie sich für die verändernden Kräfte mit fast missionarischem Eifer einsetzen, dann hängt dies wesentlich mit Ihrer festen Überzeugung zusammen, dass sich die Wohltaten der Liebe nur bei gleichzeitiger persönlicher Freiheit der Liebenden voll entfalten können. Dieser deutlich humanitäre Ansatz verleiht Ihren Taten der Liebe weit über die persönliche Partnerschaft hinaus einen umfassenden Anspruch und eine auch auf die Gesellschaft insgesamt gerichtete Zielsetzung. In Ihrem persönlichen Umfeld strahlen Ihre Gefühle Warm- und Großherzigkeit aus.

Sie pflegen eine großzügige Geselligkeit und lieben es, den Kreis Ihrer Freunde und Bekannten in Ihre eigenen Aktivitäten mit einzubeziehen. Ob dies nun im Rahmen gemeinsam betriebenen Sports geschieht oder ob Sie private oder öffentliche Anlässe benutzen, um mit den Menschen, die Sie lieben, gemeinsam etwas zu unternehmen oder zu feiern, immer ist es der freie Geist, mit dem Sie Ihren Gefühlen Ausdruck verleihen, der Ihnen die liebevolle Bewunderung und aufrichtige Hochachtung anderer beschert. Es ist für die Erfüllung Ihres Traums von einer erfüllten Liebe außerordentlich wichtig, dass sich Ihr Partner oder Ihre Partnerin von Ihnen immer wieder neu mitreißen und begeistern lässt und genauso viel Spaß am Abenteuer der Liebe entwickelt, wie Sie es für sich selbst immer wieder neu kreieren.

Wenn unter anderen planetarischen Konstellationen das Glück der Liebe eher in einer intimen Zweisamkeit gesucht und gefunden wird, bevorzugen Sie Partnerverbindungen, in denen die Gefühle der Liebe füreinander auch den gemeinsamen Geist beflügeln. Stets ist Ihre partnerschaftliche Liebe auch von einer gewissen kreativen Aufbruchstimmung gekennzeichnet, aus der heraus sich immer wieder beiderseitig überraschend Neues entwickeln kann. Sie verstehen es vorzüglich, auch kleinste emotionale Reize innovativ in einfallsreiche Taten der Liebe umzuwandeln. Da alle Handlungen und Entscheidungen bei Ihnen mehr oder weniger das Merkmal «in großem Stil» tragen, mag vielleicht das eine oder andere Detail im Einzelfall zu kurz kommen – der große, mitreißende Atem jedoch, mit dem Sie Ihre Gefühle idealistisch und effektiv nach außen tragen, verleiht Ihren Taten so viel Glanz und Ansehen, dass man über diesen kleinen «Fehler» gerne wohlwollend und verzeihend hinwegsieht. Unter diesen Vorzeichen versteht es sich von selbst, dass Sie mit der gleichen flammenden Leidenschaft und körperlichen und geistigen Intensität, mit der Sie Ihrer Sexualität Ausdruck verleihen, auch Ihre beruflichen und privaten Aufgaben angehen und zum Erfolg führen.

Die unter dieser planetarischen Zeichenkombination natürlich auch möglichen disharmonischen Auswirkungen kommen dann zum Tragen, wenn es Ihnen bisher noch nicht oder nur bedingt gelungen ist, über Ihren eigenen, egozentrischen Schatten zu springen. Dann gerät Ihnen jeder Ausdruck Ihrer Gefühle, der sich bei einem erlösten Erleben durch eine offensive und wohlwollende geistige Weite auszeichnet, zu einer eher engstirnigen Borniertheit. Das harmonischpartnerschaftlich gelebte Abenteuer der Liebe degeneriert zur rein erotisch-sexuellen Abenteuerlust. Sie suchen die Erfüllung fälschlicherweise nicht in der Qualität einer Beziehung, sondern in der Quantität häufig wechselnder Beziehungen. Untreue kann für Sie dann zu einer sportlichen Herausforderung werden, der Sie nach dem Motto «Öfter mal was Neues» auch ausgiebig frönen. Ihre Anlage zum «großen Stil» verkommt auf diese Weise zu einer großspurigen Aufgeblasenheit, mit der Sie Ihre Gefühle demonstrativ und übertreibend zur Schau stellen. Wo immer ein emotionaler Reiz Sie erreicht, reagieren Sie überschwänglich, maßlos und fordern dessen unmittelbare sinnliche Befriedigung. Sie können sich wahrscheinlich gar nicht vorstellen, dass die von Ihnen im Anfangsstadium einer Liebesbeziehung immer leicht fanatisch und pathetisch auf einen anderen Menschen projizierten Gefühle einmal nicht positiv beantwortet werden könnten. Es ist für Ihren maßlosen Stolz außerordentlich kränkend, wenn Ihr pompöses Liebeswerben nicht mit der sofortigen Unterwerfung des Partners beantwortet wird. Zum Thema Treue in der Partnerschaft haben Sie natürlich Ihre ganz eigenen Vorstellungen. Dass Sie von Ihrem Partner oder Ihrer Partnerin unbedingte Treue erwarten, versteht sich von selbst. Sie selbst nehmen es jedoch mit der Treue nicht so genau. Allzu verlockend ziehen Sie die neuen Liebesabenteuer an, die Ihnen auf Ihrem Weg immer wieder begegnen.

Beim auch nur leisesten Verdacht einer möglichen Umorientierung der Gefühle Ihres Partners verfolgen Sie diesen Verrat mit unnachgiebiger und oft grausamer Eifersucht. Im Aufspüren der verletzlichen Stellen Ihres Partners ist Ihre Rachsucht dann außerordentlich erfinderisch. Nachtragend und schonungslos bohren Sie in der offenen Wunde und sind in der Regel erst dann zufrieden, wenn Ihr Gegenüber sich Ihnen körperlich, seelisch und geistig bedingungslos unterwirft. Hinter dem anfänglichen Überschwang im Ausdruck Ihrer Gefühle verbirgt sich eigentlich eine nur zunächst nicht wahrnehmbare Gefühlskälte. Da sich die Gefühle Ihrer Liebe lediglich in dem kurzen Augenblick der sexuellen Eroberung bestätigt fühlen, muss dieser Kick immer wieder neu und verstärkt ausgelöst werden, damit Sie zur Befriedigung gelangen. Sobald der erste Rausch des erotisch-sexuellen Zaubers verflogen ist, verlieren Sie sehr schnell ein weiter gehendes Interesse. Ins Bildhafte übertragen gleicht das Feuer Ihrer Gefühle dann einer kurz und vehement hoch aufschießenden Flamme, die jedoch die beiderseitige Liebe nicht erwärmt und nährt, sondern sie mit ihrer überhitzten Glut verbrennt. Da Sie in der Regel Ihren Gefühlen keine Zeit lassen, sich kontinuierlich und harmonisch auf einen Partner hin zu entwickeln, und Ihre Begierden zunehmend eine immer stärkere Stimulation fordern, kann dies im Extremfall auch zu immer ausgefalleneren Liebespraktiken führen, in denen nur Sie dann noch eine Befriedigung finden. Nun mag dies ja für Sie selbst erfüllend sein, der dadurch jedoch in einer Partnerschaft unvermeidlich entstehende Druck und die oft zermürbenden gegenseitigen Abhängigkeiten summieren sich zu einem Bild wechselseitiger Hassliebe.

Da Sie auch wesentlichen Wert darauf legen, den Partner oder die Partnerin nicht nur köperlich-sexuell, sondern auch geistig zu dominieren, gefallen Sie sich in der Rolle des allwissenden Gurus. Wie ein mit allen nur denkbaren religiösen, philosophischen oder weltanschaulichen Vorurteilen ausgestopfter Pfau paradieren Sie dann im Kreis Ihrer Freunde und Bekannten und bleiben gegenüber jeder vernünftigen Diskussion verschlossen. Im Gegenteil, Sie scheuen sich nicht, die Meinungen anderer in betont abfälliger Art und Weise zu diskriminieren oder lächerlich zu machen. Gleichsam vom hohen Ross herunter schwadronieren Sie über den besonderen Reichtum, die Vielfalt und vor allem die Freiheit, die Sie sich im Ausdruck Ihrer Gefühle unangemessenerweise herausnehmen. Wer auch immer dann für die besonderen Werte der Liebe wie Hingabefähigkeit, Treue, Kameradschaft und Aufopferung plädiert, wird von Ihnen einer schmähenden Kritik unterzogen. Die fehlende oder noch nicht genügend entwickelte Sensibilität für die Gefühle und die Bedürfnisse anderer Menschen versuchen Sie dann durch das Verhalten eines verantwortungslosen Überfliegers zu kompensieren.

Sonne in Skorpion – Venus in Steinbock

Unter diesem planetarischen Einfluss stellen Sie sehr hohe Anforderungen an die Erfüllung Ihrer Liebe, und dies sowohl sich selbst als auch anderen Menschen gegenüber. Die in Ihnen angelegte Verknüpfung zwischen dem Ausdruck Ihrer Gefühle und den daraus für Sie resultierenden möglichen Pflichten und der Verantwortung gegenüber einem Partner oder einer Partnerin lässt Sie in der Regel nach betont dauerhaften Verbindungen streben. Über dem überwiegend gebändigten Ausdruck Ihrer Gefühle liegt immer ein gewisser Hauch oder Schleier von Ernst. Ihre herzliche Zuneigung zu anderen wird für Sie persönlich dadurch jedoch nicht getrübt, sondern im Gegenteil aufgewertet. Es dauert in der Regel eher lange, bis Sie sich für einen anderen Menschen in Liebe erwärmen. Obgleich auch in Ihrem Herzen die Glut einer Leidenschaft mächtig werden kann, lieben Sie es nicht, diesem Liebesfeuer allzu spontanen und unbeherrschten Ausdruck zu verleihen. Ihrer Art entspricht es eher, sowohl die Entwicklung und Entfaltung Ihrer eigenen Gefühle als auch die partnerschaftliche Resonanz darauf sehr vorsichtig und behutsam zu beobachten. Sie lassen Ihren Gefühlen bewusst Zeit, sich über das erste Aufflammen hinaus in Ruhe zu stabilisieren. Sie misstrauen eher dem ersten Gefühlsansturm, der Sie entweder tief aus Ihrer eigenen Seele erreicht oder Ihnen von Ihrem Gegenüber spontan entgegengebracht wird. Auf die am Beginn einer partnerschaftlichen Begegnung oft allzu aufgewühlte Oberfläche der Gefühle reagieren Sie eher kühl, warten in Geduld ab, bis sich die Wogen geglättet haben und man nach und nach die Tiefe der beiderseitigen Zuneigung sicher und zuverlässig ausloten kann. Dabei spielt vor allem Ihr Verstand eine gewichtige Rolle, indem er gegen die vielleicht allzu ausufernden Gefühle immer wieder begrenzende Dämme errichtet und die ungestüme Flut zu kanalisieren versucht.

Nicht ganz unwesentlich ist auch, dass Sie dem Ausdruck Ihrer Gefühle einen soliden äußeren Rahmen schaffen wollen. Sie legen Wert darauf, dass Ihre Liebe gesellschaftlich uneingeschränkt anerkannt ist und sich in Ihren eigenen sozialen Status harmonisch integrieren lässt. Es tut Ihren Gefühlen keinen Abbruch, wenn der Partner oder die Partnerin zum gemeinsamen materiellen Wohlstand auch einen angemessenen Beitrag leistet. Eigentlich reizt es auch Sie, mit Ihren Gefühlen ein wenig zu spielen, Ihren Emotionen einmal wirklich freien Lauf zu lassen. Aber sobald der erste lockere Schritt in diese Richtung erfolgt ist, mahnen Ihr auch stets waches und wachsames Gewissen und Ihr ehernes Pflichtbewusstsein bereits die möglichen unkalkulierbaren Folgen an. Im Grunde wissen Sie auch bei solch kleinen Fluchten ganz genau, dass die wirkliche Erfüllung Ihrer Liebeswünsche einzig und allein in einer stabilen partnerschaftlichen Treue, wechselseitigem Pflichtbewusstsein und aufrichtiger Hingabe an die Bedürfnisse des Partners liegt. Sie genießen die Solidität ruhig fließender Gefühle, die Intensität eines anspruchsvollen Ideen- und Gedankenaustausches und die Verlässlichkeit beiderseitiger Fürsorge.

In der gleichen Art und Weise, wie Sie sich gegenüber Ihren eigenen Gefühlen verantwortlich zeigen, übernehmen Sie auch die Verantwortung für die Beständigkeit der loyalen und herzlichen Verbundenheit mit dem Partner oder der Partnerin. Es liegt Ihnen viel daran, dass aus Ihrer Liebe Taten von dauerhaftem Nutzen und Wert erwachsen. Wo immer Sie eine Möglichkeit sehen, das solide Fundament Ihrer Liebe zu verbreitern oder zu festigen, unternehmen Sie gezielt, konzentriert und konsequent die entsprechenden Schritte. Es zeichnet die Art Ihrer Liebe in besonderer Weise aus, dass sie auch in schlechteren Zeiten standhaft und zuverlässig auf den Partner oder die Partnerin bezogen bleibt. Bei harmonischen Partnerschaften spricht man oft davon, dass zwei Menschen in ihren Gefühlen und ihrer Liebe miteinander verschmolzen zu sein scheinen. Analog könnte man bei einer glücklichen Verbindung bei Ihnen davon sprechen, dass Sie und Ihr Partner oder Ihre Partnerin sich Stein und Bein geschworen haben, wie Pech und Schwefel zusammenzuhalten. Die ruhige Konzentration, mit der Sie all Ihre sinnlichen und mentalen Anlagen jederzeit im Griff haben, garantiert Ihnen auch in allen beruflichen Belangen und Entscheidungen einen nachhaltigen Erfolg.

Bei einem noch disharmonischen Erleben dieser Sonne-Venus-Konstellation verkehrt sich die produktive Ruhe und teilnehmende Gelassenheit im Ausdruck Ihrer Gefühle in eine unübersehbare Starre. Jedes auch nur zaghafte Öffnen des Herzens wird ängstlich vermieden. Aus Furcht, dass aus dem freien und spontanen Fluss der Gefühle unabsehbare und nicht zu kalkulierende Risiken entstehen könnten, unterdrücken oder versagen Sie sich leicht jede gefühlsmäßige Regung. Der gesamte Ausdruck Ihrer Gefühle ist mehr oder minder stark reduziert. Es scheint fast so, als schöben Sie selbst immer einen schweren Stein auf Ihre Seele, um jeden Ausfluss von Emotionen unmittelbar zu erschweren oder gar zu unterdrücken. Das im erlösten Stadium positiv stabilisierend wirkende Pflichtbewusstsein gerät nun zu einem starreren Dogmatismus, unter dem nicht nur der beiderseitige gefühlsmäßige Austausch absolut unflexibel normiert und geregelt werden soll. Dabei spielt es keine Rolle, ob Sie sich diese «Gesetze der Liebe» selbst gesetzt haben oder sie von Ihren Eltern oder ganz allgemein aus dem Zeitgeist unreflektiert und zwanghaft übernommen haben. Da nun alle Lebensäußerungen weitgehend reglementiert sind, muss jede auch noch so geringe Abweichung entsprechend nachdrücklich bestraft werden. Konkret erfolgte oder auch nur eingebildete Verfehlungen des Partners werden dann von Ihnen unnachgiebig kritisiert und mit quälender Eifersucht und nicht selten körperlich-massiver Rachsucht verfolgt. Es entsteht leicht der Eindruck, dass Sie den gleichen Druck, mit dem Sie Ihre eigenen Gefühle unter der Decke zu halten versuchen, auch aktiv auf den Partner richten, um bei ihm ebenfalls jeglichen Ausbruch von Zärtlichkeit, herzlicher Wärme und liebevoller Aufgeschlossenheit zu unterdrücken. Dieser Kampf kann sehr schnell alle zerstörerischen Züge einer blinden Hassliebe annehmen. Das Fatale daran ist, dass zwei Menschen, die in dieser zwanghaften Weise miteinander verbunden sind, sich auch dann nicht trennen können, wenn wirklich alle Anzeichen für ein tief greifendes gefühlsmäßiges Zerwürfnis gegeben sind.

Nicht zuletzt sind es dann auch materielle Gründe, der gemeinsame Besitz oder eine ängstlich befürchtete Schädigung des gesellschaftlichen Ansehens, die ein solches Paar auf Lebenszeit aneinander ketten. Es liegt dann etwas Gnadenloses im Erleben und Ausdruck Ihrer Gefühle, eine zwanghafte Starre, deren vielleicht einzige Lust darin besteht, aneinander zu leiden und sich gegenseitig Schmerz zuzufügen. Im extremsten Fall kann dies dazu führen, dass im Laufe der Zeit die ehemals vorhandenen guten Gefühle füreinander total erstarren und zu einer sexuellen Frigidität oder gänzlicher Abstinenz führen. Möglich ist jedoch auch, dass gerade die Sexualität dazu benutzt wird, um den Partner oder die Partnerin mit Hilfe von sado-masochistischen Praktiken an sich zu fesseln und zu unterdrücken. Die große Bedeutung, die für Sie die materielle Seite einer Beziehung haben kann – das heißt beispielsweise die nüchterne Überlegung, welchen finanziellen Nutzen die Partnerschaft Ihnen bringt –, kann leicht dazu führen, dass Sie, um diese Vorteile zu erhalten, dazu übergehen, Ihre bereits erkalteten Gefühle der Liebe und Leidenschaft nur noch zu heucheln. Die früher relativ übliche Bezeichnung Vernunftehe stellt eine euphemistische Umschreibung dessen dar, was in Wahrheit die Hölle der Liebe auf Erden sein kann. Typisch für eine solche partnerschaftliche Verbindung ist dann, dass nach außen, gegenüber den Freunden und Bekannten, weiterhin zwanghaft der Anschein einer tiefen und dauerhaften Liebe aufrechterhalten wird. Obwohl eigentlich jeder weiß, dass Sie nur mit großer Mühe und – wie Sie vielleicht selbst glauben – mit Respekt heischender Selbstbeherrschung den öffentlichen Status Ihrer Liebe zur Schau stellen, können Sie sich aus den selbst auferlegten Fesseln nur selten wirklich befreien. Da Sie mit der gleichen unflexiblen Konsequenz vermutlich auch Ihre beruflichen Aufgaben und Ziele verfolgen, werden hier die gleichen negativen Folgen auftreten. Ihre gleichermaßen bornierten wie starren Ansichten und selbst gesetzten Normen verhindern auf die Dauer jeden wünschenswerten Erfolg.

Sonne in Schütze

Sonne in Schütze – Venus in Schütze

Wenn es die ideale Liebe gäbe, wer könnte sie überzeugender verkünden als Sie? Bei einem erlöst-harmonischen inneren Erleben und äußeren Ausdruck dieser Sonne-Venus-Konstellation ist Ihr ganzes Wesen mit der Aura eines unwiderstehlichen Optimismus und einer körperlichen, geistigen und seelischen Beweglichkeit umgeben, die es Ihren Gefühlen leicht machen, sich in jeder Lebenssituation großzügig, aufrichtig und mit herzlicher Aufgeschlossenheit zum Ausdruck zu bringen. Die doppelte Feuer-Betonung aus dem Tierkreiszeichen Schütze lässt in Ihnen die Flammen einer betont idealistisch orientierten Liebe hell aufleuchten. Im strahlenden Licht und der wohltuenden und belebenden Wärme dieses Feuers finden andere Menschen jeden nur denkbaren Schutz und Halt, den Sie ihnen in Ihrem Großmut auch bereitwillig gewähren. Die Art und Weise, wie Sie Ihre Gefühle verschwenderisch in Taten der Liebe einfließen lassen, macht deutlich, dass Sie nicht nur über ein schier unerschöpfliches Reservoir an Liebe und Fürsorge verfügen, sondern daraus auch uneigennützig für andere schöpfen.

Das Fundament Ihrer Liebe ist gegründet auf Ihrem unerschütterlichen Glauben, dass allein durch die Liebe jede Form zwischenmenschlicher Begegnungen oder partnerschaftlicher Beziehungen geadelt wird. Es mag wie ein Widerspruch klingen, aber für Sie stellt die Liebe – und hier auch im Besonderen die rein körperliche Liebe – auch ein immer währendes geistiges Abenteuer dar. Im festen Glauben *an* die Liebe sind Sie eigentlich lebenslang auf der Suche *nach* der Liebe und entdecken und entfachen sie auch in den Menschen, die sie oft nur verkümmert und mutlos erfahren und zum Ausdruck bringen. Gerade dort pflanzt der mitreißende Enthusiasmus Ihrer vorgelebten Liebeskraft wieder neuen Mut in die Herzen. Da sich Ihr Begriff von der Liebe immer auch mit dem nachdrücklichen Anspruch auf persönliche Freiheit und unantastbare Integrität verbindet, kann es in Ihren partnerschaftlichen Beziehungen nie eng werden. Ihr freier und unabhängiger Geist sorgt dafür, dass Partnerbindungen nicht in einer unter Umständen dumpf-schwülen Sexualität versinken, sondern sich die lebendige Welt der Sinne harmonisch mit einem wechselseitig regen und anspruchsvollen geistigen Austausch verknüpft. Das heißt, die Liebe ist und bleibt für Sie immer ein sowohl erotisch-sinnliches als auch intellektuell-geistiges Abenteuer.

Mit Ihrer rechtschaffenen Aufrichtigkeit und Ihrem von Herzen kommenden Wohlwollen eröffnen Sie anderen Menschen in jeder neuen Begegnung zuvor oft nicht erkannte Lebensperspektiven. Selbst begeistert und andere begeisternd richten Sie den Schütze-Pfeil der Liebe nicht nur auf andere Menschen, sondern ebenso innovativ und mitreißend auch auf alle Sach- und Entscheidungszusammenhänge Ihres Lebens. Es besteht kein Zweifel, Sie möchten die Menschen und die Welt verbessern, sie humaner gestalten, sie freiheitlicher organisieren, sie idealistischer ausrichten. Es hat oft den Anschein, als hätten Sie eine bestimmte Ahnung davon oder einen festen Glauben daran, wie die Liebe auf Erden beschaffen sein müsste, wenn der in ihr lebendig wirkende göttliche Funke schon zu seiner höchsten Entfaltung und vollsten Blüte gefunden hätte.

Nun steht bei Ihnen natürlich nicht nur das Ideal der Liebe im Zentrum Ihres Interesses, Sie wissen auch alle irdischen Freuden zu genießen. Ein gutes Essen – es darf ruhig gern auch ein wenig exotisch sein –, erlesener Wein, ein großzügig-geschmackvolles häusliches Ambiente, ein großer Kreis anspruchsvoll interessierter Freunde und Bekannter, dies alles und – typisch für alle Schütze-Geborenen – noch «ein wenig mehr» lässt Ihr Herz höher schlagen und Sie in schwärmerischen Gefühlen schwelgen. Ihre urbane, weltmännische Lebensart – mit größtem Selbstverständnis reisen Sie gerne und möglichst weit – und Ihre liebevolle und aufgeschlossene Herzlichkeit machen jede Liebesbindung für Sie und Ihren Partner oder Ihre Partnerin zu einem kreativen, aufregenden und spannenden Abenteuer.

Wenn Sie den Reichtum und die Kreativität Ihrer Gefühle noch in einer mehr oder weniger unerlöst-disharmonischen Art und Weise in sich erleben und zum Ausdruck bringen, mutiert Ihr Liebesideal leicht zu einer Ideologie von der Liebe. Rechthaberisch und borniert werden Sie dann darauf pochen, dass Sie allein wissen, was Gefühle überhaupt sind und wie sie sich zu äußern haben. Sobald ein Partner von den von

Ihnen gesetzten Gefühlsnormen auch nur geringfügig abweicht, wird er unnachsichtig und nicht selten auch cholerisch-wütend kritisiert. Nun könnte man denken, dass sich hinter einem solchen Verhalten eine gewisse Engherzigkeit verbirgt. Dem ist aber nicht so, vielmehr ist es eine oft maßlos übertriebene Weitherzigkeit, unter der sich all Ihre Handlungen und Entscheidungen als überwiegend großspurig, pathetisch und verallgemeinernd offenbaren. Ihre Tendenz, alles in großem Stil anzugehen und zu handhaben, macht auch vor Ihren Gefühlen nicht Halt, sodass Sie es beispielsweise auch mit der partnerschaftlichen Treue nicht so genau nehmen. Aus einem mitunter total überspannten Verständnis von dem, was Abenteuer wirklich heißt, suchen Sie Ihre sinnlichen Reize im ewig Neuen zu befriedigen, anstatt im schon Bekannten das auch darin verborgene Abenteuer zu entdecken. Mit Ihren wesentlich egozentrisch ausgerichteten Bedürfnissen nach Liebe, Zärtlichkeit und Hingabe «benutzen» Sie den Partner oder die Partnerin gleichsam nur, um zu Ihrer eigentlich nur vordergründig sinnlichen Befriedigung zu kommen.

Vor diesem Hintergrund ist es auch kein Wunder, dass Sie dazu neigen, dünkelhaft und moralisierend zwar den Splitter im Auge des anderen, bei sich selbst jedoch nicht den Balken zu sehen. So können Lebenssituationen entstehen, in denen Sie unter dem Deckmantel einer selbstgerechten Wohlanständigkeit das in Ihren Augen lasterhafte und ausschweifende Gefühlsleben anderer nicht nur kritisieren, sondern im extremsten Fall auch noch gerichtlich zu verfolgen suchen. Hinter diesem moralinsauren Eifer verbirgt sich im Grunde nichts anderes als eben die Heuchelei, mit der Sie Ihre eigenen erotisch-sexuellen Liebesabenteuer zu vertuschen suchen. Im Kreis Ihrer Freunde und Bekannten gefallen Sie sich in der Rolle des über den Wolken schwebenden, allwissenden und allmächtigen Gurus, dem man sich eigentlich nur anbetend oder schmachtend nähern kann. Wahrscheinlich zeigen auch Ihre äußeren Lebensumstände – die Art, wie Sie sich kleiden, wie Sie wohnen, welchen Typ Auto Sie bevorzugen – alle Anzeichen auffälliger Protzerei. Selbstgefällig schwelgen Ihre Selbstwertgefühle im Anblick von allerlei aufwändigem Goldschmuck und anderem überwiegend barocken Tand. Oder Sie umgeben sich mit ausgefallenen Exotika, um damit, betont lässig, Ihre vorgebliche Weltläufigkeit zu demonstrieren. Die unbewusste innere Unsicherheit, die Sie nach außen hin durch ein pompöses, arrogantes und immer leicht gereiztes Auftreten kompensieren, lässt es kaum zu, dass Sie sich für längere Zeit partnerschaftlich an einen Menschen binden. Es mangelt Ihnen ganz einfach an dem dafür notwendigen Einfühlungsvermögen in die gefühlsmäßig-seelische Lage eines Partners oder einer Partnerin.

Immer dann, wenn Sie sich einbilden, über Gefühle *einmal ganz ehrlich* zu sprechen, verhalten Sie sich in der Regel nur unsensibel und verletzend. Es ist nicht zuletzt die krasse Empfindlichkeit Ihres Stolzes, die es verhindert, dass Sie mit einem Partner oder einer Partnerin oder ganz allgemein mit anderen Menschen gefühlsmäßig warm werden. Geringste Anzeichen einer Nichtachtung Ihres meist ja recht aufgeplusterten Verhaltens genügen, um bei Ihnen Ausfälle von unkontrollierter cholerischer Wut zu provozieren. Oder Sie halten Ihr Gegenüber für so unwürdig, dass Sie sich zu zynischer und arroganter Nichtachtung herablassen. Da Sie die Erfüllung Ihrer Liebe nur im Ausdruck und Verhalten eines globalen Gefühlsüberfliegers zu finden glauben, vergeuden Sie letzten Endes die Kraft Ihrer Gefühle an nur scheinbar beglückende, oberflächliche partnerschaftliche Begegnungen. Anstatt die Kräfte Ihrer Gefühle zu bündeln und sie in wohlwollende, uneigennützige und hingabebereite Taten der Liebe einmünden zu lassen, verschwenden Sie das durchaus liebesfähige Feuer Ihres Herzens an ebenso hoch auflodernde wie schnell in sich zusammenfallende, Ihre Umwelt eigentlich nur versengende Flammen der Leidenschaft.

Sonne in Schütze – Venus in Waage

Im Stadium eines erlösten Erlebens werden Sie die symbolisch-planetarischen Einflüsse dieser Sonne-Venus-Verbindung im besten Fall wie ein an den Himmel gerichtetes Gebet empfinden, dessen Liebeswünsche schon auf Erden erfüllt werden. Dieser fast religiös zu nennende Charakter Ihrer Liebe hat vor allem damit zu tun, dass Sie in sich den unwiderstehlichen Impuls fühlen, sich gefühlsmäßig mit anderen Menschen (im Sinne von «religio», lat. = Wiederanbindung) zu verbinden. Die ganz und gar irdischen und nichtsdestoweniger Glück verheißenden Voraussetzungen dafür liegen in Ihrer gleichsam angeborenen Fähigkeit, leicht, aufgeschlossen, rücksichtsvoll und aufrichtig auf andere Menschen zuzugehen und mit ihnen umzugehen. Aus Ihrem Herzen erstrahlt ein derart gewinnender Optimismus, dass andere Menschen fast gar nicht anders können, als sich in den Schutz Ihrer aufrichtigen Zuneigung zu begeben. Großzügig, fast verschwenderisch gehen Sie mit den Gaben Ihrer Liebe um. Jede Begegnung mit anderen stellt für Sie ein kleines aufregendes Abenteuer dar, dessen Reiz für Sie immer sowohl auf einer erotisch-sinnlichen als auch auf einer geistig-intellektuellen Ebene liegt. Sie glauben nicht nur an die Erfüllung Ihres Traumes vom Ideal der Liebe, Sie verstehen es auch, diesem Traum eine irdische Gestalt zu geben.

In diesem Zusammenhang spielt vor allem Ihr feines künstlerisches Gespür für die Wirkung von gefälligen Farben und Formen eine Rolle, mit dem Sie sowohl Ihrem persönlichen Äußeren als auch dem Ambiente Ihrer häuslichen Umgebung das Flair des Ausgefallenen verleihen. Sie verstehen es, Ihren Partner nicht nur mit allen Sinnen zu umschmeicheln, sondern ihn auch auf eine charmant-unangestrengte Art und Weise geistig anzuregen. Diese glückliche Verbindung aus einer harmonischen, gegenseitigen erotisch-sexuellen Anziehung und einem immer regen und anspruchsvollen Gedanken- und Interessenaustausch verhindert, dass eine Partnerschaft mit Ihnen je langweilig werden kann. Unter dem Zeichen Ihres weltoffenen Denkens gewinnen vor allem intensive Freundschaften für Sie eine besondere Bedeutung. Ihre weltanschauliche und religiöse Toleranz erlaubt es, dass Sie in großer geistiger Ungezwungenheit einen Kreis höchst interessanter und dabei durchaus unterschiedlicher Menschen um sich versammeln können. Die herzlichen und taktvollen Gefühle und Ihre immer leicht idealistisch angehauchte Liebe, die Sie diesen Freunden und Bekannten entgegenbringen, schmälern Ihre intensiven partnerschaftlichen Zuneigungen dabei in keiner Weise, denn Sie verstehen es, den inneren und äußeren Kreis der Menschen mit leichter Hand zu integrieren. Großzügig und stilsicher arrangierte Feste sind ebenso ein aufrichtiger Ausdruck der Allverbundenheit Ihrer Gefühle wie ein phantasievolles und alle Sinne lustvoll einbeziehend gestaltetes intimes Beisammensein. Je intensiver dann der Gleichklang der Herzen und des Geistes zu vernehmen ist, umso näher fühlen Sie sich der wahren Erfüllung Ihrer Liebe.

Es ist vor allem das harmonische Gleichgewicht der Seelen und des Geistes, das Sie in allen zwischenmenschlichen Verbindungen suchen. Und da Sie aus vollem Herzen und mit gläubiger Überzeugung bereit sind, Ihren Anteil zu einer beiderseitigen körperlichen und geistigen Harmonie gleichberechtigt und fair einzubringen, strahlt Ihre Partnerschaft eine vorbildhafte innere und äußere Ruhe und heitere Gelassenheit aus. In einem fein und ausgewogen aufeinander abgestimmten Verhältnis zwischen partnerschaftlichem Geben und Empfangen befindet sich Ihre Liebe gleichsam immer auf einer Reise, deren Ziel in einer zunehmenden Verfeinerung und Vergeistigung Ihrer Gefühle liegt. Dass dies ein durchaus auch irdisch zu gehender Weg und ein irdisch zu erreichendes Ziel ist, erfahren Sie allein dadurch, dass Sie tief in Ihrer Seele unverbrüchlich an die Kraft der Liebe glauben.

Diesem unvergleichlich verlockenden Ziel eines körperlich, seelisch und geistig harmonischen partnerschaftlichen Austauschs steht bei einem noch nicht oder nur bedingt erlösten Erleben und Ausdruck Ihrer Gefühle eine ganze Reihe von Widerständen entgegen. Da wären zunächst einmal Ihr vielleicht noch sehr ausgeprägter Narzissmus und eine gewisse Selbstgefälligkeit, mit der Sie sich immer selbst ins Zentrum zu stellen versuchen, die eine gefühlsmäßig aufgeschlossene Hingabe in der Partnerschaft verhindern. Vielleicht fühlen Sie sich insgeheim ein wenig wie ein erwählter Prinz oder eine auserkorene Prinzessin, sodass es Ihnen im Traum nicht einfällt, sich irgendwie gefällig oder rücksichtsvoll zu anderen Menschen herabzulassen. Möglicherweise haben Sie auch aus Ihren Gefühlen ein Traumschloss oder besser ein Luftschloss der Liebe errichtet, in dem Sie nun den Tagträumen Ihrer erotisch-sexuellen Sehnsüchte nachhängen. Die freiheitliche Idee von der Liebe und der feste Glaube an die Liebe, die Sie unbewusst in Ihrem Herzen fühlen, sind jedoch zu einer engstirnigen Ideologie und zu einem selbstgerechten Dogma verkommen. Hochmütig und immer leicht gereizt, dünkelhaft und arrogant schauen Sie auf all die Menschen herab, die es ablehnen, sich Ihren selbst gesetzten Normen, wie die wahre Liebe sich nun ein für alle Mal zu äußern habe, zu unterwerfen.

Nun ist es nicht so, dass diese Normen auf einen einschränkenden sinnlichen und gefühlsmäßigen Purismus zielen. Im Gegenteil, Sie neigen eher zur Übertreibung. Zärtlichkeit, Fürsorge und liebevolle Anteilnahme scheinen für Sie nur dann akzeptabel, wenn sie in gleicher Weise verschwenderisch und pompös auf Sie zukommen, wie sie von Ihnen mit zwar materiell vollen, aber gefühlsmäßig leeren Händen verteilt werden. Man merkt Ihnen leicht an, dass Sie hinter Ihrem vordergründigen Großmut oft nur mühsam eine gewisse Menschenverachtung verbergen können. Selbst da, wo Sie glauben, innig zu lieben, findet leicht ein Hauch von unbewusster Heuchelei Einzug. Dies mag vor allem daran liegen, dass Sie es einerseits immer allen recht machen wollen, also konfliktscheu jeder kleinsten Unstimmigkeit aus dem Weg zu gehen versuchen, andererseits jedoch auch nicht zurückscheuen, jedes von Ihren Vorstellungen abweichende Verhalten unnachsichtig und moralisierend zu tadeln. Es ist diese Ambivalenz im Ausdruck Ihrer Gefühle, die Unfähigkeit oder ganz einfach die Weigerung, sich auf andere Menschen einzustellen, diese zur Schau gestellte Herablassung, die es Ihnen immer wieder schwer machen, dauerhaft innige und gefühlsstarke Verbindungen zu anderen Menschen aufzubauen.

Potenzielle Partner oder Partnerinnen haben daher das Gefühl, Sie seien innerlich auf dem Sprung, nie ganz bei der Sache und eigentlich schon auf dem Weg ins nächste Abenteuer. Vielleicht haben Sie auf Ihren abenteuerlichen Liebeswegen nicht nur den Glauben an die Liebe, sondern auch den Glauben an sich selbst verloren. Dann ist es nahe liegend, dass Sie, um jeder möglichen neuerlichen Verletzung zu entgehen, umso entschiedener in Ihrer Liebestraumwelt Zuflucht suchen. Dass der in Ihnen angelegte lebensbejahende Optimismus über kurz oder lang einem Minderwertigkeitsgefühl weicht, ist nur allzu verständlich. Da Sie jedoch andererseits auch nicht die Neigung zu klösterlicher Zurückgezogenheit verspüren, werden Sie wahrscheinlich versuchen, Ihre gefühlsmäßige Isolation dadurch zu verschleiern, dass Sie Ihre Gefühle kompensatorisch mit besonderem Pathos, großspurig und immer ein wenig aufdringlich zur Schau stellen. Nach dem Motto «Wie's da drinnen aussieht, geht niemand was an» bauen Sie unter Umständen um sich eine Welt verschwenderischer Fülle, zwanghaft ausgelassener Aufgeschlossenheit und Fröhlichkeit auf, eine pompöse Fassade, hinter der sich Ihre ängstlich-unentschiedene Seele eigentlich nach partnerschaftlicher Zärtlichkeit, Anteilnahme, Fürsorge und Liebe des einen sehnt. Um den in Ihnen lebendigen Wunsch nach einer gefühlsstarken, dauerhaften und Anteil nehmenden Symbiose in einer Partnerschaft zu verwirklichen, bedarf es vielleicht nur des kleinen, aber entschiedenen Schrittes, dass Sie bereit sind, Ihre eigenen

Bedürfnisse nach einer erfüllten Liebe mit denen des Partners oder der Partnerin fair und gleichberechtigt abzustimmen. Möglicherweise müssen Sie auch ein paar Stufen von dem imaginären Thron, auf dem Sie sich als verwunschener Prinz oder Prinzessin wähnen, herabsteigen und sich nicht nur mit den erotischen und sexuellen Wünschen und Bedürfnissen, sondern auch mit den geistigen Zielen anderer «gemein machen», um Ihren Gefühlen den Freiraum zu schaffen, in dem sie zu einer Sie erfüllenden Liebe erblühen können.

Sonne in Schütze – Venus in Skorpion

Wenn man die aus einem harmonischen Erleben dieser planetarischen Sonne-Venus-Kombination erwachsenden positiven Ausdrucksformen der Liebe in ein einziges Bild fassen wollte, dann müsste man von einer Priesterin, einer Zauberin oder einem Priester und Magier der Liebe sprechen. Die aus diesen beiden Tierkreiszeichen zusammenfließenden Elemente Feuer (Schütze) und Wasser (Skorpion) entfachen bei Ihnen eine hell auflodernde Flamme (Feuer) leidenschaftlicher Gefühle (Wasser). Oder anders ausgedrückt, die Wasser der Liebe werden hier vom Feuer des Geistes in einen kraftvollen, wohltuenden, erwärmenden und nährenden Strom der Gefühle transformiert. Es sind die plutonischen Anteile Ihrer skorpionischen Venus, die diese Transformation bewirken, indem sie die tief aus Ihrer Seele aufsteigenden intensiven sexuellen Leidenschaften in die geistigen Höhen Ihrer glaubensstarken und idealistischen Schütze-Sonne führen und sie dort zu einem die umfassende Schönheit der Liebe erkennenden Bewusstsein sublimieren. Es gibt wohl nur wenige Menschen, die sich dem faszinierenden Bann Ihrer gleichermaßen sinnlich-erotischen wie geistig-intellektuellen Ausstrahlung entziehen können. Nun ist es jedoch nicht so, dass Sie diesen unwiderstehlichen Sog Ihrer Anziehungskraft dazu benutzen, andere Menschen zu dominieren und in Ihre Abhängigkeit zu bringen. Im Gegenteil gelingt es Ihnen, körperlich und geistig genau die Mischung aus Nähe und Distanz zu schaffen, die für einen beiderseitig befruchtenden und erfüllenden zwischenmenschlichen Austausch notwendig ist. Mit einem gleichsam traumwandlerischen, im besten Fall auch medialen Einfühlungsvermögen in die Psyche anderer Menschen werben Sie großzügig und aufrichtig um die Liebe eines möglichen Partners. Für Sie selbst, aber auch für alle anderen Menschen scheinen Begegnungen mit Ihnen immer etwas unvergesslich Schicksalhaftes zu haben.

Die in Ihnen außerordentlich lebendige Abenteuerlust verlockt und reizt Sie, immer wieder neue und für alle daran Beteiligten auch aufwühlende Erfahrungen zu machen. Die Intensität, mit der Sie in einer Partnerschaft Ihre Gefühle liebevoll-leidenschaftlich zum Ausdruck bringen und sie aufopfernd in Taten der Liebe einfließen lassen, bietet Ihrem Partner oder Ihrer Partnerin sowohl materiellen wie ideellen und emotionalen Schutz und Halt. So schwierig kann es eigentlich in einer Partnerschaft mit Ihnen nie werden, dass Ihr mitreißender Optimismus, Ihre geistige Beweglichkeit und Ihre sinnliche Kraft nicht einen gemeinsamen Weg zur Heilung finden. Es entspricht nicht Ihrem Bild von einer erfüllt gelebten Partnerschaft, an einem bestimmten Punkt der gefühlsmäßigen Annäherung stehen zu bleiben. Ihr Geist und Ihre Sinne suchen und finden immer wieder neue Horizonte, von denen sich Ihre Gefühle magisch angezogen fühlen und auf die sich Ihre Liebe hinbewegen möchte. Da Ihnen nichts daran liegt, sich allein auf diese immer währende Reise zu begeben, versuchen Sie leidenschaftlich und überzeugend, auch andere Menschen zum Ausloten dieser geistigen und emotionalen Weiten zu motivieren und mitzureißen. Im Schutz und in der Begleitung Ihrer leicht auf andere überspringenden und sie stärkenden seelischen Kräfte gelingt es den Menschen, die mit Ihnen in Berührung kommen, nun ihrerseits bisher nicht geahnte seelische und geistige Energien freizusetzen, die dann wieder lebendig und aufbauend zu Ihnen zurückströmen. Mit dieser gleichsam sich selbst nährenden seelischen Energie assimilieren und sublimieren Sie die von anderen Menschen ausgehenden Gefühlsschwingungen und bündeln sie zu einem kraftvollen Ausdruck und intensiven Erleben Ihrer eigenen Liebesfähigkeit. Je mehr es Ihnen gelingt, die in Ihnen freigesetzten seelischen Kräfte uneigennützig, zum Wohle anderer Menschen zu nutzen, umso umfassender werden Sie die Erfüllung all Ihrer Träume und Ideale von der Liebe in sich selbst erfahren. Da Sie Ihre Gefühle mit der Ihnen eigenen Antriebsstärke nicht nur auf einen Partner oder ganz allgemein auf andere Menschen, sondern mit der gleichen Intensität und Leidenschaft auch auf Ihre

Aufgaben und Pflichten lenken können, ist auch Ihrem rein materiellen Wollen und Handeln ein Höchstmaß an Erfolg sicher.

Wenn Sie noch in einem eher disharmonischen Erleben und Ausdruck Ihrer Gefühle befangen sind, werden Sie unbewusst das Opfer Ihrer eigentlich positiven, aber noch nicht erweckten Anlagen und Fähigkeiten. Das im erlösten Ausdruck freie Spiel Ihrer seelischen Kräfte gerät dann leicht zu einem zwanghaften, sich in einen Menschen oder eine Aufgabe verbeißenden Handeln und Entscheiden. Mit einer gewissen Engstirnigkeit fokussieren Sie Ihre vordergründig egoistischen Wünsche und Hoffnungen auf bestimmte Objekte Ihres Wollens. Mehr oder weniger fanatisch und rücksichtslos, geben Sie nicht eher auf, bis der Sieg über einen Menschen oder eine Aufgabe errungen ist. Mit einem alle Alternativen ausschließenden Interesse und einer einseitigen Fixierung auf diesen Sieg scheuen Sie auch nicht davor zurück, Ihr Ziel unter Umständen auf dem Weg der eigenen Erniedrigung zu erreichen. Die in Ihnen virulenten selbstzerstörerischen seelischen Kräfte führen nicht selten zu partnerschaftlichen Verhältnissen, deren einziger Kitt in einer sich wechselweise verzehrenden Hassliebe besteht. Aufgrund Ihrer Neigung, sich einerseits hochmütig und dünkelhaft nicht auf andere einlassen zu wollen und andererseits nicht willens zu sein, auf die unmittelbare Erfüllung der eigenen suggestiven Wünsche und Begierden auch einmal zu verzichten, entsteht leicht ein permanent gereiztes partnerschaftliches Klima, in dem jeder den anderen eifersüchtig beobachtet und nur seinen eigenen Vorteil sucht.

Auf die vorhandene sinnlich-sexuelle Unbescheidenheit trifft dann unter Umständen zusätzlich noch eine geistig-intellektuelle Vereinnahmung, die dem Partner oder der Partnerin im Laufe der Zeit die seelische und geistige Luft abschnürt. Alle Ihre Lebensäußerungen leiden nicht selten unter einem Maß an zwanghafter Übertreibung, sodass schließlich eine Erfüllung der Liebe nur noch in der Forderung nach einem stetigen, alle Grenzen sprengenden Mehr, Besser und Größer erhofft werden kann. Sobald sich dem begierigen Ausleben Ihrer leidenschaftlichen Gefühle auch nur das geringste Hindernis in den Weg stellt, neigen Sie zu oft cholerischen Wutausbrüchen. Selbstgerecht und hochmütig suchen Sie dann natürlich den Fehler bei Ihrem Gegenüber und strafen Ihren Partner entweder mit zermürbender Nichtachtung oder einer seinen Selbstwert vernichtenden Kritik. Da

Sie fest daran glauben, in der Beantwortung aller Fragen über die alleinige Wahrheit zu verfügen, versuchen Sie unnachsichtig moralisierend und mit nimmermüdem missionarischen Eifer alle Menschen, die Sie vorgeben zu lieben, mit Ihren Ansichten zu dominieren.

Da Sie über eine außerordentlich suggestive Ausstrahlung verfügen, gelingt es Ihnen leicht, eher schwächere Menschen in Ihren Bann zu ziehen. Diese können sich dann oft ein Leben lang nicht Ihrem magischen Sog entziehen und bleiben bewusst oder unbewusst Ihr willfähriges Opfer. Anstatt die schier unermesslichen Kräfte Ihrer Seele zum Wohl und Nutzen anderer Menschen einzusetzen, versuchen Sie vielmehr, die Gefühle der anderen auszubeuten, indem Sie sie gleichsam seelisch aussaugen. Die überdurchschnittliche Fähigkeit Ihrer Psyche, tief in die Seele anderer Menschen blicken zu können, macht es Ihnen leicht, beim anderen den jeweils wunden Punkt zu entdecken und diese Wunde gegen ihn auszuspielen. Die sinnliche und intellektuelle Magie Ihrer insistierenden Überzeugungsarbeit bringt den Betroffenen unter Umständen sogar dazu, zu glauben, dass Sie dies alles nur aus Liebe tun. Es kann lange dauern, bis der Partner oder die Partnerin hinter Ihrem engagierten Eifer die eigentlich zugrunde liegende Heuchelei und das Aufgesetzte Ihrer Gefühle und Meinungen erkennt. Nach außen hin mögen Ihre Taten der Liebe für einen verschwenderischen Umgang mit Ihrer Fürsorge, Anteilnahme und Aufopferung für den Partner zeugen, insgeheim befriedigen Sie jedoch damit nur Ihren unwiderstehlichen Anspruch, über andere Menschen nicht nur körperliche, sondern auch sinnlich-sexuelle und geistige Macht und Einfluss auszuüben. Natürlich glauben auch Sie an das Ideal der Liebe, aber eben nur in der Form, wie es dazu dient, Ihren ganz persönlichen Begierden eine uneingeschränkte Erfüllung zu bringen.

Sonne in Schütze – Venus in Steinbock

Die Kombination einer feurigen Sonne in Schütze und einer erdigen Venus in Steinbock beinhaltet sowohl in ihrem erlösten als auch in ihrem noch nicht oder nur teilweise erlösten Ausdruck eine nicht ganz leicht zu bewältigende Problematik. Überall dort, wo die feurigen Anteile in Ihnen zu einer weit reichenden Expansion der Sinne und des Geistes aufrufen, fordert das erdige Element die Wahrung der Beständigkeit der Gefühle und des Denkens ein. Es ist dann fast so, als wollte man reisen, indem man auf der Stelle tritt. Dies kann bedeuten, dass Sie in einem lebenslangen Prozess in diese Polarität gestellt sind und versuchen müssen, daraus einen für Sie harmonischen Ausdruck Ihrer Liebe zu entwickeln. Bei einem noch überwiegend disharmonischen Erleben liegt die Hauptschwierigkeit für Sie vielleicht darin, dass es Ihnen schwer fällt, die Gefühle, die Sie haben, auch wirklich offen zu zeigen. Eine gewisse reduzierte Spontaneität verhindert immer wieder, dass Sie Ihren sinnlichen Empfindungen frei, offen und ungezwungen zunächst einmal selbst begegnen und sie entsprechend auch auf Ihre Mitmenschen richten können. All dem, was an sinnlichen und sexuellen Emotionen aus Ihrer Seele aufsteigt, begegnen Sie mit der besonderen Angst, davon überwältigt zu werden. Im irrigen Glauben, bei einem spontanen Ausdruck Ihrer Gefühle diesen gleichsam zum Opfer zu fallen, versuchen Sie zwanghaft, jede sinnliche Regung in sich zu unterdrücken. Da Sie sich diese Angst natürlich nicht selbst eingestehen wollen oder können, ummänteln Sie in einem unbewusst kompensatorischen Akt die Kälte Ihrer Gefühle und Ihrer Hingabefähigkeit, indem Sie sie unter das Gesetz Ihres eisernen Willens stellen. Selbstgerecht, hochmütig und dünkelhaft verurteilen Sie dann all die Menschen, die Ihre Gefühle Ihrer Ansicht nach ungezügelt, leidenschaftlich und ausschweifend ausdrücken. Unter dem Druck der von Ihnen selbst gesetzten oder auch von Ihren Eltern übernommenen Normen, wie sich Liebe, Leidenschaft, Hingabe und gefühlsmäßige Anteilnahme zu zeigen haben, retten Sie sich im besten Fall in eine Art steifen Puritanismus. Im Extremfall verzichten Sie ganz darauf, aus vollem Herzen zu lieben, und finden sich mit einer zunehmenden körperlichen, geistigen und seelischen Frigidität ab.

Möglich ist natürlich auch, dass Sie den offensiven Weg wählen und sich großspurig, übertreibend und unbedenklich in jedes nur mögliche Gefühls- und Liebesabenteuer stürzen. Es hat dann unter Umständen den Anschein, als wollten Sie die ganze Fülle der ja immer noch mit Angst beobachteten Gefühle und die in Ihnen aufsteigenden Emotionen mehr oder weniger mit einem Schlage verbrennen, vielleicht in der stillen Hoffnung, dann davon befreit zu sein und endlich

Ruhe zu haben. Dass Sie diese Flut der unbeherrschten Leidenschaften gegenüber einem Partner oder einer Partnerin im Einzelfall nur heucheln, führt dazu, dass Sie bei dem geringsten Anzeichen, dass diese Verdrängungen offenbar werden könnten, zu einem Ausbruch überkompensatorisch ausgedrückter kleinlicher Reizbarkeit oder cholerischer Wut greifen. Es ist leider so, dass Ihre Liebe und ganz allgemein jede gefühlsmäßige Hinwendung an andere auch immer etwas leicht Berechnendes hat. Unbewusst erwarten Sie eine Gegenleistung, wenn Sie einem Partner oder einer Partnerin Liebe, Aufgeschlossenheit und Fürsorge entgegenbringen. Dieses Habenwollen kann dabei in Gestalt eines rein materiellen Zugewinns oder auch als Zuwachs an gesellschaftlichem Status und Einfluss erwartet und eingefordert werden. Wenn Ihnen Ihre gefühlsmäßige Hinwendung zu einem anderen Menschen diesen Gewinn eingebracht hat, werden Sie mit aller Macht versuchen, diesen Zustand unbedingt zu legitimieren, das heißt durch bindende Vorschriften im Sinne eines Ehevertrages auf Dauer festzuschreiben und zu sichern. Dass Sie damit Ihre Gefühle und Ihre Liebe verkauft haben, ist Ihnen in der Regel selbst nicht klar. Daraus resultierende Partnerschaften werden dann von der Umwelt als scheinbar gut funktionierend wahrgenommen, materieller und gesellschaftlicher Wohlstand werden entsprechend demonstrativ vorgeführt. Hinter dieser glänzenden Fassade verbergen sich jedoch eine nicht zu übersehende Kälte der Herzen und eine emotionale Unerfülltheit der partnerschaftlichen Liebe.

Für die eingangs dargestellte Polarität gibt es natürlich auch einen erlösten Ausdruck. Ein harmonischer Umgang bzw. eine ausgewogene Balance zwischen den unterschiedlichen Anlagen ist dann möglich, wenn es Ihnen gelingt, aus der einsamen Höhe Ihres geistigen, materiellen und gefühlsmäßigen Egoismus herabzusteigen und in der weiten Ebene echter zwischenmenschlicher Beziehungen anderen Menschen von gleich zu gleich zu begegnen. Nur indem Sie es wagen, anderen Menschen gegenüber Ihre Gefühle frei und unverstellt auszudrücken, können Sie einen Prozess in Gang setzen, der Ihnen aufrichtige Achtung und das herzliche Wohlwollen anderer sichert. Die feurigen Sonnenanteile in Ihrem Wesen wollen sich ja ungehindert äußern, möchten sich ja großzügig und verschwenderisch verströmen. Es ist dann zwar vielleicht nicht die überschäumende sinnliche Leidenschaft, die ein möglicher Partner oder eine Partnerin an Ihnen schätzt, sondern die loyale Zuverlässigkeit, das sorgende Pflichtbewusstsein und die unverbrüchliche Treue und eine zuverlässige Stabilität, die im Ausdruck Ihrer Gefühle mitschwingen. Die Tatsache, dass Sie sich in der Regel gefühlsmäßig nur langsam, aber kontinuierlich für einen anderen Menschen erwärmen, bietet jedoch jeder Partnerschaft die Chance, dauerhaft und vertieft zu wachsen. Da dies überwiegend auch ein geistiger Prozess ist, kommen Ihre positiven Eigenschaften, in einer gewissen Weise auch immer die Rolle eines Lehrers oder geistigen Führers zu spielen, zu einer besonders wirkungsvollen Entfaltung. Unbewusst ist es Ihre erklärte Absicht, mit dem Partner neue gemeinsame Horizonte zu entdecken und zu erobern. Dies jedoch nicht im Sinne eines kurzfristigen und leichtfertigen Liebesabenteuers, sondern auf einem langen, gemeinsamen und auf Dauer ausgerichteten Weg. Je mehr Sie auf diesem Weg Ihre Liebe vertiefen können, umso mehr gewinnt der Ausdruck Ihrer Gefühle an Vielfalt, Spontaneität und Offenheit.

Da für Sie die Liebe erst dann zu einem ausgelassenen und heiteren Spiel werden kann, wenn dabei auch ihre Regeln beachtet werden, sollten Sie lernen, unverkrampft mit diesen Regeln umzugehen. Die in Ihnen angelegte körperliche und geistige Beweglichkeit bietet die besten Voraussetzungen, um optimistisch und expansiv in dieses Spiel einzusteigen. Auf der Basis Ihres festen Glaubens an das Ideal der Liebe sollten Sie es immer wieder wagen, sich in den Strudel sinnlicher Leidenschaft zu stürzen und Ihre Gefühle – auch mit dem Risiko, dass sie einmal nicht positiv, spontan und adäquat beantwortet werden – immer wieder lustvoll und verschwenderisch zum Ausdruck bringen. Gerade weil man Ihnen immer anmerkt, dass es Ihnen mit der Liebe Ernst ist, können Sie sich umso ungehemmter auch dem freien Spiel der Liebe, dem unverbindlichen Flirt und einem ausgelassenen Liebesabenteuer hingeben. Ihre idealisierende Schütze-Sonne sucht die Erfüllung Ihrer Liebe im Himmel, dagegen besteht Ihre Steinbock-Venus auf einer ganz und gar irdischen Verwirklichung. Ihre Aufgabe besteht darin, nicht nur sich selbst, sondern auch Ihrem Partner oder Ihrer Partnerin gleichsam schon auf Erden den Himmel der Liebe zu bereiten. Das in Ihnen angelegte Bewusstsein für eine unbedingte partnerschaftliche Treue, die Aufrichtigkeit, mit der Sie für die gemeinsamen Interessen einer Partnerschaft einstehen, die Rechtschaffenheit und der unverstellte Ausdruck Ihrer Gefühle bieten die Gewähr dafür, dass der irdische Himmel ein für Sie erreichbares Ziel darstellt. Konzentriert und pflichtbewusst arbeiten Sie an der Vertiefung jeder zwischenmenschlichen Beziehung.

Vielleicht überwiegt zu Beginn einer gefühlsmäßigen Bindung an einen anderen Menschen bei Ihnen zunächst die Stimme der Vernunft. Je mehr Sie sich jedoch erwärmen, umso vehementer und hoffnungsvoller meldet sich dann auch die Stimme Ihres Herzens. Und je weniger Sie die vor möglichen emotionalen Enttäuschungen warnende und mahnende Stimme des Verstandes unterdrücken, sondern sich in einem erwartungsvollen Gleichklang mit der zum gefühlsmäßigen Abenteuer aufrufenden Stimme Ihres Herzens identifizieren, umso wirkungsvoller können Sie die in Ihnen angelegte warme Herzlichkeit Ihres Wesens zum Ausdruck bringen.

Sonne in Schütze – Venus in Wassermann

Bei einem noch überwiegend unerlöst-disharmonischen Erleben und Ausdruck dieser planetarischen Konstellation liegt für Sie die wahrscheinlich größte Schwierigkeit darin, sich selbst als einen auch bewusst oder unbewusst von Gefühlen beeinflussten und motivierten Menschen zu betrachten und anzunehmen. Es besteht eine gewisse Tendenz, in Ihnen aufsteigende Emotionen nicht eigentlich zu unterdrücken, sondern sie mehr oder weniger mit Hilfe Ihres sehr ausgeprägten Intellekts zu rationalisieren. Es ist gleichsam so, als müssten alle Gefühle, bevor Sie in Ihrem Verhalten einen adäquaten Ausdruck finden, zunächst einmal den Filter Ihres kritischen Verstandes passieren. Ihr gegenüber Ihren Gefühlen gehegtes latentes Misstrauen scheint sich erst dann zu besänftigen, wenn die Hürde dieser rationalen Kontrolle überwunden ist. Nach außen entsteht dann leicht der Eindruck, als wären Sie wie mit einer Glaswand umgeben. Die Problematik liegt nun darin, dass Sie für Ihren Partner oder Ihre Partnerin zwar körperlich sichtbar und greifbar erscheinen, gefühlsmäßig jedoch nicht oder nur sehr schwer. Es kann durchaus sein, dass Sie selbst diese emotionale Distanz schätzen, denn Ihre Reserviertheit stärkt vielleicht

Ihre Selbsteinschätzung, mit der Sie sich als irgendwie auserwählt, als etwas Besonderes fühlen. Ihre gefühlsmäßige Unnahbarkeit wird für Sie vielleicht erst dann zu einem Problem, wenn Sie zunehmend auch das Gefühl der damit verbundenen inneren Leere und Entbehrung empfinden. Bis es so weit ist, werden Sie eher dazu neigen, diese zunächst nur latent wahrgenommene Unzufriedenheit mit der ersehnten Erfüllung Ihrer Liebeswünsche sich selbst gegenüber hochmütig und pathetisch zu überspielen. Da Sie in diesem Stadium den Ausdruck von Gefühlen eher als eine Schwäche ansehen, die Sie sich natürlich nicht eingestehen wollen, halten Sie sich selbstgerecht zugute, dass Sie eben anders sind als die anderen, die sich aus Ihrer dünkelhaft erhöhten Perspektive betrachtet in für Sie unerträglicher Weise von ihren Gefühlen beeinflussen lassen. Mit einer gewissen intellektuellen Eitelkeit gehen Sie dann nicht nur mit Ihren eigenen Gefühlen leichtfertig um, sondern vermeiden auch jeden tiefer gehenden und dauerhaften liebevollen Kontakt zu anderen Menschen. Es ist so, als würde Ihr Verstand Ihre Gefühle immer wieder neu dazu herausfordern, spielerisch und abenteuerlustig herauszufinden, welche Spiele man denn noch mit seiner Liebe treiben könnte.

Um diese intellektuell motivierte gefühlsmäßige Neugier zu befriedigen, greifen Sie unter Umständen mit der Zeit zu immer ausgefalleneren und stärkeren erotischen und sexuellen Stimulanzen. Auch auf diesem Feld sucht dann Ihre Liebe vor allem wieder die besondere Befriedigung. Den Umstand, dass vor diesem Hintergrund langfristige Partnerschaften relativ schwer aufrechtzuerhalten sind, kompensieren Sie dadurch, dass Sie sich in eine Vielzahl eher flüchtiger Liebesabenteuer stürzen. Es erfüllt Sie dann vielleicht auch mit Stolz, dass Sie solche Partnerschaften nach dem Abklingen des ersten erotisch-sexuellen Überschwangs und der Erfüllung körperlich-sinnlicher Begierde mehr oder weniger nahtlos in ein Verhältnis guter Kameradschaft überführen können. Lässt sich der Partner oder die Partnerin auf dieses Spiel ein, entstehen die von Ihnen geschätzten unverbindlichen Freundschaften. Widersetzt sich der Partner jedoch, dann reagieren Sie leicht cholerisch, weisen moralisierend auf Ihre unbedingt notwendige persönliche Freiheit hin und diffamieren das Bedürfnis des Partners nach einer liebevollen Anhänglichkeit und behutsamen Hingabe als ein Aneinander-kleben-Wollen.

Es ist der uranische Anteil Ihrer Venus in Wassermann, der Sie auf eine sich einstellende herzliche partnerschaftliche Harmonie immer wieder aufrührerisch, rebellisch und nach gefühlsmäßiger Freiheit strebend reagieren lässt. Dem legitimen Anspruch, dass ein erster leidenschaftlicher sexueller Ausdruck der Liebe auch auf Dauer und Beständigkeit im Austausch der Gefühle, auf gegenseitige Fürsorge und herzliche Anteilnahme gerichtet sein könnte, stehen Sie gefühlsmäßig eher verwundert und vor allem verstandesmäßig ablehnend gegenüber.

Im Fall einer schon erlöst-harmonischen Wahrnehmung und eines entsprechenden Ausdrucks Ihrer Gefühlswelt entsteht ein ganz anderes Bild. Nun ist es nicht so, dass sich damit alle aufgezeigten möglichen Schwierigkeiten gleichsam in Luft auflösen. Ihre Grundanlage, den Ausdruck Ihrer Zuwendung zu anderen Menschen freiheitsliebend, unkonventionell und immer mit der Note des Besonderen zu gestalten, bleibt erhalten. Da Sie diese innere Gestimmtheit nun jedoch bewusst wahrnehmen, gewinnen Ihre Beziehungen zu anderen Menschen einen hohen Grad von Glaubwürdigkeit und Souveränität. Sie glauben fest an das Ideal der Liebe und sind aufrichtig überzeugt, dass allein durch die Kraft der Liebe sowohl individuelle als vor allem auch gesellschaftliche Veränderungen zum Besseren hin bewirkt werden können. Das in Ihrem Herzen lebendige Gefühl und das für Ihren beweglichen Verstand selbstverständliche Wissen machen es Ihnen möglich, gleichsam die ganze Welt in Liebe zu umarmen. Unentwegt bemühen Sie sich, Ihre großzügige, verschwenderische und idealistische Hingabe an die Menschheit auch individuell wirksam werden zu lassen.

Mit Ihrem nicht nachlassenden Optimismus, Ihrer unkonventionellen und originellen Art, alte und verbrauchte Konventionen zu überwinden, mit Ihrer geistigen Unabhängigkeit und rechtschaffenen Gesinnung gelingt es Ihnen immer wieder, andere Menschen mitzureißen und ihnen für das in der Liebe auch zu wagende Experiment die Augen zu öffnen. Mit den eigenen Gefühlen zu experimentieren, steht bei Ihnen jedoch nicht mehr unter dem Zeichen eines fragwürdigen individuellen Selbstzwecks, sondern versteht sich als die lebendige Herausforderung, die ganze unermessliche Vielfalt und emotionale Tiefe unserer menschlichen Liebesfähigkeit zum Ausdruck zu bringen. Den stärksten Ausdruck und die höchste Erfüllung findet Ihre Liebe dann, wenn Sie in einer Partnerschaft Ihre Gefühle zunehmend freier, bei gleichzeitig höchstem Respekt vor den Bedürfnissen des anderen, zunehmend geistig und sinnlich expandierend und nach neuen Horizonten der Bewährung suchend verwirklichen können. Was Sie gefühlsmäßig anstreben und im besten Fall auch erreichen, ist eine sich auf einem soliden Glauben aneinander, auf vorurteilsloser und loyaler Anerkennung des Partners und einem kompromisslosen Füreinander-Einstehen aufbauende kameradschaftliche Form der Liebe.

Um dieses selbst gesteckte hohe Ziel, dieses zunächst nur gedankliche Liebesexperiment zu wagen und zu erreichen, sind Sie bereit, ohne falsche Illusionen die ungewöhnlichsten Wege zu gehen. Sich selbst als Vorbild setzend, versuchen Sie, andere Menschen umwerbend, ermunternd und mitreißend, sie davon zu überzeugen, dass die Kraft der Liebe sich nicht allein in der Bewahrung eines Glücks-«Zustandes» erschöpfen sollte. Ihre fruchtbarsten Energien werden dann freigesetzt, wenn sie in einer Partnerschaft eine gemeinsame gefühlsmäßige Entwicklung, eine beiderseitige geistige Expansion und ein stetiges inneres und äußeres Wachstum auslösen. Man könnte sagen, dass Ihr ganzes Wesen sich körperlich, geistig und seelisch immer auf einer Reise befindet – in dem Sinne, dass die Reise selbst das Ziel darstellt. Und da es Ihnen natürlich keinen Spaß macht, allein zu reisen, sind Sie stets bestrebt, Partner oder Partnerinnen, Freunde und Bekannte verführerisch, originell und kokett verlockend zu einem gemeinsamen aufregenden und unkonventionellen Reiseabenteuer zu animieren. Unter Ihrer geistigen Führung partizipieren dann alle Teilnehmer einerseits an Ihrer unwiderstehlichen Lust, sich immer wieder neue Horizonte zu erschließen, und genießen andererseits zugleich die unverkrampfte, freiheitsliebende Ausstrahlung Ihrer Liebe. Nicht zuletzt fühlen sich andere Menschen im Schutz Ihrer warmherzigen kameradschaftlichen Gefühle in ihrer Eigenständigkeit zugleich respektiert und aufmerksam und großzügig umsorgt. Nichts wünscht sich Ihre Liebe dann mehr, als der oder die «Erste unter Gleichen» zu sein. Da Sie mit der gleichen loyalen Offenheit und dem gleichen intensiven und aktiven Interesse auch Ihren täglichen Aufgaben und Verpflichtungen begegnen, sind Sie vor allem in den Bereichen besonders erfolgreich, in denen es honoriert wird, mit neuen, unkonventionellen Ideen, mit experimentierfreudiger Originalität und dem festen Glauben an die Machbarkeit einer Sache an die unterschiedlichsten Herausforderungen heranzugehen.

Sonne in Steinbock

Sonne in Steinbock – Venus in Steinbock

Unter allen möglichen Kombinationen der symbolischen Sonnen- und Venus-Kräfte im Tierkreis verstehen Sie es bei einem erlösten Erleben dieser Konstellation wohl am besten, «mit der Liebe Staat» zu machen. Wo und wie auch immer Sie Ihren Gefühlen und Ihrer Liebe Ausdruck verleihen, stets geschieht dies in einer überaus würdevollen, beherrschten und disziplinierten Form. Es entspricht nicht Ihrem innersten Wesen, mit Ihren eigenen oder auch den Gefühlen anderer zu spielen, die Liebe als eine nur vorübergehend die Sinne befriedigende Tändelei zu betrachten. Ihnen ist es mit der Liebe immer ernst. Es dauert vielleicht länger, bis sich Ihre Gefühle für einen anderen Menschen erwärmen, wenn ein Partner oder eine Partnerin jedoch einmal Ihr Herz erobert hat, dann kann er oder sie sich dauerhaft und uneingeschränkt auf Ihre unbedingte Treue und Zuverlässigkeit verlassen. Da Sie dem freien und ungezwungenen – in Ihren Augen immer leicht frivolen – Spiel der sinnlichen Leidenschaften eher misstrauen, versuchen Sie, Ordnung in Ihre Gefühle zu bringen. Selbstbeherrscht und pflichtbewusst sind Sie immer bereit, für die Folgen, die Ihre Gefühle bei anderen Menschen auslösen, die Verantwortung zu übernehmen. Demzufolge gehen Sie sehr vorsichtig mit den gefühlsmäßigen Schwingungen Ihres Herzens um, eher zögernd und ernst als unbedenklich und stürmisch-draufgängerisch.

Es wäre jedoch in diesem Zusammenhang völlig falsch, Sie als einen Menschen zu beschreiben, der immer nur zaudert und eigentlich vielleicht gar nicht weiß, was er will. Ganz im Gegenteil: Sobald sich Ihre Sinne für einen anderen Menschen wirklich erwärmt haben, gehen Sie sehr zielstrebig, sehr pragmatisch und erfolgsorientiert an die Erfüllung Ihrer Liebeswünsche heran. Da Sie wenig Lust haben, Ihr Herz immer wieder neu zu *verschenken*, gilt Ihr Augenmerk auch dem aus einer Partnerschaft möglicherweise zu erwartenden materiellen Zugewinn bzw. dem daraus resultierenden zusätzlichen gesellschaftlichen Prestige. Da Sie ja mit einer Partnerschaft Staat machen wollen, sind Sie auch gerne bereit, zielstrebig und leistungsorientiert mit Ihrem Partner am kontinuierlichen Aufbau eines gemeinsamen Ehe-Staates zu arbeiten. Ausdauernd, fleißig und diszipliniert bauen Sie einen materiellen, seelischen und geistigen Stein auf den anderen, um Ihrer Liebe den sicheren Grund zu bereiten, den sie zu ihrer wahren Erfüllung braucht. Was vielleicht auf den ersten Blick wie Arbeit aussieht, bereitet Ihnen jedoch herzliche Freude und stille Genugtuung. Sie genießen es, der aufrichtige und geduldige Baumeister Ihrer Liebe zu sein. Es ist Ihr vornehmstes Ziel, dass sich aus den zarten Trieben einer ersten herzlichen Zuneigung ein fester, allen wechselhaften Stürmen des Lebens gewachsener Stamm der Liebe entwickelt. Da Sie um die unkalkulierbaren Launen und Wechselfälle des Glücks in der Liebe wissen, versuchen Sie, die Stabilität Ihrer Partnerschaft dadurch abzusichern, dass Sie unermüdlich vor allem selbst und gemeinsam mit dem Partner daran arbeiten. Ihr Partner oder Ihre Partnerin genießt dabei nicht nur Ihre volle Unterstützung, Sie sind auch bereit, selbst jede nur erdenkliche Verantwortung für einen soliden Fortbestand der Beziehung zu übernehmen.

Es ist durchaus denkbar, dass Sie das gesamte Umfeld der Gefühle, all die sinnlich-erotisch-sexuellen Leidenschaften, alle Formen herzlicher Zärtlichkeit und aufopfernder Hingabe als einen Bereich ansehen, den man im Leben meistern sollte. Meisterschaft bedeutet hier, dass Sie die Liebe in gegenseitiger Achtung, mit Respekt vor der Würde, auch der Würde der Gefühle des anderen, auf einen fairen Interessenausgleich gerichtet und mit treuer und herzlicher Verbundenheit in immer lichtere Höhen führt. Der geistige Anteil im Ausdruck Ihrer Liebe findet nicht nur in einer Partnerschaft seine Erfüllung, wenn Ihr Partner sich mit diesem hoch gesteckten Ziel identifizieren kann, sondern lässt Sie auch in der Verfolgung Ihrer täglichen Pflichten und Aufgaben besonders erfolgreich sein. Mit konzentrierter Liebe bei der Sache oder bei einem Menschen zu sein, stellt für Sie die höchste Erfüllung Ihrer gefühlsmäßigen und seelischen Wünsche und Hoffnungen dar.

Bei einem noch weitgehend unerlösten Erleben dieser planetarischen Konstellation leiden Sie sehr stark an Ihrem Unvermögen, Ihren Gefühlen überhaupt einen adäquaten lebendigen Ausdruck zu verleihen. Es ist wahrscheinlich vor allem Ihre unbewusste Angst, sich anderen Menschen gegenüber emotional zu öffnen, die Sie in eine mehr oder weniger erzwungene Isolation treibt oder darin verharren lässt. Da Sie vermutlich Ihr ganzes Leben relativ starren Regeln und Normen unterworfen haben, fällt es Ihren Gefühlen natürlich schwer, sich den notwendigen Freiraum für eine unverkrampfte und lebensfrohe Entfaltung zu erobern. Der Begriff «erobern» trifft hier insofern zu, als Sie unter Umständen einen regelrechten Kampf gegen das Gewahrwerden Ihrer Gefühle führen – ganz zu schweigen von einem unkontrollierten Durchbruch und intensiven Ausdruck Ihrer Empfindungen. Da Sie gegenüber allem, was da tief aus Ihrer Seele an sinnlichen, erotischen und sexuellen Leidenschaften in Ihnen aufsteigt, ein starkes Misstrauen hegen, versuchen Sie wahrscheinlich, sich scharf dagegen abzugrenzen.

In der gleichen tendenziell rücksichtslosen Weise, wie Sie mit Ihren eigenen Gefühlen umgehen, werden Sie auch auf Ihnen entgegengebrachte offene Zuneigung, Zärtlichkeit und Liebe reagieren. Aus Angst, von einem möglichen Partner emotional gefesselt zu werden, versuchen Sie seine Hingabe schon im Vorfeld durch gefühlsmäßige Starre und Unzugänglichkeit zu verhindern. Das kann dann im Einzelfall so weit gehen, dass Sie sich über Ihnen entgegengebrachte Gefühle der Liebe lustig machen, sie zynisch als «Spiel mit dem Feuer» abwerten oder moralisierend als nicht schicklich verurteilen. Was Sie auf den ersten Blick vielleicht als Selbstbeherrschung erscheinen lassen wollen, verdeckt in Wahrheit jedoch nur Ihre reduzierte Spontaneität. Da Sie fälschlicherweise glauben, die Gesetzmäßigkeit der Liebe zu kennen – das heißt, nach welchen exakten Regeln sich erste zarte Gefühle zu einer Liebe zu entwickeln haben, in welchen wohl abgewogenen und genau kalkulierten zeitlichen Schritten sich beispielsweise sexuelles Begehren zu entfalten habe –, können Sie mit jeder Abweichung von diesen Normen nur sehr schwer umgehen. Auch wenn Sie sich bewusst oder unbewusst noch so sehr wünschen und sich insgeheim danach sehnen, wirklich einmal gefühlsmäßig über die Stränge zu schlagen, der immer in Ihnen zugleich wachsame innere Zensor sagt nein. Da Sie andererseits natürlich fühlen, dass Sie sich selbst nicht permanent gefühlsmäßig verneinen können, werden Sie kompensatorisch versuchen, diesem Zensor ein akzeptables Erscheinungsbild zu verleihen, indem Sie ihn zur einzig für Sie zuständigen moralischen Instanz aufwerten. Um gleichzeitig Ihr eigenes Selbstbild aufrechtzuerhalten, müssen Sie zwangsläufig jedwede Möglichkeit einer freien, ungezwungenen und herzlichen Entfaltung der Liebe leugnen. Rechthaberisch und pedantisch reiten Sie dann Ihre Prinzipien und ziehen sich stolz und voller Verachtung für die Menschen, die der «freien Liebe frönen», in eine immer leidvoller erlebte Isolation zurück. Prüde und in extremsten Fall auch frigide versuchen Sie dann, alle Empfindungen der Liebe zu unterdrücken und sie bei anderen Menschen abzuwehren.

Nun könnte jedoch auch der Fall eintreten, dass Sie sich in bestimmten Fällen zum Ausdruck liebevoller Gefühle gleichsam innerlich überreden, nämlich dann, wenn Sie sich von einer Partnerschaft etwas versprechen. Das können sowohl konkrete materielle Vorteile als auch die Aussicht auf eine gesellschaftliche Aufwertung Ihrer Person sein. Die Frage, inwieweit Sie in einer solchen Partnerschaft aufrichtige Liebe, zärtliche Zuneigung und Herzenswärme nur heucheln oder sich diese Gefühle – für Sie vielleicht selbst überraschend – dann auf der Grundlage der erreichten Vorteile im Laufe der Zeit sogar wirklich und echt empfunden einstellen, müssen Sie sich in aller Aufrichtigkeit selbst beantworten. Da Sie nicht nur in der Erfüllung Ihrer Liebe, sondern überwiegend auch bei all Ihren sonstigen beruflichen und privaten Unternehmungen vor allem einen möglichst für alle sichtbaren und von allen beneideten Erfolg anstreben, verhindert unter Umständen gerade dieses mehr oder weniger zwanghafte Streben den Erfolg, den Sie bei einem freien und spielerischen Umgang mit Ihren Fähigkeiten mühelos erreichen könnten.

Sonne in Steinbock – Venus in Skorpion

Bei einem harmonischen Erleben und Ausdruck dieser planetarischen Konstellation verfügen Sie über die besondere Fähigkeit, den gesamten Fluss Ihrer Gefühle, alle in Ihnen bewusst oder unbewusst wirkenden Leidenschaften und die ganze Kraft Ihrer Liebe derart zu konzentrieren, dass Sie sie wie einen gebündelten Lichtstrahl sowohl auf andere Menschen als auch auf Sachzusammenhänge richten können.

Ihre dann gleichsam in einem einzigen Brennpunkt fokussierten geistigen und seelischen Energien machen es Ihnen möglich, sie ganz unmittelbar in echte, zielorientierte Taten der Liebe einfließen zu lassen. Der hohe Grad an Selbstbeherrschung, der Ihr ganzes Wesen auszeichnet, lässt es nicht zu, dass sich Ihre Gefühle verzetteln. Es gelingt Ihnen vielmehr, Ihre Gefühle sehr intensiv und effektiv auf das jeweils angestrebte Ziel hin zu orientieren und dort zu verwirklichen. Es ist die in Ihrer ganzen Ausstrahlung und in Ihrem Auftreten unmittelbar spürbare glückliche Verbindung zwischen einer andere Menschen fast magisch anziehenden Aura und einer disziplinierten Gefasstheit, die Ihnen eine uneingeschränkte natürliche Autorität verschafft. Begegnungen mit Ihnen empfinden andere Menschen sehr häufig als schicksalhaft und können sich in der Regel nur sehr schwer Ihrer Faszination entziehen. Es ist für Sie außerordentlich wichtig, dass Sie die von Ihnen ausgehenden geistigen und seelischen Kräfte zum Nutzen und zum Wohle anderer einsetzen, dass Sie bereit sind, die verführerischen Kräfte Ihrer Gefühle und die Entschiedenheit Ihres Handelns und Entscheidens den Menschen zugute kommen zu lassen, die Ihrer Hilfe und Fürsorge bedürfen. Allein auf diese Art und Weise können sich Ihre Energien aufbauend und fördernd auswirken. Und dies nicht nur für einen Partner oder eine Partnerin, sondern auch für Sie selbst, da sie in stetiger Resonanz von dort wieder zu Ihnen zurückfließen. Indem Sie sich so an den Kreislauf eines gleichermaßen gebenden und empfangenden Austausches von körperlichen, seelischen und geistigen Energien anschließen, eröffnen Sie dem umfassenden Gestaltungswillen Ihrer Liebe genau die Felder, in denen sie ihre höchste individuelle Erfüllung findet.

Da Sie es nicht schätzen, leidenschaftliche Impulse wahl- und ziellos einfach nur auszuleben, suchen Ihre Gefühle nach einem konkreten Ansatz oder Anlass, um sich ein beständiges Denkmal zu setzen. Zugleich vorsichtig und zurückhaltend, dabei jedoch immer entschieden, voll herzlicher und leidenschaftlicher Anteilnahme an den Bedürfnissen anderer und mit einem praktisch-pragmatischen Sinn für das Machbare ausgestattet, versuchen Sie, Ihre intensiv geschauten inneren Bilder tatkräftig in eine harmonische partnerschaftliche Wirklichkeit zu übertragen. Über Ihre fast magische Anziehungskraft hinaus sind es vor allem die Seriosität und Integrität Ihres Handelns und Entscheidens, die Ihnen ein respektvolles und zugleich herzliches

Wohlwollen all der Menschen garantieren, denen Sie selbst mit leidenschaftlicher Liebe und pflichtbewusster Verantwortung begegnen. Wenn ein Partner einmal Ihr Herz gewonnen hat – was entweder im Akt eines unwiderstehlichen, leidenschaftlichen Füreinander-Entflammtseins geschehen kann oder auch das Ergebnis eines länger andauernden, gefühlsmäßig nicht minder aufwühlenden Sich-aufeinander-zu-Bewegens sein kann –, dann hat er in Ihnen einen Menschen gefunden, auf den man sich auch in allen möglicherweise zu bestehenden Fährnissen einer Partnerschaft unbedingt verlassen kann. Sie sind bestrebt, Ihre Gefühle, als den immateriellen Anteil an Ihrer Liebe, in einen materiellen und für alle sichtbaren Bestand einzukleiden. Es schmeichelt Ihrem Selbstbewusstsein, wenn man an Ihrem materiellen Wohlstand und Ihrem gesellschaftlichen Prestige ablesen kann, dass beide nicht zuletzt auch das Ergebnis effektiv aus Ihrem Gefühl gesteuerter Taten der Liebe sind.

Bei einem noch ausschließlich oder weit überwiegend disharmonisch-unerlösten Ausdruck Ihrer symbolischen Sonnen- und Venus-Kräfte kehren sich die positiven Auswirkungen nun natürlich nicht radikal in ihr Gegenteil um. Es besteht jedoch die Tendenz, dass Sie sich in dem einen oder anderen Bereich dem freien Fluss Ihrer Gefühle entgegenstellen und sich so immer wieder selbst schaden. Möglicherweise ist Ihnen auch ein gewisser Fanatismus eigen, mit dem Sie, ob nun auf einen Menschen oder auf einen Sachverhalt gerichtet, allzu zwanghaft auf die ausschließlich gemäß Ihren Vorstellungen zu erfahrende Erfüllung Ihrer Liebeswünsche und Sehnsüchte fixiert sind.

Das kann im Einzelfall dazu führen, dass Sie beispielsweise auf die besonderen gefühlsmäßigen Bedürfnisse eines Partners oder einer Partnerin nur wenig rücksichtsvoll eingehen. Es kann durchaus passieren, dass Sie sich emotional in eine Partnerschaft derart verbeißen, dass ein freier und harmonischer Austausch von Gefühlen überhaupt nicht mehr möglich erscheint. In einer anderen Variante werden Sie vielleicht nur deshalb davon Abstand nehmen, sich aus einer mehr oder weniger zerrütteten Partnerschaft zu lösen, weil Sie Angst haben, dadurch Ihr gesellschaftliches Ansehen zu verlieren oder einen materiellen Verlust zu erleiden. Man muss nicht besonders betonen, dass solche Verbindungen einen stark selbstzerstörerischen Charakter haben und über kurz oder lang in eine unter Umständen lebenslange Hassliebe einmünden. Um in einer solchen Partnerschaft Ihr Selbstwertgefühl überhaupt retten oder behaupten zu können, neigen Sie dann dazu, in einer Art täglichem Kleinkrieg die Gefühle des Partners oder der Partnerin zynisch oder sarkastisch abzuwerten, oder Sie ziehen sich in eine eigentlich unfreiwillige emotionale Isolation zurück. Dass Sie dann möglicherweise versuchen werden, Ihre gefühlsmäßige und sexuelle Abstinenz heuchlerisch als besonders moralisch wertvoll darzustellen, passt ins allgemeine Bild. Indem Sie Ihre Prüderie unter Umständen auch religiös verklären, versuchen Sie, kompensatorisch – gleichsam um die Ecke herum – Ihre moralische Integrität unter Beweis zu stellen. Solange Sie sich jedoch noch im Stadium des Kampfes mit Ihrem Gegenüber befinden, kann das darin verborgene Aggressionspotenzial auch zu sado-masochistischen sexuellen Handlungen und gefühlsmäßiger Unterdrückung führen.

Die für Sie vielleicht größte Bedrohung ergibt sich dann, wenn sich der Partner oder die Partnerin Ihrem dominanten gefühlsmäßigen Einfluss zu entziehen sucht und beginnt, eigene Wege zu gehen. Die dann bei Ihnen vehement und ungezügelt ausbrechende Eifersucht wird aus den Motiven sowohl eines ideellen Verlustes an Liebe, Zärtlichkeit und Hingabe als auch eines materiellen Verlustes im Sinne einer Herabsetzung Ihrer Reputation und Ihres Ansehens gespeist. Überaus prestigebewusst möchten Sie ja am Beginn einer Partnerschaft nach Möglichkeit den Partner mit Haut und Haaren vereinnahmen und unter Ihre gefühlsmäßige und geistige Kontrolle bringen. Wenn es bei Ihnen in einer schon bestehenden Partnerschaft immer wiederkehrende Schwierigkeiten gibt, sollten Sie einmal unvoreingenommen prüfen, ob Sie den ja eigentlich gewünschten liebevollen Austausch mit dem Partner nicht unter allzu strenge Gesetze und Normen stellen. Das kann beispielsweise auch die ebenfalls von Ihnen klar geregelten und festgesetzten Zeiten eines sexuellen Austausches betreffen, wodurch jeder spontane herzliche Fluss der beiderseitigen Gefühle nachdrücklich verhindert wird.

Es ist vielleicht nur ein kleiner Schritt, um die aus Ihrer partiell auch skorpionischen Seele aufsteigenden Wünsche und Vorstellungen von der Liebe nicht rechthaberisch in einen engen Rahmen zu zwingen, sondern ihnen einen freien, ungezwungenen Raum zu ihrer glücklichen Entfaltung zu gewähren. Das, was den leidenschaftlichen und brennenden Ausdruck Ihrer Gefühle wohl am meisten behindert, ist vielleicht Ihr Versuch, immer wieder Ordnung und Disziplin in einem Bereich durchzusetzen, der sich dem am meisten widersetzt. Liebe in all der Vielfalt ihrer Ausdrucksformen lässt fast alles mit sich machen, nur zwingen oder erzwingen kann man sie nicht. Wenn Sie dennoch darauf beharren, führt diese uneinsichtige Haltung selbst bei einem noch so hoffnungsvollen Start in eine neue, viel versprechende Partnerschaft doch früher oder später zu ganz erheblichen gefühlsmäßigen Frustrationen, die für Sie nicht selten auch in einer emotionalen Selbsterniedrigung enden. Rein äußerlich mag dann in einer solchen Partnerschaft die Fassade stimmen, dahinter verbergen sich jedoch alle Formen oft beiderseitiger seelischer Grausamkeit, enttäuschte Hoffnungen und letztlich der Verlust des Glaubens an die Kraft der Liebe.

Sonne in Steinbock – Venus in Schütze

Im Zeichen eines harmonischen Erlebens und erlösten Ausdrucks dieser symbolischen planetarischen Kräfte ist es Ihr höchstes Ziel, dem in Ihnen brennenden Glauben an das Ideal der Liebe in einer festen und dauerhaften Partnerschaft eine gleichsam ewige irdische Wohnstatt zu schaffen. Sie haben für sich erkannt, dass die Liebe, um zu Ihrem vollendeten und erfüllendsten Ausdruck zu kommen, nicht nur der Möglichkeit einer freien und spontanen Entfaltung bedarf, sondern sich gleichzeitig auch harmonisch in die Gesetze irdischen Handelns einbinden lassen muss. Sie haben erfahren, dass die in Ihnen lodernden Flammen der Liebe ihre Wirkung verpuffen, wenn sie sich nicht segensreich an einem Menschen oder für eine Aufgabe entzünden. Mit diesem Wissen arbeiten Sie unermüdlich, mit eisernem Willen und großer Verantwortlichkeit daran, all Ihren Gefühlen im Sinne von Wohlwollen, Aufrichtigkeit und Treue den konkreten Ausdruck zu verleihen, unter dem eine Partnerschaft kontinuierlich und wechselweise beglückend wachsen kann.

Es besteht kein Zweifel, dass in Ihnen auch ein Abenteurer oder eine Abenteurerin der Liebe steckt. Das Abenteuerliche Ihrer Gefühlsbindungen besteht jedoch nicht darin, dass Sie vordergründig flüchtige Begegnungen suchen, Sie betrachten im Gegenteil das in Liebe aufrichtige Festhalten an einem Partner oder einer Partnerin als das eigentliche, gemeinsam zu bestehende Abenteuer. Es versteht sich für Sie von selbst, dass dieses Abenteuer nicht nur körperlich-sexuell, sondern vor allem auch geistig bestanden werden muss. Demzufolge sind es vor allem das bei Ihnen so prägnant ausgebildete Pflichtbewusstsein, Ihr angeborenes Verantwortungsgefühl und Ihr Respekt vor der Integrität des anderen, die Sie als Erfolg versprechende Mittel tatkräftig in die Waagschale einer Partnerschaft werfen. Enthusiastisch und idealistisch fühlen Sie sich immer wieder herausgefordert, der in Ihnen regen Welt der Sinne und Gefühle in diszipliniert geplanten und durchgeführten Taten der Liebe einen praktischen Ausdruck zu verleihen. Es erfüllt Sie mit Stolz und Zufriedenheit, wenn Sie der ganzen Welt zeigen können, zu welchen auch ganz irdischen Leistungen eine solide partnerschaftliche Liebe fähig ist. Es zeichnet Sie positiv aus, dass Sie andere Menschen uneingeschränkt, hochherzig und wohlwollend an Ihrem – materiellen und ideellen – gemeinsamen Glück teilhaben lassen. Der zugleich freiheitliche und beherrschte Geist, mit dem Sie Ihre Gefühle in nicht nur individuelle, sondern auch gesellschaftlich wirksame Taten einfließen lassen, wirkt auf andere Menschen vorbildhaft. Es entspricht Ihrer gefühlsmäßigen und geistigen Weltanschauung, dass allein die Kraft der Liebe fähig ist, den Bestand der Welt und der Menschheit auf Dauer zu garantieren.

Aus Ihrem humanitären Bewusstsein heraus versammeln Sie gerne einen großen, geselligen Kreis von Freunden und Bekannten um sich, dem Sie sich jederzeit ganz praktisch und pragmatisch zu Rat und Tat, zu wechselseitiger Hilfe und wohlwollendem Beistand verpflichtet fühlen. Es ist die in Ihnen lebendige glückliche Mischung aus einer idealistischen Weltoffenheit und einem wohl kalkulierten Wissen um Recht und Ordnung, die Sie in der Partnerschaft die goldene Mitte zwischen einsam und gemeinsam finden lässt. An der kontinuierlichen Vertiefung partnerschaftlicher Liebe, an der Verfeinerung des sexuellen Austausches und an der Festigung des auch geistigen Bandes zwischen Ihnen und Ihrem Partner stetig zu arbeiten, bedeutet für Sie keine Qual. Sie genießen es im Gegenteil, wenn Sie wieder einmal einen vorher weit gesteckten neuen Horizont glücklich erreicht haben. Da Sie mit der gleichen Integrität, mit der gleichen im Gefühl entflammten und im Geist zugleich beherrschten Sachlichkeit auch all Ihre täglichen Aufgaben und Verpflichtungen angehen, ist Ihnen auch dort eine aufgeschlossene und herzliche Resonanz sicher.

Bei einem noch weitgehend unerlösten Erleben Ihrer Sonnen- und Venus-Kräfte verschieben sich die Akzente unter Umständen in zweifacher Weise. Ihr im erlösten Ausdruck sich auf Ihre Umwelt positiv und anspornend auswirkender freiheitlicher Geist macht nun einen deutlichen Unterschied zwischen dem unbedingten Anspruch auf Ihre eigene, persönliche Freiheit und der eher zu vernachlässigenden Freiheit der anderen. Ihr im harmonischen Erleben sicheres und loyales Bewusstsein für eine gewisse Ordnung, die auch im Ausdruck der Gefühle eine Rolle spielen muss, weicht nun einer starren und unnachgiebigen Besserwisserei. Es herrscht ein sowohl gefühlsmäßiger als auch geistiger Egoismus vor, der die Erfüllung seiner Liebeswünsche ausschließlich in deren eigener Befriedigung sucht. Mit dieser Haltung glauben Sie, sich jedes Liebesabenteuer leisten und genießen zu können, ohne Rücksicht auf die Gefühle und die Bedürfnisse eines Partners oder einer Partnerin zu nehmen. Sie fühlen sich mit der Art und Weise, wie Sie fühlen und lieben, immer im Recht und scheuen sich auch nicht, die ganz anderen Liebesideale anderer Menschen zynisch abzuwerten oder zu verurteilen.

Ihre innere Hemmung, sich gefühlsmäßig an einen anderen Menschen wirklich zu binden, überdecken Sie damit, dass Sie den Ausdruck Ihrer Liebe und Leidenschaft mehr oder weniger pathetisch und überschwänglich inszenieren. Am Beginn einer möglichen Partnerschaft steigen Sie groß ein, schwärmen über alles Maß, sind entflammt, hingerissen und gestalten jedes Zusammensein auch äußerlich pompös aus. Einer solchen, auch erotisch-sexuell verschwenderischen ersten Phase kann dann allerdings relativ schnell eine Phase der gefühlsmäßigen Ernüchterung folgen, nämlich dann, wenn Ihr Partner oder Ihre Partnerin zunehmend nicht mehr ganz so willig ist, die von Ihnen gesetzten Regeln des Zusammenlebens zu akzeptieren. Eine mögliche Ursache für einen dann ebenso emphatischen Bruch der Beziehung kann auch darin liegen, dass Sie sich beispielsweise von der Partnerschaft mehr versprochen haben. Das könnte dann entweder ein nicht eingetretener materieller, finanzieller Gewinn sein oder auch die enttäuschte Hoffnung auf eine bedeutsamere gesellschaftliche Stellung durch den Partner. Sie stehen dann vor der Alternative, sich entweder sofort zu trennen und Ihr Glück in einem neuen Abenteuer zu suchen oder die Partnerschaft in der vagen Hoffnung, dass Ihre prestigeträchtigen Wünsche doch noch erfüllt werden, weiterhin aufrechtzuerhalten. Im zweiten Fall neigen Sie jedoch eher dazu, den Partner mit Ihren minutiösen und rechthaberischen Vorgaben, wie sich denn Ihre Partnerschaft im Einzelnen zu gestalten habe, emotional derart unter Druck zu setzen, dass ihm jede eigenständige, freie Entfaltung der Gefühle und Liebe versagt bleibt.

Dass Sie von Ihrem Partner oder Ihrer Partnerin absolute Treue verlangen, versteht sich für Sie von selbst. Dies umso mehr, da Sie es in der Regel mit der eigenen partnerschaftlichen Treue nicht allzu genau nehmen und sich selbst jeden Seitensprung gerne und großzügig verzeihen. Gemäß der alten lateinischen Weisheit: «Quod licet Jovi, non licet bovi» – «Was dem Jupiter erlaubt ist, darf der Ochse noch lange nicht» setzen sich die in diesem Fall unerlösten Jupiter-Anteile Ihrer Venus-Konstellation bedenkenlos durch. Vielleicht liegt die größte Schwierigkeit, Ihrer Liebe einen Sie selbst und den Partner wirklich erfüllenden Ausdruck zu verleihen, darin, dass Sie sich immer wieder zwischen zwei sehr extremen Positionen hin und her gerissen fühlen: auf der einen Seite der Wunsch nach größtmöglicher individueller sexueller Freiheit und auf der anderen Seite der einseitige Anspruch, einen Partner bedingungslos an sich zu binden. Vielleicht glauben Sie auch, dass Ihr Stolz es nicht zulässt, sich auf einen Partner zärtlich und anschmiegsam einzulassen und sich hingebungsvoll seinen emotionalen Bedürfnissen zu widmen. Je weniger Sie sich nun eine solche Offenheit des Herzens gestatten, umso mehr werden Sie sich zunehmend in eine gefühlsmäßige Isolation hineinmanövrieren, in der letztlich jeder freie, spontane und selbstlose Ausdruck Ihrer Liebe zu ersticken droht. Hinter einem dann nach außen hin vorgetäuschten hohen moralischen Anspruch, verbunden mit sexueller Prüderie und gefühlsmäßiger Unnahbarkeit, verbergen sich eigentlich nur Ihre im unerlösten Zustand noch überbetonte Eigenliebe und Ihr uneingestandener Wunsch nach einer absoluten Dominanz in einer Partnerschaft.

Sonne in Steinbock – Venus in Wassermann

Im erlöst-harmonischen Erleben dieser Sonne-Venus-Konstellation wird der Ausdruck Ihrer Liebe wesentlich durch Gefühle echter und aufrichtiger Kameradschaft und eine unverbrüchliche Solidarität mit dem Partner oder der Partnerin bestimmt. Wenn dies zunächst einmal so klingt, als dominierte bei Ihnen ein mehr geistiger Ausdruck der Liebe und der ganze Bereich der rein sinnlichen Liebe und Leidenschaften spielte eine eher untergeordnete Rolle, so werden Sie aus eigener Einschätzung selbst am besten sagen können, ob es sich bei Ihnen tatsächlich so verhält. So könnte beispielsweise ein Mond im Skorpion bei Ihnen einen Akzent setzen, der durchaus intensive, sexuell-erotische und nach Erfüllung strebende Wünsche betont. Je nachdem, wie stark Sie entweder Ihre Steinbock-Sonne-Anlagen oder die Wassermann-Venus-Anlagen in den Vordergrund Ihres Verhaltens stellen, werden Sie auch unterschiedliche Schwerpunkte beim Ausdruck Ihrer Gefühle setzen. Bei einer überwiegenden Wassermann-Betonung legen Sie sehr viel Wert darauf, möglichst unkonventionelle Partnerschaften einzugehen. Sie ziehen nicht nur Menschen an, die sich gemessen an der Norm überwiegend originell, selbstbewusst, experimentierfreudig und immer auch ein wenig kokett-spielerisch verhalten, sondern fühlen sich auch selbst von solchen Menschen angezogen. Da Sie selbst einen großen persönlichen Freiraum für Ihre individuelle gefühlsmäßige Entfaltung beanspruchen, schätzen Sie es, wenn Ihr Partner oder Ihre Partnerin Sie nicht zwanghaft festzulegen versucht.

Die Art und Weise, wie Sie sich einem Partner oder einer Partnerin liebevoll zuwenden, ist immer umgeben von einem leichten Hauch des völlig Überraschenden, des Unvorhersehbaren und auch des Exzentrischen. Es macht Ihnen ganz einfach Spaß, sich die eine oder andere Verrücktheit in der Liebe zu leisten. Da ein Partner bei Ihnen nie ganz sicher sein kann, mit welchen neuen und ausgefallenen Ideen Sie ihn – nicht nur im Sinne von einfallsreichen Liebesspielen, sondern auch bei gemeinsamen Unternehmungen – bei nächster Gelegenheit überraschen werden, kann es in einer solchen Beziehung eigentlich nie langweilig werden. Da Sie es unbewusst schaffen, Ihren Partner nicht nur körperlich, sondern auch geistig anzuregen, aufzuregen und an sich zu binden, betrachten Sie die Liebe als ein willkommenes, spannendes und Sie immer wieder neu herausforderndes Experimentierfeld für ein immer währendes, gemeinsam zu bestehendes Abenteuer.

Überwiegt in Ihrem Wesensausdruck dagegen mehr die Steinbock-Komponente, ist es für Sie wichtig, dass jede noch so abenteuerliche Liebe und Leidenschaft früher oder später in eine dauerhafte und solide Partnerschaft einmündet. Was aus dem freien Spiel der Gefühle entstanden und gewachsen ist, möchten Sie festhalten. Nun soll aus dem verführerischen und aufreizenden Spiel mit dem Feuer ein im besten Fall heiterer Ernst werden. All die positiv in Ihnen angelegten Eigenschaften, wie die Wahrung einer beiderseitig unantastbaren Integrität, Ihr angeborenes Pflichtbewusstsein und Ihr Verantwortungsgefühl für eine Partnerschaft, kommen jetzt voll zur Geltung. Es schmeichelt Ihnen und macht Sie stolz, Ihr Glück in der Liebe auch nach außen hin sichtbar zu machen. Sie sind bereit und fähig, unermüdlich und diszipliniert sowohl den sinnlich-sexuellen und geistigen als auch den rein materiellen Bestand Ihrer Liebe auszubauen und zu festigen.

Eingebettet in einen Kreis geistig anspruchsvoller Freunde und auf der Grundlage eines vielleicht hart erarbeiteten materiellen Wohlstandes genießen Sie die Früchte, die Ihnen der letztlich auch ganz praktische und pragmatische Umgang mit Ihren Gefühlen beschert hat. Indem Sie Ihrem von einer notwendigen persönlichen Unabhängigkeit inspirierten freien Geist in der Partnerschaft eine dauerhafte, partnerschaftliche irdische Wohnstatt schaffen, gelingt Ihnen das, wonach sich Ihr Herz am meisten sehnt: eine Bewährung Ihrer Liebe, sowohl in der Dauer einer beiderseitig fürsorglichen und verantwortungsbewussten Hingabe als auch in einer nicht ermüdenden Lust am Abenteuer des wechselweisen, stetigen Sich-neu-Entdeckens.

Bei einem noch überwiegend unerlösten Erleben dieser symbolischen planetarischen Konstellation verkehren sich im Ausdruck Ihrer Gefühle in dem einen oder anderen Fall die Vorzeichen. Wenn beispielsweise bei Ihrer Anlage, in der Liebe auch das aufregende Abenteuer zu suchen, dies im erlösten Fall immer ein gemeinsames Abenteuer ist, so verflacht dieser Impuls im unerlösten Fall zu einem wechselhaften, frivolen Ausprobieren der eigenen Gefühle mit überwiegend egoistischen Zielen. Sie neigen dann dazu, sich in der Liebe beispielsweise sexuelle Rechte herauszunehmen, die Sie Ihrem Partner nicht zugestehen. Dafür, dass Sie unter Umständen immer wieder leichtfertig mit den Gefühle anderer spielen und sich vom Spiel mit dem Feuer verlocken lassen, erwarten Sie von Ihrem Partner uneingeschränktes Verständnis, großzügige Toleranz und ergebene Duldsamkeit. Verhält sich Ihr Partner Ihnen gegenüber jedoch in ähnlicher Weise, zögern Sie nicht, ihn rechthaberisch und zynisch zu kritisieren. Möglicherweise haben Sie das Gefühl, etwas Besonderes oder auserwählt zu sein, und leiten davon fälschlicherweise das Recht ab, Sie könnten mit den Gefühlen anderer Menschen mehr oder weniger rücksichtslos umspringen. Vielleicht ist es auch das unbewusste Gefühl des Auserwähltseins, das Ihnen eine normale Sexualität zunehmend langweilig erscheinen lässt und Sie dazu treibt, in immer ausgefalleneren erotisch-sexuellen Kicks die Erfüllung Ihrer Liebe zu suchen. Sie betrachten im übertragenen Sinne mehr oder weniger die ganze Welt und alle anderen Menschen als Ihre Bühne, auf der Sie nach Lust und Laune experimentieren können.

Wenn es Ihnen nicht gelingt, die zwei noch unerlösten Seelen in Ihrer Brust – auf der einen Seite der verantwortungslose Freigeist und auf der anderen Seite der Prinzipien reitende Bürokrat – dahin gehend zu moderieren, dass Sie in einem potenziellen Partner nicht nur einen Menschen sehen, dessen Gefühle man vorübergehend ausbeuten und dessen eigene Ansprüche auf Zärtlichkeit und Hingabe man sarkastisch abwerten kann, werden Sie eben wie ein Schmetterling von einer Blüte zur nächsten flattern müssen. Vielleicht ist es Ihnen anfangs nicht bewusst, dass Ihre eigenen Gefühle am meisten darunter leiden. Es besteht jedoch die Gefahr, dass Sie sich früher oder später in einer relativ ausweglosen gefühlsmäßigen Isolation wieder finden. Da Sie sich dann jedoch Ihre Niederlage nicht eingestehen können, werden Sie im Sinne einer Vorwärtsstrategie Ihre Isolation und die damit erzwungene sexuelle Abstinenz als den wahren Ausdruck der Liebe preisen. Vielleicht suggerieren Sie sich sogar, dass Ihre ungewollte Prüderie gleichsam gottgewollt ist und einen besonders hohen moralischen Anspruch erheben darf. Umso schärfer werden Sie dann vielleicht all die Menschen verurteilen, die ihrer Liebe – in einer in Ihren Augen verachtenswerten Art und Weise – zärtlich und sexuell hingebungsvoll Ausdruck verleihen und in ihrem Handeln aufopfernd altruistisch sind.

Ihnen in Liebe zugetane Menschen empfinden es oft als schmerzlich, dass Sie sich gefühlsmäßig wie mit einer Glaswand umgeben. Man kann Sie zwar hinter dieser Wand wahrnehmen, aber ein wirklich körperlicher und sinnlicher Kontakt ist nicht möglich. In der heutigen Zeit könnte man fast von einem eher virtuellen Gefühlsaustausch zwischen anderen Menschen und Ihnen sprechen. Vielleicht rührt diese Distanz zu anderen auch daher, dass Sie sich selbst noch nicht oder nur bedingt als ein auch sinnliches Wesen erkannt und angenommen haben. Vielleicht glauben Sie, dass Sie mit den in Ihnen aufsteigenden Gefühlen immer etwas – und vor allem natürlich etwas Ausgefallenes und noch nie Dagewesenes – *machen* müssen, anstatt sich ihnen einmal ganz einfach zu überlassen. Der äußere Ausdruck Ihrer Gefühle, Ihrer Liebe und Ihrer Leidenschaft für andere Menschen ist durch eine alle Konventionen sprengende Kontaktfreude und Abenteuerlust gekennzeichnet. Sobald jedoch eine nicht sexuelle, sondern gefühlsmäßige, sensible und von Zärtlichkeit geprägte partnerschaftliche Intimität entstehen könnte, reagieren Sie ausgesprochen kontaktscheu. Über diese vielleicht uneingestandenen sowohl körperlichen als auch geistigen Berührungsängste versuchen Sie sich dadurch hinwegzusetzen, dass Sie sich selbst suggerieren, dass Ihr Partner oder Ihre Partnerin offensichtlich nicht Ihren hohen Erwartungen entspricht und von Ihren körperlichen, seelischen und geistigen Liebeswünschen und -hoffnungen überfordert zu sein scheint.

Sonne in Steinbock – Venus in Fische

Bei einem erlösten Erleben dieser planetarischen Kombination Ihrer symbolischen Sonnen- und Venus-Kräfte sind Sie im besten Fall durchströmt von einer großen und tief greifenden Sehnsucht nach einer allumfassenden Liebe. Es ist so, dass Sie nicht nur ganz allgemein alle Menschen, sondern eigentlich den ganzen Kosmos und die schier unerschöpfliche Fülle all seiner lebendigen und wirkenden Erscheinungen und Ausdrucksformen stets mit den Augen der Liebe betrachten. Ihre weit geöffnete Seele ist durchflutet von warmen und aufrichtigen Gefühlen der Selbstlosigkeit, der mitfühlenden Hingabe und einer innigen Zärtlichkeit für alles Lebendige und Gewachsene. Sie sind fähig, andere Menschen mit der Kraft Ihrer Seele zu verzaubern und in Ihnen ein inniges Gefühl für die Romantik der Liebe zu erwecken. Mit Ihrer ans Mediale grenzenden Sensibilität erkennen Sie intuitiv die besonderen Bedürfnisse eines Partners oder einer Partnerin, noch bevor darüber konkret gesprochen wird. Ihrem Ahnungsvermögen eröffnen sich Zugänge zur Psyche und Stimmungslage anderer Menschen, die diese Menschen vielleicht selbst noch nicht bewusst an sich wahrgenommen haben. Aufmerksam und mitfühlend schwingt sich Ihre Seele in die gefühlsmäßigen Schwingungen Ihres Partners ein. Sie befinden sich in einer permanenten, harmonischen und feinfühligen Resonanz mit Ihrer Umwelt, was für andere Menschen nicht selbstverständlich ist. Wie auch immer Sie im Einzelnen Ihrer Liebe Ausdruck verleihen, stets haftet Ihren Handlungen und Entscheidungen ein schier grenzenloses Wohlwollen an.

Der in Ihnen lebendig wirkende göttliche Funke der Liebe entzündet sich vorurteilslos und selbstlos nicht nur an anderen Menschen, sondern auch im täglichen Umgang mit der materiellen Welt. Im Grunde können Sie gar nicht anders, als liebend tätig zu werden. Da in Ihnen wie kaum in einem anderen Menschen das wahre Ideal der Liebe zu seiner Erfüllung drängt, ist es für Sie außerordentlich wichtig, dass Sie versuchen, den aus Ihrer Seele aufsteigenden und intuitiv erfahrenen Bildern und Träumen einen konkreten irdischen Ausdruck zu verleihen. Dazu ist es notwendig, dass Sie die in Ihnen ja ebenfalls wirksamen Kräfte Ihrer Steinbock-Sonne aktivieren und Sie zielstrebig und diszipliniert in Taten der Liebe einfließen lassen. Ihre Sonnenkräfte verleihen Ihnen die dafür notwendige Autorität, einen eisernen, am Erfolg orientierten Willen und die Bereitschaft, für Ihre Handlungen und Entscheidungen jederzeit auch die Verantwortung zu übernehmen. Es erfüllt Sie mit Stolz und Zufriedenheit, wenn Ihre tätige Hingabe an andere Menschen zu gemeinsam erarbeiteten, sichtbaren und praktischen Ergebnissen führt. Da Sie die in Ihnen waltende allumfassende Liebe nicht nur als ein gleichsam göttliches Geschenk empfinden, sondern sich von dieser himmlischen Gabe auch in die Pflicht genommen fühlen, fällt es Ihnen leicht, Ihre Gefühle in jede nur denkbare Handlung zu integrieren.

Je bewusster Sie diese Kombination Ihrer Sonnen- und Venus-Kräfte leben, umso mehr werden Sie daraus eine Art göttlichen Auftrag ablesen, der darin besteht, in zweifacher Weise ein lebendiges und persönliches Zeugnis dafür abzulegen, zu welchen emotionalen und materiellen Leistungen die Liebe fähig ist. Zum einen dadurch, dass Sie durch Ihr Verhalten andere Menschen in deren Glauben an die grenzenlose Macht der Liebe bestärken, zum anderen dadurch, dass Sie ihnen durch Ihr gelebtes Vorbild zeigen, dass nur um sich selbst kreisende Gefühle sich gleichsam in einem luftleeren Raum bewegen, solange sie nicht zu helfenden, dienenden und selbstlosen Taten der Liebe führen. Da Sie selbst sowohl in Ihrem Herzen als auch vom Verstand her wissen, dass die Liebe sich trotz aller denkbaren göttlichen oder himmlischen Projektionen zunächst einmal ganz konkret auf der Erde erfüllen muss, sind Sie aufgerufen, diese Wahrheit auch im Sinne eines Lehrers durch Ihr gelebtes Vorbild zu vermitteln. Die seelische Intensität, mit der Sie sich eigentlich mit allen Menschen verbunden fühlen, findet ihren höchsten und für Sie erfüllendsten Ausdruck in einer auf Dauer, auf beiderseitigem Respekt und wechselweiser Pflichterfüllung basierenden Partnerschaft. In einer solchen Partnerschaft tragen Ihre aufopfernde Hingabe und Ihre Selbstlosigkeit die schönsten Früchte, denn Sie fühlen sich im scheinbaren Opfer selbst am meisten beschenkt und beglückt.

Wenn Sie Ihren Sonnen- und Venus-Kräften einen noch nicht oder nur teilweise erlösten Ausdruck verleihen, besteht die Gefahr, dass Sie das Opfer von Sie unkontrolliert überschwemmenden Gefühlen werden. Im extremsten Fall empfinden Sie vielleicht selbst Ihr ganzes Wesen wie eine offene seelische Wunde. Ungeschützt und durchlässig für die von anderen Menschen auf Sie einströmenden Gefühle, reagieren Sie leicht übersensibel und fühlen sich schon bei geringen Anlässen nachhaltig gefühlsmäßig verletzt. Das Bild der empfindsamen Mimose drängt sich auf, die ja auch schon auf den kleinsten Lufthauch geknickt reagiert. Es ist so, als hätte sich bei Ihnen analog zum körperlichen Immunsystem noch kein seelisches Immunsystem ausgebildet. Ihren relativ schwachen emotionalen Abwehrkräften gelingt es nicht, sich vor allem gegenüber den negativen atmosphärischen Schwingungen Ihrer Umwelt wirksam abzuschirmen. In einer gewissen Weise fühlen Sie sich der ungehemmt über Ihnen zusammenschlagenden Flut Ihrer Gefühle nicht gewachsen. Diese intensive und immer auch von vagen Ängsten begleitete Erfahrung kann leicht dazu führen, dass

Sie sich davor zu retten suchen, indem Sie sich mehr oder weniger bedingungslos einem Partner oder einer Partnerin unterwerfen. Das kann unter Umständen so weit gehen, dass Sie dazu neigen, eine Partnerschaft überwiegend parasitär zu leben. Voller Selbstmitleid gefallen Sie sich dann vielleicht in der Rolle eines kleinen, zu bemitleidenden Kindes, das ganz selbstverständlich für sich in Anspruch nimmt, jederzeit bemuttert und versorgt zu werden.

Es mag im Einzelfall auch nicht daran fehlen, dass Sie im Kreis von Freunden und Bekannten dadurch Aufmerksamkeit zu erwecken suchen, dass Sie sich als Märtyrer der Liebe gerieren. Schwärmerisch und leichtgläubig geben Sie sich dem ersten Eindruck Ihrer Gefühle hin und werden doch bei jeder so begonnenen neuen Partnerschaft zu dem – mit der Zeit fast schon zwanghaft erwarteten – Ergebnis kommen, wieder einmal herb enttäuscht worden zu sein. Da bei Ihnen einerseits die Fähigkeit zu einer notwendigen positiven Ichabgrenzung und andererseits die lebendige Aufgeschlossenheit gegenüber anderen Menschen relativ schwach ausgebildet sind, versuchen Sie sich entweder in eine Gefühlssymbiose mit dem Partner zu flüchten, sich zu unterwerfen oder ihn mittels passivem gefühlsmäßigen Widerstand gleichsam zu unterlaufen, um selbst Macht zu gewinnen. Beiden Haltungen ist immer auch ein gewisser unbewusster Masochismus beigemischt.

Mitunter scheinen Sie Ihr offensichtliches Leiden an der Welt auch in eine Waffe umzufunktionieren, mit der Sie dann gegen die angebliche Gefühllosigkeit der anderen rücksichtslos und rechthaberisch zu Felde ziehen. Es ist auffallend, dass Sie die gefühlsmäßige Schonung, die Sie für sich selbst immer wieder einfordern, gegenüber anderen Menschen dann weitgehend vermissen lassen. Wahrscheinlich fühlen Sie sich zwischen einer einerseits fast unbedarften Leichtgläubigkeit und Duldsamkeit und andererseits einer dogmatischen Besserwisserei und Prinzipienreiterei hin und her gerissen. Ganz ähnlich ergeht es Ihnen auch mit der Art, wie Sie ganz allgemein mit Ihren Liebesgefühlen, -wünschen, -hoffnungen und -sehnsüchten umgehen. Entweder neigen Sie dazu, sich mehr oder weniger blauäugig in eine Partnerschaft einzulassen, eine mögliche partnerschaftliche Zukunft nur durch die rosarote Brille wahrzunehmen, wobei Sie entsprechend enttäuscht werden, oder Sie geben sich – vor allem sexuell – betont unnahbar und prüde, was schließlich zu einer zunehmenden gefühlsmäßigen Isolation führt.

In Ihrem Leben können sich durchaus auch längere Zeiten von intensivster Verschmelzung mit einem Partner mit anderen Zeiten einer frustrierenden seelischen Isolation abwechseln. Dass beide Phasen eigentlich nicht zu der Erfüllung Ihrer Liebe führen, die Sie sich wünschen, hat seinen Grund darin, dass Sie in beiden Fällen, indem Sie Ihre seelischen Grundängste nur zu kompensieren versuchen, jeweils des Guten zu viel tun und sich selbst zwangsläufig als das Opfer sehen. Der nächste Schritt, sich selbst auch noch als Märtyrer der Liebe zu stilisieren, ist dann nicht mehr groß.

Sonne in Wassermann

Sonne in Wassermann – Venus in Wassermann

Wenn es darum geht, aus einem aufgeschlossenen und humanen Bewusstsein heraus auch in der Liebe die revolutionären Forderungen nach Freiheit, Gleichheit und Brüderlichkeit schon auf Erden einzulösen, sind Sie bei einem erlösten Erleben und harmonischen Ausdruck dieser planetarischen Konstellation wohl deren eifrigster Verfechter. Es entspricht Ihrem ganzen Wesen, dass Sie als ausgewiesene Individualistin oder Individualist in Ihrem eigenen Verhalten und durch Ihr lebendiges Vorbild besonderen Wert darauf legen, alle herkömmlichen Ausdrucksformen der Liebe und Partnerschaft aus den zum Teil verkrusteten gesellschaftlichen Normen und Gesetzen zu befreien. Weit über Ihre individuelle Partnerschaft hinaus umfasst Ihre liebevolle und vorurteilsfreie Hinwendung und Hingabe gleichsam die ganze Menschheit. Sie fühlen sich innerlich sowohl aus Ihrem Herzen als auch vom Verstand her dazu aufgerufen und auserwählt, Ihren Gefühlen einen immer neuen, unkonventionellen und oft auch exzentrischen Ausdruck zu verleihen. Bei der Art, wie Sie es lieben, zu lieben, ist Ihr Partner oder Ihre Partnerin nie vor einer Überraschung sicher. Es gefällt Ihrer angeborenen Experimentierfreude, mit der Liebe nicht nur auf dem Gebiet der Erotik und der Sexualität, sondern auch in deren partnerschaftlichem geistigen Austausch für immer spontane, originelle und abwechslungsreiche Anregungen – und Aufregungen – zu sorgen.

Es kommt Ihrem Naturell sehr entgegen, dass die heutige Zeit auch scheinbar nicht der hergebrachten Konvention entsprechenden Partnerbindungen zunehmend aufgeschlossener gegenübersteht und sie toleriert. Der in Ihnen lebendig wirksame freiheitliche Impuls setzt nicht nur in der eigenen Partnerschaft, sondern auch in allen anderen zwischenmenschlichen Beziehungen immer wieder neue Akzente für ein vornehmlich durch hilfsbereite Kameradschaft und verständnisvolle Brüderlichkeit geprägtes Zusammenleben aller Menschen. Wo immer Sie sich im Ausdruck Ihrer Gefühle eingeschränkt, bevormundet oder zu strikt festgelegt fühlen, rebellieren Sie heftig und bestehen nachdrücklich auf Ihrer persönlichen emotionalen und geistigen Freiheit. Enge partnerschaftliche Bindungen empfinden Sie nur dann als für Sie beglückend und erfüllend, wenn in ihnen auch ein für Sie unverzichtbarer Wind von Freiheit und Unabhängigkeit weht. Da Sie die gleiche Freiheit, die Sie für sich einfordern, auch Ihrem Partner oder Ihrer Partnerin zugestehen, finden Sie Ihr größtes und befreiendes Glück in der Liebe in Bindungen ohne Anhaftung – nur scheinbar ein Widerspruch. Es entspricht nicht Ihrem geistigen Anspruch, an einem anderen Menschen zu kleben, sich in eine gefühlig-dumpfe Abhängigkeit zu bringen oder in einem mehr oder weniger sentimentalen Liebesschwulst zu versinken. Sie lieben es, Ihre Gefühle nicht nur offen, fair, herausfordernd, kokett und spielerisch zu zeigen, sondern sie vor allem auch in gemeinsame, partnerschaftliche Handlungen einfließen zu lassen.

Die doppelte Luftbetonung Ihrer Sonne und Venus macht es Ihnen leicht, sich anderen Menschen gefühlsmäßig aufgeschlossen, freundlich, mit scharfem Witz und verständigem Humor zu nähern. Am meisten reizt Sie wohl das in jeder Begegnung mit anderen liegende geistig-intellektuelle Abenteuer und die willkommene Herausforderung, sich mit all Ihren Sinnen auf einen anderen Menschen neu einstellen zu können. Jede private oder auch berufliche Partnerschaft mit Ihnen partizipiert auf das Angenehmste vor allem an Ihrer gefühlsmäßigen Offenheit, Ihrer geistigen Vielseitigkeit und dem immer regen freundlichen Interesse, das Sie an allen Belangen Ihrer Mitmenschen haben. Vor Ihrem geistigen Auge ist stets ein alle Menschen beglückendes Ideal der Liebe lebendig, und Sie setzen Ihre ganze Kraft dafür ein, diesem Ideal auch in einer intimen Partnerschaft einen sinnlich und materiell erfahrbaren Boden zu bereiten. Welche Interessen und Aufgaben Ihr Partner auch verfolgen mag, er kann Ihrer tätigen Mithilfe und Ihrer freundlichen Ermunterung sicher sein und auf Ihren unterstützenden Ansporn zählen. Wenn es darum geht, in einer Partnerschaft auf der Basis beiderseitig gleichberechtigter gefühlsmäßiger Ansprüche auf welchem Gebiet auch immer gemeinsame Sache zu machen, erfüllt sich Ihr persönlicher Traum von der Liebe am nachhaltigsten und glücklichsten. Im tiefen Bewusstsein, mit einem Partner oder einer Partnerin in Freiheit verbunden zu sein, strahlt die Kraft

Ihrer Liebe vorbildhaft und ungehindert auch auf den Kreis Ihrer sicherlich zahlreichen Freunde aus.

Bei einem noch eher unerlösten Erleben der in Ihnen wirkenden Sonnen- und Venus-Einflüsse besteht die Hauptproblematik für Sie darin, dass Sie es noch nicht oder nur bedingt gelernt haben, die Freiheit im Ausdruck Ihrer Gefühle und Ihrer Liebe, die Sie für sich fordern, auch anderen Menschen zuzugestehen. Eine innere Stimme scheint Ihnen immer wieder zu suggerieren, dass Sie sich als in einer besonderen Weise auserwählt fühlen dürfen, dass Sie gleichsam über allen anderen Menschen stehen, nichts mit ihnen gemein haben und entsprechend rücksichtslos Ihre eigenen Interessen in den Vordergrund stellen können. Die daraus resultierende geistige Überheblichkeit, die Sie andere Menschen mehr oder weniger bewusst spüren lassen, bewirkt, dass Sie für andere wenig greifbar sind und Ihnen gleichsam wie hinter einer durchsichtigen, gleichwohl trennenden Glaswand verborgen erscheinen. Eine von Ihnen vielleicht nicht immer beabsichtigte gefühlsmäßige Unnahbarkeit, im Extremfall auch emotionale Kälte, verhindert, dass Sie mit anderen Menschen unmittelbar warm werden.

Möglicherweise fühlen Sie sich auch immer wieder den in Ihnen aufsteigenden Gefühlen der Liebe gegenüber ein wenig verwirrt und hilflos und versuchen dann mehr oder weniger zwanghaft, mit Hilfe Ihres Verstandes Ordnung in dieses scheinbare Chaos in Ihrem Herzen oder Ihrer Seele zu bringen. Nicht zuletzt ist es auch diese stets rege geistige Einflussnahme Ihres Verstandes, die Sie verführt, immer wieder mit Ihren Gefühlen und denen des Partners oder der Partnerin zu spielen. Was für Sie den Charakter eines aufregenden Experimentes hat, bleibt jedoch für den Partner oft ein nur oberflächliches und nicht immer befriedigendes Spiel mit dem Feuer. Für Sie selbst mögen solche partnerschaftlichen Testläufe höchst erfüllend und beglückend sein, früher oder später hat jedoch der Partner das Gefühl, nur für eine Übung mit für ihn ungewissem Ausgang benutzt zu werden. Ihr unbedingter Anspruch auf ein Höchstmaß individueller Freiheit macht es Ihnen schwer, sich dauerhaft, anschmiegsam und zärtlich an einen Partner oder eine Partnerin zu binden. In den meisten Fällen sind Sie so sehr sich selbst hingegeben, dass für eine liebevolle Hingabe an andere kein Raum und auch keine Zeit bleibt. Sie verhalten sich dann wie ein übermütiger Schmetterling, der abenteuerlustig und experimentierfreudig von einer Blüte zur nächsten flattert. Bei einer solch emotionalen Sprunghaftigkeit fehlt Ihnen selbst natürlich auch die Zeit, um wirklich einmal tiefer in Ihre Seele hineinzuhören, den zarten Schwingungen Ihrer Gefühle nachzuspüren und einer entstehenden Liebe Zeit zur Reifung zu geben. Es ist dann nahe liegend, dass es zur Befriedigung Ihrer Gefühle zunehmend ausgefallenerer sexueller oder erotischer Kicks bedarf. Um bei dem Bild des Schmetterlings zu bleiben, könnte man sagen, dass Sie dann unter Umständen auch von einer in die nächste unerfüllte sexuelle Erfahrung taumeln.

Es hat oft den Anschein, als ließen Sie es willig zu, dass Ihr Intellekt Ihre Gefühle in immer neue sinnlich-gefühlsmäßige Herausforderungen treibt, nur um zu sehen, wie weit er eigentlich gehen kann. Sie werden natürlich versuchen, diese bei Ihnen zumindest tendenziell angelegte Unausgewogenheit zwischen den Forderungen Ihres Verstandes und den Wünschen Ihres Herzens derart zu kompensieren, dass Sie Ihr besonderes Verhalten in der Liebe zu Ihrer persönlichen Ideologie hochstilisieren und sich bewusst zur Freiheit der Gefühle um jeden Preis bekennen. Gerade dadurch, dass Sie sich diese mögliche Schwäche selbst nicht eingestehen wollen oder können, verhindern Sie aber, Vertrauen zu den eigenen Gefühlen zu entwickeln. Es sind die in dieser Konstellation doppelt wirksamen Kräfte des Uranus, die Sie bei einem noch weitgehend disharmonischen Erleben immer wieder dazu verführen, Ihre Gefühle wie einen Blitz in einen anderen Menschen einschlagen zu lassen oder selbst von einem solchen Liebesblitz getroffen zu werden. Einmal entflammt, kennt Ihre Liebe am Beginn einer partnerschaftlichen Beziehung zunächst keine Grenzen. All Ihre Sinne stehen unter Strom und schlagen sowohl sexuell-sinnliche als auch geistig-intellektuelle Funken. Da es jedoch eigentlich keinem Menschen gelingt, sich in einer Partnerschaft unentwegt originell, einfallsreich, spontan und sprudelnd an geistiger und körperlicher Vitalität einzubringen, verlieren Sie meist relativ schnell und enttäuscht das Interesse und stürzen sich in ein neues, vermeintlich noch spannenderes und herausfordernderes Liebesabenteuer.

Sonne in Wassermann – Venus in Schütze

Wenn in Ihrem Wesen die feurigen Venus-Kräfte aus dem Zeichen Schütze und die luftigen Sonnenkräfte aus dem Wassermann in einer erlöst-harmonischen Art und Weise ihren Ausdruck finden, dann nähren sich die Flammen Ihrer Liebe gleichsam aus sich selbst. Dies allerdings nur dann, wenn sie im übertragenen Sinne eine Substanz finden, das heißt einen anderen, geliebten Menschen oder eine Aufgabe, an dem oder der sie sich entzünden können. Dann verschmelzen ein tiefer Glaube und ein humanes Bewusstsein zu einem festen Bestandteil unterschiedlichster Ideale, die Sie in Ihrem Leben verfolgen. Auf wen oder was auch immer sich Ihr besonderes Interesse richtet, Ihre Aufmerksamkeit ist unmittelbar von enthusiastischen, aufrichtigen und revolutionären Gefühlen durchflutet. Nicht nur die Liebe, sondern das ganze Leben betrachten Sie als ein einziges großes Abenteuer, mit dem Sie wagemutig und originell experimentieren. Von Ihrer Persönlichkeit geht eine Aura sinnlicher Geistigkeit bzw. geistiger Sinnlichkeit aus, mit der Sie andere Menschen leicht in Ihren Bann ziehen. Sie suchen nicht nur die Freiheit der Gefühle und der Liebe, Sie gewähren und schenken sie auch aus vollem Herzen allen anderen Menschen.

Sie sind sich dessen bewusst, dass die wahre Erfüllung der Liebe nicht nur in einer beglückenden Sexualität zu finden ist, sondern darüber hinaus auch in einem intensiven Austausch geistiger, religiöser oder weltanschaulicher Werte zwischen den Menschen. Einerseits wohlwollend und idealistisch, andererseits aber auch freiheitsliebend und mitunter exzentrisch, suchen Sie in jeder Partnerschaft nicht zuletzt auch eine geistig-intellektuelle Verwandtschaft. Sie möchten, dass Ihre Gefühle mit denen Ihres Partners nicht nur verschmelzen, sondern sich im besten Fall verbrüdern. Und brüderlich oder kameradschaftlich vereint, arbeiten Sie dann daran, dass Ihre gemeinsame Liebe stets zu neuen Horizonten aufbricht und dort neue sinnliche und geistige Erfahrungen erprobt. In gewisser Weise gleichen Sie einem unermüdlichen *emotionalen* Wanderer, für den der Weg, den seine Gefühle gehen, auch das Ziel ist. Und auf diesem Weg, den Sie allein oder gemeinsam in einer Partnerschaft gehen, möchten Sie allen, denen Sie begegnen, Mut zum uneingeschränkten und vielfältigsten Ausdruck ihrer Liebe machen, sie von Ihren befreienden Erfahrungen mit der Liebe überzeugen, begeistern und mitreißen.

Sie sind der festen Überzeugung, dass Sie allein durch Ihr Vorbild anderen Menschen helfen können, damit sie sich – so wie Sie sich selbst – aus allen die mitmenschliche Liebe erstickenden Vorschriften und gesellschaftlichen Normen befreien können, um den eigenen Gefühlen, der eigenen Sinnlichkeit und Sexualität und der eigenen Geistigkeit in großer Selbstverantwortung und persönlicher Integrität den einzig wahren Ausdruck zu verleihen. Wenn es darum geht, für das Ideal der Liebe zu kämpfen, stehen Sie wie ein Ritter ohne Furcht und Tadel zu jeder Heldentat bereit an vorderster Front. Aufopfernd und wohlwollend setzen Sie sich unaufgefordert jederzeit für die Belange eines Partners oder einer Partnerin ein. Man sieht Ihnen an, dass Sie stolz sind auf die Leistungen, zu denen Sie Ihr Glaube an die unbeugsame Kraft der Liebe ermutigt hat, und sich an dem reichen Lohn freuen. Und dies gilt sowohl für Ihre persönliche Partnerschaft als auch für all die Bereiche, in denen Sie sich humanitär und sozial, ganz allgemein gesellschaftlich wirksam engagieren.

Ihre sinnliche Leidenschaft entzündet sich leicht und impulsiv an allen irgendwie außergewöhnlichen Menschen. Sich mit ihnen gemeinsam auf eine abenteuerliche Liebesreise zu begeben, Ihr Gegenüber herauszufordern und sich von ihm herausfordern zu lassen, bisher noch unentdeckte und noch nicht gekostete Freuden der sowohl sinnlichen wie geistigen Liebe zu erforschen, darin liegt für Sie lebenslang die wahre Bestimmung all Ihrer gefühlsmäßigen Wünsche und Hoffnungen. Da Sie einerseits die Kraft Ihrer Gefühle entfesseln, sie andererseits jedoch auch hochherzig, wohlwollend, fürsorglich und uneingeschränkt an einen Partner, an eine Partnerin oder auch an eine bestimmte Aufgabe binden können, sind Ihre Handlungen und Entscheidungen in hohem Maße von persönlichem Erfolg gekrönt. Und weil Sie bereit sind, andere Menschen jederzeit an Ihren materiellen wie ideellen Erfolgen fast verschwenderisch teilhaben zu lassen, setzen Sie mit der Kraft Ihrer Liebe einen lebendigen Kreislauf in Gang, der Sie letztlich im freien Ausdruck Ihrer Gefühle bestärkt und zum Wohle aller zu neuen Taten der Liebe ermuntert.

Bei einem noch weitgehend unerlöst-disharmonischen Erleben Ihrer individuellen Sonne-Venus-Konstellation fehlt Ihnen vor allem die eingangs erwähnte, außerhalb Ihrer selbst liegende Substanz, also ein Partner, eine Partnerin oder eine Aufgabe, an der sich Ihre Liebe entzünden könnte. Ihre Gefühle und Gedanken kreisen nun mehr oder weniger egozentrisch nur um die ausschließliche Befriedigung Ihrer eigenen Wünsche und Hoffnungen. Stolz und unnahbar entziehen Sie sich nachhaltig auch jeglicher liebevoller partnerschaftlichen Zuwendung, die Ihnen zuteil werden könnte. Das Übermaß an persönlicher Freiheit, das Sie für sich selbst beanspruchen, anderen jedoch meist vorenthalten, hindert Sie daran, sich dauerhaft zärtlich und hingabefähig auf einen anderen Menschen einzulassen. Sie möchten im Sturm erobern oder erobert werden, genießen den ersten Rausch einer sexuellen Begegnung, ohne sich für einen Partner oder eine Partnerin gefühlsmäßig intensiv zu engagieren. Mehr oder weniger unbewusst überdecken Sie in Ihnen möglicherweise doch aufkeimende Gefühle der Zärtlichkeit mit einer gewissen äußerlichen Geschäftigkeit, stürzen sich voller blindem Enthusiasmus in einen pathetisch-schwärmerischen Trubel der Sinne, der Ihnen keine Zeit lässt, zu einer gefühlsmäßigen Besinnung zu kommen.

Anstatt auch einmal auf die leisen Töne der Liebe zu hören, die aus Ihrem Herzen aufsteigen wollen, übertönen Sie sie mit einem mehr oder weniger leidenschaftlichen, aber blinden Aktionismus. Sie suchen sowohl das sinnlich-sexuelle wie das geistig-intellektuelle Abenteuer, aber eigentlich nur, um sich letztlich wieder einmal selbst beweisen zu können, zu welch extremen Leistungen Ihre Gefühle fähig sind. Mit dem mehr oder weniger chaotischen Ausdruck Ihrer exzentrischen Gefühle strapazieren Sie jedoch früher oder später jede Partnerschaft so sehr, dass sich eine dauerhafte und beiderseitig vertrauensvolle Bindung nur sehr schwer aufbauen lässt. Immer erlebnishungrig auf der Suche nach neuen und Abwechslung versprechenden Events, gerät Ihre Gefühlswelt zunehmend in eine Situation, in der sie schließlich fast automatisch nur noch nach ausgefalleneren und prickelnderen Stimulationen giert. Nun mögen Ihre geistigen und seelischen Gefühlsansprüche in einem grandios erlebten Augenblick durchaus ihre Erfüllung finden, was jedoch in der Regel bleibt, ist ein eher schaler Nachgeschmack und eine letztlich nicht zu leugnende Frustration. Mit Ihrem unbezwingbaren Wunsch, Ihren Gefühlen und Ihrer Liebe so frei wie nur irgend möglich Ausdruck zu verleihen, manövrieren Sie sich emotional gleichsam selbst in die Falle. Sicherlich haben Sie

Recht, wenn Sie für sich fordern, dass die Liebe sich frei entfalten sollte, aber sie sollte sich eben auch binden können und nicht nur frei umherschweifen.

Ihr scharfer Intellekt und Ihr kritischer Verstand suggerieren Ihnen, dass Sie sich eigentlich als jemand Besonderer fühlen dürften, irgendwie erhaben über den Rest der Menschen. Demzufolge halten Sie selbst Ihre emotionale Unnahbarkeit vielleicht für eine besondere Stärke und scheuen sich nicht, all die Menschen unnachsichtig zu kritisieren, die Ihrer Meinung nach nur gefühlig-dumpf zusammenglucken. Nichts fürchten Sie mehr – mit Recht – als ein Abgleiten der Liebe in eine heimelige Sentimentalität. Zu einer kränkelnden Sentimentalität entwickeln sich Gefühle aber erst dann, wenn in ihnen jeder einmal echte und aufrichtige Ausdruck längst verloren gegangen ist und in der Partnerschaft nur noch mühsam eine scheinbar intakte Fassade aufrechterhalten wird. Oft ist es vielleicht auch nur Ihr meist übertriebener geistiger Anspruch, den Sie an eine für Sie *funktionierende* Partnerschaft stellen, der eine tiefere seelische Bindung verhindert. Da Sie unter Umständen glauben, zu allen Fragen des Wissens und Glaubens über die allein selig machende Antwort zu verfügen, ersticken Sie in sich jede Möglichkeit, dass Ihr Herz auch einmal neue sensuelle Erfahrungen machen könnte.

Je nachdem, wie disharmonisch Sie Ihre Gefühle noch in sich wahrnehmen, halten Sie vielleicht sogar Ihren Körper nur für ein nützliches Instrument, mit dem man auf die unterschiedlichste Art und Weise «Liebe machen» kann. Da man mit Gefühlen jedoch nichts machen, sondern sie nur ganz einfach erleben und ausdrücken kann, misstrauen Sie vielleicht all den scheinbar unwägbaren und unkalkulierbaren Schwingungen, die aus Ihrem Herzen aufsteigen und sich eigentlich nur nach einem zärtlichen und hingebungsvollen Austausch mit einem anderen Menschen sehnen.

Sonne in Wassermann – Venus in Steinbock

Diese Kombination Ihrer Sonne und Ihrer Venus im Tierkreis ist weder bei einem erlöst-harmonischen noch bei einem überwiegend unerlöst-disharmonischen Erleben ganz einfach zu bewältigen. Der Grund liegt darin, dass die hier versammelten symbolischen planetarischen Kräfte auf der einen Seite danach streben, möglichst alle Grenzen zu sprengen (das ist der Ausdruck Ihrer Sonne), und auf der anderen Seite Wert darauf legen, dass jederzeit gewisse Grenzen gewahrt, gewisse Regeln eingehalten werden (das ist der Ausdruck Ihrer Venus). Im erlösten Fall gelingt es Ihnen ohne Mühe und überzeugend, sich innerhalb selbst gesetzter oder auch von außen auferlegter Grenzen völlig frei zu bewegen. Sie haben sich dann einen möglicherweise weit gesteckten, jedoch klar begrenzten Lebensraum geschaffen, in dem Sie sich ungehindert und erfolgreich entfalten können. Für Ihre Gefühle bedeutet dies, dass Sie sich dessen bewusst sind und vom Herzen und Verstand her akzeptieren, dass Sie für deren gewünschten freien, spontanen und oft auch verrückt-exzentrischen Ausdruck dort eine Grenze sehen, wo diese einen Partner in seiner persönlichen Freiheit einschränken. Vor diesem Hintergrund fühlen Sie sich in Ihrer Liebe am meisten erfüllt und glücklich, wenn es Ihnen gelungen ist, eine Partnerschaft aufzubauen, in der ein hohes Maß an beiderseitig gewährter Freiheit, bei gleichzeitiger Stabilität der Gefühle, ein tiefes wechselseitiges Verantwortungsgefühl und eine natürliche Aufrichtigkeit herrschen. Diese hohen Ansprüche an eine für Sie beglückende Partnerschaft versuchen Sie dadurch zu erreichen, dass Sie sich im Einzelfall zwar impulsiv, heftig und total entflammt in eine Beziehung stürzen können, sich jedoch mit der Liebe zu Ihrem Partner Zeit lassen. Sie lassen sich vom ersten zündenden Blitz einer scheinbar alles vergessen lassenden sexuellen Anziehung nicht täuschen. Vorsichtig und ernst erwärmen Sie sich eher langsam, prüfen sorgfältig, dabei liebevoll, selbstbeherrscht und wohlmeinend den Bestand und die Entwicklung Ihrer eigenen Gefühle und der des Partners, um Ihrer Liebe sacht und kontinuierlich einen Weg in eine dauerhafte Partnerschaft zu ebnen.

Mit diesem betont rücksichtsvollen und verantwortungsbewussten Vorgehen bereiten Sie sich unbewusst auf ein Stadium vor, in dem vielleicht der Rausch der Sinne schon leicht verflogen ist, wobei Sie jedoch inzwischen ein umso festeres Band der gegenseitigen Achtung, des regen geistigen Austausches und einer zuverlässigen, vertrauensvollen beiderseitigen Kameradschaft geknüpft haben. Dass trotz der angestrebten Stabilität in einer Beziehung auch die notwendige Abwechslung und eine sich aneinander begeisternde Aufregung nicht zu kurz kommen, dafür sorgen Ihre rebellischen Sonnenkräfte gleichsam von selbst. Ihrem nimmermüden Geist gelingt es mühelos, alle nur denkbaren sinnlich-sexuellen oder geistig-intellektuellen Extravaganzen zu erfinden, die immer wieder Schwung in die Partnerschaft bringen. Man könnte es so ausdrücken: Sie nehmen das Spiel der Liebe ernst, und entsprechend behutsam und sorgfältig gehen Sie mit Ihren Gefühlen um. Über Ihre persönliche Partnerschaft hinaus gehört es sicherlich zu Ihren Leidenschaften, sich intensiv und zielbewusst auch für gesellschaftliche Belange zu engagieren. Hier findet das Potenztial Ihrer Liebesfähigkeit ein besonders wirkungsvolles Feld, denn Sie wissen aus persönlicher Erfahrung, dass nur die Dinge in der Welt dauerhaften Bestand haben, die auf dem soliden Grund einer wahren, aufrichtigen und loyalen Liebe errichtet sind. Um Ihr Liebesideal zu verwirklichen, scheuen Sie mit Unterstützung der in Ihnen lebendigen uranischen Kräfte Ihrer Sonne im Einzelfall auch nicht davor zurück, zunächst scheinbar ganz exzentrische, originelle und radikale Wege zu beschreiten. Wenn es darum geht, Gefühle der Liebe in all ihren Entfaltungsmöglichkeiten freizusetzen und sie zugleich fest an einen Menschen oder eine Aufgabe zu binden, kennen Ihre zähe Ausdauer, Ihr immer für eine Überraschung guter Einfallsreichtum und Ihre geduldige Hartnäckigkeit in der Verfolgung dieses Zieles keine Grenzen.

Bei einem noch weitgehend unerlösten Erleben und Ausdruck Ihrer persönlichen Sonnen- und Venus-Kräfte werden Sie es schwer haben, zwischen den eher Grenzen setzenden Energien aus dem Steinbock und den Grenzen sprengenden Energien aus dem Wassermann eine dauerhafte und konstruktive Balance zu finden. Je nach Lebenssituation oder Alter werden Sie wahrscheinlich überkompensatorisch mehr in die eine oder die andere Richtung tendieren und sich dadurch zu Ihrem eigenen Schaden einseitig festlegen. Ihre Wassermann-Sonne verführt Sie dann vielleicht dazu, sich betont exzentrisch, radikal und immer ein wenig chaotisch zu verhalten. Ihre Gefühle springen dann dem ersten erregenden Impuls folgend nervös und eher nur Verwirrung stiftend von einer «großen Liebe» zur nächsten. Für Sie zählt dann einzig und allein das, was Ihre sinnliche Leidenschaft vordergründig erregt und Ihre sexuelle Neugier erweckt. Vielleicht wollen Sie sich auch im Einzelfall nur wieder einmal selbst beweisen, dass Sie eigentlich etwas Besonderes sind, dass Sie mit der – in Ihren Augen verabscheuungswürdigen – schmachtenden Zärtlichkeit und sentimentalen Treue anderer Paare nichts gemein haben.

Da Sie Ihre persönliche Freiheit – oder das, was Sie dafür halten – über jeden anderen Anspruch stellen, nehmen Sie sich auch die Freiheit, mit Ihren Gefühlen und denen Ihrer Partner oder Partnerinnen umzuspringen, wie es Ihnen passt. Im Ausleben Ihrer Sexualität sehen Sie zunächst einmal nur den Spaß, den die Sache macht, und probieren aus, wie willfährig der Körper, wenn man ihn dazu überredet, auch den extremsten Formen des Lustgewinns folgt. Nach dem Motto «Erlaubt ist, was gefällt» legen Sie mehr oder weniger rücksichtslos besonderen Wert auf die Betonung dessen, was *Ihnen* gefällt. Vielleicht entwickeln Sie sogar eine besondere Vorliebe dafür, gleichsam nur noch virtuell zu lieben oder sich lieben zu lassen. Die vielseitigen Möglichkeiten des Cyberspace-Zeitalters werden dann Ihre ungeteilte Aufmerksamkeit und erregte Teilnahme erwecken. Da Sie es eigentlich nicht mögen, wirklich berührt zu werden, weder körperlich noch gefühlsmäßig, fühlen Sie sich wahrscheinlich vor dem Bildschirm am sichersten vor einem konkret sinnlichen und zärtlichen Ausdruck Ihrer Liebe.

Nun ist aber auch durchaus denkbar, dass Sie entweder generell oder von Zeit zu Zeit in das schon aufgezeigte andere Extrem fallen. Dann mögen die Gefühle der Leidenschaft noch so sehr in Ihnen rumoren, sie einem Partner oder einer Partnerin auch offen zu zeigen, fällt Ihnen im Traum nicht ein. Sie geben sich lieber stolz und unnahbar und riskieren vielleicht sogar, für frigide gehalten zu werden. Um sich nun selbst in diesem Zustand und Verhalten zu rechtfertigen, werden Sie Ihre ja eigentlich ungewollte Prüderie mit hoch moralischen Argumenten bemänteln. Vielleicht erscheint Ihnen sogar die Idee, für ein allgemeines Zölibat zu kämpfen, eine durchaus erstrebenswerte Lebensaufgabe. Nun ist es durchaus möglich, dass es trotz Ihrer demonstrativen Abweisung aller Gefühle zu einer Partnerschaft kommt. Dann werden Sie wohl alles daran setzen, den einmal gewonnenen

Partner zwanghaft in Ihr enges und unbequemes Gefühlskorsett zu zwingen, ihn gleichsam zu fesseln, und jeden seiner Versuche, sich gefühlsmäßig frei und spontan zu entfalten, mehr oder weniger gnadenlos unterdrücken. Sie werden versuchen, Ihr Gegenüber in die gefühlsmäßige Pflicht, womöglich die eheliche Pflicht, zu nehmen, selbst wenn Sie zum letzten Mittel greifen und ihm Ihre vermeintliche Liebe vorheucheln müssten. Wenn die Gefahr droht, dass Ihnen mit dem Partner nicht nur die Liebe entschwindet, sondern dadurch auch noch Ihr materieller Besitz oder Ihr gesellschaftliches Ansehen gefährdet sind, werden Sie umso unnachsichtiger um Ihre «Liebe» kämpfen.

Irgendwie scheint jeder Ausdruck Ihrer Liebe zwischen den beiden Polen eines einerseits dogmatischen Extremismus und andererseits eines extremen Dogmatismus hin und her gerissen zu sein. Dass es Ihren Gefühlen, Ihrem ja auch vorhandenen Wunsch nach Zärtlichkeit, Ihrem Bedürfnis nach Wärme und Vertrautheit, Ihrer Sehnsucht nach einer dauerhaften partnerschaftlichen Bindung schwer wird, hier eine Sie erfüllende, beglückende goldene Mitte zu finden, versteht sich von selbst. Während Ihre Sonnenkräfte Sie eigentlich dazu verführen möchten, für die Liebe auf die Barrikaden zu gehen, halten Ihre Venus-Kräfte Sie gleichsam im kargen, dunklen und einsamen Hinterzimmer gefangen. Vielleicht liegt Ihre ganze Problematik nur darin, dass Sie anderen Menschen den leichten, auch frivolen, spontanen, liebevollen, hingabefähigen und Anteil nehmenden Ausdruck ihrer Liebe ganz einfach nicht gönnen. In dem Augenblick jedoch, in dem es Ihnen gelingt, diese Missgunst in sich zu besiegen, könnten Sie selbst teilnehmen am Spiel und am Ernst der Liebe.

Sonne in Wassermann – Venus in Fische

Den Hintergrund für Ihre Liebesfähigkeit und den individuellen Ausdruck Ihrer Liebe bildet bei einem erlöst-harmonischen Erleben dieser Sonne-Venus-Konstellation eine tief aus Ihrem Herzen immer wieder aufsteigende Sehnsucht nach einer sensiblen und mitfühlenden Allverbundenheit mit den Menschen. Im Zusammenhang mit der Liebe träumt Ihre Seele zwei unterschiedliche, in Ihrem Bewusstsein jedoch harmonisch zusammenfließende Träume: zum einen den Traum von einem sehr freiheitlichen und individuellen Ausdruck der Gefühle und zum anderen davon, diese individuelle Freiheit sehr innig, verständnisvoll und voll selbstloser Hingabe in einer Partnerschaft lebendig werden zu lassen. Von der Art, wie Sie Ihren Gefühlen Ausdruck verleihen, gehen ein besonderer, romantischer Zauber und eine weiche, vor allem die Sinne anderer Menschen ansprechende Faszination aus, die Ihnen die Herzen anderer leicht öffnen. Da sowohl Ihr Verstand als auch Ihr Herz – einmal aus der Wassermann- und zum anderen aus der Fische-Betonung heraus – darauf ausgerichtet sind, bestehende Grenzen zu überschreiten, möchten Sie all die Gedanken und Gefühle, von denen Sie unentwegt durchflutet werden, unmittelbar mit Ihrem Partner oder Ihrer Partnerin teilen. Im Idealfall kann sich daraus eine Partnerschaft entwickeln, in der sowohl alle sinnlich-sexuellen als auch alle geistig-intellektuellen Schwingungen wechselseitig derart subtil und sensibel aufeinander abgestimmt sind, dass man von einer konstruktiven Symbiose sprechen könnte. Konstruktiv deswegen, weil diese Symbiose nicht dadurch gekennzeichnet ist, dass zwei Menschen aneinander kleben, sondern beide ihre individuelle Freiheit durchaus betonen und auch leben können.

Ihre angeborene Sehnsucht, sich in der Liebe zu verströmen, erfüllt sich einerseits in einer verständnisvollen und zärtlichen Hingabe an den Partner, andererseits aber auch darin, dass Sie Ihre mitfühlende Anteilnahme auch allen anderen Menschen angedeihen lassen möchten. Wo immer Ihr Partner oder Ihre Partnerin, aber auch Menschen aus dem Kreis Ihrer Freunde, in eine Notsituation kommen, stehen Sie ihnen unaufgefordert, freundlich und hilfreich zur Seite. Ihre brüderliche oder auch kameradschaftliche Liebe findet immer Wege, um eine um Sie herum bestehende materielle, körperliche, geistige oder seelische Not zu lindern. Ihr erfinderischer Geist und Ihre warmherzigen Gefühle lassen Sie zu einem vertrauten und Vertrauen einflößenden Gesprächspartner, zu einer umsichtigen Helferin oder einem selbstlosen Helfer werden. Für Sie ist die Liebe in all ihren irdischen Ausformungen das humane Menschheitsideal schlechthin. Bedingungslos zu lieben, empfinden Sie als einen tief in Ihrem Herzen und in Ihrer Seele wirkenden göttlichen Auftrag. Um diesen Auftrag zu erfüllen, stehen Ihnen nun nicht nur die feinstofflichen Schwingungen Ihrer Gefühle zur Verfügung; wenn es nötig ist, sind Sie entsprechend dem auch in Ihnen lebendigen, durchaus rebellischen uranischen Wassermann-Geist bereit, auch zu radikaleren Mitteln zu greifen, um dem göttlichen Gebot der Liebe zum Durchbruch zu verhelfen. Es entspricht keinesfalls Ihrem Wesen, nur gleichsam passiv Anteil nehmend von der Liebe zu schwärmen, Sie möchten vielmehr Ihre Gefühle tatkräftig-aktiv sowohl in Ihrer eigenen Partnerschaft als auch in Ihrem gesamten mitmenschlichen Umfeld zum Ausdruck bringen. Es fehlt Ihnen dabei nicht an originellen, manchmal auch revolutionären Ideen, wie man bestimmte verhärtete und verknöcherte partnerschaftliche Konventionen verändern könnte, um sie wieder für einen lebendigen und wechselweise fruchtbaren und elektrisierenden Strom der Gefühle empfänglich zu machen.

Da Sie gar nicht anders können, als an Ihren Partner sowohl geistig als auch seelisch hohe Anforderungen zu stellen, steht ein Zusammenleben mit Ihnen gleichsam immer unter Strom, was verhindert, dass es jemals langweilig werden könnte. Solange Ihr Partner oder Ihre Partnerin diesen von Ihrer Liebesfähigkeit ausgehenden doppelten Impulsen folgt, entsteht zwischen Ihnen eine fortwährende, sich wechselweise nährende Resonanz aus einer feinfühligen Achtsamkeit auf die gefühlsmäßigen Bedürfnisse des anderen und einem aufmerksamen Interesse an einer beiderseitig sich harmonisch entfaltenden geistigen Entwicklung. Mit der von Ihnen unbewusst vollzogenen Verflechtung seelischer und geistiger Werte zeichnen sich die Taten Ihrer Liebe auch im Zusammenhang ganz alltäglicher Verpflichtungen durch ein hohes Maß an Homogenität, an Wohlwollen und Hingabe und an verstandes- und gefühlsmäßiger Reife aus.

Wenn nun in Ihrem Horoskop keine anderen, Sie gefühlsmäßig stabilisierenden Faktoren – beispielsweise ein stark gestellter Saturn oder Mond – vorhanden sind, werden Sie sich im Fall eines noch weitgehend unerlöst-disharmonischen Erlebens dieser planetarischen Konstellation eher als Opfer der Sie überflutenden Gefühle empfinden. Es gelingt Ihnen dann kaum, der Sie mehr oder weniger sturzbachartig überschwemmenden emotional-sinnlichen Eindrücke aus Ihrer Umwelt Herr zu werden. Vielleicht empfinden Sie es so, als sei Ihre ganze Seele wie eine offene Wunde, in der andere Menschen achtlos und gefühllos herumbohrten. Es fehlt Ihnen dann vielleicht an einer gewissen, hier positiv zu verstehenden seelischen Immunität, einer Art seelischem Panzer, der Ihnen helfen würde, die Gefühlsangriffe anderer abzuwehren. Sie stellen Ihre Gefühle mit einer gewissen Leichtgläubigkeit und Blauäugigkeit zur Schau und wundern sich immer wieder, dass Sie von in Ihren Augen gewissenlosen Menschen immer wieder bitter enttäuscht werden. Dabei haben Sie selbst an diesen Enttäuschungen einen nicht unbeträchtlichen eigenen Anteil. Einerseits tendieren Sie nämlich dazu, Ihre meist nur schwärmerischen Gefühle schon für Liebe zu halten, andererseits können Sie auch ins andere Extrem verfallen und sich Ihrem Partner gegenüber betont abweisend, fast erstarrt verhalten. Wenn vor diesem Hintergrund Partnerschaften immer wieder zerbrechen, kompensieren Sie diese Verluste entweder dadurch, dass Sie sich voller Selbstmitleid in sich selbst zurückziehen oder die Flucht nach vorn antreten und sich in immer neue, unbeständige Liebesabenteuer stürzen. Da Sie in gewisser Weise sehr stark der jeweiligen gefühlsmäßigen Atmosphäre Sie umgebender Menschen oder Lebenssituationen ausgeliefert sind und es Ihnen an einem entweder geistigen oder emotionalen Korrektiv, einer Art inneren, warnenden Stimme fehlt, bringen Sie Ihre Liebe oft gerade den Menschen entgegen, die es am wenigsten verdienten. Es ist dann so, als liefen Sie entweder aus einer gewissen geistig-intellektuellen Unbescheidenheit oder aufgrund einer übergroßen emotionalen Bescheidenheit immer wieder in die gleiche Falle.

Es mag aber auch vorkommen, dass Sie sich unter Umständen in dieser Falle sogar wohl zu fühlen scheinen. Unter Aufgabe Ihrer eigenen Ansprüche verlieren Sie sich dann in einer mehr oder weniger parasitären partnerschaftlichen Abhängigkeit. Eine solche Abhängigkeit kann sowohl materieller als auch seelischer und geistiger Natur sein und weist nicht selten auch unübersehbare Anzeichen eines selbst gewählten Martyriums oder Masochismus auf. Falls Sie nicht diesen inneren Weg der Versagung eines echten, aktiven und lebendigen Ausdrucks Ihrer Liebe gehen, wählen Sie vielleicht das andere Extrem und gestatten Ihrem exzentrischen Intellekt, Ihre Gefühle und Ihren Körper zu immer neuen ausgefallenen Liebesversuchen herauszufordern. Die darin liegende Unstetigkeit Ihres Liebesverhaltens führt jedoch nur in den seltensten Fällen zu einer Sie wirklich erfüllenden dauerhaften Partnerbeziehung. Es entsteht dann oft nicht mehr als ein Liebesglück im Vorübergehen, das sich in einem ersten und vielleicht auch einzigen sexuellen Rausch erschöpft. Dass Sie damit jedoch all die sensiblen Schwingungen Ihrer Seele sträflich missachten, wird Ihnen vielleicht erst dann wirklich klar, wenn das Maß der daraus notwendigerweise folgenden Enttäuschungen einmal voll ist.

Es gehört zu Ihren gefühlsmäßigen Schwierigkeiten, dass Sie Ihre Liebe entweder wahllos verschenken oder ziellos vergeuden. Da Ihnen zudem der hier unerlöste Geist Ihrer Wassermann-Sonne vielleicht auch noch suggeriert, Sie könnten gegenüber anderen Menschen eine Art Sonderstellung für sich in Anspruch nehmen, sich über sie erhaben fühlen, gelingt es Ihrer Seele kaum, mit ihrer Sehnsucht nach einer Allverbundenheit, nach aufopfernder Zärtlichkeit und dem Wunsch nach einer innigen Liebe zu anderen Menschen in Ihr Bewusstsein durchzudringen.

Sonne in Wassermann – Venus in Widder

Dass man mit Ihnen aus Liebe Pferde stehlen kann, versteht sich eigentlich von selbst. Noch lieber wäre es Ihnen allerdings, es würde nicht bei Pferden bleiben, sondern es ginge um etwas wesentlich Verrückteres und Originelleres. Um im Bilde zu bleiben, vielleicht darum, Giraffen oder Kamele zu stehlen. Bei einem erlöst-harmonischen Ausdruck dieser Sonne-Venus-Konstellation brennt in Ihnen eine so leidenschaftliche und mitreißende Flamme der Liebe, dass Sie aus Liebe im besten Sinne eigentlich zu allem fähig sind. Liebe auf den ersten Blick ist sicherlich für Sie der Normalfall. Spontan, enthusiastisch und impulsiv drücken Sie Ihre Gefühle aus und erwarten von einem Partner oder einer Partnerin, dass er oder sie genauso schnell anspringt oder anbeißt wie Sie. Und wenn der erste Liebesfunken gezündet hat, dann kennt Ihr Einfallsreichtum eigentlich keine Grenzen, um mit dem Partner gemeinsam gleichsam die ganze Welt zu erobern. Sie sind vermutlich nicht so sehr der Typ, der es sich in der Partnerschaft zu Hause wohlig und gemütlich machen möchte. Ihrem energischen Freiheitsbedürfnis entspricht es vielmehr, mit Ihrem Partner in die große, weite Welt zu stürmen, das Abenteuer zu suchen und sich gemeinsam, Seite an Seite, immer ein wenig rebellisch mit der Welt herumzuschlagen. Es begeistert Sie, mit Ihren Gefühlen sowohl auf körperliche als auch auf geistige Entdeckungsfahrt zu gehen, und Ihre zupackende Erotik und Sexualität schenkt Ihnen auch immer wieder die entsprechenden Entdeckerfreuden. Dabei ist Ihre Liebe überstrahlt von einem tiefen Gefühl echter und unverbrüchlicher Kameradschaft und herzlicher Brüderlichkeit.

Da Sie selbst Wert darauf legen, Ihre Gefühle so frei und unkonventionell wie möglich auszudrücken, tolerieren Sie bei Ihrem Partner oder Ihrer Partnerin alle vergleichbaren Bedürfnisse. Es ist vielleicht weniger eine ganz konkrete körperliche Bindung, die Sie an einem Partner schätzen. Viel wichtiger ist Ihnen eine geistige Verbindung und vor allem das Bewusstsein, gemeinsam aktiv zu sein, Ihrer beider Individualität ausleben zu können und sich ein wenig als ein kämpferisches Außenseiterpaar zu verstehen. Für Sie gibt es viel zu lieben, also packen Sie es an. Und je exzentrischer die gemeinsamen Ziele sind, umso mehr fühlt sich Ihr reger Unternehmungsgeist angespornt. Die in dieser Planetenkonstellation zusammenwirkenden Elemente Luft (Wassermann) und Feuer (Widder) sorgen dafür, dass den Flammen der Liebe und der Leidenschaft nie die Nahrung ausgeht und sie entsprechend hell und hitzig lodern. Es ist vor allem das Anfangsstadium einer beginnenden Liebe, das Ihre Begeisterungsfähigkeit unwiderstehlich entzündet, diese Zeit, in der die Welt für den Sturm Ihrer Gefühle noch offen ist, wo es noch etwas gemeinsam zu erobern gibt, wo Sie Ihren Freunden und Bekannten zeigen können, wie frei und ungebunden und doch ganz intensiv aufeinander bezogen man eine Liebe leben kann.

Nun sollte man aber auch nicht übersehen, dass in diesem spontanen Rausch der Gefühle auch eine gewisse Gefahr verborgen ist. Problematisch werden kann es nämlich dann, wenn es für Sie darum geht, dem Enthusiasmus Ihrer Gefühle Dauer zu verleihen. Am leichtesten gewinnen Sie diese Beständigkeit einer auch gefühlsmäßigen Anbindung an einen Partner, wenn es Ihnen gelingt, gemeinsame Ziele im Sinne von gemeinsam zu verfolgenden Projekten zu formulieren. Immer dann, wenn Sie Ihre Begeisterungsfähigkeit füreinander gleichsam zusammenlegen und sich an einem außerhalb Ihrer Partnerschaft liegenden, beispielsweise sozialen Ziel orientieren, gewinnt Ihre Liebe durch die dann vollzogenen gemeinsamen Handlungen die seelische Tiefe, die ihr auch Dauer verleiht. Dann wirken sich die mitreißende

Intensität und der originelle Einfallsreichtum Ihrer Gefühle wie ein alles befreiender Sprengsatz der Liebe aus. So findet das in Ihnen lebendige Ideal einer freien und zugleich partnerschaftlich verantwortlichen Liebe zu seinem erfüllendsten Ausdruck. Auf diese Weise gelingt es Ihnen, gemeinsam mit Ihrem Partner gleichsam eine Art Modell einer glücklichen Liebe und einer aktiv gelebten Partnerschaft zu schaffen, an dessen lebendigem Vorbild sich andere Menschen zu ihrem Vorteil orientieren können.

Die in dieser symbolischen Planetenkombination liegende Gefährdung in Bezug auf die zu erstrebende Dauer einer Beziehung wurde schon angesprochen. Bei einem noch weit überwiegend unerlöst-disharmonischen Ausdruck Ihrer Gefühle kann dies dazu führen, dass Ihr zunächst so positiver Enthusiasmus mehr oder weniger in einen blinden Liebesaktionismus umschlägt. Sie gönnen dann Ihren Gefühlen nicht die Zeit, sich ruhig und ausdauernd auf einen Partner oder eine Partnerin einzustellen. Eher sprunghaft und meist auch angriffslustig suchen Ihre Gefühle dann meist die schnelle Eroberung. Das kann schließlich so weit führen, dass das spontane Liebesabenteuer für Sie fast zum Selbstzweck wird. Sie möchten sich unentwegt selbst beweisen, wie attraktiv Sie sind, zu welch ausgefallenen Eroberungen Sie fähig sind und wie betont frei Sie mit Ihren Gefühlen umspringen können. Es ist dann natürlich kein Wunder, dass Ihre Seele bei diesem ruhelosen gefühlsmäßigen Treiben auf der Strecke bleibt und Sie zunehmend emotional verarmen. Von all diesem seelischen Leid will dann natürlich Ihr Verstand nichts wissen, er wird Sie vielleicht sogar zu immer neuen und chaotischer verlaufenden Abenteuern anstacheln. Für Ihre Gefühle bleibt unter Umständen nicht viel mehr als eine nur den Augenblick aufreizende und hektische körperliche Erfüllung, die letztlich jedoch mehr und mehr einer emotionalen Kälte Platz macht.

Vielleicht haben Sie auch den Eindruck, dass Sie sich etwas vergeben, dass Ihr Stolz darunter leiden könnte, wenn Sie die Gefühle Ihrer Liebe einmal nicht nur fordernd, sondern auch erwartungsvoll empfangend an einen Partner oder eine Partnerin herantragen. Eine körperliche oder auch geistige Hingabe erscheint Ihrem Selbstwertgefühl irgendwie verachtenswert und Ihrer nicht würdig. Aus einer gewissen geistigen Überheblichkeit heraus bluffen Sie einen möglichen Partner zunächst mit der überwältigenden Spontaneität Ihrer Gefühle, Ihrem mitreißenden erotisch-sexuellen Draufgängertum, um ihn dann jedoch auch ebenso schnell wieder fallen zu lassen, wenn der erste Rausch Ihrer Sinne erfüllt zu sein scheint. Es ist Ihre Sache nicht, sich zärtlich und einfühlend auf einen Partner einzulassen, der eigenen oder auch der Sensibilität des Partners nachzuspüren und sich einmal vertrauensvoll und geduldig den behutsamen Schwingungen Ihrer Gefühle zu überlassen. Um sich einmal derart emotional fallen zu lassen, verfügen Sie über zu viel überschüssige und ungezügelte körperliche und geistige Energie. Da Sie sich wahrscheinlich gefühlsmäßig immer dann unwohl fühlen, wenn um Sie herum nichts los ist, verzetteln Sie Ihre Gefühle in einem eher blinden Aktionismus, anstatt die Kräfte Ihrer Liebe zu bündeln und konsequent auf einen Partner oder eine Partnerin zu richten.

Es ist auch nicht unbedingt Ihre Art, weich, taktvoll und vielleicht auch im Einzelfall diplomatisch über Ihre Gefühle zu sprechen. Viel eher platzen Sie mit Ihren wechselnden Stimmungen und Gefühlslagen heraus und vergraulen damit jeden einfühlsamen Gesprächs- bzw. Liebespartner. Der Art, Ihre Liebe zu zeigen, haftet immer etwas leicht Demonstratives an. Sie lieben es, Ihre Gefühle mehr oder weniger unverhohlen und unverblümt zur Schau zu stellen, und wundern sich möglicherweise, dass diese ungeschminkte Direktheit nicht immer zum gewünschten Erfolg führt. Da Sie offensichtlich der Tiefe Ihrer eigenen Gefühle eher skeptisch gegenüberstehen, misstrauen Sie auch einer Ihnen entgegengebrachten zärtlichen Hingabe. Vielleicht fürchten Sie auch, dass liebevolle Hingabe und Fürsorglichkeit für einen Partner zu einem Autoritätsverlust Ihrerseits führen könnte und Sie, indem Sie Ihren Gefühlen nachgeben, die geistig-intellektuelle Oberherrschaft und Führung in einer Partnerschaft verlieren könnten. Da für Sie ein liebevoller Austausch auf gleichberechtigter partnerschaftlicher Ebene unbewusst schon an eine Unterwerfung grenzt, vermeiden Sie eher eine dauerhafte Beziehung und brechen sie deshalb ab, solange Sie sich noch emotional und intellektuell dominant fühlen. Die Hauptursache für diese Antihaltung gegenüber Ihren Gefühlen liegt wohl in Ihrem ausgeprägten geistigen Egozentrismus und in der unbewussten Furcht, Ihre kommenden und gehenden Gefühle nicht rational steuern und beeinflussen zu können. Um diese scheinbare Ohnmacht zu kompensieren, neigen Sie dann dazu, einer dauerhaften und sich tief in Ihnen entwickelnden Liebe keine Chance zu geben.

Sonne in Fische

Sonne in Fische – Venus in Fische

Wenn Sie diese Sonne-Venus-Konstellation erlöst und harmonisch in sich erleben und ausdrücken, sind Sie in einer Art und Weise von Liebe durchflutet, dass man von einer schier grenzenlosen All-Liebe sprechen könnte. Andere Menschen unterschiedslos und vorurteilslos zu lieben, empfinden Sie gleichsam als einen göttlichen oder kosmischen Auftrag. Und diese umfassende und verständnisvolle seelische Hingabe richtet sich nicht allein auf andere Menschen, sondern ganz allgemein auf alle lebendigen Erscheinungen dieser Welt. Dem Ausdruck Ihrer Liebe ist immer auch ein Hauch des Religiösen beigemischt, der sich jedoch nicht vordergründig und penetrant äußert, sondern – vielleicht sogar ohne dass Sie sich dessen bewusst sind – eher zart und unauffällig in all Ihren Handlungen und Entscheidungen mitschwingt. Für Sie bedeutet Ihre Gefühle in Worten auszudrücken und in Taten zu vollziehen, dem göttlichen Mysterium der Liebe Gestalt zu verleihen. Sie stehen in einer sehr feinfühligen und verständnisvollen, zärtlichen und mitfühlenden Resonanz zu auch den feinsten seelischen und gefühlsmäßigen Schwingungen anderer Menschen. Es ist vor allem ein gewisser weicher Zauber oder eine romantische Verzauberung, die Ihr ganzes Wesen ausstrahlt und Ihnen die Herzen anderer Menschen erschließt.

Wie in kaum einer anderen symbolischen planetarischen Kombination ist in Ihnen das Ideal der Liebe zu seiner Vollkommenheit gereift. Und diesem Ideal eifern Sie nach, indem Sie sich in einer Partnerschaft selbstlos und aufopfernd in den Dienst Ihres Partners stellen. Diese Hingabe ist jedoch in Ihrem Fall nicht mit einer dumpfen Selbstaufgabe zu verwechseln. Im Gegenteil, Sie erwarten von Ihrem Partner ein hohes Maß an gefühlsmäßiger Aufgeschlossenheit und die unbedingte Bereitschaft, dauerhaft seelisch aneinander zu wachsen. Es ist Ihr innigster Wunsch, dem unablässig tief aus Ihrer Seele aufsteigenden Strom Ihrer Gefühle gleichsam ein irdisches Bett zu bereiten.

Es ist wesentlich Ihr fester Glaube an die unbezwingbare Kraft der Liebe – wobei dieser Glaube durchaus auch religiöse, philosophische, esoterische oder weltanschauliche Wurzeln haben kann –, der Sie in einer Partnerschaft aktiv werden lässt. Diese Aktivität beschränkt sich dann nicht allein auf eine rein häusliche Versorgung des Partners, sondern strebt vor allem auch nach einer seelischen Verschmelzung, nach einer Symbiose im besten Sinne, in der es klare Aufgabenverteilungen gibt, die jedoch immer einem gemeinsamen partnerschaftlichen Ziel dienen. Wenn es Ihnen in einer Partnerschaft gelingt, eine solchermaßen an den beiderseitigen Pflichten orientierte Aufgabenverteilung zu schaffen, fügen Sie sich selbstlos und aufopfernd, ohne falsche Bescheidenheit, umsichtig und mit großer seelischer Energie in die gemeinsame Verantwortlichkeit ein.

Ein wesentlicher Impuls, Ihre Gefühle aktiv in eine Handlung einfließen zu lassen, rührt aus Ihrem Mitleid, das heißt Ihrer angeborenen Fähigkeit, mit anderen Menschen mit-leiden zu können. Bei einer harmonischen Wahrnehmung dieses Mitleiden-Könnens verharren Sie jedoch nicht in einer klagenden Sentimentalität, sondern gehen tatkräftig und wirkungsvoll helfend auf die Sorgen anderer ein. Ihr stets waches Bewusstsein dafür, anderen Menschen in Liebe beizustehen und sie tatkräftig zu unterstützen, resultiert bei Ihnen nicht allein aus der Befolgung des christlichen Gebotes der Nächstenliebe, es entspringt vielmehr der Grundüberzeugung Ihres Herzens, dass im Kosmos alles mit allem verbunden ist und einer uneingeschränkten gegenseitigen und wechselweisen Hilfe und Unterstützung bedarf.

Auf der Basis dieser gefühlsmäßigen und zutiefst seelischen Erfahrung der kosmischen All-Einheit fällt es Ihnen leicht, sich mit den ja nicht immer reibungslosen irdischen Gegebenheiten tolerant zu arrangieren. Diese großmütige Toleranz betrifft nicht zuletzt auch weniger geliebte Eigenschaften eines Partners oder einer Partnerin, denen Sie zumindest ein liebevolles Verständnis entgegenbringen. Ihre Fähigkeit, auch die gravierendsten Abweichung von einem humanen Verhalten und Handeln unter den Menschen mit den Augen der Liebe zu betrachten, eröffnet Ihnen immer wieder die Möglichkeit, andere Menschen durch Ihr Vorbild zum Besseren zu bekehren. Überall, wo man vordergründig den Eindruck haben könnte, Sie opferten sich einem Menschen oder einer Sache, werden Ihre seelischen Kräfte und Ihre Liebe gerade durch dieses scheinbare Opfer auf das Nachhaltigste gestärkt, und Sie fühlen sich dadurch selbst am reichsten beschenkt und beglückt.

Bei einem noch weitgehend unerlösten Erleben und Ausdruck Ihrer Liebe entsteht unter den gleichen planetarischen Vorzeichen ein anderes Bild. Die im erlösten Fall so wirkungsvolle aktive Hingabe an andere Menschen zerfließt hier zu einer inneren Haltung, die man mit zwar wollen, aber irgendwie nicht können beschreiben könnte. Wahrscheinlich mangelt es Ihnen nur an der notwendigen Bereitschaft zur Tat, um den in Ihnen lebendigen Traum von einer erfüllten umfassenden Liebe zu verwirklichen. Vielleicht übertragen Sie unbewusst Ihre Furcht, verletzt zu werden, auf andere Menschen, weil Sie Angst davor haben, sie durch Ihre Fürsorge oder Hilfe kränken zu können, ihnen vielleicht zu nahe zu treten. Diese Ängstlichkeit kann dazu führen, dass Sie sich mit Ihren Gefühlen ganz in sich zurückziehen, von einer möglichen Liebe nur schwärmen und voller Selbstmitleid die scheinbare Unerfüllbarkeit Ihrer Wünsche und Sehnsüchte still beklagen. Es kann dann leicht geschehen, dass Sie sich derart in einen solchen Liebestraum einspinnen, dass Sie sich einem realen Kontakt zu anderen Menschen zunehmend versagen. Im extremsten Fall steigern Sie sich vielleicht derart in eine in Ihren Augen immer mögliche Verwundbarkeit Ihrer Gefühle hinein, dass Sie wie eine Mimose schon beim geringsten rauen Wind, der Ihnen entgegenbläst, innerlich und äußerlich einknicken.

Unübersehbar besteht bei Ihnen dann eine Tendenz, eine Art seelische Bereitschaft, sich gefühlsmäßig von anderen Menschen sehr stark abhängig zu machen. Vor allem einer eher negativen Ausstrahlung anderer Menschen gegenüber verfügen Sie über nur relativ geringe seelische Abwehrkräfte. So wie Sie von Ihren eigenen Gefühlen unkontrolliert durchströmt und überflutet werden, ergreifen auch die Stimmungen und Launen anderer Menschen ungehindert von Ihnen Besitz. Sie fühlen sich dann sich selbst und anderen gefühlsmäßig derart ausgeliefert, dass Sie sich eigentlich immer wie ein Opfer vorkommen. Möglicherweise verinnerlichen Sie im Laufe der Zeit diese Opferrolle so sehr, dass Sie in Ihrem Verhalten dazu übergehen, in eben dieser Rolle sogar Ihr Heil zu suchen. Es entstehen dann Partnerschaften, an denen Sie unter Umständen ein ganzes Leben lang mehr duldend und leidend als wirklich liebend festhalten. Sie richten sich in einer solchen Partnerschaft seelisch ein und wandeln vielleicht sogar

Ihre anfänglich nur latente Duldsamkeit in eine Waffe um und beginnen, Ihren Partner oder Ihre Partnerin gefühlsmäßig zunehmend unter Druck zu setzen. Ungeachtet dieser im Einzelfall auch von seelischer Grausamkeit nicht weit entfernten Aktivität werden Sie sich insgeheim jedoch weiterhin gleichsam als Märtyrer oder Märtyrerin der Liebe empfinden. In einer konkreten Partnerschaft möchten Sie dann zwar am sowohl materiellen als auch ideellen Wachstum der Beziehung partizipieren, sind jedoch nicht bereit, einen eigenen Beitrag dazu zu leisten. Infolge dieser latenten Antriebslosigkeit gelingt es Ihnen nur selten, den Reichtum Ihrer Gefühle in Taten oder Entscheidungen umzusetzen.

Wollte man Ihren Umgang mit Gefühlen in einem Bild beschreiben, dann sähe es so aus, als trieben Sie mehr oder weniger hilflos und unbewusst in einem starken, Sie mitreißenden Strom aufwühlender seelischer Empfindungen, aus dem Sie sich jedoch nicht ans Land retten können. Der Begriff Land müsste hier für Sie übersetzt werden als der Versuch, in einer Partnerschaft sorgend und verständnisvoll für die Belange Ihres Partners aktiv tätig zu werden. Das heißt: gemeinsame Ziele zu formulieren, für deren Erreichen gemeinsam Verantwortung zu übernehmen und einen solidarischen Ausgleich der beiderseitigen Pflichten zu etablieren. Es ist durchaus möglich, dass Ihr elterlicher Hintergrund – wenn Sie beispielsweise als Kind überbehütet und verzärtelt erzogen und vor allen möglichen Schwierigkeiten möglichst abgeschirmt wurden – dafür mitverantwortlich ist, dass Sie eigentlich nie gelernt haben, Ihre Gefühle mit einer angemessenen Forderung nach Erfüllung zu äußern. Auf diese Weise geprägt, warten Sie darauf, die Liebe zu empfangen, die Ihnen ohne eigenes Zutun gleichsam automatisch zufließt. Diesem paradiesischen Liebes- und Gefühlszustand gilt nun vielleicht Ihre ganze Sehnsucht, und Sie hoffen darauf, dass er Ihnen auch im erwachsenen Leben in einer Partnerschaft wieder geschenkt werden möge.

Sonne in Fische – Venus in Steinbock

Wenn Sie die symbolischen Kräfte dieser Sonne-Venus-Konstellation erlöst in sich erleben und zum Ausdruck bringen, findet Ihre Liebe ihre höchste Erfüllung dann, wenn Sie Ihre Gefühle in Handlungen und zwischenmenschliche, partnerschaftliche Beziehungen einbringen können, die auf eine langfristige Dauer ausgerichtet sind. Sie sind bestrebt, den Reichtum der Sie durchflutenden tiefen seelischen Empfindungen nicht in mehr oder weniger flüchtigen Liebesabenteuern zu vergeuden, sondern ihn dauerhaft mit einem Partner oder einer Partnerin zu teilen. Wenn andere Menschen sich gegenüber allen möglichen materiell-irdischen Umständen verpflichtet fühlen, so fühlen Sie sich ausschließlich gegenüber Ihrer Seele und den Ihnen unentwegt daraus zufließenden Intuitionen und Inspirationen verpflichtet. Die enge Anbindung eines Teils Ihres Wesens an emotionale und seelische Erfahrungen, die scheinbar nicht von dieser Welt sind, verführt Sie nicht dazu, sich aus der irdischen Wirklichkeit zurückzuziehen. Im Gegenteil versuchen Sie, dieses bis ins Mystische gehende Schauen innerer Gefühlswelten ganz konkret, praktisch und pragmatisch in Ihr Leben, in Ihr Handeln und in Ihre Entscheidungen einzubinden. Sie nähern sich anderen Menschen einerseits in einer Mischung aus schwärmerischer und höchst sensibler Offenheit und andererseits mit einem eher vorsichtigen Ernst und mitfühlender Aufrichtigkeit. Sie erwärmen sich gegenüber einem möglichen Partner gefühlsmäßig eher langsam und bedächtig, lassen sich Zeit mit der Prüfung Ihrer Gefühle, ob da nicht nur ein Strohfeuer entfacht wurde oder sich eine feste partnerschaftliche Bindung anbahnt. Es zeichnet Sie aus, dass Sie jederzeit bereit sind, in einer Partnerschaft und für eine Partnerschaft Verantwortung zu übernehmen. Ihr Stolz leidet nicht, wenn Sie sich mitfühlend, sorgend und dienend sowohl für den Partner als auch für die gemeinsame Beziehung uneingeschränkt einsetzen. Im besten Fall geht vom Ausdruck Ihrer Liebe für andere Menschen eine körperlich und seelisch heilende Wirkung aus. Ihre hoch entwickelte Sensibilität – aus Ihrem Fische-Sonne-Anteil – erspürt auch die feinsten gefühlsmäßigen Schwingungen und daraus abgeleitet die besonderen Bedürfnisse anderer Menschen, die Sie dann mit Hilfe der praktisch-pragmatischen Steinbock-Venus-Energien in konkrete Handlungen und einfühlende Unterstützung zum Wohl des Partners umsetzen können.

Ihre Gefühle verlangen weniger nach einem Spiel mit der Liebe oder der erotisch-sexuellen Leidenschaft. Wirkliches partnerschaftliches Glück bedeutet für Sie vielmehr, gemeinsam mit dem Partner auf der Basis eines tiefen seelischen Aufeinander-Eingehens dauerhafte und durchaus irdische Werte der Liebe zu schaffen. Aus dem dann beispielsweise gemeinsam erarbeiteten Besitz leiten Sie die Erfüllung Ihrer Liebe ebenso ab wie aus Ihrem gesellschaftlichen Status oder der Anerkennung, die Sie persönlich und als allseits respektiertes Paar in der Öffentlichkeit genießen. Da Sie jeden Ausdruck Ihrer Liebe mit einer Aura von einerseits herzlicher und mitfühlender Aufgeschlossenheit und andererseits loyaler Würde und Integrität umgeben, schaffen Sie Ihren Gefühlen einen Raum, in dem Sie zuverlässig, verantwortungsbewusst und auf einen effektiven Nutzen bedacht tätig werden können. Die bei Ihnen vorliegende Mischung der Elemente Wasser aus den Fischen und Erde aus dem Steinbock führt bei einem harmonischen Zusammenspiel dazu, dass sich Ihre Gefühle (Wasser) immer ganz konkret befruchtend, Leben spendend und nutzbringend mit Ihrer alltäglichen Wirklichkeit, Ihren Aufgaben und Pflichten (Erde) verbinden. Ihre daraus resultierenden Taten und Entscheidungen sind gekrönt vom Signum aufopfernder Liebe und mit Fleiß und Hartnäckigkeit verfolgter Effizienz.

Gegen die von Fische-betonten Menschen oft schmerzlich erlebte leichte Verletzbarkeit der Gefühle können Sie sich mit Hilfe Ihrer Steinbock-Eigenschaften erfolgreich abschirmen. Der den Steinbock regierende Saturn schenkt Ihnen gleichsam eine Art zweiter Haut, die nur für diejenigen seelischen Schwingungen und Gefühle durchlässig ist, die in Ihnen zu einem harmonischen Gleichklang führen, in dessen Resonanz Sie wiederum in Liebe tätig werden können.

Wenn Sie dagegen diese planetarische Konstellation Ihrer Sonne und Venus noch weitgehend unerlöst und disharmonisch in sich erleben und ausdrücken, so könnte man die daraus resultierende Problematik am besten mit dem gerade gebrauchten Bild einer symbolischen zweiten Haut beschreiben. Es ist dann so, dass Sie entweder aus Ihrer Fische-Komponente heraus noch keine oder nur bedingt wirksame gefühlsmäßige Schutzmechanismen gebildet haben oder sich im Gegenteil nach außen hin emotional unverhältnismäßig stark abschotten. Im ersten Fall erleben Sie sich sowohl Ihren eigenen Gefühlsströmen als auch den von außen auf Sie eindringenden emotionalen Schwingungen anderer Menschen gegenüber als mehr oder weniger hilflos ausgesetzt. Es gelingt Ihnen nur selten, eine Art Kontrolle über Ihr Seelenleben auszuüben, Ihre Gefühle in geordnete Bahnen zu lenken und letztlich nicht sogar im Einzelfall das Opfer Ihrer Gefühle und Ihrer Liebe zu werden. Sie reagieren dann selbst auf geringste gefühlsmäßige Reize leicht überempfindlich und sehr schnell verletzt. Um sich gegen solche Angriffe zu schützen, neigen Sie dazu, sich in eine Traumwelt oder in ein Phantasiereich zu flüchten. Mit der Sie umgebenden partnerschaftlichen und zwischenmenschlichen Wirklichkeit verbindet Sie dann lediglich ein gewisser Fatalismus. Möglicherweise richten Sie sich irgendwie darauf ein, dass Sie mit Ihrer Art, zu lieben und geliebt zu werden, wohl überwiegend Enttäuschungen erleben werden. In Ihrem gefühlsmäßigen Pessimismus steigern Sie sich im Einzelfall in eine Art Opferrolle hinein, die Ihnen eine erfüllende Liebe nur durch eine gefühlsmäßige Unterwerfung unter den Partner oder durch ein Leben in partnerschaftlicher Demut zu gewähren scheint.

Das Gefühl, den eigenen seelischen Schwingungen mehr oder weniger hoffnungslos ausgeliefert zu sein, verhindert dann zunehmend, sowohl anderen Menschen als auch Ihren alltäglichen Aufgaben gegenüber, Ihrer Liebesfähigkeit einen lebendigen und aktiven Ausdruck zu verleihen. Sie träumen nur von der großen, allumfassenden, kosmischen Liebe und Leidenschaft, anstatt einen eigenen Beitrag zu deren irdischer Erfüllung zu leisten. Diesem Fatalismus steht, wenn Sie mehr die Steinbock-Seite in sich leben und ausdrücken, eine Art seelischer Verhärtung gegenüber. Dort, wo Sie bei einer Betonung Ihrer Fische-Anteile allzu durchlässig sind, entsteht nun eine Angst, sich anderen Menschen und möglichen Partnern oder Partnerinnen gegenüber gefühlsmäßig überhaupt zu öffnen. Es besteht die Tendenz, dass Sie sich im Umgang mit anderen Menschen immer leicht versteifen, sich betont zurückhaltend und konservativ verhalten und sich damit dem natürlichen Fluss der Gefühle verschließen.

Während Sie im ersten Fall glauben, Ihre emotionalen Bedürfnisse nach Zärtlichkeit, liebevoller Hingabe und sexueller Befriedigung wenn überhaupt nur in Demut erfüllt zu bekommen, versuchen Sie jetzt gleichsam überkompensatorisch, die Flucht nach vorn anzutreten und Ihr Gegenüber mit Ihren Gefühlen mehr oder weniger zwanghaft zu dominieren. Sie geben sich dann leicht den Anschein, als verwahrten Sie allein die Gesetze der Liebe, gemäß derer eigentlich jede gefühlsmäßige Spontaneität zu unterdrücken sei und jeder Ausdruck der Gefühle ganz bestimmten, von Ihnen festgelegten zeitlichen und inhaltlichen Regeln zu folgen habe. Dieser gefühlsmäßige Dogmatismus ist dann auch oft nicht frei davon, für jede gewährte Liebesgunst einen entsprechenden materiellen Preis einzufordern. Da es Ihnen relativ schwer fällt, Gefühlen den ihnen gemäßen Ausdruck zu verleihen, legen Sie Wert darauf, dass man sie zumindest auf der Ebene des Besitzes oder der gesellschaftlichen Reputation ablesen kann. Es entsteht leicht der Eindruck, dass Sie Ihre partnerschaftliche Liebe weniger gefühlsmäßig gemeinsam leben wollen, sondern sie lieber als Paar öffentlich zur Schau stellen. Vielleicht gehen Sie auch so weit, dass Sie im Interesse des begehrten öffentlichen Ansehens im Einzelfall bereit sind, partnerschaftliche Gefühle und Liebe nur zu heucheln, eine Haltung, die schließlich über eine betonte sexuelle Abstinenz bis hin zur Frigidität führen kann. Unter Umständen ummänteln Sie diese gefühlsmäßige Kälte und Unnahbarkeit auch noch mit hohen moralisch-puritanischen Ansprüchen, die letztlich nur dazu dienen, Ihre unbewusste oder sich selbst gegenüber vielleicht nicht eingestandene Furcht vor einem offenen, spontanen, hingabefähigen, mitfühlenden und zärtlich-liebevollen Austausch der Gefühle zu verdrängen oder zu unterdrücken.

Sonne in Fische – Venus in Wassermann

Diese planetarische Konstellation Ihrer Sonne und Ihrer Venus ist sowohl bei einem harmonischen als auch bei einem noch weitgehend disharmonischen Erleben relativ schwer zu einem für Sie in der Summe erfüllenden Ausdruck zu vereinigen. Aus den Qualitäten Ihrer Fische-Sonne erwachsen Ihnen ein starkes Bedürfnis nach einem vor allem seelischen, gefühlsmäßigen Bei-sich-Sein und der Wunsch, sich selbst und damit auch Ihre Liebe möglichst umfassend in den Dienst anderer Menschen zu stellen. Demgegenüber lassen Sie die Qualitäten Ihrer Wassermann-Venus innerlich danach streben, eingefahrene Gleise und verkrustete Strukturen partnerschaftlichen Verhaltens zu verlassen bzw. diese zu revolutionieren. Eine für Sie befriedigende, höchste Erfüllung schenkende Harmonisierung dieser beiden Impulse erreichen Sie dann, wenn es Ihnen gelingt, Ihre Liebe aus einer wahrhaftigen und starken seelischen Mitte heraus in die Gesellschaft, das heißt in einen großen Kreis von Freunden und Bekannten einfließen und tätig werden zu lassen. Es erfüllt Sie mit Stolz, wenn Sie sich mit Hilfe Ihrer sehr subtil ausgebildeten Sensibilität für auch feinste gefühlsmäßige Schwingungen in Ihrer Umwelt auf oft sehr originelle Art und Weise helfend und sorgend für andere Menschen einsetzen können.

Im konkreten Verhältnis zu Ihrem Partner oder Ihrer Partnerin bevorzugen Sie ein sich wechselweise immer wieder neu und inspiriert einspielendes Klima aus einer einerseits sehr intensiven und einfühlenden gemeinsamen seelischen Feinabstimmung und andererseits einem Höchstmaß an beiderseitiger geistiger Freiheit. Es zeichnet Ihr ganzes Wesen aus, dass Sie sich auch über eine Partnerschaft hinaus mit allen Menschen seelisch und geistig verwandt fühlen. Dieses angeborene Gefühl und Wissen um die Allverbundenheit der Menschen untereinander setzt die Kräfte Ihrer Liebe vor allem dann besonders effektiv frei, wenn es darum geht, sie im Sinne eines kameradschaftlichen Beistands, im Herbeiführen origineller Lösungen für schwierige Fragen und im Überwinden festgefahrener Strukturen zwischenmenschlicher Kommunikation einzusetzen. Mit den in Ihnen wirkenden Kräften der Liebe können Sie andere Menschen sowohl aus der Seele als auch aus dem Geist heraus heilen. Ihr stets wacher, experimentierfreudiger und unabhängiger Verstand bewahrt Sie davor – bei aller hilfsbereiten Anteilnahme, zu der Sie sich eigentlich stets aufgefordert fühlen –, Ihre Liebe in den Gefühlen eines sentimentalen Mitleidens zu ersticken. Der Umgang mit der Bedürftigkeit anderer Menschen macht Sie forsch und erfinderisch. Sie sind mit Ihren Gefühlen für den Partner oder die Partnerin jederzeit präsent, lassen sich jedoch – bei aller Liebe – nicht anbinden, ohne eigenen Wunsch und Willen verpflichten oder in die Rolle des sich selbst aufopfernden Retters drängen.

In der Art und Weise, wie Sie anderen Menschen in Liebe begegnen, strahlen Sie unmittelbar erkennbar und nachhaltig spürbar nicht nur sachliche Souveränität, persönliche Integrität, sondern gleichzeitig auch innigste seelische Anteilnahme und liebevollste Aufmerksamkeit aus. Die reichste Erfüllung findet Ihre Liebe in einer Partnerschaft, in der die notwendige wechselseitige körperliche, seelische und geistige Nähe so aufeinander abgestimmt ist bzw. sich in einem nach allen Seiten hin fluktuierenden Prozess immer wieder neu herstellt, dass gar nicht erst der Gedanke oder der Wunsch aufkommt, dieses flexible partnerschaftliche Arrangement durch ein zu enges Aufeinander-bezogen-Sein oder gar ein sentimentales Aneinander-Kleben zu stören. Wirklich verpflichtet fühlt sich Ihre Liebe nur den Schwingungen der eigenen Seele und in ihr ausgelösten und von dort aufsteigenden Inspirationen gegenüber. Wie Sie dann mit den dort erzeugten inneren Bildern gefühlsmäßig umgehen, sie in die Wirklichkeit Ihres Alltags übersetzen und daran Ihre Handlungen und Entscheidungen orientieren, zeugt von einer sehr elastischen geistigen Anpassungsfähigkeit, von einer unangestrengten Toleranz und einer besonderen Form der Flexibilität, mit deren Hilfe Sie sich im Herzen immer treu bleiben, im äußeren Verhaltensausdruck Ihrer Gefühle jedoch auf eine erfrischende und oft auch verblüffende Art sprunghaft, unkonventionell, originell und experimentierfreudig vorgehen.

Je weniger Sie nun vielleicht diese seelische Mitte in sich spüren und sich ihr auch verpflichtet fühlen, desto mehr werden Sie die in Ihnen symbolisch wirksamen planetarischen Kräfte disharmonisch empfinden, das heißt sie entweder partiell in Ihrem gesamten Lebensausdruck verweigern oder überkompensieren. Das kann dann in einem Fall dazu führen, dass Sie glauben, eine umfassende gefühlsmäßig-seelische Einheit mit einem Partner oder einer Partnerin in der Wirklichkeit nicht erreichen zu können, und sich deshalb in eine Traumwelt flüchten. Sie neigen dann dazu, voller Selbstmitleid einer möglichen Erfüllung Ihrer Liebe nachzuhängen, sie in Ihren Gedanken, Wünschen und Vorstellungen immer wieder lustvoll durchzuspielen. Aus Angst, enttäuscht oder verletzt zu werden, versagen Sie sich jedoch jeden aktiven Schritt, die Bilder Ihrer Phantasie in die Tat umzusetzen. Vielleicht suggeriert Ihnen Ihr Unterbewusstsein auch, dass Sie sich als aus der Masse der Menschen herausgehoben empfinden dürfen, dass Sie etwas Besonderes sind, sodass Sie Ihren Gefühlen verweigern, sich mit anderen Menschen gemein zu machen. Die Folge ist, dass Sie sich wie mit einer Art Glaswand umgeben, unnahbar erscheinen wollen und es für andere Menschen auch sind. Da Sie damit natürlich einen körperlichen Austausch Ihrer Gefühle unmöglich machen, gerinnen Ihre erotischen und sexuellen Bedürfnisse zu mehr oder weniger irrationalen Kopfgeburten der Liebe. Erst in der Freiheit Ihrer Gedanken genießen Sie dann die volle Entfaltung und Erfüllung Ihrer Sehnsucht sowohl nach einer totalen seelischen Verschmelzung mit einem Partner als auch nach dem Gefühl, gleichzeitig völlig unabhängig, frei und unverletzlich zu sein. Auf diese Weise gelingt es Ihnen vielleicht, den inneren Konflikt zwischen intensivster partnerschaftlicher Bindung und größter persönlicher Freiheit zu bewältigen und zumindest in Gedanken harmonisch zu durchleben. Es besteht dabei jedoch die Gefahr, dass Sie sich in Ihrer Gedankenwelt befangen zunehmend über die Notwendigkeit einer konkret sinnlichen und irdischen Erfüllung Ihrer Gefühle hinwegsetzen.

Möglich ist aber auch, dass Sie dem Reiz, diese gleichsam intellektuelle Sinnlichkeit auch einmal in der Wirklichkeit anhand einer konkreten Partnerschaft zu überprüfen bzw. zu testen, nicht widerstehen. Daraus folgen dann häufig wechselnde Beziehungen, die dadurch gekennzeichnet sind, dass Sie versuchen, in ihnen alles erotisch und sexuell Mögliche einmal auszuprobieren. In diesem Fall stehen natürlich weniger Ihre wirklichen Gefühle der Liebe für einen Partner oder eine Partnerin im Vordergrund, sondern mehr die gedankliche Lust am Experiment und der Wunsch, vor allem die technischen Möglichkeiten und Erfahrungen mit der Liebe durch immer ausgefallenere äußere sinnliche Reize zu stimulieren. Indem Sie auf diese Weise Ihre wirklichen Gefühle ausschalten, kompensieren Sie Ihre Furcht, durch ein einfühlendes und mitfühlendes Offenlegen Ihrer Seele vom Partner verwundet zu werden. Letzten Endes verweigern Sie auf diese Weise natürlich, sich mit den sinnlichen Bedürfnissen Ihres Körpers zu identifizieren, schließen damit jedoch Enttäuschungen keineswegs aus, was dann wiederum dazu führen kann, dass Sie die schon beschriebene Flucht in eine ungestörte und heile, einzig und allein Erfüllung verheißende und gewährende Liebestraum- und Phantasiewelt antreten.

In gewisser Weise gehen Sie mit Ihren Gefühlen auf fatalistische Art und Weise um. Entweder setzen Sie sie dem mehr oder weniger kontrollierten Risiko eines eher flüchtigen und abstrakten seelischen Erlebens in wechselnden Partnerschaften aus, oder Sie beklagen voller Selbstmitleid, dass eigentlich kein Partner der wahren Größe und Tiefe Ihrer allumfassenden Liebe gerecht werden kann. Da Sie sich bei einem noch weitgehend unerlösten Erleben dieser Sonne-Venus-Konstellation Ihre Schwäche vielleicht nicht eingestehen wollen, werden Sie nach außen hin zwar ein auffallend umtriebiges und kontaktfreudiges Leben führen, innerlich jedoch oft eine gewisse Bitterkeit verspüren, da es Ihnen nur selten oder nie gelingt, die Vielfalt Ihrer zwischenmenschlichen Begegnungen auch seelisch und gefühlsmäßig zu füllen. Die mannigfaltigen Möglichkeiten, die Kraft Ihrer Liebe auch in festen und dauerhaften Beziehungen einzubringen, die Sie vielleicht immer wieder in Gedanken durchspielen, bleiben jedoch dann auf der Strecke. Sie stellen einerseits zu hohe geistige Ansprüche oder zögern andererseits aus Angst, verletzt zu werden, immer wieder, sich Ihrem Partner gegenüber unbedenklich und voll zärtlicher Hingabe seelisch und gefühlsmäßig zu öffnen.

Sonne in Fische – Venus in Widder

Im Zeichen dieser planetarischen Kombination stehen Sie unter dem symbolischen Einfluss von zwei außerordentlich starken Impulsen, die im Fall der Sonne auf eine hoch sensible Betonung seelischer Tiefe und seitens der Venus auf ein unmittelbares Ausagieren der Gefühle zielen. Bei einem erlöst-harmonischen Erleben dieser Sonnen- und Venus-Kräfte möchten Sie die wesentlich aus dem Unterbewussten in Ihnen aufsteigenden Empfindungen der Liebe, der Zärtlichkeit, der Hingabe und Aufopferung möglichst spontan in Handlungen der Liebe und Taten aus Liebe umsetzen. Sie fühlen sich zweifach, von innen – durch die intensive Wahrnehmung Ihrer eigenen seelischen Schwingungen – und von außen – durch das Verhalten Ihres Partners oder Ihrer Partnerin –, zu einer tätigen Liebe inspiriert. Sie warten nicht, bis die Gelegenheit vielleicht günstig ist, um den Partner mit allen Anzeichen einer ungezwungenen und herzlichen Zuneigung und Fürsorge zu überraschen. Sie versuchen vielmehr, ihn mit der Erfüllung seiner Bedürfnisse eher stürmisch zu überwältigen. Ihr ausgeprägtes Einfühlungsvermögen in die wechselnden Stimmungen Ihres Partners macht es Ihnen leicht, bestehende Wünsche beispielsweise nach inniger Zärtlichkeit, nach sexuellem Begehren oder unterstützender Hilfe dem Partner fast schon vorausahnend von den Augen abzulesen. Dabei ist es aber auch nicht Ihre Sache, vergleichbare eigene Wünsche schamhaft zurückzuhalten. In der gleichen Weise, wie Sie einem Partner gegenüber zu äußerster Hingabe fähig und bedingungslos bereit sind, fordern und erwarten Sie dessen ungeteilte liebevolle Aufmerksamkeit und gefühlsmäßige Aktivität. Es sind vor allem Ihre spontanen Taten der Liebe, die auf andere Menschen mitreißend, ermunternd und im weitesten Sinne auch seelisch heilend wirken. Mit einem sicheren gefühlsmäßigen Zugriff erobern Sie sich die Herzen der Menschen, mit denen Sie sich intuitiv in einer wechselseitigen emotionalen Resonanz wissen.

Ihr einfühlsames Wissen um die Allumfassenheit Ihrer Empfindungen lässt Sie in anderen Menschen nicht nur gefühlsorientierte, sondern auch ganz alltägliche, praktische Wirkungsfelder entdecken, auf denen Sie liebevoll, herzlich und fürsorglich anpacken können. Es zeichnet Ihre Partnerschaften in besonderer Weise aus, dass Sie einerseits zwar nach einer sehr tiefen, unauflöslichen inneren seelischen Harmonie streben, andererseits jedoch auch die ganz praktischen Seiten einer Beziehung in der Art in den Vordergrund stellen, dass man mit Ihnen auch jederzeit und erfolgreich Pferde stehlen kann. Es erfüllt Sie mit besonderer Genugtuung und Stolz, wenn Sie die reichen und umfassenden Energien Ihrer Seele in warmherzige Taten der Liebe einfließen lassen können. Sie wissen aus unmittelbarer innerer Erfahrung um die auch mystischen Dimensionen der Liebe und dass die wahre Erfüllung der Liebe einem kosmischen, göttlichen Geschenk gleichkommt. Sie wissen aber auch, dass man dieses Geschenk nur dann empfängt, wenn man selbst dazu bereit ist, in einer Partnerschaft in einen aktiven, harmonischen und beiderseitigen Austausch des Gebens und des Empfangens von Liebe einzutreten.

Wenn man die beiden Elemente betrachtet, aus denen Ihnen Ihre gefühlsmäßigen Energien zufließen, so ist es auf der einen Seite das Feuer der Venus, das Sie sich für andere Menschen leidenschaftlich entflammen und begeistern lässt, und auf der anderen Seite das Wasser der Sonne, das diese Leidenschaften angenehm und heilend kühlt und ihnen dadurch emotionale Tiefe und dauerhafte Stabilität in einer Partnerschaft verleiht. Die in Ihnen bei einem erlösten Ausdruck dieser Kräfte wirkende harmonische Mischung eines die Liebe wärmenden und nährenden Feuers und des die Liebe nachhaltig befruchtenden Wassers lässt um Ihre ganze Persönlichkeit herum eine Aura tätiger Hilfsbereitschaft, herzlicher und fürsorglicher Anteilnahme und fordernder und gewährender erotischer und sexueller Erfüllung entstehen. Da Sie unbewusst-intuitiv in all Ihren Handlungen und Entscheidungen gleichsam mit Ihrer Seele bei den Menschen oder bei der Sache sind, vermag sich der Ausdruck Ihrer Gefühle in der ganzen Vielfalt partnerschaftlicher Interessen beiderseitig Glück verheißend zu entfalten.

Der wesentliche Unterschied zu diesem optimalen Zusammenführen der Sie bestimmenden symbolischen planetarischen Kräfte liegt bei einem noch weitgehend unerlöst-disharmonischen Erleben vor allem darin, dass Sie zur Erfüllung Ihrer Liebeswünsche und -sehnsüchte entweder wesentlich zu viel oder entschieden zu wenig sowohl körperliche als auch seelische und geistige Energie aufwenden. Dies führt im Einzelnen dazu, dass Sie einen potenziellen Partner entweder in einem über alle sensiblen Gefühle hinwegbrausenden Sturm erobern möchten oder völlig antriebslos und eher fatalistisch darauf warten und hoffen, dass der oder die Erwählte auf Ihre mehr oder minder stumm-leidende Liebessehnsuchtsklage aufmerksam wird und Sie erhören möchte. Man könnte diese Diskrepanz auch so beschreiben, dass es Ihnen im ersten Fall an Phantasie und Geduld mangelt, um sich der partnerschaftlichen Gefühle, die Ihre Leidenschaft auslöst, zu vergewissern, während Sie im zweiten Fall derart in das Reich Ihrer Träume verstrickt sind, dass Sie einen anderen Menschen in dessen irdischer Realität überhaupt nicht wahrnehmen können. Sie neigen vielleicht dazu, andere Menschen nach dem Motto «Hoppla, jetzt komm ich» mit Ihren Gefühlen zu überrumpeln, und wollen ihnen eigentlich gar keine Zeit lassen, sich mit Ihnen gemeinsam in die vorerst ja nur bei Ihnen lodernden Flammen der Leidenschaft zu stürzen. Durch dieses – möglicherweise auch unbewusste – Verhalten üben Sie einen ganz erheblichen emotionalen Druck auf Ihr Gegenüber aus, was allenfalls zu zwar stürmischen, meist jedoch nur flüchtigen und letztlich gefühlsmäßig unbefriedigenden Liebesabenteuern führt. Wenn Sie diese Widder-Seite in sich stark betonen, dann ist Ihrem Liebesausdruck eine Portion Aggressivität beigemischt, die jedoch nicht immer auf Gegenliebe stößt.

Falls Sie mehr Ihre Fische-Betonung in den Vordergrund Ihres Verhaltens rücken, fällt es Ihnen schwer, die Träume, die Sie von der Allumfassenheit der Liebe in Ihrem Herzen und in Ihrer Seele tragen, in adäquater Weise in die Wirklichkeit zu übertragen. Vielleicht verzehren Sie sich immer wieder in einer mehr oder weniger hoffnungslosen Liebe für einen unerreichbaren Partner. Ihre Furcht, von anderen Menschen gefühlsmäßig verletzt zu werden, lässt Sie überempfindlich auf selbst kleinste atmosphärische Unstimmigkeiten oder Störungen mit einem Rückzug in Ihre heile Traumwelt reagieren. Vielleicht ergreifen Sie auch, wenn Sie voller Selbstmitleid lange genug einer enttäuschten oder enttäuschenden Liebeschance nachgetrauert haben, die Flucht nach vorn und stürzen sich nun wieder unbedenklich und angriffslustig in die nächste Affäre. Es ist durchaus denkbar, dass Sie sich lange Zeit Ihres Lebens zwischen diesen beiden gleichermaßen wenig erfüllenden Polen – Überraschungsangriff und schneller Sieg oder Lethargie und zermürbende Niederlage – hin und her gerissen fühlen.

Es sind vor allem Ihre stets wechselnden Launen, die es einem Partner oder einer Partnerin schwer machen, sich gefühlsmäßig auf Sie einzustellen. Ihre Launenhaftigkeit hat zwei unterschiedliche Ursachen: Einmal ist es Ihr auch stark sexuell gefärbter Eroberungswille, der relativ schnell die Lust an einem Partner verliert, wenn dieser erst einmal besiegt wurde, zum anderen ist es die Ambivalenz, mit der Sie Ihre eigene Gefühlswelt zögernd und unentschieden wahrnehmen, die Sie in den Augen eines Partners als in der Liebe unzuverlässig und wenig aktiv erscheinen lässt. Den Hintergrund für beide Verhaltensvarianten bildet Ihr mangelndes Einfühlungsvermögen in die wirklichen Bedürfnisse eines anderen Menschen. Sinnliche Zärtlichkeit gerät Ihnen dann leicht zur körperlichen Grobheit, fürsorgliche Anteilnahme wächst sich leicht zu dem Wunsch aus, alles selbst zu bestimmen, sehnsuchtsvolle Hingabe verkommt zum überstürzt und unsensibel vollzogenen Liebesakt. Vielleicht ist es aber auch Ihr insgeheimer Stolz, der es verhindert, dass Sie sich einfühlend und dauerhaft in Liebe auf einen Partner oder eine Partnerin einlassen wollen oder können. Im Zwiespalt, zwischen dem inneren Befehl, sich nichts schenken zu lassen, und dem Wunsch, alles geschenkt zu bekommen, verfehlen Sie die harmonische Mitte, in der Geben und Empfangen gleichberechtigte Ausdrucksformen der Liebe sind.

Sonne in Fische – Venus in Stier

Bei einem erlöst-harmonischen Erleben dieser Sonne-Venus-Konstellation ist es für Sie vor allem wichtig, dem ganzen Reichtum und der Tiefe Ihrer Gefühle einen konkreten, sinnlich erfahrbaren Ausdruck zu verleihen. Alles, was an seelischen Empfindungen in Ihnen aufsteigt, möchten Sie nicht nur für sich selbst und Ihren Partner im wörtlichen Sinne be-«greifbar» machen. Die ganze Fülle der Welt Ihrer Gefühle erschließt sich Ihnen dann am nachhaltigsten und erfüllendsten, wenn sie sich in irgendeiner Weise körperlich und dinglich manifestiert. Vor diesem Hintergrund sind Ihrer Inspiration, was die warmherzige und einfühlende Gestaltung Ihres Alltags und Ihrer Partnerschaft betrifft, keine Grenzen gesetzt. In jeder nur erdenklichen Art und Weise versuchen Sie, Ihren Partner oder Ihre Partnerin zu verwöhnen, indem Sie beispielsweise Ihre ganze Liebe auch in scheinbar so profane Tätigkeiten wie zu kochen, einen Tisch geschmackvoll zu decken, in der Wohnung oder im Garten die Pflanzen zu pflegen und vieles anderes mehr, einfließen lassen. Mit der gleichen herzlichen Hingabe suchen Sie jedoch auch die körperliche Nähe zum Partner, was sich dann in Ihrer Vorliebe für zärtliches Schmusen, sinnlich-erotische Liebesspiele und dem beiderseitigen Genuss an einem guten und reichhaltigen Essen und entsprechend erlesenen Weinen ausdrückt.

In einer Partnerschaft möchten Sie Ihre Liebe ungeteilt, vertrauensvoll und auf Dauer ausgerichtet genießen. Die partnerschaftliche Treue spielt dabei eine ganz besondere Rolle, und Sie versäumen es nicht, alles dafür zu tun, das gemeinsame Wir-Gefühl zu stärken. Nach dem Motto «Gemeinsam sind wir stark» sind Sie entschlossen, nicht nur den körperlich-sinnlichen, erotischen und sexuellen Austausch mit Ihrem Partner oder Ihrer Partnerin immer wieder neu zu suchen und zu finden, sondern legen auch Wert darauf, dass sich dieser innige Kontakt ganz konkret in Form von beiderseitigen Geschenken und kleinen und größeren Aufmerksamkeiten äußert. In Ihrer warmen Herzlichkeit möchten Sie sich die sichtbaren Ergebnisse Ihrer tätigen Liebe nicht nur selbst gönnen, sondern sie auch mit dem Partner teilen.

In gewisser Weise empfinden Sie Ihre Gefühle und die des Partners als eine Art gemeinsamen Besitz, mit dem Ihre Liebe wuchern kann. Da Sie um die Ambivalenz der Gefühlsströme wissen, die unaufhörlich aus der Tiefe Ihrer Seele an die Oberfläche streben, sind Sie darauf bedacht, sie in die ruhige und gelassene Geborgenheit einer dauerhaften Partnerschaft einzubetten. Die größte Erfüllung Ihrer Liebe empfinden Sie dann, wenn Sie sich emotional sicher wissen. Dieser Wunsch nach Sicherheit umfasst dann sowohl den gesamten seelischen Bereich als auch alle Formen einer beiderseitigen materiellen und sozialen Absicherung.

Ihr geduldiger und feinfühliger Umgang mit Ihren Gefühlen setzt in der Partnerschaft nicht zuletzt auch heilende Kräfte frei, aus denen Sie und Ihr Partner vor allem auch in schwierigen Zeiten immer wieder neuen Mut schöpfen können, und den gemeinsamen Willen, zu konkreten Lösungen zu kommen. Im besten Fall gelingt es Ihnen, dem der Liebe ja auch innewohnenden und von Ihnen erahnten göttlich-kosmischen Mysterium einen irdischen Ausdruck zu verleihen. Die Wohlausgewogenheit und sensible Differenziertheit Ihrer Gefühle, Ihr ausgeprägter Sinn für Farben und Formen kommen Ihnen natürlich vor allem in künstlerisch-kreativen Berufen zugute, wobei Sie die Musik, aber auch eher handwerkliche Formen der Kunst für Ihren schöpferischen Ausdruck bevorzugen. Auch hier würde es Ihrem Ideal entsprechen, wenn der Partner oder die Partnerin aktiv in solche Tätigkeiten gestalterisch mit einbezogen wäre.

Unter der gleichen planetarischen Disposition ergeben sich bei einem noch weitgehend disharmonisch-unerlösten Erleben wesentlich veränderte Ausdrucksformen. Auch hier ist es so, dass Sie Ihre eigentlich sehr positiven Anlagen nur verzerrt wahrnehmen und gleichsam überkompensatorisch leben. Am meisten leiden Sie wahrscheinlich unter Ihren unbewussten Verlustängsten, die Sie dazu verführen, sich gefühlsmäßig allzu sehr an einen Partner zu klammern und sich unter Umständen auch materiell von ihm abhängig zu machen. In gewisser Weise fühlen Sie sich der Flut der in Ihnen aufsteigenden, Sie gleichsam überschwemmenden und ständig wechselnden Empfindungen kaum gewachsen. Es fällt Ihnen schwer, Ihre Gefühle in einer harmonischen Mitte zwischen sehnsuchtsvollen Träumen und einer von Ihnen als brutal empfundenen Wirklichkeit einzuordnen. Es besteht dann die Tendenz, dass Sie sich Hilfe und Schutz suchend einem Partner derart überantworten, dass daraus leicht Formen einer gewissen, auch sexuellen Hörigkeit erwachsen. Selbst geringste Anzeichen, dass Ihr Partner sich nicht mehr allumfassend um Sie sorgt, können bei Ihnen nachhaltiges Gekränktsein und bohrende Eifersucht auslösen. Nicht selten gefallen Sie sich dann auch in der Rolle eines trotzigen Kindes, dem alle Wünsche von den Augen abgelesen werden sollen, das selbst jedoch gefühlsmäßig antriebslos in seiner Liebesverweigerungshaltung verharrt. Selbst die ausgefallensten Versuche, dieses erboste Kind durch opulente Geschenke, durch gefühlvollste Zärtlichkeit, durch Schmeicheleien oder sexuelle Hingabe zu versöhnen, scheitern in der Regel, da der dieser Haltung zugrunde liegende Narzissmus einem Fass ohne Boden gleicht.

Da sich auf diese Weise Ihre Liebestraumwelt nicht erfüllt, verfallen Sie leicht in Selbstmitleid, schauen voller Neid auf alle anderen Menschen, denen eine Verwirklichung ihrer Sehnsüchte geradezu zuzufliegen scheint. Aus Angst, nicht genug Liebe, Zärtlichkeit und Anerkennung zu bekommen, stopfen Sie alles in sich hinein, was sich Ihnen im konkreten wie im übertragenen Sinne an leiblichen Genüssen anbietet. In der Sexualität führt dies dann zu der meist lasziven Haltung, sich lieber lieben zu lassen, als selbst zu lieben. Ihre insgeheime Furcht, nicht genug zu bekommen, führt nicht selten auch zu wahren Exzessen einer eigentlich nimmersatten Gier, die beispielsweise auch das Essen und Trinken betrifft. Mitunter führt diese Furcht jedoch auch zu einem Verhalten, mit dem Sie sich gegenüber Ihren Mitmenschen als stets leicht gekränkt, überempfindlich und vor allem schonungsbedürftig präsentieren. Auf eine mögliche Nichtbeachtung durch den Partner oder auch andere Menschen reagieren Sie entweder sentimental-mitleidig oder auftrumpfend-trotzig. Es fällt einem Partner oder auch anderen Menschen schwer, Sie dann aus der Reserve zu locken. Es entsteht der Anschein, dass Sie selbst hinter der liebenswürdigsten Aufforderung, nur einmal ganz einfach für andere aktiv zu werden, einen Angriff auf Ihre Autonomie vermuten und zugleich den Eindruck vermitteln, als wollte man Ihnen etwas wegnehmen.

Mit sich selbst gehen Sie dagegen in der Regel verschwenderisch großzügig um, gönnen sich gerne jeden nur denkbaren Luxus, machen auch im Einzelfall vor ausgesprochenem Kitsch nicht Halt, wenn es gilt, sich selbst etwas zu gönnen. Dagegen verschließen Sie sich hartnäckig den Bedürfnissen nach herzlicher Liebe, zärtlicher Zuwendung und Anteil nehmender Versorgung Ihres Partners. Im extremsten Fall hat Ihre Lebenshaltung dem Partner gegenüber etwas Parasitäres, und Sie gefallen sich in der Rolle der Made im Speck. Das wesentlichste Problem liegt darin, dass Sie nicht bereit sind, mit anderen zu teilen, weder was Ihren ideellen Besitz, beispielsweise Ihre Gefühle angeht, noch Ihren materiellen Besitz, beispielsweise Ihr Geld. Solange Sie jedoch die Grundregel des Lebens, das heißt sich wie eine Zelle zu teilen, um weiterzuleben, noch nicht verstanden haben oder nicht akzeptieren wollen, werden Sie mehr oder weniger hoffnungslos und verbittert entweder in die Phantasiewelt Ihrer Gefühle und Empfindungen flüchten oder sich stur beharrend an all das klammern, was Ihnen in der irdischen Welt zugefallen ist, ob es sich nun um Menschen oder auch um Dinge handelt.

Für beide Varianten zahlen Sie einen hohen Preis, der zum einen darin besteht, dass Sie zu anderen Menschen keinen liebevollen Kontakt aufbauen können. Zum anderen verbeißen Sie sich derart in eine Partnerschaft, dass eine wirkliche und lebendige Entfaltung Ihrer Persönlichkeit unmöglich ist. Ihre Phantasie gaukelt Ihnen so viele Möglichkeiten zur Erfüllung Ihrer Gefühle und Ihrer Liebe vor, sie auf dem Boden der irdischen Tatsachen zum Leben zu erwecken, versagen Sie sich jedoch. Indem Sie sich bei der aktiven Umsetzung Ihrer Gefühle zu Taten der Liebe eher fatalistisch verhalten, zwingen Sie sich gleichsam selbst, *zu nehmen, was kommt.* Das bedeutet, dass Sie sich unter Umständen mit dem erstbesten Genuss begnügen, dies jedoch immer in der unerfüllten Hoffnung auf mehr.

5 Ihre persönliche Sonne-Venus-Verbindung

Wo steht die Sonne in meinem Horoskop?

Ihr persönliches Sonnen-, Tierkreis- oder Sternzeichen finden Sie anhand Ihres Geburtsdatums in Tabelle 1. Aus der irdischen Perspektive durchläuft die Sonne ein Tierkreiszeichen in etwa einem Monat. Infolge von Schaltjahren und anderen Faktoren ergeben sich jedoch immer wieder geringfügige Abweichungen, sodass sich der konkrete Eintritt der Sonne in ein Tierkreiszeichen etwa um ein Tag verschieben kann. Wenn Sie also nicht ganz sicher sind, in welchem Tierkreiszeichen Sie geboren sind, befragen Sie bitte einen Astrologen oder schauen Sie den exakten Stand Ihrer Sonne in einer Gestirntabelle (Ephemeride) nach.

Tabelle 1

Geburtsdatum	Tierkreiszeichen	Geburtsdatum	Tierkreiszeichen
21. 03. – 20. 04.	Widder	23. 09. – 22. 10.	Waage
21. 04. – 2. 05.	Stier	23. 10. – 22. 11.	Skorpion
21. 05. – 21. 06.	Zwillinge	23. 11. – 20. 12.	Schütze
22. 06. – 22. 07.	Krebs	21. 12. – 19. 01.	Steinbock
23. 07. – 22. 08.	Löwe	20. 01. – 18. 02.	Wassermann
23. 08. – 22. 09.	Jungfrau	19. 02. – 20. 03.	Fische

Wo steht die Venus in meinem Horoskop?

Ihr persönliches Venus-Zeichen finden Sie in Tabelle 2 unter Ihrem Geburtsdatum. Lassen Sie sich nicht davon irritieren, dass in einzelnen Fällen eine Venus-Konstellation wieder in ein Tierkreiszeichen «zurückspringt». Dieser Vorgang hängt mit der so genannten Rückläufigkeit der Venus zusammen.

Falls Sie an einem Grenztag geboren sind, kann es durchaus der Fall sein, dass die Venus schon in das nächste oder zurückliegende Zeichen gewandert ist. Falls Sie kein individuell erstelltes Horoskop haben oder Ihre genaue Venus-Position im Tierkreis in einer Gestirntabelle nachschlagen können, lesen Sie bitte in der Beschreibung Ihres persönlichen Ausdrucks der Liebe beide möglichen Varianten Ihrer Sonne-Venus-Verbindung. Sie werden leicht erkennen, welche auf Sie zutrifft.

Tabelle 2

Beispiel: Sie sind am 27.10.s1920 geboren. Gehen Sie als Erstes in die Zeile mit dem Jahr 1920. Sie finden dann Ihren Geburtstag unter Schütze. Ihre Venus steht also im Schützen.

Jahr	Widder	Stier	Zwillinge	Krebs	Löwe	Jungfrau	Waage	Skorpion	Schütze	Steinbock	Wassermann	Fische
1920	12.4.–6.5.	6.5.–30.5.	31.5.–24.6.	24.6.–18.7.	18.7.–11.8.	12.8.–5.9.	5.9.–29.9.	1.1.–4.1. 29.9.–24.10.	4.1.–29.1. 24.10.–17.11.	29.1.–22.2. 17.11.–12.12.	23.2.–18.3. 12.12.–31.12.	18.3.–11.4.
1921	2.2.–7.3. 25.4.–2.6.	7.3.–25.4. 2.6.–8.7.	8.7.–5.8.	5.8.–31.8.	31.8.–26.9.	26.9.–20.10.	20.10.–13.11.	13.11.–7.12.			1.1.–6.1.	6.1.–2.2.

Jahr	Widder	Stier	Zwillinge	Krebs	Löwe	Jungfrau	Waage	Skorpion	Schütze	Steinbock	Wassermann	Fische
1922	13.3.–6.4.	6.4.–1.5.	1.5.–25.5.	25.5.–19.6.	19.6.–15.7.	15.7.–10.8.	10.8.–7.9.	7.9.–10.10. 28.11.–31.12.	10.10.–28.11.	1.1.–24.1.	24.1.–17.2.	17.2.–13.3.
1923	26.4.–21.5.	21.5.–15.6.	15.6.–10.7.	10.7.–3.8.	3.8.–27.8.	27.8.–21.9.	21.9.–15.10.	1.1.–2.1. 15.10.–8.11.	2.1.–6.2. 8.11.–2.12.	6.2.–6.3. 2.12.–26.12.	6.3.–1.4. 26.12.–31.12.	1.4.–26.4.
1924	13.2.–9.3.	9.3.–5.4.	5.4.–5.6.	6.6.–8.9.	8.9.–7.10.	7.10.–2.11.	2.11.–27.11.	27.11.–21.12.	21.12.–31.12.		1.1.–19.1.	19.1.–13.2.
1925	28.3.–21.4.	21.4.–15.5.	15.5.–9.6.	9.6.–3.7.	3.7.–28.7.	28.7.–21.8.	22.8.–16.9.	16.9.–11.10.	11.10.–6.11.	14.1.–7.2. 6.11.–5.12.	7.2.–3.3. 5.12.–31.12.	4.3.–28.3.
1926	6.5.–2.6.	2.6.–28.6.	28.6.–24.7.	24.7.–18.8.	18.8.–11.9.	11.9.–5.10.	5.10.–29.10.	29.10.–22.11.	22.11.–16.12.	16.12.–31.12.	1.4.–6.4.	6.4.–6.5.
1927	26.2.–22.3.	22.3.–16.4.	16.4.–12.5.	12.5.–8.6.	8.6.–7.7.	7.7.–9.11.	9.11.–8.12.	8.12.–31.12.		1.1.–9.1.	9.1.–2.2.	2.2.–26.2.
1928	11.4.–5.5.	6.5.–30.5.	30.5.–23.6.	23.6.–18.7.	18.7.–11.8.	11.8.–4.9.	4.9.–29.9.	29.9.–23.10.	4.1.–29.1. 23.10.–17.11.	29.1.–22.2. 17.11.–12.12.	22.2.–18.3. 12.12.–31.12.	18.3.–11.4.
1929	2.2.–8.3. 20.4.–3.6.	8.3.–20.4. 3.6.–8.7.	8.7.–5.8.	5.8.–31.8.	31.8.–25.9.	25.9.–20.10.	20.10.–13.11.	13.11.–7.12.	7.12.–31.12.		1.1.–6.1.	6.1.–2.2.
1930	12.3.–6.4.	6.4.–30.4.	30.4.–25.5.	25.5.–19.6.	19.6.–14.7.	14.7.–9.8.	10.8.–7.9.	7.9.–12.10. 22.11.–31.12.	12.10.–22.11.	1.1.–24.1.	24.1.–16.2.	16.2.–12.3.

Jahr	Widder	Stier	Zwillinge	Krebs	Löwe	Jungfrau	Waage	Skorpion	Schütze	Steinbock	Wassermann	Fische
1931	26.4.–21.5.	21.5.–14.6.	14.6.–9.7.	9.7.–3.8.	3.8.–27.8.	27.8.–20.9.	20.9.–14.10.	1.1.–3.1. 14.10.–7.11.	3.1.–6.2. 7.11.–7.12.	6.2.–5.3. 7.12.–25.12.	5.3.–31.3. 25.12.–31.12.	31.3.–26.4.
1932	12.2.–9.3.	9.3.–4.4.	5.4.–6.5. 13.7.–28.7.	6.5.–13.7. 28.7.–8.9.	8.9.–7.10.	7.10.–2.11.	2.11.–26.11.	27.11.–21.12.	21.12.–31.12.		1.1.–19.1.	19.1.–12.2.
1933	27.3.–20.4.	20.4.–15.5.	15.5.–8.6.	8.6.–3.7.	3.7.–27.7.	27.7.–21.8.	21.8.–15.9.	15.9.–11.10.	1.1.–14.1. 11.10.–6.11.	14.1.–7.2. 6.11.–5.12.	7.2.–3.3. 5.12.–31.12.	3.3.–27.3.
1934	6.5.–2.6.	2.6.–28.6.	28.6.–23.7.	23.7.–17.8.	17.8.–11.9.	11.9.–5.10.	5.10.–29.10.	29.10.–22.11.	22.11.–16.12.	16.12.–31.12.	1.1.–6.4.	6.4.–6.5.
1935	26.2.–22.3.	22.3.–16.4.	16.4.–11.5.	11.5.–7.6.	7.6.–7.7.	7.7.–9.11.	9.11.–8.12.	8.12.–31.12.		1.1.–8.1.	8.1.–1.2.	1.2.–25.2.
1936	11.4.–5.5.	5.5.–29.5.	29.5.–23.6.	23.6.–17.7.	17.7.–11.8.	11.8.–4.9.	4.9.–28.9.	1.1.–3.1. 28.9.–23.10.	3.1.–28.1. 23.10.–16.11.	28.1.–22.2. 16.11.–1.12.	22.2.–17.3. 1.12.–31.12.	17.3.–10.4.
1937	2.2.–9.3. 14.4.–4.6.	9.3.–14.4. 4.6.–7.7.	7.7.–4.8.	4.8.–30.8.	31.8.–25.9.	25.9.–19.10.	19.10.–12.11.	12.11.–6.12.	6.12.–30.12.	30.12.–31.12.	1.1.–6.1.	6.1.–2.2.
1938	12.3.–5.4.	5.4.–29.4.	29.4.–24.5.	24.5.–18.6.	18.6.–14.7.	14.7.–9.8.	9.8.–7.9.	7.9.–13.10. 15.11.–31.12.	13.10.–15.11.	1.1.–23.1.	23.1.–16.2.	16.2.–12.3.
1939	25.4.–20.5.	20.5.–14.6.	14.6.–9.7.	9.7.–2.8.	2.8.–26.8.	26.8.–20.9.	20.9.–14.10.	1.1.–4.1. 14.10.–7.11.	4.1.–6.2. 7.11.–1.12.	6.2.–5.3. 1.12.–25.12.	5.3.–31.3. 25.12.–31.12.	31.3.–25.4.

Jahr	Widder	Stier	Zwillinge	Krebs	Löwe	Jungfrau	Waage	Skorpion	Schütze	Steinbock	Wassermann	Fische
1940	12.2.–8.3.	8.3.–4.4.	4.4.–6.5. 5.7.–1.8.	6.5.–5.7. 1.8.–8.9.	8.9.–6.10.	6.10.–1.11.	1.11.–26.11.	26.11.–20.12.	20.12.–31.12.		1.1.–18.1.	18.1.–12.2.
1941	27.3.–20.4.	20.4.–14.5.	14.5.–7.6.	7.6.–2.7.	2.7.–27.7.	27.7.–21.8.	21.8.–15.9.	15.9.–10.10.	1.1.–13.1. 10.10.–6.11.	13.1.–6.2. 6.11.–5.12.	6.2.–2.3. 5.12.–31.12.	2.3.–27.3.
1942	6.5.–1.6.	2.6.–27.6.	27.6.–23.7.	23.7.–17.8.	17.8.–10.9.	10.9.–4.10.	4.10.–28.10.	28.10.–21.11.	21.11.–15.12.	15.12.–31.12.	1.1.–6.4.	6.4.–6.5.
1943	25.2.–21.3.	21.3.–15.4.	15.4.–11.5.	11.5.–7.6.	7.6.–7.7.	7.7.–9.11.	9.11.–8.12.	8.12.–31.12.		1.1.–8.1.	8.1.–1.2.	1.2.–25.2.
1944	10.4.–4.5.	4.5.–29.5.	29.5.–22.6.	22.6.–17.7.	17.7.–10.8.	10.8.–3.9.	3.9.–28.9.	1.1.–3.1. 28.9.–22.10.	3.1.–28.1. 22.10.–16.11.	28.1.–21.2. 16.11.–11.12.	21.2.–17.3. 11.12.–31.12.	17.3.–10.4.
1945	2.2.–11.3. 7.4.–4.6.	11.3.–7.4. 4.6.–7.7.	7.4.–4.8.	4.8.–30.8.	30.6.–24.9.	24.9.–19.10.	19.10.–12.11.	12.11.–6.12.	6.12.–30.12.	30.12.–31.12.	1.1.–5.1.	5.1.–2.2.
1946	11.3.–5.4.	5.4.–29.4.	29.4.–24.5.	24.5.–18.6.	18.6.–13.7.	13.7.–9.8.	9.8.–6.9.	7.9.–16.10. 8.11.–31.12.	16.10.–8.11.	1.1.–22.1.	22.1.–15.2.	15.2.–11.3.
1947	25.4.–20.5.	20.5.–13.6.	13.6.–8.7.	8.7.–2.8.	2.8.–26.8.	26.8.–19.9.	19.9.–13.10.	1.1.–5.1. 13.10.–6.11.	5.1.–6.2. 6.11.–30.11.	6.2.–5.3. 30.11.–24.12.	5.3.–30.3. 24.12.–31.12.	30.3.–25.4.
1948	11.2.–8.3.	8.3.–4.4.	4.4.–7.5. 29.6.–3.8.	7.5.–29.6. 3.8.–8.9.	8.9.–6.10.	6.10.–1.11.	1.11.–25.11.	26.11.–20.12.	20.12.–31.12.		1.1.–18.1.	18.1.–11.2.

Jahr	Widder	Stier	Zwillinge	Krebs	Löwe	Jungfrau	Waage	Skorpion	Schütze	Steinbock	Wassermann	Fische
1949	26.3.–19.4.	19.4.–13.5.	14.5.–7.6.	7.6.–1.7.	1.7.–26.7.	26.7.–20.8.	20.8.–14.9.	14.9.–10.10.	1.1.–13.1. 10.10.–6.11.	13.1.–6.2. 6.11.–6.12.	6.2.–2.3. 6.12.–31.12.	2.3.–26.3.
1950	5.5.–1.6.	1.6.–27.6.	27.6.–22.7.	22.7.–16.8.	16.8.–10.9.	10.9.–4.10.	4.10.–28.10.	28.10.–21.11.	21.11.–14.12.	14.12.–31.12.	1.1.–6.4.	6.4.–6.5.
1951	24.2.–21.3.	21.3.–15.4.	15.4.–11.5.	11.5.–7.6.	7.6.–8.7.	8.7.–9.11.	9.11.–7.12.	8.12.–31.12.		1.1.–7.1.	7.1.–31.1.	31.1.–24.2.
1952	9.4.–4.5.	4.5.–28.5.	28.5.–22.6.	22.6.–16.7.	16.7.–9.8.	10.8.–3.9.	3.9.–27.9.	1.1.–2.1. 27.9.–22.10.	2.1.–27.1. 22.10.–15.11.	27.1.–21.2. 15.11.–10.12.	21.2.–16.3. 10.12.–31.12.	16.3.–9.4.
1953	2.2.–14.3. 31.3.–5.6.	14.3.–31.3. 5.6.–7.7.	7.7.–4.8.	4.8.–30.8.	30.8.–24.9.	24.9.–18.10.	18.10.–11.11.	11.11.–5.12.	5.12.–29.12.	29.12.–31.12.	1.1.–5.1.	5.1.–2.2.
1954	11.3.–4.4.	4.4.–28.4.	28.4.–23.5.	23.5.–17.6.	17.6.–13.7.	13.7.–8.8.	9.8.–6.9.	6.9.–23.10. 27.10.–31.12.	23.10.–27.10.	1.1.–22.1.	22.1.–15.2.	15.2.–11.3.
1955	24.4.–19.5.	19.5.–13.6.	13.6.–7.7.	8.7.–1.8.	1.8.–25.8.	25.8.–18.9.	18.9.–12.10.	1.1.–6.1. 13.10.–6.11.	6.1.–6.2. 6.11.–30.11.	6.2.–4.3. 30.11.–24.12.	4.3.–30.3. 24.12.–31.12.	30.3.–24.4.
1956	11.2.–7.3.	7.3.–4.4.	4.4.–8.5. 23.6.–4.8.	8.5.–23.6. 4.8.–8.9.	8.9.–6.10.	6.10.–31.10.	31.10.–25.11.	25.11.–19.12.			1.1.–17.1.	17.1.–11.2.
1957	25.3.–19.4.	19.4.–13.5.	13.5.–6.6.	6.6.–1.7.	1.7.–26.7.	26.7.–19.8.	20.8.–14.9.	14.9.–10.10.	1.1.–12.1. 10.10.–5.11.	12.1.–5.2. 5.11.–6.12.	5.2.–1.3. 6.12.–31.12.	1.3.–25.3.

Jahr	Widder	Stier	Zwillinge	Krebs	Löwe	Jungfrau	Waage	Skorpion	Schütze	Steinbock	Wassermann	Fische
1958	5.5.–1.6.	1.6.–26.6.	26.6.–22.7.	22.7.–16.8.	16.8.–9.9.	9.9.–3.10.	3.10.–27.10.	27.10.–20.11.	20.11.–14.12.	14.12.–31.12.	1.1.–6.4.	6.4.–5.5.
1959	24.2.–20.3.	20.3.–14.4.	14.4.–10.5.	10.5.–6.6.	6.6.–8.7. 20.9.–25.9.	8.7.–20.9. 25.9.–9.11.	9.11.–7.12.			1.1.–7.1.	7.1.–31.1.	31.1.–24.2.
1960	9.4.–3.5.	3.5.–28.5.	28.5.–21.6.	21.6.–16.7.	16.7.–9.8.	9.8.–2.9.	2.9.–27.9.	1.1.–2.1. 27.9.–21.10.	2.1.–27.1 21.10.–15.11.	27.1.–20.2 15.11.–10.12.	20.2.–16.3 10.12.–31.12.	16.3.–9.4.
1961	2.2.–5.6.	5.6.–7.7.	7.7.–3.8.	3.8.–29.8.	29.8.–23.9.	23.9.–18.10.	18.10.–11.11.	11.11.–5.12.	5.12.–29.12.	29.12.–31.12.	1.1.–5.1.	5.1.–2.2.
1962	10.3.–3.4.	3.4.–28.4.	28.4.–23.5.	23.5.–17.6.	17.6.–12.7.	12.7.–8.8.	8.8.–6.9.	7.9.–31.12.		1.1.–21.1.	21.1.–14.2.	14.2.–10.3.
1963	1.1.–6.1. 24.4.–19.5.	6.1.–5.2. 19.5.–12.6.	5.2.–4.3. 12.6.–7.7.	4.3.–29.3. 7.7.–31.7.	30.3.–24.4. 31.7.–25.8.	25.8.–18.9.	18.9.–12.10.	12.10.–5.11.	5.11.–29.11.	29.11.–23.12.	23.12.–31.12.	
1964	10.2.–7.3.	7.3.–4.4.	4.4.–9.5. 17.6.–5.8.	9.5.–17.6. 5.8.–8.9.	8.9.–5.10.	5.10.–31.10.	31.10.–25.11.	25.11.–19.12.	19.12.–31.12.		1.1.–17.1.	17.1.–10.2.
1965	25.3.–18.4.	18.4.–12.5.	12.5.–6.6.	6.6.–30.6.	30.6.–25.7.	25.7.–19.8.	19.8.–13.9.	13.9.–9.10.	1.1.–12.1. 9.10.–5.11.	12.1.–5.2. 5.11.–7.12.	5.2.–1.3. 7.12.–31.12.	1.3.–25.3.
1966	5.5.–31.5.	31.5.–26.6.	26.6.–21.7.	21.7.–15.8.	15.8.–8.9.	8.9.–3.10.	3.10.–27.10.	27.10.–20.11.	20.11.–13.12.	6.2.–25.2. 13.12.–31.12.	1.1.–6.2. 25.2.–6.4.	6.4.–5.5.

Jahr	Widder	Stier	Zwillinge	Krebs	Löwe	Jungfrau	Waage	Skorpion	Schütze	Steinbock	Wassermann	Fische
1967	23.2.–20.3.	20.3.–14.4.	14.4.–10.5.	10.5.–6.6.	6.6.–8.7. 9.9.–1.10.	8.7.–9.9. 1.10.–9.11.	9.11.–7.12.	7.12.–31.12.		1.1.–6.1.	6.1.–30.1.	30.1.–23.2.
1968	8.4.–3.5.	3.5.–27.5.	27.5.–21.6.	21.6.–15.7.	15.7.–8.8.	8.8.–2.9.	2.9.–26.9.	1.1. 26.9.–21.10.	2.1.–26.1. 21.10.–14.11.	26.1.–20.2. 14.11.–9.12.	20.2.–15.3. 9.12.–31.12.	15.3.–8.4.
1969	2.2.–6.6.	6.6.–6.7.	6.7.–3.8.	3.8.–29.8.	29.8.–23.9.	23.9.–17.10.	17.10.–10.11.	10.11.–4.12.	4.12.–28.12.	28.12.–31.12.	1.1.–4.1.	4.1.–2.2.
1970	10.3.–3.4.	3.4.–27.4.	27.4.–22.5.	22.5.–16.6.	16.6.–12.7.	12.7.–8.8.	8.8.–7.9.	7.9.–31.12.		1.1.–21.1.	21.1.–14.2.	14.2.–10.3.
1971	23.4.–18.5.	18.5.–12.6.	12.6.–6.7.	6.7.–31.7.	31.7.–24.8.	24.8.–17.9.	17.9.–11.10.	1.1.–6.1. 11.10.–5.11.	7.1.–5.2. 5.11.–29.11.	5.2.–4.3. 29.11.–23.12.	4.3.–29.3. 23.12.–31.12.	29.3.–23.4.
1972	10.2.–7.3.	7.3.–3.4.	3.4.–10.5. 11.6.–6.8.	10.5.–11.6. 6.8.–7.9.	7.9.–5.10.	5.10.–30.10.	30.10.–24.11.	24.11.–18.12.	18.12.–31.12.		1.1.–16.1.	16.1.–10.2.
1973	24.3.–18.4.	18.4.–12.5.	12.5.–5.6.	5.6.–30.6.	30.6.–25.7.	25.7.–19.8.	19.8.–13.9.	13.9.–9.10.	1.1.–11.1. 9.10.–5.11.	11.1.–4.2. 5.11.–7.12.	4.2.–28.2. 7.12.–31.12.	28.2.–24.3.
1974	4.5.–31.5.	31.5.–25.6.	25.6.–21.7.	21.7.–14.8.	14.8.–8.9.	8.9.–2.10.	2.10.–26.10.	26.10.–19.11.	19.11.–13.12.	29.1.–28.2. 13.12.–31.12.	1.1.–29.1. 28.2.–6.4.	6.4.–4.5.
1975	23.2.–19.3. 2.9.–4.10.	19.3.–13.4. 4.10.–9.11.	13.4.–9.5.	9.5.–6.6.	6.6.–9.7.	9.7.–2.9.	9.11.–7.12.	7.12.–31.12.		1.1.–6.1.	6.1.–30.1.	30.1.–23.2.

Jahr	Widder	Stier	Zwillinge	Krebs	Löwe	Jungfrau	Waage	Skorpion	Schütze	Steinbock	Wassermann	Fische
1976	8.4.–2.5.	2.5.–27.5.	27.5.–20.6.	20.6.–14.7.	14.7.–8.8.	8.8.–1.9.	1.9.–26.9.	1.1. 26.9.–20.10.	1.1.–26.1. 20.10.–14.11.	26.1.–19.2. 14.11.–9.12.	19.2.–15.3. 9.12.–31.12.	15.3.–8.4.
1977	2.2.–6.6.	6.6.–6.7.	6.7.–2.8.	2.8.–28.8.	28.8.–22.9.	22.9.–17.10.	17.10.–10.11.	10.11.–4.12.	4.12.–27.12.	27.12.–31.12.	1.1.–4.1.	4.1.–2.2.
1978	9.3.–2.4.	2.4.–27.4.	27.4.–22.5.	22.5.–16.6.	16.6.–12.7.	12.7.–8.8.	8.8.–7.9.	7.9.–31.12.		1.1.–20.1.	20.1.–13.2.	13.2.–9.3.
1979	23.4.–18.5.	18.5.–11.6.	11.6.–6.7.	6.7.–30.7.	30.7.–24.8.	24.8.–17.9.	17.9.–11.10.	1.1.–7.1. 11.10.–4.11.	7.1.–5.2. 4.11.–28.11.	5.2.–3.3. 28.11.–22.12.	3.3.–29.3. 22.12.–31.12.	29.3.–23.4.
1980	9.2.–6.3. 5.6.–6.8.	6.3.–3.4. 6.8.–7.9.	3.4.–12.5.	12.5.–5.6.	7.9.–4.10.	4.10.–30.10.	30.10.–24.11.	24.11.–18.12.	18.12.–31.12.		1.1.–16.1.	16.1.–9.2.
1981	24.3.–17.4.	17.4.–11.5.	11.5.–5.6.	5.6.–29.6.	29.6.–24.7.	24.7.–18.8.	18.8.–12.9.	12.9.–8.10.	1.1.–11.1. 9.10.–5.11.	11.1.–4.2. 5.11.–8.12.	4.2.–28.2. 8.12.–31.12.	28.2.–24.3.
1982	4.5.–30.5.	30.5.–25.6.	25.6.–20.7.	20.7.–14.8.	14.8.–7.9.	7.9.–2.10.	2.10.–26.10.	26.10.–18.11.	18.11.–12.12.	23.1.–2.3. 12.12.–31.12.	1.1.–23.1. 2.3.–6.4.	6.4.–4.5.
1983	22.2.–19.3.	19.3.–13.4.	13.4.–9.5.	9.5.–6.6.	6.6.–10.7. 27.8.–5.10.	10.7.–27.8 5.10.–9.11.	9.11.–6.12.	6.12.–31.12.		1.1.–5.1.	5.1.–29.1.	29.1.–22.2.
1984	7.4.–2.5.	2.5.–26.5.	26.5.–19.6.	20.6.–14.7.	14.7.–7.8.	7.8.–1.9.	1.9.–25.9.	25.9.–20.10.	1.1.–25.1. 20.10.–13.11.	25.1.–19.2. 13.11.–9.12.	19.2.–14.3. 9.12.–31.12.	14.3.–7.4.

Jahr	Widder	Stier	Zwillinge	Krebs	Löwe	Jungfrau	Waage	Skorpion	Schütze	Steinbock	Wassermann	Fische
1985	2.2.–6.6.	6.6.–6.7.	6.7.–2.8.	2.8.–28.8.	28.8.–22.9.	22.9.–16.10.	16.10.–9.11.	9.11.–3.12.	3.12.–27.12.	1.1.–4.1. 27.12.–31.12.	4.1.–2.2.	
1986	9.3.–2.4.	2.4.–26.4.	26.4.–21.5.	21.5.–15.6.	15.6.–11.7.	11.7.–7.8.	7.8.–7.9.	7.9.–31.12.		1.1.–20.1.	20.1.–13.2.	13.2.–9.3.
1987	22.4.–17.5.	17.5.–11.6.	11.6.–5.7.	5.7.–30.7.	30.7.–23.8.	23.8.–16.9.	16.9.–10.10.	1.1.–7.1. 10.10.–3.11.	7.1.–5.2. 3.11.–28.11.	5.2.–3.3. 28.11.–22.12.	3.3.–28.3. 22.12.–31.12.	28.3.–22.4.
1988	6.2.–6.3.	6.3.–3.4.	3.4.–17.5. 27.5.–6.8.	17.5.–27.5. 6.8.–7.9.	7.9.–4.10.	4.10.–29.10.	29.10.–23.11.	23.11.–17.12.	17.12.–31.12.		1.1.–15.1.	15.1.–19.2.
1989	23.3.–16.4.	16.4.–11.5.	11.5.–4.6.	4.6.–29.6.	29.6.–24.7.	24.7.–18.8.	18.8.–12.9.	12.9.–8.10.	1.1.–10.1. 8.10.–5.11.	10.1.–3.2. 5.11.–10.12.	3.2.–27.2. 10.12.–31.12.	27.2.–23.3.
1990	4.5.–30.5.	30.5.–25.6.	25.6.–20.7.	20.7.–13.8.	13.8.–7.9.	7.9.–1.10.	1.10.–25.10.	25.10.–18.11.	18.11.–12.12.	16.1.–3.3. 12.12.–31.12.	1.1.–16.1. 3.3.–6.4.	6.4.–4.5.
1991	22.2.–18.3.	18.3.–13.4.	13.4.–9.5.	9.5.–6.6.	6.6.–11.7. 21.8.–6.10.	11.7.–21.8. 6.10.–9.11.	9.11.–6.12.	6.12.–31.12.	31.12.	1.1.–5.1.	5.1.–29.1.	29.1.–22.2.
1992	7.4.–1.5.	1.5.–26.5.	26.5.–19.6.	19.6.–13.7.	13.7.–7.8.	7.8.–31.8.	31.8.–25.9.	25.9.–19.10.	1.1.–25.1. 19.10.–13.11.	25.1.–18.2. 13.11.–8.12.	18.2.–13.3. 8.12.–31.12.	13.3.–7.4.
1993	2.2.–6.6.	6.6.–6.7.	6.7.–1.8.	1.8.–27.8.	27.8.–21.9.	21.9.–16.10.	16.10.–9.11.	9.11.–2.12.	2.12.–26.12.	26.12.–31.12.	1.1.–3.1.	3.1.–2.2.

Jahr	Widder	Stier	Zwillinge	Krebs	Löwe	Jungfrau	Waage	Skorpion	Schütze	Steinbock	Wassermann	Fische
1994	8.3.–1.4.	1.4.–26.4.	26.4.–21.5.	21.5.–15.6.	15.6.–11.7.	11.7.–7.8.	7.8.–7.9.	7.9.–31.12.		1.1.–19.1.	19.1.–12.2.	12.2.–8.3.
1995	22.4.–16.5.	16.5.–10.6.	10.6.–5.7.	5.7.–29.7.	29.7.–23.8.	23.8.–16.9.	16.9.–10.10.	1.1.–7.1. 10.10.–3.11.	7.1.–4.2. 3.11.–27.11.	4.2.–2.3. 27.11.–21.12.	2.3.–28.3. 21.12.–31.12.	28.3.–22.4.
1996	9.2.–6.3.	6.3.–3.4.	3.4.–7.8.	7.8.–7.9.	7.9.–4.10.	4.10.–29.10.	29.10.–23.11.	23.11.–17.12.	17.12.–31.12.		1.1.–15.1.	15.1.–9.2.
1997	23.3.–16.4.	16.4.–10.5.	10.5.–4.6.	4.6.–28.6.	28.6.–23.7.	23.7.–17.8.	17.8.–12.9.	12.9.–8.10.	1.1.–10.1. 8.10.–5.11.	10.1.–3.2. 5.11.–12.12.	3.2.–27.2. 12.12.–31.12.	27.2.–23.3.
1998	3.5.–29.5.	29.5.–24.6.	24.6.–19.7.	19.7.–13.8.	13.8.–6.9.	6.9.–30.9.	30.9.–24.10.	24.10.–17.11.	17.11.–11.12.	9.1.–4.3. 11.12.–31.12.	1.1.–9.1. 4.3.–6.4.	6.4.–3.5.
1999	21.2.–18.3.	18.3.–12.4.	12.4.–8.5.	8.5.–5.6.	5.6.–12.7. 15.8.–7.10.	12.7.–15.8. 7.10.–9.11.	9.11.–5.12.	5.12.–31.12.	31.12.	1.1.–4.1.	4.1.–28.1.	28.1.–21.2.
2000	6.4.–1.5.	1.5.–25.5.	25.5.–18.6.	18.6.–13.7.	13.7.–6.8.	6.8.–31.8.	31.8.–24.9.	24.9.–19.10.	19.10.–13.11.	24.1.–18.2. 13.11.–8.12.	18.2.–13.3. 8.12.–31.12.	13.3.–6.4.
2001	2.2.–6.6.	6.6.–5.7.	5.7.–1.8.	1.8.–27.8.	27.8.–21.9.	21.9.–15.10.	15.10.–8.11.	8.11.–2.12.	2.12.–26.12.	26.12.–31.12.	31.12.–3.1.	31.1.–2.2.
2002	8.3.–1.4.	1.4.–25.4.	25.4.–20.5.	20.5.–14.6.	14.6.–10.7.	10.7.–7.8.	7.8.–8.9.	8.9.–31.12.		1.1.–19.1.	19.1.–12.2.	12.2.–8.3.

Jahr	Widder	Stier	Zwillinge	Krebs	Löwe	Jungfrau	Waage	Skorpion	Schütze	Steinbock	Wassermann	Fische
2003	21.4.–16.5.	16.5.–10.6.	10.6.–4.7.	4.7.–29.7.	29.7.–22.8.	22.8.–15.9.	15.9.–9.10.	9.10.–2.11.	7.1.–4.2. 2.11.–27.11.	4.2.–2.3. 27.11.–21.12.	2.3.–27.3. 21.12.–31.12.	27.3.–21.4.
2004	8.2.–5.3.	5.3.–3.4.	3.4.–7.8.	7.8.–6.9.	6.9.–3.10.	3.10.–29.10.	29.10.–22.11.	22.11.–16.12.	16.12.–31.12.		1.1.–14.1.	14.1.–8.2.
2005	22.3.–15.4.	15.4.–10.5.	10.5.–3.6.	3.6.–28.6.	28.6.–23.7.	23.7.–17.8.	17.8.–11.9.	11.9.–8.10.	1.1.–9.1. 8.10.–5.11.	9.1.–2.2. 5.11.–15.12.	2.2.–26.2. 15.12.–31.12.	26.2.–22.3.
2006	3.5.–29.5.	29.5.–24.6.	24.6.–19.7.	19.7.–12.8.	12.8.–6.9.	6.9.–30.9.	30.9.–24.10.	24.10.–17.11.	17.11.–11.12.	1.1.–5.3. 11.12.–31.12.	1.1. 5.3.–6.4.	6.4.–3.5.
2007	21.2.–17.3.	17.3.–12.4.	12.4.–8.5.	8.5.–5.6.	5.6.–14.7. 9.8.–8.10.	14.7.–9.8. 8.10.–8.11.	8.11.–5.12.	5.12.–30.12.	30.12.–31.12.	1.1.–4.1.	4.1.–28.1.	28.1.–21.2.
2008	6.4.–30.4.	30.4.–24.5.	24.5.–18.6.	18.6.–12.7.	12.7.–6.8.	6.8.–30.8.	30.8.–24.9.	24.9.–18.10.	1.1.–24.1. 18.10.–12.11.	24.1.–17.2. 12.11.–7.12.	17.2.–12.3. 7.12.–31.12.	12.3.–6.4.
2009	3.2.–11.4. 24.4.–6.6.	6.6.–5.7.	5.7.–1.8.	1.8.–26.8.	26.8.–20.9.	20.9.–14.10.	14.10.–8.11.	8.11.–1.12.	1.12.–25.12.	25.12.–31.12	1.1.–3.1.	3.1.–3.2. 11.4.–24.4.
2010	7.3.–31.3.	31.3.–25.4.	25.4.–20.5.	20.5.–14.6.	14.6.–10.7.	10.7.–7.8.	7.8.–8.9. 8.11.–30.11.	8.9.–8.11. 30.11.–31.12.		1.1.–18.1.	18.1.–11.2.	11.2.–7.3.
2011	21.4.–15.5.	15.5.–9.6.	9.6.–4.7.	4.7.–28.7.	28.7.–21.8.	21.8.–15.9.	15.9.–9.10.	1.1.–7.1. 9.10.–2.11.	7.1.–4.2. 2.11.–26.11.	4.2.–2.3. 26.11.–20.12.	2.3.–27.3. 20.12.–31.12.	27.3.–21.4.

Jahr	Widder	Stier	Zwillinge	Krebs	Löwe	Jungfrau	Waage	Skorpion	Schütze	Steinbock	Wassermann	Fische
2012	8.2.–5.3.	5.3.–3.4.	3.4.–7.8.	7.8.–6.9.	6.9.–3.10.	3.10.–28.10.	28.10.–22.11.	22.11.–16.12.	16.12.–31.12.		1.1.–14.1.	14.1.–8.2.
2013	22.3.–15.4.	15.4.–9.5.	9.5.–3.6.	3.6.–27.6.	27.6.–22.7.	22.7.–16.8.	16.8.–11.9.	11.9.–7.10.	1.1.–9.1. 7.10.–5.11.	9.1.–2.2. 5.11.–31.12.	2.2.–26.2.	26.2.–22.3.
2014	3.5.–29.5.	29.5.–23.6.	23.6.–18.7.	18.7.–12.8.	12.8.–5.9.	5.9.–29.9.	29.9.–23.10.	23.10.–16.11.	16.11.–10.12.	1.1.–5.3. 10.12.–31.12.	5.3.–5.4.	5.4.–3.5.
2015	20.2.–17.3.	17.3.–11.4.	11.4.–7.5.	7.5.–5.6.	5.6.–18.7. 31.7.–8.10.	18.7.–31.7. 8.10.–8.11.	8.11.–5.12.	5.12.–30.12.	30.12.–31.12.	1.1.–3.1.	3.1.–27.1.	27.1.–20.2.
2016	5.4.–30.4.	30.4.–24.5.	24.5.–17.6.	17.6.–12.7.	12.7.–5.8.	5.8.–30.8.	30.8.–23.9.	23.9.–18.10.	1.1.–23.1. 18.10.–12.11.	23.1.–17.2. 12.11.–7.12.	17.2.–12.3. 7.12.–31.12.	12.3.–5.4.
2017	3.2.–3.4. 28.4.–6.6.	6.6.–5.7.	5.7.–31.7.	31.7.–26.8.	26.8.–20.9.	20.9.–14.10.	14.10.–7.11.	7.11.–1.12.	1.12.–25.12.	25.12.–31.12.	1.1.–3.1.	3.1.–3.2. 3.4.–28.4.
2018	6.3.–31.3.	31.3.–24.4.	24.4.–19.5.	19.5.–13.6.	13.6.–10.7.	10.7.–6.8.	6.8.–9.9 31.10.–2.12.	9.9.–31.10. 2.12.–31.12.		1.1.–18.1.	18.1.–10.2.	10.2.–6.3.
2019	20.4.–15.5.	15.5.–9.6.	9.6.–3.7.	3.7.–28.7.	28.7.–21.8.	21.8.–14.9.	14.9.–8.10.	1.1.–7.1. 8.10.–1.11.	7.1.–3.2 1.11.–26.11.	3.2.–1.3. 26.11.–20.12.	1.3.–26.3. 20.12.–31.12.	26.3.–20.4.
2020	7.2.–5.3.	5.3.–3.4.	3.4.–7.8.	7.8.–6.9.	6.9.–2.10.	2.10.–28.10.	28.10.–21.11.	21.11.–15.12.	15.12.–31.12.		1.1.–13.1.	13.1.–7.2.